应用型本科经济管理类专业基础课精品教材

税　法

主　编　张建军
副主编　田　宁　沈　剑

北京理工大学出版社
BEIJING INSTITUTE OF TECHNOLOGY PRESS

图书在版编目（CIP）数据

税法 / 张建军主编. —北京：北京理工大学出版社，2015.8（2015.9重印）
ISBN 978-7-5682-1207-6

Ⅰ. ①税…　Ⅱ. ①张…　Ⅲ. ①税法－中国－高等学校－
教材　Ⅳ. ①D922.22

中国版本图书馆 CIP 数据核字（2015）第 210297 号

出版发行 / 北京理工大学出版社有限责任公司
社　　址 / 北京市海淀区中关村南大街 5 号
邮　　编 / 100081
电　　话 /（010）68914775（总编室）
　　　　　（010）82562903（教材售后服务热线）
　　　　　（010）68948351（其他图书服务热线）
网　　址 / http://www.bitpress.com.cn
经　　销 / 全国各地新华书店
印　　刷 / 三河市天利华印刷装订有限公司
开　　本 / 787 毫米×1092 毫米　1/16
印　　张 / 19　　　　　　　　　　　　　　　　责任编辑 / 李志敏
字　　数 / 474 千字　　　　　　　　　　　　　文案编辑 / 赵　轩
版　　次 / 2015 年 8 月第 1 版　2015 年 9 月第 2 次印刷　责任校对 / 孟祥敬
定　　价 / 42.00 元　　　　　　　　　　　　　责任印制 / 李志强

前　言

税收是国家获取财政收入的最主要的工具，是国家调控经济的重要杠杆。税法是调整税收分配关系的法律规范，其作为经济法的重要子部门，涉及法学、财政学、会计学、工商管理学等多学科知识的综合性应用，大多数高等院校在财会类专业、管理类专业、法学类专业都开设《税法》课程。由于高校对不同专业学生的培养目标不同，在教学内容、教学方法的安排上具有明显的差异性，因此，对《税法》教材也有着不同的需求。本书侧重于应用型本科院校经管类专业，区别于法学类专业的教材。

本书主要是针对应用型本科院校经管类专业，兼顾与相关证书考试如注册会计师、注册税务师等资格证书考试的接轨，满足经管类专业学生理论学习和职业技能培训的双重需求。注重学习方法的传授和实用性知识的介绍，关注税收政策的最新动态，关注资格证书类考试的最新变化。在强化税法技术性内容讲解的实用性和针对性的同时，确保税法相关理论和术语介绍的准确性和适当的深度。力求为任课教师提供一本内容安排合理，理论介绍和实践操作讲解有机结合的教学用书。

本书的主要内容包括以下几部分：

（1）税收概述。以税收法律关系和税法体系为主。

（2）我国现行的各税种主要适用的法律法规，不求内容的全面、资料详实，追求核心内容的仔细剖析以及强调内容的时效性。

（3）税收征收管理法。层次分明地介绍税收征管制度及征纳双方的法律责任。

（4）与税收实务操作密切相关的表格、数据、证照样图等，以及各税种计算例题的讲解和典型案例的分析。

本书由张建军任主编，田宁、沈剑任副主编。全书共13章，第一、二、四、七章由张建军编写，第三、五、八、十、十二由田宁编写，第六、九、十一、十三章由沈剑编写。张建军对全书进行了修改和最终定稿。

本书可作为应用型本科院校经管类专业的教材，也可作为广大会计人员、税收征管人员、注册会计师、注册税务师和企业管理人员学习税法的参考书。

税法内容丰富且灵活性较大，加之我们的研究资料和能力所限，书中难免存在一些疏漏之处，恳请广大专家学者和读者指正。

编　者

2015 年 4 月

目　　录

第一章 税法概论

第一节 税收的概念、特征与种类

一、税收的概念

税收是国家为满足社会公共需要，凭借政治权力，按照法律规定的标准和程序，参与国民收入分配，强制地、无偿地取得财政收入的一种形式。

税收是人类社会发展到一定历史阶段的产物，随着国家的产生而出现。在我国，夏、商、周三个奴隶制朝代分别采用贡、助、彻，是我国税收的雏形；到了春秋时期，鲁宣公十五年（公元前594年）实行了"初税亩"，正式确立了完全意义上的税收制度。在西方，古罗马虽没有统一的税则和成文的法规，却向居民征收沉重的赋税。

从历史发展看，税收是维系国家机器正常运转的经济基础，税收的变迁对经济社会发展产生极大而深远的影响。[①] 理解税收的概念，应从以下几个方面着手：

（一）税收是国家取得财政收入最重要的形式

财政收入是指国家财政参与社会产品分配所取得的收入，是实现国家职能的财力保证。我国的财政收入主要包括：

（1）各项税收。各项税收包括国内增值税、国内消费税、进口货物增值税和消费税、出口货物退增值税和消费税、营业税、企业所得税、个人所得税、资源税、城市维护建设税、房产税、印花税、城镇土地使用税、土地增值税、车船税、船舶吨税、车辆购置税、关税、耕地占用税、契税、烟叶税等。

（2）非税收入。非税收入包括专项收入、行政事业性收费、罚没收入和其他收入。其中，税收是大多数国家取得财政收入最重要的形式。以我国为例，我国2010~2013年税收收入占财政收入比重保持在85%~90%，详见表1-1。

表1-1 我国税收收入占财政收入比重（2010~2013年）

年度	财政收入/亿元	税收收入/亿元	税收占财政收入比重/%
2010	83 101.51	73 210.79	88.10
2011	103 874.43	89 738.39	86.40
2012	117 253.52	100 614.28	85.81
2013	129 209.64	110 530.70	85.54

（数据来源：国家统计局年度数据，比重为计算而得。）

[①] 刘勇. 从历史的视角看税收科学发展[J]. 中国税务, 2009（3）: 28.

（二）国家征税凭借的是政治权力

国家征税的过程就是将民众创造财富的一部分收归国有，其本质是国家参与社会产品的分配。税收分配关系不同于一般分配关系：一般分配关系是基于生产要素进行的分配，社会产品按照各生产要素所有者所占的份额予以分配；而税收分配与国家持有的生产要素无关，是国家凭借政治权力强行实施的。因而，征税的主体只能代表社会全体成员行使政治权力的国家，其他任何组织和个人无权征税。

（三）征税的目的是满足社会成员获得公共产品的需要

现代国家越来越重视保障和改善民生，征税的目的早已不是为了单纯地将民众的财富收归国有，而是为了满足社会成员获得公共产品的需要，也就是通常所说的"取之于民、用之于民、造福于民"。国家通过税收筹集财政收入，并通过预算安排提供各种公共服务：包括进行交通、水利等基础设施和城市公共建设；支持农村和地区协调发展；用于环境保护和生态建设；促进基础教育、高等教育、职业教育等教育事业的发展，推动科技进步；用于社会保障和社会福利；用于政府行政管理；进行国防建设，维护社会治安，保障国家安全；促进经济社会的发展，满足人民群众日益增长的物质文化等方面的需要。以医疗卫生为例，2015年3月5日，财政部在第十二届全国人民代表大会第三次会议上所作的《关于2014年预算执行情况2015年预算草案的报告》中提到：基本公共卫生服务项目人均经费标准从30元提高到35元，并重点向村医倾斜；加强艾滋病等重大疾病的防控工作，支持血液安全核酸检测和艾滋病等母婴阻断工作全覆盖；提高独生子女伤残、死亡家庭特别扶助金标准。

（四）税收必须借助法律形式进行

纳税人履行纳税义务，及时足额缴纳各项税款，这是纳税人享有国家提供公共产品和公共服务的前提和基础。但是不能简单地把纳税人缴纳的税款看作是其获得公共产品和公共服务的等价交换物。因为毕竟不能把纳税人总看作一个整体概念。如果只从某个个体来讲，纳税自觉性不可能来自于对特定公用产品或公用服务的需求。只能依靠于具有强制力的法律规则，规定纳税人不依法纳税的法律后果，并对不履行义务的纳税人予以处罚。税收不能借助无强制力的规范，更不能靠纳税人高尚的品德，因为它们都无法保证税款及时足额收归国有。税收活动必须借助法律形式，借助法律的强制约束力才能顺利进行。

二、税收的特征

税收的概念也充分概括了其特征。与其他财政收入相比，税收具有以下三个基本特征：

（一）强制性

税收的强制性是指国家凭借其政治权力以法律形式对税收征纳双方的权利（职权）与义务（职责）进行规制，纳税人和征税机关不遵守法律规定，就要承担相应的法律责任。税收之所以具有强制性，一方面是因为税收本质上就是国家凭借其政治权力强行实施的，纳税与否、纳税多少，并不以纳税人的意志为转移；另一方面，税收借助法律形式进行，而法律本身就具有强制性的特征，税收的法律形式——税法的强制性，突出体现在税收法律责任，是税收强制性的形式表现。例如，《中华人民共和国税收征收管理法》（简称《税收征管法》）第64条第2款规定：纳税人不进行纳税申报，不缴或者少缴应纳税款的，由税务机关追缴其不缴或者少缴的税款、滞纳金，并处不缴或者少缴的税款50%以上5倍以下的罚款。再如，《税收征管法》第76条规定：税务机关违反规定擅自改变税收征收管理范围和税款入库预算级次的，责令限期改正，对直接负责的主管人员和其他直接责任人员依法给予降级或者撤职的行政处分。

（二）无偿性

税收的无偿性是指国家征税后，税款一律收归国有并纳入国家财政预算，由财政统一分配，而不直接向具体纳税人返还或支付报酬。税收的无偿性是对个体纳税人而言的，其享有的公共产品和公共服务并不是对其缴纳税款的直接回报，毕竟纳税人无法自由选择其接受的公共产品和公共服务，纳税数额高的人也不会获得更好的公共产品和公共服务。但就纳税人整体而言，税收又是有偿的，政府使用税款的目的是向社会全体成员包括具体纳税人提供社会需要的公共产品和公共服务。因此，税收的无偿性表现为个体的无偿性和整体的有偿性的统一。税收的无偿性与收费的有偿性形成鲜明对比，后者是国家某些行政部门或者事业单位向社会提供特定服务而收取的有偿回报。

（三）固定性

税收的固定性是指在国家征税之前，就必须通过法律事先明确规定统一的征税标准，包括纳税人、征税对象、税率、纳税期限、纳税地点及纳税申报等内容，并在以后一段时期的征税活动中保持相对的稳定性，为征纳双方共同遵守。首先，税收的固定性既要求纳税人必须按税法规定的时间、地点、程序和税率缴纳税款，也要求税务机关必须按税法规定的程序、方法、税率对纳税人征税，不能违反程序征税，也不能任意地加征或是给予税收优惠。其次，税收的固定性是针对某一个时期而言的。国家可以根据经济和社会发展的需要适时地修订税法，而修订的税法也必须事先公布，并保证一定时期的相对稳定。

税收的三个特征是统一的整体，相辅相成，缺一不可。无偿性是税收这种特殊分配形式的本质体现，是其中的核心；强制性是实现税收无偿征收的保障；固定性是无偿性和强制性的必然要求。

三、税收的种类

各国税收制度的发展规律都是从简单的单一税种到复杂的多税种的有机组合。出于研究以及合理设计税制的需要，有必要对各税种按照一定的标准进行分类。采用不同的分类标准，税收的分类如下：[①]

（一）按征税对象的不同进行分类

1. 流转税类

流转税是以商品或非商品（劳务和服务）的流转额为征税对象的一类税种。这类税种与商品的生产和流通，或是劳务和服务的提供有密切的关系。流转税考察的是纳税人流转额的大小，与其盈利水平无关。因为这类税种对经济活动有直接影响，更易于发挥税收对经济的宏观调控作用，有利于促进产业结构的调整和第三产业的发展。我国现有税制仍以流转税为主，属于流转税类的税种有增值税、消费税、营业税、城市维护建设税、烟叶税和关税。

2. 所得税类

所得税，又称收益税，是以纳税人从事生产经营或其他活动取得的各种所得为征税对象的一类税种。这类税种关注的是纳税人所得额，准确讲是应纳税所得额的多少，即考察的是纳税人的盈利水平。所得税可以直接调节纳税人收入，量能负税，更易于发挥税收调节分配关系的作用。我国现有税制中，所得税类的税收收入仅次于流转税类，属于所得税类的税种

---

① 税收的分类，属于理论研究的范畴，不同学者站在自己的角度，对某些税种的归类有差异性。这种差异是理论上的分歧，并无孰对孰错。

有企业所得税、个人所得税。

3．资源税类

资源税是以各种自然资源为征税对象的一类税种，目的是促使纳税人保护和合理使用国有自然资源。我国税制中属于资源课税类的税种有资源税、土地增值税、城镇土地使用税、耕地占用税。

4．财产税类

财产税是以纳税人拥有应纳税财产为征税对象的一类税种。这类税种可调节社会成员的财产水平，并提供稳定的财政收入。我国税制中属于财产课税类的税种有房产税、契税。如果未来开征遗产税和赠与税，也都属于财产税。

5．特定行为税类

特定行为税是以纳税人的某些特定行为作为征税对象的一类税种。这类税直接调控纳税人的特定应税行为，其突出特点是征纳行为的发生具有偶然性。特定行为税虽收入分散，但便于国家开征新的税源，增加财政收入。我国税制中属于特定行为税类的有车辆购置税、车船税、印花税。

（二）按税收收入和征收管辖权限的归属不同进行分类

1．中央税

中央税是税收收入归属中央政府的财政收入，并有国家税务局（海关）征收管理的税种。我国税制中属于中央税的税种有消费税、车辆购置税、关税、海关代征的进口环节消费税和增值税等。

2．地方税

地方税是税收收入划归地方政府的财政收入，并由地方税务局征收管理的税种。我国税制中属于地方税的税种有营业税、烟叶税、土地增值税、城镇土地使用税、耕地占用税、房产税、契税、车船税、印花税（不含对证券交易征收的印花税）等。

3．中央和地方共享税

中央和地方共享税是税收收入由中央和地方按比例或法定方式分享，并以国家税务局征收管理为主的税种。我国税制中属于中央和地方共享税的税种有增值税、企业所得税、个人所得税、资源税，对证券（股票）交易征收的印花税、城市维护建设税等。每个税种具体的分享比例为：增值税（不含进口环节由海关代征的部分），中央政府分享75%，地方政府分享25%；企业所得税，铁道部[①]、各银行总行及各保险总公司、海洋石油企业缴纳的部分归中央政府，其余部分中央与地方政府按60%与40%的比例分享；资源税，海洋石油企业缴纳的部分归中央政府，其余部分归地方政府；对证券（股票）交易征收的印花税，收入的97%归中央政府，其余3%归地方政府；城市维护建设税，铁道部、各银行总行、各保险公司集中缴纳的部分归中央政府，其余部分归地方政府。[②]

（三）按税收和价格的关系不同进行分类

1．价内税

价内税是税款构成商品或服务销售价格组成部分的税种，即以含税收入计算应纳税

[①] 2013年3月14日，全国人大审议通过了《国务院机构改革和职能转变方案》，铁道部被撤销，实行铁路政企分开。同日，中国铁路总公司正式成立，以铁路客货运输服务为主业，实行多元化经营。税法中提及的铁道部已被中国铁路总公司取代。根据2013年8月9日国务院发布的《关于改革铁路投融资体制加快推进铁路建设的意见》，中国铁路总公司继续享有国家对原铁道部的税收优惠政策，国务院及有关部门、地方政府对铁路实行的原有优惠政策继续执行。

[②] 各税种具体的分享比例不是一成不变的，国家根据中央、地方两级政府的财政需求，以及发挥税收宏观经济调控职能的需要等因素，会对各税种具体的分享比例作出一定的调整。

额。因为税款已包含在价格内，购买方无需再另行纳税，因而易为购买方接受，但是不利于纳税。

我国税制中的消费税、营业税是典型的价内税。

2．价外税

价外税是税款不构成商品或服务销售价格组成部分的税种，即以不含税收入计算应纳税额。因为缴纳的税款由购买方支付，所以价外税有利于纳税人缴纳税款，但是短期内对消费有一定的影响。增值税就是典型的价外税。

（四）按税收负担是否发生转嫁进行分类

1．直接税

直接税是纳税义务人同时是税收的实际负担人，税负一般不发生转嫁的税种，即纳税人与负税人一致。直接税较符合现代税法税负公平和量能负担原则，对于社会财富的再分配和社会保障的满足具有特殊的调节作用。直接税的缺点是纳税人直接负担重，征收阻力大，易发生逃避纳税的行为。企业所得税、个人所得税、房产税、车辆购置税等都属于直接税。

2．间接税

间接税是纳税义务人不是税收的实际负担人，纳税人将税款附加或合并于价格中，从而转嫁给实际负税人的税种，即纳税人与负税人不一致。间接税有利于刺激经济的发展，保证财政收入的实现。增值税、消费税、营业税等都属于间接税。

（五）按计税依据标准的不同进行分类

1．从价税

从价税是以征税对象的价值或者价格作为计税依据计征税款的税种，一般采用比例税率和累进税率。从价税的税收负担比较合理，但是受市场价格波动的影响较大，也不利于促进企业改进商品包装。增值税、营业税、关税、企业所得税等多数税种都属于从价税。

2．从量税

从量税是以征税对象的数量（重量、面积、容积、件数等）作为计税依据计征税款的税种，一般采用单位固定税额。从量税不受产品价格的影响，有利于鼓励改进商品包装，计算也比较简单，但是对分等级确定单位固定税额的要求较高。资源税、耕地占用税、城镇土地使用税等税种属于从量税。

3．从价且从量税

从价且从量税是以征税对象的价格作为计税依据计征部分税款的同时，再以征税对象的数量计征另一部分税款，即采用复合计税方法。从价且从量税结合了从价税和从量税的优点，既鼓励改进商品包装又考虑到不同档次商品的价格。对甲类卷烟、乙类卷烟和白酒征收的消费税属于从价且从量税。

第二节　税法的概念与构成要素

一、税法的概念

税法是指国家制定的调整税收分配关系的法律规范的总称。税收与税法二者密不可分：税收必须借助法律形式进行，没有税法，税收则无法实现；税法必须以税收作为其确定的具体内容，没有税收，税法则不可能产生。

我们应从以下几个方面理解税法的概念：

（一）税法的制定主体是国家

税法是维护正常税收秩序，确保国家财政收入稳定增长的重要的部门法，因而制定主体只能是国家，具体是由国家最高权力机构代表国家行使税收立法权，在我国就是全国人民代表大会及其常务委员会。从理论上讲，各税种的法律形式都应当是全国人民代表大会及其常务委员会制定的法律。正如 2015 年 3 月 15 日新修订的《中华人民共和国立法法》（以下简称《立法法》）第 8 条的规定：税种的设立、税率的确定和税收征收管理等税收基本制度只能制定法律。不过由于《全国人民代表大会常务委员会关于授权国务院改革工商税制发布有关税收条例草案试行的决定》①《全国人民代表大会关于授权国务院在经济体制改革和对外开放方面可以制定暂行的规定或者条例的决定》两部授权法的规定，多数税种采用的法律形式是国务院制定的行政法规。这种做法符合《立法法》第 9 条的规定：税种的设立、税率的确定和税收征收管理等税收基本制度尚未制定法律的，全国人民代表大会及其常务委员会有权作出决定，授权国务院可以根据实际需要，对其中的部分事项先制定行政法规。此外，根据法律的规定，地方人民代表大会及其常务委员会也享有一定的立法权。

（二）税法的调整对象是税收分配关系

税法的调整对象是税收分配关系，包括国家在征税过程中形成的与纳税人之间的征纳税关系以及各级政府间的税收利益关系。税法的核心内容是在整个征纳税构成中，征税主体的税务机关和纳税人之间的权利义务关系，即纳税人具体的纳税义务和应享有的权利，以及税务机关应履行的职权职责。纳税人如果未按规定及时、足额缴纳税款，未履行规定的纳税义务，就必须承担相应的法律责任；纳税人的合法权益亦受税法的保护。税务机关必须按照税法的规定履行税款征收、税务检查、税务稽查等职权职责。对于纳税人而言，税务机关在行使税收执法权，纳税人必须要给予配合，否则税务机关可以采取税法规定的强制措施；对于国家而言，税务机关承担的是税收执法的职责，必须按照税法规定的具体程序和内容履行，否则相关的税务人员应承担相应的法律责任。

（三）税法由税收实体法与税收程序法组成

与其他部门法不同，税法是综合法，由税收实体法与税收程序法组成。首先，税法规定了税收法律关系主体的实体权利、义务，即各税种的征税范围、税率、计税依据、税收优惠、纳税期限、纳税地点中规定的权利、义务，主要集中于各税种的单行法律法规；其次，税法的内容还有如何具体实施税收实体法的规定，列明税务机关征税权行使程序和纳税人纳税义务履行程序，具体包括税收确定程序、税收征收程序、税收检查程序和税务争议的解决程序。《税收征管法》是税收程序法的典型代表。税收实体法是核心，税收程序法以税收实体法的实现为目标，税收程序法是税法必不可少的组成部分，是实现税收实体法的保证。税收实体法与税收程序法的有机结合构成整个税法的内容。

二、税法的构成要素

税法的构成要素是各税种单行法律法规具有的共同要素，通俗来讲，就是每个税种适用

---

① 根据《全国人民代表大会常务委员会关于废止部分法律的决定》，《全国人民代表大会常务委员会关于授权国务院改革工商税制发布有关税收条例草案试行的决定》已于 2009 年 6 月 27 日废止。

的税法都应包括的内容。税法的构成要素主要包括纳税义务人、征税对象、税目、税率、纳税环节、纳税期限、纳税地点、减免税优惠、税收法律责任等。

（一）纳税义务人

纳税义务人，简称纳税人，是税法规定的直接负有纳税义务的单位和个人。单位是指企业、行政单位、事业单位、军事单位、社会团体及其他单位。个人是指个体工商户和自然人。严格来讲，"单位""个人"并不是法律概念。之所以税法没有采用"自然人、法人或其他组织"，而是用"单位和个人"界定纳税人的范围，是为了简明扼要地、通俗地表明纳税人的广泛性。

多数税种不对纳税人进行分类，单位和个人承担的纳税义务的范围和税款计征的方法基本一致。增值税的纳税人分为一般纳税人和小规模纳税人：一般纳税人适用税率，可以使用增值税专用发票并抵扣进项税额；小规模纳税人适用征收率，只能使用普通发票且不得抵扣进项税额。所得税类中的企业所得税、个人所得税的纳税人分为居民纳税人（企业），非居民纳税人（企业）。居民纳税人承担全面纳税义务，应当就其来源于我国境内外的全部所得承担纳税义务。非居民纳税人承担部分纳税义务，只针对来源于我国境内的所得部分承担纳税义务。

与纳税人相关的概念主要有两个：负税人和扣缴义务人。负税人是税收的实际负担人的简称，指的是最终实际负担税款的单位和个人。有些税种，如企业所得税、房产税等，纳税人与负税人一致，税负不发生转嫁；有些税种，如消费税、营业税等，纳税人与负税人不一致，纳税人通过交易行为将税负转嫁给负税人。扣缴义务人是税法规定的，在经营活动中有义务代扣、代收纳税人的应纳税款并代缴到国库的单位和个人。部分税种由于纳税人较为分散、在我国境内没有固定场所等原因，需要加强税收的源泉控制，并且便于纳税人缴纳税款，所以税法规定了纳税行为的扣缴义务人。扣缴义务人承担的是法定义务，必须按照税法规定的具体要求履行扣缴税款的义务，否则应承担法律责任。例如，《税收征管法》第61条规定：扣缴义务人未按照规定设置、保管代扣代缴、代收代缴税款账簿或者保管代扣代缴、代收代缴税款记账凭证及有关资料的，由税务机关责令限期改正，可以处2 000元以下的罚款；情节严重的，处2 000元以上5 000元以下的罚款。

（二）征税对象

征税对象，又称课税对象，是征纳税双方权利义务共同指向的对象。通俗表达为：对什么东西征税。征税对象是各个税种之间相互区别的根本标志。正是因为征税对象的不同，按照流转额、所得额、资源、财产、特定行为将税收分为流转税类、所得税类、资源税类、财产税类以及特定行为税类。

与征税对象相关的概念是计税依据。计税依据是用来计算征税对象应纳税额的数量依据，是征税对象量的具体规定。例如，企业所得税的征税对象是企业的生产经营所得和其他所得，计税依据是应纳税所得额。计税依据采用两种标准表达：一种是征税对象价值的量化表现，比如销售额、房产的租金收入等；另一种是征税对象实物的量化表现，比如销售吨数、占用的耕地面积等。

（三）税目

税目是征税对象的具体项目，是对征税对象的具体说明和解释。税目的设置不仅是为了细化具体的征税范围，从而更清晰地界定纳税人的纳税义务，也是为了针对不同税目制定不同税率，从而有利于国家更有效地实施税收调控政策。

有些税种征税对象单一，无需另行设置税目，如企业所得税；有些税种征税对象比较复杂，需要通过设置税目来细化征税对象，如消费税用列举的方法，列出烟、酒、化妆品等15类具体的消费品来细化"应税消费品"这一征税对象。

（四）税率

税率是应纳税额与征税对象之间的数量关系或比例。征税对象解决的是"对什么征税"，税率解决的是"征多少税"。税率的高低直接关系到纳税人税负的轻重和国家税收收入的多少，是国家税收调控政策最突出的表现，是税法的核心要素。税率主要有比例税率、累进税率和单位固定税额（定额税率）三种基本形式。

1. 比例税率

比例税率是对同一征税对象不分数额大小，都按同一比例征税，税额占征税对象的比例总是相同的。比例税率是最常见的税率形式，增值税、企业所得税等多数税种均采用比例税率。比例税率的优点是：同一征税对象的不同纳税人税收负担相同，有利于纳税人的公平竞争；计算简便，便于征收和缴纳。但是，比例税率调节收入差距的能力较差，不同纳税人的税后收入不会因为计征比例税率而差距缩小。因而，需要调节收入差距的税种或是具体的税目不会采用比例税率，前者如土地增值税，后者如个人所得税的"工资、薪金所得"这一税目。比例税率又可以分为单一比例税率、差别比例税率和幅度比例税率三种具体形式。

（1）单一比例税率。单一比例税率是同一征税对象的所有纳税人适用一个比例税率。例如，除另有规定，我国企业所得税采用25%的比例税率。

（2）差别比例税率。差别比例税率是同一征税对象的不同纳税人因应税产品、行业或者地区的不同，适用不同的比例税率。例如，消费税、关税采用的产品差别比例税率；营业税采用的行业差别比例税率；城市维护建设税采用的地区差别比例税率。

（3）幅度比例税率。幅度比例税率是同一征税对象，税法不规定具体的比例税率，只规定比例税率的幅度范围，具体的税率由各地区在税率幅度内自行决定。例如，营业税娱乐业税目采用5%～20%的幅度比例税率。

2. 累进税率

累进税率是按征税对象数额的大小分成若干等级，每个等级分别适用不同的税率，等级越高，适用的税率越高，即随着征税对象数量的增大，税率也随之提高。与比例税率相比，累进税率可以充分体现"收入多的多征、收入少的少征、无收入的不征"的税收原则，从而充分有效地发挥税收调节纳税人收入水平的作用。累进税率按照累进方法和累进依据的不同分为全额累进税率、超额累进税率、超率累进税率等具体形式。

（1）全额累进税率。全额累进税率是征税对象全额按照与之相对应等级的税率计算税额。当征税对象的数额未达到高一等级的税率时，全额按低一等级的税率计算税额；当征税对象的数额达到高一等级的税率时，全额按高一等级的税率计算税额。

（2）超额累进税率。超额累进税率是把征税对象数额按照税率等级划分成若干部分，每部分适用不同的税率计算税额，再将各部分税额汇总相加得出应纳税额。我国个人所得税的"工资、薪金所得""个体工商户的生产、经营所得""企业、事业单位的承包经营、承租经营所得"三个税目采用超额累进税率。真正发挥累进税率收入调节作用的是超额累进税率，全额累进税率已被历史淘汰。[①] 为了能够清晰比较全额累进税率和超额累进税率，下面以例题予以说明。

【例 1-1】 假设某国个人所得税采用全额累进税率，税率具体为：

个人应税所得未超过 5 万元的，税率为 10%；

个人应税所得超过 5 万元未超过 10 万元的，税率为 20%；

个人应税所得超过 10 万元的，税率为 30%。

假设甲应税所得为 30 万元，乙应税所得为 10 万元，丙应税所得为 11 万元，他们分别缴纳的个人所得税是多少？

答案：甲应纳税额 = 30 × 30% = 9（万元）

乙应纳税额 = 10 × 20% = 2（万元）

丙应纳税额 = 11 × 30% = 3.3（万元）

【例 1-2】 假设某国个人所得税采用超额累进税率，税率具体为：

个人应税所得未超过 5 万元的部分，税率为 10%；

个人应税所得超过 5 万元未超过 10 万元的部分，税率为 20%；

个人应税所得超过 10 万元的部分，税率为 30%。

假设甲应税所得为 30 万元，乙应税所得为 10 万元，丙应税所得为 11 万元，他们分别缴纳的个人所得税是多少？

答案：甲应纳税额 = 5 × 10% + 5 × 20% + 20 × 30% = 7.5（万元）

乙应纳税额 = 5 × 10% + 5 × 20% = 1.5（万元）

丙应纳税额 = 5 × 10% + 5 × 20% + 1 × 30% = 1.8（万元）

上述两道例题，税率的等级划分数额、纳税人的应税所得完全相同，但计算的结果相去甚远。不难得出：全额累进税率的税负较重，超额累进税率只按超过部分适用税率，税负较轻；全额累进税率税负极不合理，特别是在累进分界点上税负呈跳跃式递增，例 1-1 中，乙、丙应税所得分别为 10 万元、11 万元，而税后收入分别为 8 万元、7.7 万元，这种现象在例 1-2 中超额累进税率的计算中不会发生。

（3）超率累进税率。超率累进税率是将征税对象的数额按征税对象数额的相对率划分成若干部分，每部分适用不同的税率计算税额，再将各部分税额汇总相加得出应纳税额。超率累进税率与超额累进税率的计算方法相同，只是税率累进的依据不是征税对象的数额而是征税对象数额的相对率。我国土地增值税采用的就是超率累进税率，以土地增值额占扣除项目金额的百分比为累进依据。

3．单位固定税额（定额税率）

单位固定税额是一种税率的特殊形式，是按征税对象的计量单位直接规定应纳税额的税率形式。从量计征的税种采用的是单位固定税额。

（五）纳税环节

纳税环节是征税对象在整个流转过程中按照税法规定应当缴纳税款的环节，如流转税类的各税种在生产和流通环节纳税，所得税类的各税种在分配环节纳税等。纳税环节解决征税对象征一次还是多次税，以及在哪个（些）流转点征税的问题。商品从生产到最终消费要经

---

① 我国 1950 年的工商业税中对所得的征税，曾适用全额累进税率。

历若干流转环节，每个环节都存在交易活动，都可能成为纳税环节。国家必须选择适合的环节征税，征税环节过多可能导致纳税人的税负太重，征税环节较少又会影响国家的财政收入。纳税环节对纳税人的意义也十分重大，熟悉纳税环节是纳税人正确计算应纳税款的前提。以消费税为例，我国消费税的纳税环节为应税消费品的生产、委托加工、零售和进口环节中的某一环节，而部分国家消费税的纳税环节为消费环节。

（六）纳税期限

纳税期限是税法规定的纳税人在取得应税收入或发生应税行为之后，每次向税务机关缴纳税款所对应的发生纳税义务的一定时限。我国的纳税期限有两种：按期纳税和按次纳税。

（1）按期纳税。按期纳税是以一定期间纳税人发生的纳税义务计算缴纳税款。大多数增值税、消费税、营业税纳税人的纳税期限为1个月；企业所得税的纳税期限为1年；个人所得税工资、薪金所得的纳税期限为1个月。

（2）按次纳税。按次纳税是根据应税行为发生的次数确定纳税期限。当没有纳税期限或是不能按固定期限纳税的，税法会规定纳税人按次纳税。

与纳税期限相关的概念还有纳税申报期限，即纳税期限届满后，纳税人纳税申报并将应纳税款缴入国库的期限。例如，纳税期限为1个月的增值税纳税人，纳税申报期限为次月的1日到15日。逾期纳税指的是纳税申报期限已过却仍未进行纳税申报。

（七）纳税地点

纳税地点是纳税人缴纳税款的具体地点。准确来讲，纳税地点解决的是纳税人取得应税收入或发生应税行为后，应向何地税务机关或征管机关进行申报纳税。例如，固定业户应当向其机构所在地的主管税务机关申报纳税增值税；房产税应向房产所在地的税务机关进行申报纳税。

（八）减免税优惠

减免税优惠是税法为了体现对某些特定的纳税人或征税对象的鼓励和照顾，给予其减征或者免于征收应纳税款的一种规定。税法对纳税人和征税对象的规定具有普遍性，体现的是税法的严肃性；为了更好地发挥税收的调控作用，需要给予特定纳税人或征税对象一定的税收优惠，减免税优惠的规定体现的是税法的灵活性。需要注意的是，减免税优惠必须按照税法的要求单独核算并如实进行纳税申报，否则不能享受相应的减免税优惠。

与减免税优惠相关的概念有两个：起征点和免征额。起征点是征税对象达到一定数额开始征税的起点。免征额是在征税对象的全部数额中免予征税的数额。二者是不同的概念，不能混用。当征税对象的数额未达到起征点或未超过免征额的情况下，都不征税；当征税对象的数额达到或超过起征点的情况下，征税对象全额征税；当征税对象的数额超过免征额的情况下，则只就超过免征额的部分征税。起征点只能照顾到未达到起征点的那一部分纳税人，而免征额则可以照顾到适用范围内的所有纳税人。个人所得税工资、薪金所得，以每月收入额减除费用3 500元后的余额为应纳税所得额。准确来说，3 500元是个人所得税工资、薪金所得的费用扣除标准；也有人通俗地解读为3 500元的免征额，因免征额的效果和费用扣除标准是一致的，这种说法也不为错；但是部分媒体解读为3 500元的起征点就属于错误使用概念，应当予以纠正。

（九）税收法律责任

税收法律责任是税收法律关系的主体因违反税法的规定所应当承担的法律后果。依承担法律责任主体的不同，可分为纳税人的法律责任、扣缴义务人的法律责任、税务机关及其工作人员的法律责任。税收法律责任的形式主要有行政法律责任和刑事法律责任。各税种适用的单行法律法规一般不会直接规定法律责任，而是统一由《税收征管法》《中华人民共和国刑法》（以下简称《刑法》）等法律法规明确规定。

第三节　税法的基本原则

税法的基本原则是指一国调整税收分配关系应遵守的基本准则，是贯穿税法的立法、执法、司法和守法全过程的具有普遍性指导意义的法律准则。税法的基本原则是一个国家税法体系的理论基础，是一定社会经济关系在税法体系中的反映。因而，不同国家或是同一国家不同时期税法的基本原则的表现和内涵有一定的差异。我国现行税法的基本原则主要有税收法定原则、税收公平原则、税收效率原则、税收社会政策原则。其中，首要原则为税收法定原则。

一、税收法定原则

中共十八届三中全会通过的《中共中央关于全面深化改革若干重大问题的决定》在论述"推动人民代表大会制度与时俱进"部分时，提出了"落实税收法定原则"。中共十八届四中全会通过的《中共中央关于全面推进依法治国若干重大问题的决定》提出"完善以宪法为核心的中国特色社会主义法律体系""制定和完善发展规划、投资管理、土地管理、能源和矿产资源、农业、财政税收、金融等方面法律法规，促进商品和要素自由流动、公平交易、平等使用"。这些规定必然会推动中国税收法定原则的完善。

税收法定原则是法治原则在税法上的具体体现，其基本含义为：税法主体的权利义务必须由法律加以规定，税收活动必须依据法律规定进行，包括征税主体依法征收税款和纳税主体依法缴纳税款两个方面。税收法定原则具体表现为以下四个方面：

（一）纳税义务的设立或免除的法定原则

《税收征管法》第3条规定：税收的开征、停征以及减税、免税、退税、补税，依照法律的规定执行；法律授权国务院规定的，依照国务院制定的行政法规的规定执行。任何机关、单位和个人不得违反法律、行政法规的规定，擅自作出税收开征、停征以及减税、免税、退税、补税和其他同税收法律、行政法规相抵触的决定。

任何纳税义务的产生或是消除都必须由法律、行政法规予以规定。没有法律依据，中央及各级人民政府不能征税，否则被要求缴税的单位和个人可以拒绝缴纳。同理，没有法律依据，包括税务机关在内的任何组织和个人不得擅自作出停征税收以及减税、免税、退税等决定。

（二）税法构成要素法定原则

税法的构成要素，包括纳税人、征税对象、税目、税率、纳税环节、纳税期限、纳税地点、减免税优惠等，都必须由法律明确加以规定。税收法律和行政法规的规定应当尽量严谨、详实，尽可能地压缩征税机关的自由裁量权。

（三）征税法定原则

《税收征管法》第 5 条规定：各地国家税务局和地方税务局应当按照国务院规定的税收征收管理范围分别进行征收管理。地方各级人民政府应当依法加强对本行政区域内税收征收管理工作的领导或者协调，支持税务机关依法执行职务，依照法定税率计算税额，依法征收税款。

征税机关必须严格按照法律规定行使税收征管权。征税机关的税收征管权既是职权，也是职责，征税机关必须按照法律规定的各要素内容和法定程序征收税款。征税机关既无权确定纳税人何时征税，也不能擅自变更税法各要素内容或征税程序。征税机关的自由裁量权也必须严格按照法律规定的条件和程序进行，不得任意而为。

（四）纳税法定原则

《中华人民共和国宪法》第 56 条规定：中华人民共和国公民有依照法律纳税的义务。《税收征管法》第 4 条第 3 款进一步规定：纳税人、扣缴义务人必须依照法律、行政法规的规定缴纳税款、代扣代缴、代收代缴税款。

纳税法定原则，一方面是明确纳税人必须依照法律、行政法规的规定及时、足额地缴纳税款，否则需承担相应的法律责任；另一方面也赋予纳税人拒绝任何机关、组织和个人的非法纳税要求的权利。此外，如果与税务机关发生税务争议，纳税人还有依法获得行政救济或司法救济的权利，行政机关和司法机关必须依法保障纳税人这些救济权利。

综上，税收法定原则贯穿税收立法、执法、司法和守法的全过程，其中立法是首要环节。

二、税收公平原则

税收公平原则是"法律面前人人平等"在税法上的具体体现，其基本含义为：所有纳税人的地位都是平等的，税收负担在纳税人之间的分配必须公平合理。我国实行社会主义市场经济，需要为参与市场竞争的各主体创造一个平等的竞争环境，而税负的公平是这一平等竞争环境不可或缺的重要组成部分。

税收公平包括横向公平和纵向公平两个方面。横向公平是指纳税能力相同的纳税人，其税收负担也应相当。至于纳税能力的判断标准，主要是纳税人取得的收入或是所得的多少。纵向公平是指纳税能力不相等的纳税人，其税收负担也应不相同。例如，采用超率累进税率的土地增值税，土地增值额占扣除项目金额的比例越高，即土地增值效果越明显的纳税人，其适用的税率就越高。

三、税收效率原则

《中共中央关于全面深化改革若干重大问题的决定》在"深化财税体制改革"部分，明确提出"提高效率"这一目标。

税收效率原则的基本含义为：税收活动应以最小的费用支出获取最大的税收收入，并利用税收的经济调控作用最大限度地促进经济的发展。它包括税收行政效率和税收经济效率两个方面。

税收行政效率要求加强和完善税收征管程序，建立高效的纳税申报制度、税务征收制度，节约征纳税费用的支出，增强征税机关的办事效率。税收经济效率要求税法的制定必须有利于资源的有效配置和经济体制的有效运行，既要保证税收收入与国民生产总值同步增长，又要保证税收收入的增加不妨碍经济平稳、健康地运行。

四、税收社会政策原则

税收社会政策原则的基本含义为：税法是国家用以推行各种社会政策，主要是经济政策的最重要的手段之一，通过税收获得财政收入从而奠定国家经济调控的物质基础，并通过税收杠杆，使国民经济和社会发展早日实现既定目标。税法确定税收社会政策的原则是实现税收职能的需要。

与税收有关的社会政策包括分配政策、产业政策、消费政策、环保政策、社会保障政策等。税法的制定和修改要符合国家每个时期的社会政策。例如，为了合理利用资源、保护生态环境，2006年4月1日起，我国开始对木制一次性筷子和实木地板征收5%的消费税。

如何处理改革中的社会政策和税收立法关系，《中共中央关于全面推进依法治国若干重大问题的决定》给出答案：实现立法和改革决策相衔接，做到重大改革于法有据、立法主动适应改革和经济社会发展的需要；实践证明行之有效的，要及时上升为法律；实践条件还不成熟、需要先行先试的，要按照法定程序作出授权；对不适应改革要求的法律法规，要及时修改和废止。

第四节 税收法律关系

一、税收法律关系的概念

税收法律关系是由税收法律法规确认和调整的，国家和纳税人之间发生的具有权利和义务内容的社会关系。税收法律关系是税收分配关系在法律上的表现。

较之其他法律关系，税收法律关系具有如下特征：

（1）税收法律关系主体的一方是国家。征纳税的整个过程是国家凭借政治权力取得财政收入，国家以及代表国家行使征税权的征税机关始终是税收法律关系的一方主体。

（2）税收法律关系主体双方具有单方面的权利与义务内容。从税款的征缴来看，作为征税主体的国家享有征收税款的权利，作为纳税主体的纳税人承担缴纳税款的义务。即国家是权利主体，而纳税人是义务主体，双方的权利义务是不对等的。这种单方面的权利与义务内容是由税收无偿性特征决定的。双方权利义务不对等的典型表现是：当纳税人与税务机关发生税款缴纳争议时，必须先确保国家的税收利益，然后纳税人才能寻求行政救济和司法救济。正如《税收征管法》第88条第1款规定：纳税人、扣缴义务人、纳税担保人同税务机关在纳税上发生争议时，必须先依照税务机关的纳税决定缴纳或者解缴税款及滞纳金或者提供相应的担保，然后可以依法申请行政复议；对行政复议决定不服的，可以依法向人民法院起诉。

双方权利义务的不对等，只针对单个纳税人的纳税义务而言，并不是说在税收法律关系中纳税人只承担义务不享有权利；相反，税法保护纳税人在征纳税活动中的各项合法权益。另外，从整体纳税人的角度，可以把缴纳税款看作是纳税人获得公用产品和服务的对价，此时双方权利义务也是对等的。

（3）税收法律关系产生的根据是纳税人取得应税收入或发生应税行为。民事法律关系的产生除了需要有法律事实外，还必须主体双方意思表示达成一致。与民事法律关系不同，税收法律关系的产生不需要征税主体和纳税主体达成合意，只需要纳税人取得应税收入或发生应税行为即可。

二、税收法律关系的构成

与其他法律关系一致，税收法律关系由主体、客体、内容三部分构成。

（一）税收法律关系的主体

税收法律关系的主体是指在税收法律关系中依法享有权利和承担义务的当事人。税收法律关系的主体一般包括征税主体和纳税主体两方。[①]

1. 征税主体

严格来讲，税收法律关系的征税主体只能是国家，但是国家的征税权必须通过国家机关来行使。只有代表国家行使征税权的机关才是税收法律关系的主体，这些机关主要包括：

（1）全国人民代表大会及其常务委员会。作为国家最高权力机关，全国人大及其常委会行使税收立法权以及财政预决算的批准权。其他机关都是根据全国人大及其常委会的直接或间接授权而行使部分税收立法权。

（2）国务院。作为国家最高执行机关，国务院不仅负责税收法律的贯彻执行，而且经过全国人大及其常委会的授权，制定了我国多数税种适用的行政法规。作为国务院组成部门的财政部以及国务院直属机构的国家税务总局，颁布了大量细化税收法律、行政法规的部门规章，也是我国税收法律法规的组成部分。

（3）税收征收管理机关。具体负责税收征收管理的机关有税务机关以及海关。其中，税务机关是国家设立的专门负责税收征管的机关，是税收法律关系必然的征税主体；海关只有在税收征管时，才是税收法律关系的征税主体，其履行其他海关监管职能时，并不是税收法律关系的征税主体。

2. 纳税主体

税收法律关系的纳税主体是指根据税法规定负有纳税义务的单位和个人。即纳税主体的范围与前述税法要素中"纳税义务人"的范围是一致的，此处不再赘述。从税收法律关系的角度，纳税主体是税款征缴的义务主体，其纳税义务是由税法明确规定的：纳税主体的身份只能税法认定，任何单位和个人都无权认定；纳税主体的身份也不能通过约定让渡给他人。

从征税主体与纳税主体的征纳税关系的角度出发，后面介绍的征税主体的权利义务仅限于税务机关的权利义务。

（二）税收法律关系的客体

税收法律关系的客体是指税收法律关系主体的权利和义务共同指向的对象，它是征税主体和纳税主体的权利和义务得以存在的客观基础。税收法律关系的客体包括物和行为两大类。物既包括各税种征税对象中的物，如企业所得税的生产经营所得和其他所得、房产税的房屋等，也包括征纳的税款本身。行为包括税务机关各种税收征管行为以及纳税人的应纳税行为等。

[①] 严格来讲，税收法律关系的主体还包括协税主体，即协助税务机关征缴税款的单位和个人，例如扣缴义务人就属于法定的协税主体。协税主体的范围可以扩大到每一个购买商品、接受服务的消费者，其索取购物发票就是典型的协助税务机关征缴税款的行为。税法教材一般都不介绍协税主体，本书也不作深入解读。

税收法律关系的客体是联结整个税收法律关系运行的纽带，与税收法律关系的内容密不可分。

（三）税收法律关系的内容

税收法律关系的内容是指税收法律关系主体依法享有的权利和承担的义务，主要包括税务机关的权利和义务，以及纳税人的权利和义务。其中税务机关的权利和义务体现为职权和职责，即职、权、责一体。税务机关行使的征税权是国家法律授予的，是国家行政权力的组成部分。征税权的强制约束力不仅针对纳税人，同样也针对税务机关自身，税务机关必须按照法定的内容和程序行使，不能放弃或转让。下面分别从税务机关的职权、税务机关的职责、纳税人的权利、纳税人的义务四个方面介绍税收法律关系的内容。

1．税务机关的职权

（1）税收行政立法权，被授权的税务机关有权在授权范围内依照一定程序制定税收行政规章及其他规范性文件。

（2）税务管理权，包括办理税务登记、审核纳税申报、管理发票等。

（3）税收征收权，包括依法征收税款，依法自行确定税收征管方式或时间、地点等。

（4）税务检查权，包括检查纳税人的财务会计核算、发票使用和其他纳税情况，对纳税人的应税商品、货物或其他财产进行查验登记等。

（5）对税收违法行为的处理权，包括对违反税法的纳税人采取行政强制措施或作出行政处罚决定。

（6）代位权和撤销权，为了保证税务机关及时、足额追回由于债务关系造成的难以征收的税款，税务机关可以在特定情况下依法行使代位权和撤销权。①

2．税务机关的职责

（1）税务机关不得违反法律、行政法规的规定开征、停征、多征或少征税款，或擅自决定税收优惠。

（2）税务机关应当将征收的税款和罚款、滞纳金按时足额并依照预算级次入库，不得截留和挪用。

（3）税务机关应当依照法定程序征税，依法确定有关税收征收管理的事项。

（4）税务机关应当依法办理减税、免税等税收优惠，对纳税人的咨询、请求和申诉作出答复处理或报请上级机关处理。

（5）税务机关对纳税人的经营状况负有保密义务。

（6）税务机关应当按照规定付给扣缴义务人代扣、代收税款的手续费，且不得强行要求非扣缴义务人代扣、代收税款。

（7）税务机关应当严格按照法定程序实施和解除税收保全措施，如因税务机关的原因，致使纳税人的合法权益遭受损失的，税务机关应当依法承担赔偿责任。

3．纳税人的权利

根据《国家税务总局关于纳税人权利与义务的公告》，纳税人依法享有下列权利：

（1）知情权。纳税人有权了解国家税收法律、行政法规的规定以及与纳税程序有关的情

---

① 《税收征管法》第50条第1款规定：欠缴税款的纳税人因怠于行使到期债权，或者放弃到期债权，或者无偿转让财产，或者以明显不合理的低价转让财产而受让人知道该情形，对国家税收造成损害的，税务机关可以依照我国《合同法》第73条、第74条的规定行使代位权、撤销权。

况，包括：现行税收法律、行政法规和税收政策规定；办理税收事项的时间、方式、步骤以及需要提交的资料；应纳税额核定及其他税务行政处理决定的法律依据、事实依据和计算方法；与税务机关在纳税、处罚和采取强制执行措施时发生争议或纠纷时，可以采取的法律救济途径及需要满足的条件。

（2）保密权。纳税人有权要求税务机关对自己的商业秘密和个人隐私予以保密，但税收违法行为信息不属于保密范围。

（3）税收监督权。对税务机关违反税收法律、行政法规的行为，如税务人员索贿受贿、徇私舞弊、玩忽职守，不征或者少征应征税款，滥用职权多征税款或者故意刁难等，可以进行检举和控告；对其他纳税人的税收违法行为也有权进行检举。

（4）纳税申报方式选择权。纳税人可以直接到办税服务厅办理纳税申报或者报送代扣代缴、代收代缴税款报告表，也可以按照规定采取邮寄、数据电文或者其他方式办理上述申报、报送事项。但采取邮寄或数据电文方式办理上述申报、报送事项的，需经纳税人主管税务机关批准。

（5）申请延期申报权。纳税人如不能按期办理纳税申报或者报送代扣代缴、代收代缴税款报告表，应当在规定的期限内向税务机关提出书面延期申请，经核准，可在核准的期限内办理。

（6）申请延期缴纳税款权。纳税人因有特殊困难，不能按期缴纳税款的，经省、自治区、直辖市国家税务局、地方税务局批准，可以延期缴纳税款，但是最长不得超过 3 个月。

（7）申请退还多缴税款权。纳税人有权提出申请要求税务机关退还多征的税款。

（8）依法享受税收优惠权。纳税人可以依照法律、行政法规的规定书面申请减税、免税。

（9）委托税务代理权。纳税人有权就以下事项委托税务代理人代为办理：办理、变更或者注销税务登记，除增值税专用发票外的发票领购手续，纳税申报或扣缴税款报告，税款缴纳和申请退税，制作涉税文书，审查纳税情况，建账建制，办理财务，税务咨询，申请税务行政复议，提起税务行政诉讼以及国家税务总局规定的其他业务。

（10）陈述与申辩权。纳税人对税务机关作出的决定，享有陈述权、申辩权。

（11）对未出示税务检查证和税务检查通知书的拒绝检查权。

（12）税收法律救济权。纳税人对税务机关作出的决定，依法享有申请行政复议、提起行政诉讼、请求国家赔偿等权利。

（13）依法要求听证的权利。对纳税人作出规定金额以上罚款的行政处罚之前，税务机关会向纳税人送达《税务行政处罚事项告知书》，告知纳税人已经查明的违法事实、证据、行政处罚的法律依据和拟将给予的行政处罚。对此，纳税人有权要求举行听证。税务机关将应纳税人的要求组织听证。如果纳税人认为税务机关指定的听证主持人与本案有直接利害关系，纳税人有权申请主持人回避。

对应当进行听证的案件，税务机关不组织听证，行政处罚决定不能成立。但纳税人放弃听证权利或者被正当取消听证权利的除外。

（14）索取有关税收凭证的权利。税务机关征收税款时，必须给纳税人开具完税凭证。扣缴义务人代扣、代收税款时，纳税人要求扣缴义务人开具代扣、代收税款凭证时，扣缴义务人应当开具。税务机关扣押商品、货物或者其他财产时，必须开付收据；查封商品、货物或者其他财产时，必须开付清单。

4．纳税人的义务

根据《国家税务总局关于纳税人权利与义务的公告》，纳税人依法承担下列义务：

（1）依法进行税务登记的义务。

（2）依法设置账簿、保管账簿和有关资料以及依法开具、使用、取得和保管发票的义务。

（3）财务会计制度和会计核算软件备案的义务。

（4）按照规定安装、使用税控装置的义务。

（5）按时、如实纳税申报的义务。

（6）按时缴纳税款的义务。

（7）如果纳税人按照法律、行政法规规定负有代扣代缴、代收代缴税款义务的，必须依照法律、行政法规的规定履行代扣、代收税款的义务。

（8）接受依法检查的义务。

（9）纳税人除通过税务登记和纳税申报向税务机关提供与纳税有关的信息外，还应及时提供其他信息，如纳税人有歇业、经营情况变化、遭受各种灾害等特殊情况的，应及时向税务机关说明。

（10）报告其他涉税信息的义务，包括：

1）纳税人有义务就纳税人与关联企业之间的业务往来，向当地税务机关提供有关的价格、费用标准等资料。

2）纳税人有欠税情形而以财产设定抵押、质押的，应当向抵押权人、质押权人说明纳税人的欠税情况。

3）纳税人有合并、分立情形的，应当向税务机关报告，并依法缴清税款。

4）如纳税人从事生产、经营，应当按照国家有关规定，持税务登记证件，在银行或者其他金融机构开立基本存款账户和其他存款账户，并自开立基本存款账户或者其他存款账户之日起 15 日内，向纳税人的主管税务机关书面报告全部账号；若发生变化的，应当自变化之日起 15 日内，向纳税人的主管税务机关进行书面报告。

5）纳税人的欠缴税款数额在 5 万元以上，纳税人在处分不动产或者大额资产之前，应当向税务机关报告。

三、税收法律关系的产生、变更和终止

（一）税收法律关系的产生

税收法律关系的产生是指在税收法律关系主体之间形成权利义务关系。税收法律关系的产生必须同时具备两个条件：法律法规已规定应纳税的义务；纳税人取得应税收入或发生应税行为。税收法律关系的产生以纳税人取得应税收入或发生应税行为作为标志。

（二）税收法律关系的变更

税收法律关系的变更是指由于某一法律事实的发生，使税收法律关系的主体、客体和内容发生变化。引起税收法律关系变更的原因主要有：

（1）纳税人自身的组织状况发生变化。如纳税人发生改组、分设、合并、联营、迁移等情况，需要向税务机关申报办理变更登记或重新登记，从而引起税收法律关系的变更。

（2）纳税人的经营或财产状况发生变化。如缴纳增值税的个人因销售额超过了规定的起征点，由不缴纳增值税变为缴纳增值税，税收法律关系因此而变更。

（3）税务机关组织结构或者其职权职责发生变化。如耕地占用税改由税务机关征收，引起税收法律关系的变更。

（4）税法的修订或调整。如"营改增"试行政策的出台，使一部分缴纳营业税的企业改为缴纳增值税，从而带来税收法律关系的变更。

（5）不可抗力的发生。如因重大自然灾害的发生，纳税人向主管税务机关申请减税得到批准，税收法律关系发生变更。

（三）税收法律关系的终止

税收法律关系的终止是指税收法律关系主体间的权利义务关系终止。税收法律关系终止的原因主要有：

（1）纳税人履行了纳税义务。这是税收法律关系最常见的终止原因，包括纳税人的自觉纳税和税务机关的强制征收两种情况。

（2）纳税义务超过追征期。我国《税收征管法》对纳税人未征、少征税款设置了 3 年或 5 年的追征期，超过追征期的，除法定的特殊情况外，税务机关也不再追缴税款，税收法律关系因此终止。

（3）纳税义务的免除。纳税人符合免税条件，并经税务机关审核确认后，纳税义务免除，税收法律关系终止。

（4）某些税法的废止。如 2006 年 1 月 1 日起，我国全面取消农业税，由此产生的税收法律关系终止。

（5）纳税主体的消失。如自然人死亡或是企业破产解散，没有了纳税主体，税收法律关系因此而终止。

第五节　我国税法的历史沿革和现行税法体系

一、新中国税法的历史沿革

建国以来，我国的税法基本上建立了双主体税制的模式，即以流转税和所得税为主体税，辅之以其他税种的税法体系。以 1994 年税制改革为分水岭，我国税法进入全面发展的阶段，基本建立了符合社会主义市场经济需要的税法体系。

新中国税法的历史沿革大致经历了以下几个时期：[①]

（一）计划经济体制下的税法发展（1949～1978 年）

1950 年，中央人民政府政务院发布了《全国税政实施要则》《关于统一全国税收政策的决定》和《全国各级税务机关暂行组织规程》，明确规定了新中国的税收政策、税收制度和税务组织机构等一系列税收建设的重大原则，至此，结束了建国初期税法混乱的局面。按照《全国税政实施要则》的规定，在工商税制方面：全国统一开征了货物税、工商业税、盐税、关税、薪给报酬所得税、存款利息所得税、印花税、遗产税、交易税、屠宰税、地产税、房

---

① 《中国税收发展史》，http://www.nbtax.gov.cn/nhxgsj/ssxc/ssls/201112/t20111227_97558.htm，2014 年 12 月 25 日访问。

产税、特种消费行为税、车船使用牌照税共 14 个税种。经过进一步的改革，又增加了一些税种后，初步形成了以按产品或流转额征税的货物税和工商业税中的营业税、按所得额征税的工商业税中的所得税作为主体税种，其他税种相辅助，在生产、销售、所得、财产等环节进行课征的统一的、多税种、多环节征收的复合税制。

1953 年，我国开始进入国民经济发展的第一个五年计划时期，经济形势发生了很大变化。为了使税收制度适应新的形势，国家决定从 1953 年 1 月 1 日起对税法进行修正。经过修正，在基本保持原税负的基础上，使税收简并为 14 种。具体包括：商品流通税、货物税、工商业税、印花税、盐税、关税、牲畜交易税、城市房地产税、文化娱乐税、车船使用牌照税、屠宰税、利息所得税、农（牧）业税、契税，基本上适应了当时形势发展的需要。

1958 年，基于"基本保持原税负、适当简化税制"的指导思想，对税制进行了改革简并：

（1）合并税种。将原来实行的货物税、商品流通税、营业税和印花税合并成工商统一税。将所得税从原工商业中独立出来，建立了工商所得税。

（2）改变纳税环节。对工农业产品，实行从生产到流通两次课征制，取消批发环节的税收。

（3）在基本维持原税负的基础上，对少数产品的税率作了调整。

（4）统一了农业税收制度。1958 年税制改革从根本上改变了原来实行的多税种、多次征的税收制度，使税制结构开始出现了以流转税为主体的格局，税收制度由原来的14种简并为 9 种税，税收在调节经济方面的作用已逐渐减弱。

1973 年，对税制再行简化：①合并了税种，把工商统一税及附加、城市房地产税、车胎使用牌照税、屠宰税以及盐税合并为工商税；②简化税目和税率；③将一部分税收管理权限下放给地方。这次税制进一步简化后，就工商税制而言，对国营企业只征收一种税，对集体企业只征收工商税和工商所得税两种税；至于城市房地产税、车船使用牌照税和屠宰税，实际上只对个人征收。尽管在此期间我国的农业税制基本上保持相对的稳定，但我国税制由建国时期的复合税制，几经简并，基本上已成为单一税制。

（二）有计划商品经济体制下的税法发展（1979～1993 年）

1978 年 12 月，随着对内改革、对外开放政策的实行，我国经济领域发生了深刻变化，出现了多种经济成份、多种经营方式，原有的单一税收制度因税种过少，难以适应多种经济成份并存的新形势。为适应经济情况的变化，我国对税收制度进行了改革。

1. 建立和健全涉外税法

1980 年 9 月，公布了《中华人民共和国中外合资经营企业所得税法》和《中华人民共和国个人所得税法》，1981 年公布了《中华人民共和国外国企业所得税法》，同时明确规定涉外企业继续沿用修订后的工商统一税，并要缴纳车船使用牌照税和城市房地产税。

2. 两步利改税

1983 年，为了通过用税收来规范国家与国营企业的利润分配关系，国家实行第一步利改税改革，即对国营企业征收所得税。

1984 年国家实行第二步利改税，即对工商税制进行全面改革。发布了关于征收国营企业所得税、国营企业调节税、产品税、增值税、营业税、盐税、资源税等税种的行政法规。主要内容是：把原来的工商税按性质划分为产品税、增值税、营业税和盐税 4 种税；对某些采掘矿产资源的企业开征资源税；恢复和开征房产税、城镇土地使用税、车船使用税和城市维护建设税等4个地方税；对企业继续征收所得税，并对国营大中型企业征收国营企业调节税。两步利改税完成后，一方面基本理顺了国家与企业的利润分配关系，用法律的形式将国家与企业的分配关系固定下来，扩大了企业自主权，增强了企业活力，也使国家财政有了稳定增长；另一方面初步确立了以流转税和所得税为主体的税收体系。

3. 税法的进一步调整

在两步利改税的基础上，国务院陆续发布了关于征收集体企业所得税、私营企业所得税、城乡个体工商业户所得税、个人收入调节税、国营企业奖金税（1984年发布，1985年修订发布）、集体企业奖金税、事业单位奖金税、国营企业工资调节税、房产税、城镇土地使用税、耕地占用税、车船使用税、印花税、城市维护建设税、固定资产投资方向调节税（其前身为1983年开征的建筑税）、筵席税等税种的行政法规，并决定开征特别消费。

1991年，《中外合资经营企业所得税法》与《外国企业所得税法》合并为《外商投资企业和外国企业所得税法》。

到1993年，我国的税收制度共由37种税构成，具体包括：产品税、增值税、营业税、城市维护建设税、特别消费税、国营企业所得税、国营企业调节税、集体企业所得税、私营企业所得税、城乡个体工商业户所得税、个人收入调节税、资源税、盐税、城镇土地使用税、固定资产投资方向调节税、烧油特别税、国营企业奖金税、集体企业奖金税、事业单位奖金税、国营企业工资调节税、筵席税、印花税、房产税、车船使用税、牧畜交易税、集市交易税、屠宰税、契税、外商投资企业和外国企业所得税、个人所得税、工商统一税、车船使用牌照税、城市房地产税、农（牧）业税（包括农林特产税）、耕地占用税、关税、船舶吨税。

（三）社会主义市场经济体制下的税法发展（1994年至今）

中国共产党第十四次全国代表大会确立了建立社会主义市场经济体制的战略目标以后，中国的改革开放进入了一个新的历史阶段，税法必须作出相应的调整。

1. 1994年税制改革

1994年税制改革的主要内容有：（1）全面改革了流转税法，实行了以比较规范的增值税为主体，消费税、营业税并行，内外统一的流转税法。

（2）改革了企业所得税法，将过去对国营企业、集体企业和私营企业分别征收的多种所得税合并为统一的企业所得税。

（3）改革了个人所得税法，将过去对外国人征收的个人所得税、对中国人征收的个人收入调节税和个体工商业户所得税合并为统一的个人所得税。

（4）对其他税收作了大幅度的调整，如扩大了资源税的征收范围，开征了土地增值税，取消了盐税、烧油特别税、集市交易税等若干税种，并将屠宰税、筵席税的管理权下放到省级地方政府。

至此，我国一共设立25种税收，即增值税、消费税、营业税、关税、企业所得税、外商投资企业和外国企业所得税、个人所得税、土地增值税、房产税、城市房地产税、遗产税、城镇土地使用税、耕地占用税、契税、资源税、车船使用税、车船使用牌照税、印花税、证券交易税、城市维护建设税、固定资产投资方向调节税、屠宰税、筵席税、农业税和牧业税。其中，遗产税和证券交易税之后没有立法开征。

1994年税制改革是新中国成立以来规模最大、范围最广泛、内容最深刻的一次税制改革。经过这次税制改革和后来的逐步完善，到 20 世纪末，我国初步建立了适应社会主义市场经济体制需要的税法体系，对于保证财政收入，加强宏观调控，深化改革，扩大开放，促进经济与社会的发展，起到了重要的作用。

2．进入 21 世纪后税法的主要发展

（1）2001 年 4 月修订《税收征管法》，增加许多新规定，突出体现对纳税人合法权益的保护。

（2）2001 年，结合交通和车辆税费改革开征车辆购置税。

（3）从 2006 年起取消农业税。从 2005～2006 年，国务院先后取消牧业税和屠宰税，对过去征收农业特产农业税的烟叶产品改征烟叶税。

（4）从 2005～2007 年，个人所得税法修改三次，目的是提升工资、薪金所得的费用扣除标准。自 2008 年起施行统一的企业所得税法。

（5）2008 年，国务院修订增值税、消费税和营业税三个流转税种的暂行条例，初步实现增值税从"生产型"向"消费型"的转变，结合成品油税费改革调整消费税，自 2009 年起施行。

（6）2011 年 11 月经国务院批准，财政部、国家税务总局联合下发《营业税改征增值税试点方案》。2012 年起，开始启动"营改增"试点。

以 1994 年税制改革为基础，通过上述一系列的税法调整，我国现有的税法体系进一步简化、规范，税负更加公平，税收的宏观调控作用得以加强。

截至 2015 年 3 月 31 日，我国现行税法体系中的税种有增值税、消费税、营业税、城市维护建设税、烟叶税、关税、企业所得税、个人所得税、资源税、土地增值税、城镇土地使用税、耕地占用税、房产税、契税、车辆购置税、车船税、印花税、船舶吨税等 18 个。除关税和船舶吨税由海关征收，以及进口货物的增值税、消费税由海关代征以外，其余 16 个税种都由税务机关负责征收。本书介绍除船舶吨税之外的 17 个税种。另外，因为与流转税的关系密切，税务机关征收的非税收入——教育费附加也作简单说明。

二、我国现行税法体系

我国有权制定税收法律法规和政策的国家机关主要有全国人民代表大会及其常务委员会、国务院、财政部、国家税务总局、海关总署、国务院关税税则委员会等。因为制定机关不同，单行税收法律法规的效力级别也不同。我国现行税法体系由以下几层效力等级不同的法律法规组成。

（一）全国人民代表大会及其常务委员会制定的法律和有关规范性文件

全国人民代表大会及其常务委员会制定了 3 个税种适用的单行法律，即《中华人民共和国企业所得税法》《中华人民共和国个人所得税法》《中华人民共和国车船税法》；一部税收程序法律，即《税收征管法》。

全国人民代表大会及其常务委员会作出的规范性决议、决定以及全国人民代表大会常务委员会的法律解释，同其制定的法律具有同等的法律效力。例如，1993 年 12 月全国人民代表大会常务委员会审议通过的《关于外商投资企业和外国企业适用增值税、消费税、营业税等税收暂行条例的决定》。

（二）国务院制定的行政法规和有关规范性文件

我国现行税法多数都是国务院制定的行政法规和规范性文件。具体包括以下几种类型：

（1）税收的基本制度。增值税、消费税、营业税、关税、城市维护建设税、烟叶税、资源税、土地增值税、城镇土地使用税、耕地占用税、房产税、契税、车辆购置税、印花税、船舶吨税等税种，适用的税法都是国务院制定的暂行条例或条例。

（2）法律实施条例或实施细则。全国人民代表大会及其常务委员会制定的《个人所得税法》《企业所得税法》《车船税法》《税收征管法》，由国务院制定相应的实施条例或实施细则。

（3）税收的非基本制度。国务院根据实际工作需要制定的规范性文件，包括国务院或者国务院办公厅发布的通知、决定中有关税收政策的规定。例如，1994 年 11 月发布的《国务院关于确保完成消费税、增值税增收任务的紧急通知》。

（4）对税收行政法规具体规定所做的解释。例如，2004 年 2 月国务院办公厅对《〈中华人民共和国城市维护建设税暂行条例〉第五条解释的复函》。

（三）国务院财税主管部门制定的规章及规范性文件

国务院财税主管部门主要是指财政部、国家税务总局、海关总署和国务院关税税则委员会。国务院财税主管部门可以根据法律和行政法规的规定，在本部门权限范围内发布有关税收事项的规章和规范性文件，包括命令、通知、公告等文件形式。具体包括：一是根据行政法规的授权，制定行政法规实施细则；二是在税收法律或者行政法规具体适用过程中，为进一步明确界限或者补充内容而作出的具体规定；三是在部门权限范围内发布有关税收政策和税收征管的规章及规范性文件。

（四）地方人民代表大会及其常务委员会制定的地方性法规和有关规范性文件，地方人民政府制定的地方政府规章和有关规范性文件

我国税收立法权集中在中央，地方只能根据法律、行政法规的授权制定地方性税收法规、规章或者规范性文件，对某些税制要素进行调整。例如，营业税娱乐业税目适用 5%～20%的幅度比例税率，具体适用的税率由省、自治区、直辖市人民政府在规定的幅度内决定。

（五）省或省以下税务机关制定的规范性文件

这些规范性文件的制定依据是税收法律、行政法规、规章及上级税务机关的规范性文件。这些规范性文件只在本地区适用。例如，增值税销售货物的起征点的幅度为月销售额 5 000～20 000 元，省、自治区、直辖市财政厅（局）和国家税务局应在规定的幅度内，根据实际情况确定本地区适用的起征点，并报财政部、国家税务总局备案。

（六）中国政府与外国政府（地区）签订的国际税收协定

国际税收协定是指两个或两个以上主权国家，为协调相互之间的税收分配关系以及处理跨国纳税人征税事务方面的税收关系，而专门签订的协议。其中，最主要的是两个国家之间签订的避免双重征税协定。截至 2014 年 3 月底，我国已对外正式签署 99 个避免双重征税协定，其中 97 个协定已生效，和香港、澳门两个特别行政区签署了税收安排。①

根据《税收征管法》第 91 条规定：中华人民共和国同外国缔结的有关税收的条约、协定同本法有不同规定的，依照条约、协定的规定办理。这条规定表明：在税收征收管理方面，我国同外国缔结的条约、协定与我国法律冲突时，条约、协定优先适用。

---

① 国家税务总局. 税收条约，http://www.chinatax.gov.cn/n810341/n810770/index.html，2015 年 2 月 16 日访问。

练 习 题

1. 如何理解税收的概念？
2. 税收的分类标准有哪些？按照不同标准，税收的类别有哪些？
3. 税法的特征是什么？
4. 税法有哪些构成要素？
5. 起征点、免征额有何区别？
6. 分析税收法定原则的基本含义和表现。
7. 税收法律关系的内容是什么？
8. 我国现行税法体系由哪些法律法规组成？

第二章 增值税法

第一节 增值税概述

一、增值税的概念

增值税是以纳税人在生产经营过程中获取的增值额作为征税对象的一种税。不同于传统流转税按流转收入全额征税，增值税只针对每一环节新增加的价值征税，税负合理，消除了重复征税的问题，自从法国 20 世纪 50 年代首次开征增值税后，迅速被世界各国认可和推行，先后有 160 多个国家开征增值税。[①]增值税是我国第一税收，占税收收入的近三成（见表 2-1），增值税制的完善已成为我国税制改革的重要内容。《中共中央关于全面深化改革若干重大问题的决定》明确提出："推进增值税改革，适当简化税率。"

表 2-1 我国国内增值税占税收收入比重（2010～2013 年）

年 度	税收收入/亿元	国内增值税/亿元	税收占财政收入比重/%
2010	73 210.79	21 093.48	28.81
2011	89 738.39	24 266.63	27.04
2012	100 614.28	26 415.51	26.25
2013	110 530.70	28 810.13	26.10

（数据来源：国家统计局年度数据，比重为计算而得。）

（一）增值额的内涵

理解增值税的概念，关键在于理解增值额。理论上增值额是纳税人在生产经营过程中新创造的价值，即货物或劳务价值 C+V+M[②]部分中的 V+M 部分。对于一个国家而言，一定时期的全社会生产经营的增值额之和，大致相当于净产值或国民收入。对于一件商品经营的全过程而言，一件商品生产经营无论经历几个环节，最终实现消费时的销售额，相当于该件商品各个环节的增值额之和。对于一个生产经营企业而言，增值额是本企业商品销售收入额或经营收入额扣除购进货物金额后的余额，是该企业全体劳动者创造的价值。

（二）增值税的类型

理论上的增值额在各国开征增值税时，会经过法律的重新界定而成为法定增值额。法定

---

① 王玉华. 税法[M]. 北京：经济科学出版社，2014：37.
② C 代表生产经营中所耗费的物化劳动的转移价值，即已消耗的原材料、燃料、辅助材料等；V 代表劳动者所创造的价值中归劳动者个人支配的部分，即以工资形式付给劳动者的报酬；M 代表劳动者所创造的价值中，归社会支配的部分，即税金、利润等。

增值额是指各国政府根据本国国情、经济发展的需要，在增值税制度中人为确定的增值额。法定增值额不同于理论增值额，各国差异性较大。正是因为各国法定增值额计算时扣除项目和方法的不同，形成了不同类型的增值税，即生产型增值税、收入型增值税和消费型增值税。

（1）生产型增值税。生产型增值税以纳税人的销售收入或劳务收入扣除用于生产经营的外购原材料、燃料、动力等生产资料价值后的余额作为法定增值额，但是不允许扣除外购固定资产及其折旧。此时，法定增值额大于理论增值额。虽然生产型增值税可以保证财政收入，但是对固定资产存在重复征税，不利于鼓励投资，是一种实施不彻底的增值税。因征税基数大体相当于国民生产总值的统计口径，因而称为生产型增值税。

（2）收入型增值税。收入型增值税不仅允许扣除用于生产经营的外购原材料、燃料、动力等生产资料价值，也允许扣除外购固定资产当期计入产品价值的折旧部分。此时，法定增值额等于理论增值额。收入型增值税是一种标准的增值税，避免了对固定资产的重复征税，但是采用凭发票扣税计算时，核算折旧费用操作起来比较困难。因征税基数相当于国民收入部分，因而称为收入型增值税。

（3）消费型增值税。消费型增值税允许当期购入固定资产价款一次全部扣除。这样，就整个社会而言，生产资料都排除在征税范围之外。此时，法定增值额小于理论增值额。消费型增值税，便于计算，并且能降低纳税人的税收负担，从而鼓励纳税人投资和更新设备。因征税基数仅限于消费资料价值的部分，因而称为消费型增值税。实施增值税的国家多选择消费型增值税。我国从 2009 年 1 月 1 日起，在全国所有地区实施消费型增值税。

二、增值税的发展

增值税是一个新兴的流转税种，1954 年法国率先开征增值税，只对商品在生产阶段的增值额征税。因为增值税的开征改变了传统流转税按商品的流转全额征税，解决了重复征税问题，迅速被世界各国采用。

1979 年，我国开始在柳州、长沙等城市试点开征增值税。1983 年 1 月 1 日财政部制定的《增值税暂行办法》开始在全国试行，增值税的征税地点扩大到全国范围。1984 年，国务院发布《中华人民共和国增值税暂行条例（草案）》，并于同年 10 月起施行。这一阶段的增值税只是引进了增值税计税方法，并非真正意义上的增值税。

1993 年 12 月 13 日发布《中华人民共和国增值税暂行条例》（以下简称《增值税暂行条例》），并于 1994 年 1 月 1 日起施行，《中华人民共和国增值税暂行条例实施细则》（以下简称《增值税暂行条例实施细则》）同日施行。这一阶段，增值税的征税范围为销售货物，加工、修理修配劳务和进口货物，因不允许一般纳税人扣除固定资产的进项税额，属于生产型增值税。

21 世纪初，我国开始实行由生产型增值税向消费型增值税的转型试点。2004 年 7 月 1 日起，东北地区的辽宁省、吉林省、黑龙江省和大连市实行扩大增值税抵扣范围政策的试点。之后转型试点范围不断扩大。2009 年 1 月 1 日新修订的《增值税暂行条例》及《增值税暂行条例实施细则》确定在全国范围内实施增值税转型改革，将固定资产进项税额纳入抵扣范围，并降低了增值税征收率，延长了纳税申报期限。

2011 年 3 月，《中华人民共和国国民经济和社会发展第十二个五年规划纲要》，确定的税制改革目标之一是"扩大增值税征收范围，相应调减营业税等税收"。2011 年 11 月 16 日，经国务院批准，财政部、国家税务总局联合下发《营业税改征增值税试点方案》。2012 年 1 月 1 日，在上海试点交通运输业和部分现代服务业营业税改征增值税，之后逐步扩大试点地区，直至 2013 年 8 月 1 日推广到全国试行，即《交通运输业和部分现代服务业营业税改征增值税试点实施办法》开始施行。2014 年 1 月 1 日起，根据《关于将铁路运输和邮政业纳入营业税改征增值税试点的通知》，铁路运输和邮政服务业纳入营业税改征增值税试点，至此交通运输业已全部纳入营改增试点。2014 年 6 月 1 日起，根据《关于将电信业纳入营业税改征增值税试点的通知》，将电信业纳入营业税改征增值税试点范围。

三、增值税的特点

（一）征税范围广泛

增值税是对从事商品生产经营和劳务、服务提供的所有单位和个人征收的，征税范围可以扩大到农业、制造业、商业、服务业等商品经济的全部领域，在各个流通环节普遍征收。将各行业适用同一税种，既消除了不同行业纳税人的税负不均的情况，也简化了税制，节约了税收成本。

（二）体现了税收中性原则

税收中性原则的核心思想是税收不应干扰和扭曲市场机制的正常运行。具体含义包括：①税收不应改变生产者和消费者的经济决策，不应扭曲资源配置格局；②税收不应给纳税人产生额外负担，以促使社会经济效率水平和福利水平的增长；③维护国内税负公平及国际税收公平，税收不能扭曲和破坏平等竞争的外部条件。[①] 增值税在计税时将本环节非增值部分扣除，同一件商品无论经历多少流转环节，只要增值额相同，最终所缴纳的增值税都是一样的。可见，相对于传统流转税的全额计征，增值税更鼓励专业化协作生产，从而提高各个环节的生产效率，在不破坏资源配置格局的前提下，适度征税。所以，增值税的开征是对税收中性原则的最佳践行。

（三）实行税款抵扣制度

增值税以增值额作为计税依据，增值额的计算采取税款抵扣制度，即从纳税人销售应税货物或应税服务需缴纳增值税税款（销项税额）中，扣除纳税人购进货物或应税服务中已缴纳的增值税税款（进项税额）。不同于企业所得税采取直接计算应纳税所得额的方法，增值税采取间接扣减的方法来计算增值额。增值税税款的抵扣通过增值税专用发票等扣税凭证操作，比起直接核算增值额，这种方法简单易行。

（四）采用比例税率

各国开征增值税，一般实行简便易行的比例税率。由于对不同行业的纳税人而言，增值额在性质上是一样的，因而各国都会设立基本税率普遍适用绝大部分征税范围。当然各国也会因经济社会政策的调整，对某些行业或某个产品实行较低的税率。总之，各国的增值税一般都规定有基本税率和低税率两部分。

---

① 刘大洪，张剑辉. 税收中性与税收调控的经济法思考[J]. 中南财经政法大学学报, 2002(4) 95.

第二节　增值税的征税范围与纳税义务人

一、征税范围

（一）《增值税暂行条例》的基本规定

根据《增值税暂行条例》第1条的规定，增值税的征税范围包括：

1. 在我国境内销售货物

销售货物，即有偿转让货物的所有权。销售货物的起运地或者所在地在我国境内。其中，货物是指有形动产，包括电力、热力、气体在内。

2. 在我国境内提供加工、修理修配劳务

加工是指受托加工货物，即委托方提供原料及主要材料，受托方按照委托方的要求，制造货物并收取加工费的业务；修理修配是指受托对损伤和丧失功能的货物进行修复，使其恢复原状和功能的业务。提供加工、修理修配劳务（以下称应税劳务）是指有偿提供加工、修理修配劳务。单位或者个体工商户聘用的员工为本单位或者雇主提供加工、修理修配劳务，不包括在内。这里的有偿，是指从购买方取得货币、货物或者其他经济利益。

3. 进口货物

进口货物是指将货物从境外移送至我国海关境内的行为。只要进入我国海关境内的货物，应于进口报关时向海关缴纳增值税。

（二）营业税改增值税试点的规定

根据《交通运输业和部分现代服务业营业税改征增值税试点实施办法》《关于将铁路运输和邮政业纳入营业税改征增值税试点的通知》《关于将电信业纳入营业税改征增值税试点的通知》的规定，在我国境内提供交通运输业、邮政业、部分现代服务业服务以及电信业（以下称应税服务），应当缴纳增值税，不再缴纳营业税。应税服务具体包括：

1. 交通运输业

交通运输业是指使用运输工具将货物或者旅客送达目的地，使其空间位置得到转移的业务活动。包括陆路运输服务、水路运输服务、航空运输服务和管道运输服务。

（1）陆路运输服务是指通过陆路（地上或者地下）运送货物或者旅客的运输业务活动，包括铁路运输和铁路运输以外的陆路运输业务活动，具体包括公路运输、缆车运输、索道运输、地铁运输、城市轻轨运输等。

出租车公司向使用本公司自有出租车的出租车司机收取的管理费用，按陆路运输服务征收增值税。

（2）水路运输服务是指通过江、河、湖、川等天然、人工水道或者海洋航道运送货物或者旅客的运输业务活动。

远洋运输的程租、期租业务①，属于水路运输服务。

（3）航空运输服务是指通过空中航线运送货物或者旅客的运输业务活动。航空运输的湿

---

① 程租业务是指远洋运输企业为租赁人完成某一特定航次的运输任务并收取租赁费的业务。期租业务是指远洋运输企业将配备有操作人员的船舶承租给他人使用一定期限，承租期内听候承租方调遣，不论是否经营，均按天向承租方收取租赁费，发生的固定费用均由船东负担的业务。

租业务①，属于航空运输服务。

航天运输服务，按照航空运输服务征收增值税。

（4）管道运输服务是指通过管道设施输送气体、液体、固体物质的运输业务活动。

2. 邮政业

邮政业是指中国邮政集团公司及其所属邮政企业提供邮件寄递、邮政汇兑、机要通信和邮政代理等邮政基本服务的业务活动。包括邮政普遍服务、邮政特殊服务和其他邮政服务。

（1）邮政普遍服务是指函件、包裹等邮件寄递，以及邮票发行、报刊发行和邮政汇兑等业务活动。

（2）邮政特殊服务是指义务兵平常信函、机要通信、盲人读物和革命烈士遗物的寄递等业务活动。

（3）其他邮政服务是指邮册等邮品销售、邮政代理等业务活动。

3. 部分现代服务业

部分现代服务业是指围绕制造业、文化产业、现代物流产业等提供技术性、知识性服务的业务活动。包括研发和技术服务、信息技术服务、文化创意服务、物流辅助服务、有形动产租赁服务、鉴证咨询服务、广播影视服务。

（1）研发和技术服务，包括研发服务、技术转让服务、技术咨询服务、合同能源管理服务、工程勘察勘探服务。

（2）信息技术服务是指利用计算机、通信网络等技术对信息进行生产、收集、处理、加工、存储、运输、检索和利用，并提供信息服务的业务活动。包括软件服务、电路设计及测试服务、信息系统服务和业务流程管理服务。

（3）文化创意服务，包括设计服务、商标和著作权转让服务、知识产权服务、广告服务和会议展览服务。

（4）物流辅助服务，包括航空服务、港口码头服务、货运客运场站服务、打捞救助服务、货物运输代理服务、代理报关服务、仓储服务、装卸搬运服务和收派服务。

（5）有形动产租赁，包括有形动产融资租赁和有形动产经营性租赁。

（6）鉴证咨询服务，包括认证服务、鉴证服务和咨询服务。

（7）广播影视服务，包括广播影视节目（作品）的制作服务、发行服务和播映（含放映）服务。

4. 电信业

电信业是指利用有线、无线的电磁系统或者光电系统等各种通信网络资源，提供语音通话服务，传送、发射、接收或者应用图像、短信等电子数据和信息的业务活动。包括基础电信服务和增值电信服务。

（1）基础电信服务是指利用固网、移动网、卫星、互联网，提供语音通话服务的业务活动，以及出租或者出售带宽、波长等网络元素的业务活动。

（2）增值电信服务是指利用固网、移动网、卫星、互联网、有线电视网络，提供短信和彩信服务、电子数据和信息的传输及应用服务、互联网接入服务等业务活动。卫星电视信号

---

① 湿租业务是指航空运输企业将配备有机组人员的飞机承租给他人使用一定期限，承租期内听候承租方调遣，不论是否经营，均按一定标准向承租方收取租赁费，发生的固定费用均由承租方承担的业务。

落地转接服务，按照增值电信服务计算缴纳增值税。

（三）征税范围的其他规定

1．视同销售货物行为

单位或者个体工商户的下列行为，视同销售货物：

●将货物交付其他单位或者个人代销。

●销售代销货物。

●设有两个以上机构并实行统一核算的纳税人，将货物从一个机构移送其他机构用于销售，但相关机构设在同一县（市）的除外。

●将自产或者委托加工的货物用于非增值税应税项目。

●将自产、委托加工的货物用于集体福利或者个人消费。

●将自产、委托加工或者购进的货物作为投资，提供给其他单位或者个体工商户。

●将自产、委托加工或者购进的货物分配给股东或者投资者。

●将自产、委托加工或者购进的货物无偿赠送其他单位或者个人。

以上行为虽不具有销售货物的一般含义，但视同销售货物行为，也要征收增值税。采取此种做法的主要目的有三个：一是保证增值税税款抵扣制度的实施，不致因发生上述行为而造成各相关环节税款链条的中断；二是避免因发生上述行为货物销售税收负担不平衡的矛盾，防止以上述行为逃避纳税现象的发生；三是体现增值税计算的配比原则，即购进货物在购进环节实施了进项税额的抵扣，就应该产生相应的销售额，同时就应该产生相应的销项税额。①

2．视同提供应税服务

单位和个体工商户的下列情形，视同提供应税服务：

●向其他单位或者个人无偿提供交通运输业和部分现代服务业服务，但以公益活动为目的或者以社会公众为对象的除外。

●财政部和国家税务总局规定的其他情形。

视同提供应税服务，同样要征收增值税。

3．混合销售行为

混合销售行为是指一项销售行为既涉及货物又涉及非增值税应税劳务。非增值税应税劳务是指属于应缴营业税的交通运输业、建筑业、金融保险业、邮电通信业、文化体育业、娱乐业、服务业税目征收范围的劳务。

除《增值税暂行条例实施细则》第 6 条②的规定外，从事货物的生产、批发或者零售的企业、企业性单位和个体工商户的混合销售行为，视为销售货物，应当缴纳增值税，其销售额为货物的销售额与非增值税应税劳务营业额的合计；其他单位和个人的混合销售行为，视为销售非增值税应税劳务，不缴纳增值税。其中，从事货物的生产、批发或者零售的企业、企业性单位和个体工商户，包括以从事货物的生产、批发或者零售为主，并兼营非增值税应税劳务的单位和个体工商户在内。

---

① 中国注册会计师协会. 税法[M]. 经济科学出版社，2014：44.

②《增值税暂行条例实施细则》第 6 条：纳税人的下列混合销售行为，应当分别核算货物的销售额和非增值税应税劳务的营业额，并根据其销售货物的销售额计算缴纳增值税，非增值税应税劳务的营业额不缴纳增值税；未分别核算的，由主管税务机关核定其货物的销售额：销售自产货物并同时提供建筑业劳务的行为；财政部、国家税务总局规定的其他情形。

4．兼营非增值税应税项目

纳税人兼营非增值税应税项目的，应分别核算货物或者应税劳务的销售额和非增值税应税项目的营业额；未分别核算的，由主管税务机关核定货物或者应税劳务的销售额。

二、纳税义务人和扣缴义务人

（一）纳税义务人

在我国境内销售货物或者提供加工、修理修配劳务，进口货物以及在我国境内提供交通运输业、邮政业、部分现代服务业服务、电信业的单位和个人，为增值税的纳税人。

单位是指企业、行政单位、事业单位、军事单位、社会团体及其他单位。个人是指个体工商户和其他个人。

单位租赁或者承包给其他单位或者个人经营的，以承租人或者承包人为纳税人。

（二）扣缴义务人

中华人民共和国境外的单位或者个人在境内提供应税劳务，在境内未设有经营机构的，以其境内代理人为扣缴义务人；在境内没有代理人的，以购买方为扣缴义务人。

第三节　一般纳税人与小规模纳税人

理论上讲，只要是增值税都应该采取专用发票抵扣税款的方法征缴。但是抵扣凭证的开具和使用必须建立在纳税人会计核算制度健全的基础上，我国大量的小企业以及个人因没有健全的核算制度并不具备抵扣税款的条件。为了简化以便于征管，并填补征管漏洞，我国将增值税纳税人分为一般纳税人和小规模纳税人，会计核算制度健全的一般纳税人可以使用扣税凭证抵扣进项税额，小规模纳税人则不得抵扣进项税额，直接用销售额和征收率计算应纳税额。

一、一般纳税人的认定和管理

根据 2010 年 3 月 20 日起施行的《增值税一般纳税人资格认定管理办法》，以及 2014 年 1 月 1 日起施行的《关于营业税改征增值税试点增值税一般纳税人资格认定有关事项的公告》，一般纳税人认定和管理的规定如下：

（一）申请一般纳税人认定的资格条件

一般纳税人是指通过申请，获得主管税务机关一般纳税人资格认定的增值税纳税人。

（1）年应税销售额超过财政部、国家税务总局规定的小规模纳税人标准的，应当向主管税务机关申请一般纳税人资格认定。年应税销售额是指纳税人在连续不超过 12 个月的经营期①内累计应征增值税销售额，年应税销售额包括纳税申报销售额、稽查查补销售额、纳税评估调整销售额、税务机关代开发票销售额和免税销售额。稽查查补销售额和纳税评估调整销售额计入查补税款申报当月的销售额，不计入税款所属期销售额。

"营改增"试点实施前应税服务年销售额超过 500 万元的试点纳税人，应向国税主管税务机关申请办理增值税一般纳税人资格认定手续。试点纳税人试点实施前的应税服务年销售额按以下公式换算：应税服务年销售额＝连续不超过 12 个月应税服务营业额合计÷（1＋3%）。

---

① 经营期是指在纳税人存续期内的连续经营期间，含未取得销售收入的月份。

按照现行营业税规定的差额征收营业税的试点纳税人，其应税服务营业额按未扣除之前的营业额计算。

（2）年应税销售额未超过财政部、国家税务总局规定的小规模纳税人标准以及新开业的纳税人，可以向主管税务机关申请一般纳税人资格认定。对提出申请并且同时符合下列条件的纳税人，主管税务机关应当为其办理一般纳税人资格认定：①有固定的生产经营场所；②能够按照国家统一的会计制度规定设置账簿，根据合法、有效凭证核算，能够提供准确税务资料。

试点实施前应税服务年销售额未超过 500 万元的试点纳税人，如符合相关规定条件，也可以向主管税务机关申请增值税一般纳税人资格认定。

（3）试点实施后，符合条件的试点纳税人应按照《增值税一般纳税人资格认定管理办法》及相关规定，办理增值税一般纳税人资格认定。按照"营改增"有关规定，在确定销售额时可以差额扣除的试点纳税人，其应税服务年销售额按未扣除之前的销售额计算。

（4）试点纳税人兼有销售货物、提供加工修理修配劳务以及应税服务的，应税货物及劳务销售额与应税服务销售额分别计算，分别适用增值税一般纳税人资格认定标准。

综上，申请一般纳税人认定的资格条件有两个：一是年应税销售额在规定标准之上；二是会计核算制度健全。第二个条件是充分必要条件，相对而言，应税销售额在规定标准之上并不是每个一般纳税人都需要达到的。

（二）不办理或无需办理一般纳税人资格认定的纳税人

（1）下列纳税人不办理一般纳税人资格认定：

1）个体工商户以外的其他个人，即自然人。

2）选择按照小规模纳税人纳税的非企业性单位，即行政单位、事业单位、军事单位、社会团体和其他单位。

3）选择按照小规模纳税人纳税的不经常发生应税行为的企业，即偶然发生增值税应税行为的非增值税纳税人。

（2）试点实施前已取得增值税一般纳税人资格并兼有应税服务的试点纳税人，不需要重新申请认定，由主管税务机关制作、送达《税务事项通知书》，告知纳税人。

（三）纳税人办理一般纳税人资格认定的程序

（1）纳税人按照下列程序办理一般纳税人资格认定：

1）纳税人应当在申报期结束后 40 日（工作日，下同）内向主管税务机关报送《增值税一般纳税人申请认定表》（见表 2-2，以下简称申请表），申请一般纳税人资格认定。

2）认定机关应当在主管税务机关受理申请之日起 20 日内完成一般纳税人资格认定，并由主管税务机关制作、送达《税务事项通知书》，告知纳税人。

3）纳税人未在规定期限内申请一般纳税人资格认定的，主管税务机关应当在规定期限结束后 20 日内制作并送达《税务事项通知书》，告知纳税人。

4）不办理一般纳税人资格认定的纳税人，应当在收到《税务事项通知书》后 10 日内向主管税务机关报送《不认定增值税一般纳税人申请表》（见表 2-3），经认定机关批准后不办理一般纳税人资格认定。认定机关应当在主管税务机关受理申请之日起 20 日内批准完毕，并由主管税务机关制作、送达《税务事项通知书》，告知纳税人。

表2-2　增值税一般纳税人申请认定表

纳税人名称			纳税人识别号	
法定代表人 （负责人、业主）		证件名称及号码	联系电话	
财务负责人		证件名称及号码	联系电话	
办税人员		证件名称及号码	联系电话	
生产经营地址				
核算地址				
纳税人类别：企业、企业性单位□　非企业性单位□　个体工商户□　其他□				
纳税人主业：工业□　商业□　其他□				
认定前累计应税销售额 （连续不超过12个月的经营期内）			年　月至　年　月共　　　　元。	
纳税人声明		上述各项内容真实、可靠、完整。如有虚假，本纳税人愿意承担相关法律责任。 （签章）： 年　月　日		
税务机关				
受理意见			受理人签名： 年　月　日	
查验意见			查验人签名： 年　月　日	
主管税务机关意见			（签章） 年　月　日	
认定机关意见			（签章） 年　月　日	

表2-3　不认定增值税一般纳税人申请表

纳税人名称		纳税人识别号	
纳税人意见		（签章） 年　月　日	
主管税务机关意见		（签章） 年　月　日	
认定机关意见		（签章） 年　月　日	

（2）年应税销售额未超过财政部、国家税务总局规定的小规模纳税人标准以及新开业的纳税人，按照下列程序办理一般纳税人资格认定：

1）纳税人应当向主管税务机关填报申请表，并提供下列资料：

① 《税务登记证》副本；

② 财务负责人和办税人员的身份证明及其复印件；

③ 会计人员的从业资格证明或者与中介机构签订的代理记账协议及其复印件；

④ 经营场所产权证明或者租赁协议，或者其他可使用场地证明及其复印件；

⑤ 国家税务总局规定的其他有关资料。

2）主管税务机关应当当场核对纳税人的申请资料，经核对一致且申请资料齐全、符合填列要求的，当场受理，制作《文书受理回执单》，并将有关资料的原件退还纳税人。对申请资料不齐全或者不符合填列要求的，应当当场告知纳税人需要补正的全部内容。

3）主管税务机关受理纳税人申请以后，根据需要进行实地查验，并制作查验报告。查验报告由纳税人法定代表人（负责人或者业主）、税务查验人员共同签字（签章）确认。在实地查验时，应当有两名或者两名以上税务机关工作人员同时到场。实地查验的范围和方法由各省税务机关确定并报国家税务总局备案。

4）认定机关应当自主管税务机关受理申请之日起 20 日内完成一般纳税人资格认定，并由主管税务机关制作、送达《税务事项通知书》，告知纳税人。

（3）完成认定，主管税务机关应当在一般纳税人《税务登记证》副本"资格认定"栏内加盖"增值税一般纳税人"戳记，如图 2-1 所示。

（4）纳税人自认定机关认定为一般纳税人的次月起（新开业纳税人自主管税务机关受理申请的当月起），按照《增值税暂行条例》的规定计算应纳税额，并按照规定领购、使用增值税专用发票。

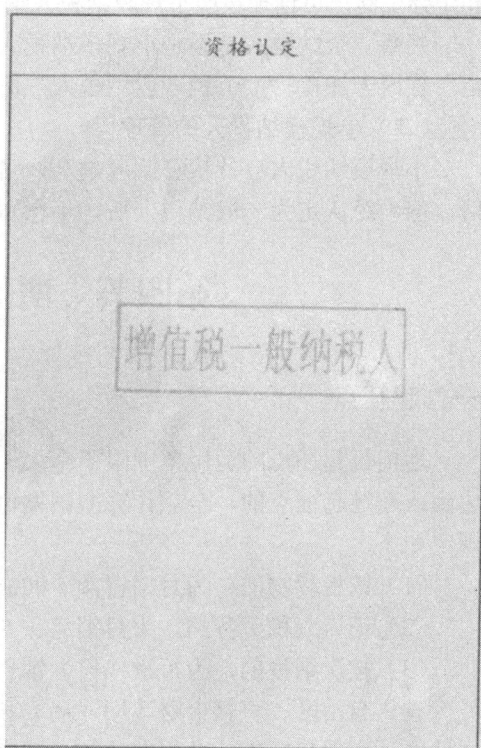

图 2-1　"增值税一般纳税人"戳记图样

（5）除国家税务总局另有规定外，纳税人一经认定为一般纳税人后，不得转为小规模纳税人。

二、小规模纳税人的范围和管理

根据《增值税暂行条例》《增值税暂行条例实施细则》以及"营改增"相关文件，小规模纳税人的范围和管理如下：

（一）小规模纳税人的范围

小规模纳税人是指应税销售额在规定标准以下，并且会计核算制度不健全的增值税纳税人。会计核算制度不健全是指不能够按照国家统一的会计制度规定设置账簿，无法根据合法、有效凭证核算。小规模纳税人包括：

1）从事货物生产或者提供应税劳务的纳税人，以及以从事货物生产或者提供应税劳务为主，[①] 并兼营货物批发或者零售的纳税人，年应征增值税销售额在 50 万元以下（含本数，下同）的。

2）第 1 项规定以外的纳税人，年应税销售额在 80 万元以下的。

3）年应税销售额超过小规模纳税人标准的其他个人按小规模纳税人纳税。

4）非企业性单位、不经常发生应税行为的企业可选择按小规模纳税人纳税。

5）试点实施前应税服务年销售额未超过 500 万元的试点纳税人为小规模纳税人。

6）兼有销售货物、提供加工修理修配劳务以及应税服务，且不经常发生应税行为的单位和个体工商户可选择按照小规模纳税人纳税。

判断一个纳税人是不是小规模纳税人的方法很简单，只要《税务登记证》副本"资格认定"栏内未加盖"增值税一般纳税人"戳记，即为增值税小规模纳税人。

（二）小规模纳税人的管理

小规模纳税人会计核算制度健全，可以向主管税务机关提出认定增值税一般纳税人的申请，但一经认定为一般纳税人后，不得再转为小规模纳税人。

第四节　增值税的起征点与税率

一、起征点

增值税起征点的适用范围限于个人。纳税人的销售额未达到起征点的，不征收增值税；达到或超过起征点的，全额计算缴纳增值税。自 2011 年 11 月 1 日起，增值税起征点的幅度规定如下：

（1）销售货物的，为月销售额 5 000～20 000 元。

（2）销售应税劳务的，为月销售额 5 000～20 000 元。

（3）按次纳税的，为每次（日）销售额 300～500 元。

省、自治区、直辖市财政厅（局）和国家税务局应在规定的幅度内，根据实际情况确定本地区适用的起征点，并报财政部、国家税务总局备案。

二、税率

（一）基本税率

增值税一般纳税人销售或者进口货物，提供加工、修理修配劳务，提供应税服务，除适用低税率、零税率的范围外，税率一律为17%，称为基本税率。

（二）低税率

（1）增值税一般纳税人销售或者进口下列货物，除另有规定，适用13%的低税率征收增值税：

---

① 从事货物生产或者提供应税劳务为主，是指纳税人的年货物生产或者提供应税劳务的销售额占年应税销售额的比重在50%以上。

1）粮食、食用植物油。

2）自来水、暖气、冷气、热水、煤气、石油液化气、天然气、沼气、居民用煤炭制品。

3）图书、报纸、杂志。

4）饲料、化肥、农药、农机、农膜。

5）国务院及其有关部门规定的其他货物。

根据《财政部、国家税务总局关于部分货物适用增值税低税率和简易办法征收增值税政策的通知》等文件的规定，适用13%的低税率还有农产品、音像制品、电子出版物、二甲醚等货物。

（2）提供交通运输业服务、邮政业服务、基础电信服务，税率为11%。

（3）提供现代服务业服务（有形动产租赁服务除外）、增值电信服务，税率为6%。

纳税人兼营不同税率的货物或者应税劳务和服务，应当分别核算不同税率货物或者应税劳务和服务的销售额；未分别核算销售额的，从高适用税率。

（三）零税率

纳税人出口货物和财政部、国家税务总局规定的应税服务，税率为零；但国务院另有规定的除外。

零数率与免税并不同：免税只是在该征税环节免征增值税，之前环节已经征收的增值税税款不退还。零税率是指出口货物或应税服务应不含增值税，之前的环节已经征收的增值税税款应予以退还，从而以不含增值税的产品和应税服务进入国际市场，以提升相关产品和服务的国际竞争力。

（四）征收率

我国对小规模纳税人以及特别情形采用简易征收方法，不抵扣进项税额，适用的税率称为征收率。

1．小规模纳税人的征收率

从2009年1月1日起，小规模纳税人增值税征收率为3%，征收率的调整由国务院决定。由于小规模纳税人不能抵扣进项税额，适用较低的征收率有助于平衡小规模纳税人和一般纳税人的税负水平，确保中小企业的健康发展。

小规模纳税人销售货物，提供加工、修理修配劳务，提供交通运输业、邮政业、部分现代服务业服务，均适用3%的征收率。

2．特别情形的征收率

根据《财政部、国家税务总局关于部分货物适用增值税低税率和简易办法征收增值税政策的通知》《财政部、国家税务总局关于全国实施增值税转型改革若干问题的通知》《财政部国家税务总局关于简并增值税征收率政策的通知》，从2014年7月1日起增值税征收率统一调整为3%。具体规定如下：

（1）一般纳税人销售自己使用过的属于《增值税暂行条例》第10条规定不得抵扣且未抵扣进项税额的固定资产，按照简易办法依照3%征收率减按2%征收增值税。

（2）2008年12月31日以前未纳入扩大增值税抵扣范围试点的纳税人，销售自己使用过的2008年12月31日以前购进或者自制的固定资产，按照简易办法依照3%征收率减按2%征收增值税。

（3）2008 年 12 月 31 日以前已纳入扩大增值税抵扣范围试点的纳税人，销售自己使用过的在本地区扩大增值税抵扣范围试点以前购进或者自制的固定资产，按照简易办法依照 3%征收率减按 2%征收增值税；销售自己使用过的在本地区扩大增值税抵扣范围试点以后购进或者自制的固定资产，按照适用税率征收增值税。

（4）小规模纳税人（除其他个人外，下同）销售自己使用过的固定资产，减按 2%征收率征收增值税。小规模纳税人销售自己使用过的除固定资产以外的物品，应按 3%的征收率征收增值税。

（5）纳税人销售旧货，按照简易办法依照 3%征收率减按 2%征收增值税。旧货是指进入二次流通的具有部分使用价值的货物（含旧汽车、旧摩托车和旧游艇），但不包括自己使用过的物品。

（6）一般纳税人销售自产的下列货物，可选择按照简易办法依照 3%征收率计算缴纳增值税：

1）县级及县级以下小型水力发电单位生产的电力。小型水力发电单位是指各类投资主体建设的装机容量为 5 万 kw 以下（含 5 万 kw）的小型水力发电单位。

2）建筑用和生产建筑材料所用的砂、土、石料。

3）以自己采掘的砂、土、石料或其他矿物连续生产的砖、瓦、石灰（不含黏土实心砖、瓦）。

4）用微生物、微生物代谢产物、动物毒素、人或动物的血液或组织制成的生物制品。

5）自来水。

6）商品混凝土（仅限于以水泥为原料生产的水泥混凝土）。

一般纳税人选择简易办法计算缴纳增值税后，36 个月内不得变更。

（7）一般纳税人销售货物属于下列情形之一的，按照简易办法依照 3%征收率计算缴纳增值税：

1）寄售商店代销寄售物品（包括居民个人寄售的物品在内）。

2）典当业销售死当物品。

3）经国务院或国务院授权机关批准的免税商店零售的免税品。

第五节　增值税应纳税额的计算

因为采用的征税方法不同，增值税应纳税额的计算分为一般纳税人应纳税额的计算、采取简易办法的应纳税额的计算、进口货物应纳税额的计算 3 种。

一、一般纳税人应纳税额的计算

增值税一般纳税人销售货物或者提供应税劳务和应税服务（以下简称销售货物或者应税劳务和服务），应纳税额为当期销项税额抵扣当期进项税额后的余额。应纳税额的计算公式为：

$$应纳税额 = 当期销项税额 - 当期进项税额$$

这种增值税一般纳税人应纳税额的计算方法也简称为一般计税法。纳税人当期应纳增值税的多少，取决于当期销项税额和当期进项税额两个数额。如果当期销项税额大于当期进项税额，之间的差额就是纳税人当期应纳的增值税；如果当期销项税额等于当期进项税额，纳税人当期应纳的增值税为零；如果当期销项税额小于当期进项税额不足抵扣时，纳税人当期应纳的增值税为零，其不足部分可以结转下期继续抵扣。

（一）销项税额

销项税额是纳税人销售货物或者应税劳务和服务，按照销售额和规定的税率计算并向购买方收取的增值税额。销项税额的计算公式为：

$$销项税额 = 销售额 \times 适用税率$$

销项税额的计算取决于销售额、适用税率两个数额，在已明确适用税率的前提下，销项税额的高低取决于销售额的大小。因而销售额含义和确定方法是计征增值税的关键，多部法律法规都对这部分内容作出了明确的规定。

1. 销售额的基本含义

销售额是指纳税人销售货物或者应税劳务和服务向购买方收取的全部价款和价外费用，但是不包括收取的销项税额。增值税属于价外税，是以不含增值税的价款作为计税依据，所以销售额中不能包括向购买方收取的销项税额。

如果纳税人销售货物或者应税劳务和服务采取销售额和销项税额合并定价，即含税收入，则按下列公式计算销售额：

$$销售额 = 含税收入 \div （1 + 适用税率）$$

价外费用，包括价外向购买方收取的手续费、补贴、基金、集资费、返还利润、奖励费、违约金、滞纳金、延期付款利息、赔偿金、代收款项、代垫款项、包装费、包装物租金、储备费、优质费、运输装卸费以及其他各种性质的价外收费。但下列项目不包括在内：

（1）受托加工应征消费税的消费品所代收代缴的消费税。

（2）同时符合以下条件的代垫运输费用：

1）承运部门的运输费用发票开具给购买方的。

2）纳税人将该项发票转交给购买方的。

（3）同时符合以下条件代为收取的政府性基金或者行政事业性收费：

1）由国务院或者财政部批准设立的政府性基金，由国务院或者省级人民政府及其财政、价格主管部门批准设立的行政事业性收费。

2）收取时开具省级以上财政部门印制的财政票据。

3）所收款项全额上缴财政。

（4）销售货物的同时代办保险等而向购买方收取的保险费，以及向购买方收取的代购买方缴纳的车辆购置税、车辆牌照费。

需要注意的是，根据《国家税务总局关于增值税若干征管问题的通知》的规定，对增值税一般纳税人(包括纳税人自己或代其他部门)向购买方收取的价外费用和逾期包装物押金，应视为含税收入，在征税时换算成不含税收入并入销售额计征增值税。

销售额以人民币计算。纳税人以人民币以外的货币结算销售额的，应当折合成人民币计算。折合率可以选择销售额发生的当天或者当月1日的人民币汇率中间价。纳税人应在事先确定采用何种折合率，确定后1年内不得变更。

2. 折扣销售方式销售额的确定

纳税人采取折扣方式销售货物，如果销售额和折扣额在同一张发票上分别注明的，可按折扣后的销售额征收增值税。如果将折扣额另开发票，不论其在财务上如何处理，均不得从销售额中减除折扣额。

纳税人提供应税服务，将价款和折扣额在同一张发票上分别注明的，以折扣后的价款为销售额；未在同一张发票上分别注明的，以价款为销售额，不得扣减折扣额。

3. 以旧换新销售方式销售额的确定

纳税人采取以旧换新方式销售货物，应按新货物的同期销售价格确定销售额，不得扣减旧货物的收购价格。根据《关于金银首饰等货物征收增值税问题的通知》，对金银首饰以旧换新业务可以按销售方实际收取的不含增值税的全部价款征收增值税。

4. 还本销售方式销售额的确定

还本销售是纳税人在销售货物后，到一定期限由销售方一次或是分次退还给购货方全部或部分货款的一种销售方式。这种方式实质上是用货物换取资金的使用价值，到期返还本金的全部或部分而不用支付利息。因而税法规定，纳税人采取还本销售方式销售货物，不得从销售额中减除还本支出。

5. 以物易物销售方式销售额的确定

以物易物双方都应作购销处理，以各自发出的货物核算销售额并计算销项税额，以各自收到的货物按规定核算购货额并计算进项税额。需要注意的是，在以物易物活动中，应分别开具合法的票据，若收到的货物不能取得相应的增值税专用发票等合法扣税凭证的，不能抵扣进项税额。

6. 包装物押金是否计入销售额

（1）纳税人为销售货物而出租、出借包装物收取的押金，单独记账核算的，不并入销售额，税法另有规定的除外。但对逾期（一般以1年为限）未收回包装物而不再退还的押金，应并入销售额，并按所包装货物的适用税率计算销项税额。

（2）对销售除啤酒、黄酒以外的其他酒类产品而收取的包装物押金，无论是否返还以及会计上如何核算，均应并入当期销售额征税。

7. 融资租赁企业的销售额

（1）经中国人民银行、银监会或者商务部批准从事融资租赁业务的试点纳税人，提供有形动产融资性售后回租服务，[①]以收取的全部价款和价外费用，扣除向承租方收取的有形动产价款本金，以及对外支付的借款利息（包括外汇借款和人民币借款利息）、发行债券利息后的余额为销售额。

试点纳税人提供融资性售后回租服务，向承租方收取的有形动产价款本金，不得开具增值税专用发票，可以开具普通发票。

（2）经中国人民银行、银监会或者商务部批准从事融资租赁业务的纳税人，提供除融资性售后回租以外的有形动产融资租赁服务，以收取的全部价款和价外费用，扣除支付的借款利息（包括外汇借款和人民币借款利息）、发行债券利息、保险费、安装费和车辆购置税后的余额为销售额。

---

① 融资性售后回租是指承租方以融资为目的，将资产出售给从事融资租赁业务的企业后，又将该资产租回的业务活动。

（3）本规定自 2013 年 8 月 1 日起执行。商务部授权的省级商务主管部门和国家经济技术开发区批准的从事融资租赁业务的试点纳税人，2013 年 12 月 31 日前注册资本达到 1.7 亿元的，自 2013 年 8 月 1 日起，按照上述规定执行；2014 年 1 月 1 日以后注册资本达到 1.7 亿元的，从达到该标准的次月起，按照上述规定执行。

8．电信业企业的销售额

（1）纳税人提供电信业服务时，附带赠送用户识别卡、电信终端等货物或者电信业服务的，应将其取得的全部价款和价外费用进行分别核算，按各自适用的税率计算缴纳增值税。

（2）中国移动通信集团公司、中国联合网络通信集团有限公司、中国电信集团公司及其成员单位通过手机短信公益特服号为规定公益性机构接受捐款服务，以其取得的全部价款和价外费用，扣除支付给公益性机构捐款后的余额为销售额。

9．主管税务机关核定销售额

纳税人销售货物或者应税劳务的价格明显偏低并无正当理由的，以及纳税人有视同销售货物行为而无销售额的，由主管税务机关按下列顺序核定其销售额。

（1）按纳税人最近时期同类货物的平均销售价格确定；

（2）按其他纳税人最近时期同类货物的平均销售价格确定。

（3）按组成计税价格确定。组成计税价格的公式为。

$$组成计税价格 = 成本 × （1 + 成本利润率）$$

纳税人提供应税服务的价格明显偏低或者偏高且不具有合理商业目的的，或者发生视同提供应税服务而无销售额的，主管税务机关有权按照下列顺序确定销售额：

（1）按照纳税人最近时期提供同类应税服务的平均价格确定。

（2）按照其他纳税人最近时期提供同类应税服务的平均价格确定。

（3）按照组成计税价格确定。组成计税价格的公式为：

$$组成计税价格 = 成本 × （1 + 成本利润率）$$

属于应征消费税的货物，其组成计税价格中应加计消费税额。组成计税价格的公式为：

$$组成计税价格 = 成本 × （1 + 成本利润率） + 消费税税额$$

以上公式中的成本利润率由国家税务总局确定，具体为：对仅征增值税的货物，成本利润率为 10%；属于应从价定率征收消费税的货物，其组成计税价格公式中的成本利润率为《消费税若干具体问题的规定》中规定的成本利润率。

（二）进项税额

进项税额是纳税人购进货物或者接受应税劳务和服务，支付或者负担的增值税额。进项税额与销项税额是相对的，单就一笔交易而言，销售方开出增值税专用发票给购货方，发票中的增值税额既是销售方的销项税额，也是购货方的进项税额。除了特殊情况，进项税额不需要复杂计算，只需将各抵扣凭证上的增值税额汇总相加即可。进项税额计算的关键是能清晰掌握准予或是不得从销项税额中抵扣的进项税额的具体范围。

1．准予从销项税额中抵扣的进项税额

（1）从销售方取得的增值税专用发票上注明的增值税额。

（2）从海关取得的海关进口增值税专用缴款书上注明的增值税额。

（3）购进农产品，除取得增值税专用发票或者海关进口增值税专用缴款书外，按照农产品收购发票或者销售发票上注明的农产品买价和13%的扣除率计算的进项税额。进项税额计算公式：

$$进项税额 = 买价 \times 扣除率$$

其中，买价包括纳税人购进农产品在农产品收购发票或者销售发票上注明的价款和按规定缴纳的烟叶税。

购进农产品，按照《农产品增值税进项税额核定扣除试点实施办法》抵扣进项税额的除外。

（4）增值税一般纳税人在资产重组过程中，将全部资产、负债和劳动力一并转让给其他增值税一般纳税人（以下称"新纳税人"），并按程序办理注销税务登记的，其在办理注销登记前尚未抵扣的进项税额可结转至新纳税人处继续抵扣。

准予抵扣的项目和扣除率的调整，由国务院决定。

2．"营改增"原增值税纳税人[①]的进项税额的抵扣

（1）原增值税一般纳税人接受试点纳税人提供的应税服务，取得的增值税专用发票上注明的增值税额为进项税额，准予从销项税额中抵扣。

（2）原增值税一般纳税人自用的应征消费税的摩托车、汽车、游艇，其进项税额准予从销项税额中抵扣。

（3）原增值税一般纳税人接受境外单位或者个人提供的应税服务，从税务机关或者境内代理人取得的解缴税款的中华人民共和国税收缴款凭证上注明的增值税额，准予从销项税额中抵扣。纳税人凭税收缴款凭证抵扣进项税额的，应当具备书面合同、付款证明和境外单位的对账单或者发票。资料不全的，其进项税额不得从销项税额中抵扣。

（4）原增值税一般纳税人购进货物或者接受加工修理修配劳务，用于《应税服务范围注释》所列项目的，不属于《增值税暂行条例》第10条所称的用于非增值税应税项目，其进项税额准予从销项税额中抵扣。

（5）原增值税一般纳税人取得的2013年8月1日（含）以后开具的运输费用结算单据（2014年1月1日以后开具的铁路运输费用结算单据），不得作为增值税扣税凭证。

原增值税一般纳税人取得的试点小规模纳税人由税务机关代开的增值税专用发票，按增值税专用发票注明的税额抵扣进项税额。

3．不得从销项税额中抵扣的进项税额

纳税人购进货物或者应税劳务，取得的增值税扣税凭证不符合法律、行政法规或者国务院税务主管部门有关规定的，其进项税额不得从销项税额中抵扣。增值税扣税凭证是指增值税专用发票、海关进口增值税专用缴款书、农产品收购发票和农产品销售发票以及从税务机关或者境内代理人取得的解缴税款的中华人民共和国税收缴款凭证。

具体而言，下列项目的进项税额不得从销项税额中抵扣：

（1）用于非增值税应税项目、免征增值税项目、集体福利或者个人消费的购进货物或者应税劳务。

购进货物，不包括既用于增值税应税项目（不含免征增值税项目），也用于非增值税应税项目、免征增值税项目、集体福利或者个人消费的固定资产。

---

① 原增值税纳税人是指按照《增值税暂行条例》缴纳增值税的纳税人。

非增值税应税项目是指提供非增值税应税劳务、转让无形资产、销售不动产和不动产在建工程。不动产是指不能移动或者移动后会引起性质、形状改变的财产，包括建筑物、构筑物和其他土地附着物。纳税人新建、改建、扩建、修缮、装饰不动产，均属于不动产在建工程。

（2）非正常损失的购进货物及相关的应税劳务。非正常损失是指因管理不善造成被盗、丢失、霉烂变质的损失。

（3）非正常损失的在产品、产成品所耗用的购进货物或者应税劳务。

（4）国务院财政、税务主管部门规定的纳税人自用消费品。

（5）一般纳税人兼营免税项目或者非增值税应税劳务而无法划分不得抵扣的进项税额的，按下列公式计算不得抵扣的进项税额：

不得抵扣的进项税额 = 当月无法划分的全部进项税额 × 当月免税项目销售额、非增值税应税劳务营业额合计 ÷ 当月全部销售额、营业额合计

（6）原增值税一般纳税人接受试点纳税人提供的应税服务，下列项目的进项税额不得从销项税额中抵扣：

1）用于简易计税方法计税项目、非增值税应税项目、免征增值税项目、集体福利或者个人消费，其中涉及的专利技术、非专利技术、商誉、商标、著作权、有形动产租赁，仅指专用于上述项目的专利技术、非专利技术、商誉、商标、著作权、有形动产租赁。非增值税应税项目是指《增值税暂行条例》第 10 条所称的非增值税应税项目，但不包括《应税服务范围注释》所列项目。

2）接受的旅客运输服务。

3）与非正常损失的购进货物相关的交通运输业服务。

4）与非正常损失的在产品、产成品所耗用购进货物相关的交通运输业服务。

【例 2-1】某居民企业为增值税一般纳税人，主要生产销售家用冰箱，2014 年 6 月会计核算资料如下：

（1）销售采取得含税收入 6 786 万元。

（2）购进原材料共计 3 000 万元，取得增值税专用发票注明进项税额合计为 510 万元。

（3）上月进项税额余额 235 万元。

根据以上材料计算该企业 2014 年 6 月应纳的增值税。

答案：当月销项税额 = 6 786 ÷（1 + 17%）× 17% = 986（万元）

当月进项税额 = 510 + 235 = 745（万元）

当月应纳增值税 = 986 - 745 = 241（万元）

二、采取简易办法的应纳税额的计算

区别于一般计税法，简易办法并不分别计算销项税额和进项税额，而是以销售额和规定的征收率直接计算应纳税额，并不能抵扣进项税额。计算公式为：

$$应纳税额 = 销售额 × 征税率$$

这里的销售额的含义与一般纳税人应纳税额计算公式中的销售额的含义是一致的，都是纳税人销售货物或者应税劳务和服务向购买方收取的全部价款和价外费用，但不包括增值税

款。只不过一般纳税人的销售额中不包括收取的销项税额，这里的销售额是不包括按 3%的征税率收取的增值税额。

采取简易办法的销售额不包括其应纳税额，纳税人销售货物或者应税劳务和服务采用销售额和应纳税额合并定价方法的，按下列公式计算销售额：

$$销售额 = 含税销售额 ÷ （1 + 征收率）$$

采用简易办法的包括两种情况：①小规模纳税人的应纳税额的计算；②规定的特殊行业的应纳税额的计算。小规模纳税人是因为会计核算制度不健全，无法准确核算销项税额和进项税额，所以采用简易办法。一般纳税人经营规定的特殊行业或商品，或没有进项税额，如寄售商店代销寄售物品、典当业销售死当物品、免税商店零售的免税品等；或抵扣的进项税额较少，如小型水力发电单位生产的电力、自来水、商品混凝土等，也采用简易办法。

【例 2-2】 某小型工业企业是增值税小规模纳税人。2014 年 3 月取得销售收入 32.96 万元（含增值税），购进原材料一批，支付货款 4.43 万元（含增值税）。

要求：计算该企业当月应纳的增值税额。

答案：应纳税额 = 32.96 ÷ （1 + 3%） × 3% = 0.96（万元）

【例 2-3】 某公司已认定为增值税一般纳税人，该公司 2014 年 12 月开始生产建筑沙土，并选择采用简易办法计算增值税，当月取得含税收入 56.65 万元。

要求：计算该公司当月应纳的增值税。

答案：应纳税额 = 56.65 ÷ （1 + 3%） × 3% = 1.65（万元）

三、特殊经营行为的税务处理

（一）兼营不同税率的货物或应税劳务和服务

纳税人兼营不同税率或者征税率的货物或应税劳务和服务，应该分别核算每类货物或劳务和服务的销售额，分别计算销项税额或应纳税额。这是纳税人准确计算增值税款不可忽视的步骤。如果纳税人核算不清，应承担未分开核算的不良后果——从高适用税率。具体可分为以下三种：

（1）纳税人兼营不同税率的货物或者应税劳务和服务，应当分别核算不同税率货物或者应税劳务和服务的销售额；未分别核算销售额的，从高适用税率。

（2）纳税人兼营不同征收率的货物或者应税劳务和服务，应当分别核算不同征收率货物或者应税劳务和服务的销售额；未分别核算销售额的，从高适用征收率。

（3）纳税人兼营不同税率或者征收率的货物或应税劳务和服务，应当分别核算适用不同税率或者征收率的销售额；未分别核算的，从高适用税率。

（二）混合销售行为

混合销售行为是指一项销售行为既涉及货物又涉及非增值税应税劳务（不缴纳增值税而缴纳营业税的劳务）。非增值税应税劳务是指属于应缴营业税的建筑业、金融保险业、文化体育业、娱乐业、服务业税目征收范围的劳务。

混合销售行为不同于兼营非增值税应税劳务，后者属于两项销售行为，可以分开核算货物的销售额和非增值税应税劳务的营业额，并计算应纳的增值税额和营业税额。混合销售行为是一项销售行为，很难准确将销售中的货物的销售额和非增值税应税劳务的营业额分开，例如，娱乐场所出售的酒水。这就需要税法设定混合销售行为的纳税办法。

纳税人的下列混合销售行为，应当分别核算货物的销售额和非增值税应税劳务的营业额，并根据其销售货物的销售额计算缴纳增值税，非增值税应税劳务的营业额不缴纳增值税；未分别核算的，由主管税务机关核定其货物的销售额：①销售自产货物并同时提供建筑业劳务的行为；②财政部、国家税务总局规定的其他情形。

除上列混合销售行为外，从事货物的生产、批发或者零售的企业、企业性单位和个体工商户的混合销售行为，视为销售货物，应当缴纳增值税；其他单位和个人的混合销售行为，视为销售非增值税应税劳务，不缴纳增值税。从事货物的生产、批发或者零售的企业、企业性单位和个体工商户，包括以从事货物的生产、批发或者零售为主，并兼营非增值税应税劳务的单位和个体工商户在内。

（三）兼营非增值税应税劳务

纳税人兼营非增值税应税项目的，应分别核算货物或者应税劳务和服务的销售额以及非增值税应税项目的营业额；未分别核算的，由主管税务机关核定货物或者应税劳务和服务的销售额。

四、进口货物应纳税额的计算

纳税人进口货物，不论是一般纳税人还是小规模纳税人进口货物，均按照组成计税价格和 17%的基本税率或 13%的低税率计算应纳税额。组成计税价格和应纳税额计算公式为：

$$组成计税价格 = 关税完税价格 + 关税 + 消费税$$

$$应纳税额 = 组成计税价格 × 税率$$

（一）组成计税价格的构成

纳税人进口货物以组成计税价格作为增值税的计税依据，组成计税价格由关税完税价格、关税、消费税三部分组成。进口货物以海关审定的成交价值为基础的到岸价格为关税完税价格。到岸价格是由货价以及货物运抵我国关境内输入地点起卸前的包装费、运费、保险费和其他劳务费等费用构成的一种价格。组成计税价格中包括已纳关税税额，如果进口货物属于消费税应税消费品，组成计税价格还要包括进口环节已纳的消费税税额。

（二）计算不得抵扣境外已纳税额

纳税人进口货物，直接以组成计税价格和适用税率计算应纳的增值税，不得抵扣境外已纳税额。对于一般纳税人而言，在进口环节也没有进项税额的抵扣，即一般纳税人和小规模纳税人在进口环节增值税的计征方法是一致的。之所以没有税额的抵扣，主要原因是：大多数国家实行的是"出口零税率"，出口国在货物出口时并没有征收关税、增值税和消费税，进口国按货物成交价和本国税率计算增值税而不设定抵扣税额，可以平衡进口货物与国内同类货物的税负，确保两类货物税基大致相当。

【例 2-4】某公司进口一批化妆品，价款为 450 万元，运抵关境的包装费为 25 万元，运费为 16 万元，保险费为 6 万，化妆品关税税率为 20%、消费税税率为 30%。计算该批化妆品应缴纳的增值税。

答案：进口化妆品应缴纳的关税 ＝（450 ＋ 25 ＋ 16 ＋ 6）× 20% ＝ 99.4（万元）

消费税的组成计税价格 ＝（450 ＋ 25 ＋ 16 ＋ 6 ＋ 99.4）÷（1 － 30%）＝ 852（万元）

应缴纳的消费税 ＝ 852 × 30% ＝ 255.6（万元）

应缴纳的增值税 ＝（450 ＋ 25 ＋ 16 ＋ 6 ＋ 99.4 ＋ 255.6）× 17% ＝ 144.84（万元）

第六节　增值税的税收优惠

一、《增值税暂行条例》中的免税项目

《增值税暂行条例》中的免税项目如下：

（1）农业生产者销售的自产农产品。具体是指直接从事植物的种植、收割和动物的饲养、捕捞的单位和个人销售的《农业产品征税范围注释》的自产农业产品；对上述单位和个人销售的外购的农业产品，以及单位和个人外购农业产品生产、加工后销售的仍然属于注释所列的农业产品，不属于免税的范围，应当按照规定税率征收增值税。

（2）避孕药品和用具。

（3）古旧图书。

（4）直接用于科学研究、科学试验和教学的进口仪器、设备。

（5）外国政府、国际组织无偿援助的进口物资和设备。

（6）由残疾人的组织直接进口供残疾人专用的物品。

（7）销售的自己使用过的物品。

除前述规定外，增值税的免税、减税项目由国务院规定。任何地区、部门均不得规定免税、减税项目。

二、近期其他法律法规中的部分税收优惠

（1）自 2011 年 1 月 1 日起执行以下软件产品增值税政策：

1）增值税一般纳税人销售其自行开发生产的软件产品，按 17% 税率征收增值税后，对其增值税实际税负超过 3% 的部分实行即征即退政策。

2）增值税一般纳税人将进口软件产品进行本地化改造后对外销售，其销售的软件产品可享受本条第 1）款规定的增值税即征即退政策。本地化改造是指对进口软件产品进行重新设计、改进、转换等，单纯对进口软件产品进行汉字化处理不包括在内。

3）纳税人受托开发软件产品，著作权属于受托方的征收增值税，著作权属于委托方或属于双方共同拥有的不征收增值税；对经过国家版权局注册登记，纳税人在销售时一并转让著作权、所有权的，不征收增值税。

（2）在"十二五"期间（2011 年 1 月 1 日至 2015 年 12 月 31 日），对国内航空公司用于支线航线飞机、发动机维修的进口航空器材（包括送境外维修的零部件）免征进口环节增值税。

（3）"十二五"期间对进口种子（苗）种畜（禽）鱼种（苗）和种用野生动植物种源免征进口环节增值税。

（4）自 2011 年供暖期至 2015 年 12 月 31 日，对供热企业向居民个人供热而取得的采暖费收入继续免征增值税。向居民供热而取得的采暖费收入，包括供热企业直接向居民收取

的、通过其他单位向居民收取的和由单位代居民缴纳的采暖费。

（5）自 2011 年 1 月 1 日起至 2015 年 12 月 31 日止，对国内定点生产企业生产的国产抗艾滋病病毒药品继续免征生产环节和流通环节增值税。

（6）2011 年 1 月 1 日至 2015 年 12 月 31 日，对饮水工程运营管理单位向农村居民提供生活用水取得的自来水销售收入，免征增值税。

（7）自 2012 年 1 月 1 日起，对从事蔬菜批发、零售的纳税人销售的蔬菜免征增值税。

（8）装机容量超过 100 万 kw 的水力发电站（含抽水蓄能电站）销售自产电力产品，自 2013 年 1 月 1 日至 2015 年 12 月 31 日，对其增值税实际税负超过 8%的部分实行即征即退政策；自 2016 年 1 月 1 日至 2017 年 12 月 31 日，对其增值税实际税负超过 12%的部分实行即征即退政策。

（9）自 2014 年 10 月 1 日起，增值税小规模纳税人月销售额不超过 3 万元的，免征增值税。其中，以一个季度为纳税期限的增值税小规模纳税人，季度销售额不超过 9 万元的，免征增值税。

三、营业税改征增值税试点政策中的税收优惠

（一）下列项目免征增值税

（1）个人转让著作权。

（2）残疾人个人提供应税服务。

（3）航空公司提供飞机播洒农药服务。

（4）试点纳税人提供技术转让、技术开发和与之相关的技术咨询、技术服务。

1）技术转让。它是指转让者将其拥有的专利和非专利技术的所有权或者使用权有偿转让他人的行为；技术开发是指开发者接受他人委托，就新技术、新产品、新工艺或者新材料及其系统进行研究开发的行为；技术咨询是指就特定技术项目提供可行性论证、技术预测、专题技术调查、分析评价报告等。

与技术转让、技术开发相关的技术咨询、技术服务是指转让方（或受托方）根据技术转让或开发合同的规定，为帮助受让方（或委托方）掌握所转让（或委托开发）的技术，而提供的技术咨询、技术服务业务，且这部分技术咨询、服务的价款与技术转让（或开发）的价款应当开在同一张发票上。

2）审批程序。试点纳税人申请免征增值税时，需持技术转让、开发的书面合同，到试点纳税人所在地省级科技主管部门进行认定，并持有关的书面合同和科技主管部门审核意见证明文件报主管国家税务局备查。

（5）符合条件的节能服务公司实施合同能源管理项目中提供的应税服务。

上述"符合条件"是指同时满足下列条件：

1）节能服务公司实施合同能源管理项目相关技术，应当符合国家质量监督检验检疫总局和国家标准化管理委员会发布的《合同能源管理技术通则》（GB/T24915-2010）规定的技术要求。

2）节能服务公司与用能企业签订《节能效益分享型》合同，其合同格式和内容，符合《中华人民共和国合同法》和国家质量监督检验检疫总局和国家标准化管理委员会发布的《合同能源管理技术通则》（GB/T24915-2010）等规定。

（6）自2014年1月1日至2018年12月31日，试点纳税人提供的离岸服务外包业务。

上述离岸服务外包业务，是指试点纳税人根据境外单位与其签订的委托合同，由本企业或其直接转包的企业为境外提供信息技术外包服务（ITO）、技术性业务流程外包服务（BPO）或技术性知识流程外包服务（KPO）。

（7）台湾航运公司从事海峡两岸海上直航业务在大陆取得的运输收入。

台湾航运公司是指取得交通运输部颁发的"台湾海峡两岸间水路运输许可证"且该许可证上注明的公司登记地址在台湾的航运公司。

（8）台湾航空公司从事海峡两岸空中直航业务在大陆取得的运输收入。

台湾航空公司是指取得中国民用航空局颁发的"经营许可"或依据《海峡两岸空运协议》和《海峡两岸空运补充协议》规定，批准经营两岸旅客、货物和邮件不定期（包机）运输业务，且公司登记地址在台湾的航空公司。

（9）美国 ABS 船级社在非营利宗旨不变、中国船级社在美国享受同等免税待遇的前提下，在中国境内提供的船检服务。

（10）随军家属就业（每一名随军家属可以享受一次免税政策）。

1）为安置随军家属就业而新开办的企业，自领取税务登记证之日起，其提供的应税服务 3 年内免征增值税。享受税收优惠政策的企业，随军家属必须占企业总人数的 60%（含）以上，并有军（含）以上政治和后勤机关出具的证明。

2）从事个体经营的随军家属，自领取税务登记证之日起，其提供的应税服务 3 年内免征增值税。随军家属必须有师以上政治机关出具的可以表明其身份的证明，但税务部门应当进行相应的审查认定。

（11）军队转业干部就业。

1）从事个体经营的军队转业干部，经主管税务机关批准，自领取税务登记证之日起，其提供的应税服务 3 年内免征增值税。

2）为安置自主择业的军队转业干部就业而新开办的企业，凡安置自主择业的军队转业干部占企业总人数 60%（含）以上的，经主管税务机关批准，自领取税务登记证之日起，其提供的应税服务 3 年内免征增值税。

（12）城镇退役士兵就业。

1）为安置自谋职业的城镇退役士兵就业而新办的服务型企业当年新安置自谋职业的城镇退役士兵达到职工总数 30%以上，并与其签订 1 年以上期限劳动合同的，经县级以上民政部门认定、税务机关审核，其提供的应税服务（除广告服务外）3 年内免征增值税。

2）自谋职业的城镇退役士兵从事个体经营的，自领取税务登记证之日起，其提供的应税服务（除广告服务外）3 年内免征增值税。

（13）失业人员就业。

1）持《就业失业登记证》（注明"自主创业税收政策"或附着《高校毕业生自主创业证》）人员从事个体经营的，在 3 年内按照每户每年 8 000 元为限额依次扣减其当年实际应缴纳的增值税、城市维护建设税、教育费附加和个人所得税。

2）服务型企业（除广告服务外）在新增加的岗位中，当年新招用持《就业失业登记证》（注明"企业吸纳税收政策"）人员，与其签订 1 年以上期限劳动合同并依法缴纳社会保险费的，在 3 年内按照实际招用人数予以定额依次扣减增值税、城市维护建设税、教育费附加和企业所得税。定额标准为每人每年4 000元，可上下浮动20%，由试点地区省级人民政府根据本地区实际情况在此幅度内确定具体定额标准，并报财政部和国家税务总局备案。

按照上述标准计算的税收扣减额应当在企业当年实际应缴纳的增值税、城市维护建设税、教育费附加和企业所得税税额中扣减，当年扣减不足的，不得结转下年使用。

3）享受上述优惠政策的人员按照规定申领《就业失业登记证》《高校毕业生自主创业证》等凭证。

4）上述税收优惠政策的审批期限为2011年1月1日至2013年12月31日，以试点纳税人到税务机关办理减免税手续之日起作为优惠政策起始时间。税收优惠政策在2013年12月31日未执行到期的，可继续享受至3年期满为止。

（14）试点纳税人提供的国际货物运输代理服务。

1）试点纳税人提供国际货物运输代理服务，向委托方收取的全部国际货物运输代理服务收入，以及向国际运输承运人支付的国际运输费用，必须通过金融机构进行结算。

2）试点纳税人为大陆与香港、澳门、台湾地区之间的货物运输提供的货物运输代理服务参照国际货物运输代理服务有关规定执行。

3）委托方索取发票的，试点纳税人应当就国际货物运输代理服务收入向委托方全额开具增值税普通发票。

4）本规定自2013年8月1日起执行。2013年8月1日至本规定发布之日前，已开具增值税专用发票的，应将专用发票追回后方可适用本规定。

（15）世界银行贷款粮食流通项目投产后的应税服务。

世界银行贷款粮食流通项目是指《财政部、国家税务总局关于世行贷款粮食流通项目建筑安装工程和服务收入免征营业税的通知》所附《世行贷款粮食流通项目一览表》所列明的项目。本规定自2014年1月1日至2015年12月31日执行。

（16）中国邮政集团公司及其所属邮政企业提供的邮政普遍服务和邮政特殊服务。

（17）自2014年1月1日至2015年12月31日，中国邮政集团公司及其所属邮政企业为中国邮政速递物流股份有限公司及其子公司（含各级分支机构）代办速递、物流、国际包裹、快递包裹以及礼仪业务等速递物流类业务取得的代理收入，以及为金融机构代办金融保险业务取得的代理收入。

（18）青藏铁路公司提供的铁路运输服务。

（二）下列项目实行增值税即征即退

（1）2015年12月31日前，注册在洋山保税港区和东疆保税港区内的试点纳税人，提供的国内货物运输服务、仓储服务和装卸搬运服务。

（2）安置残疾人的单位，实行由税务机关按照单位实际安置残疾人的人数，限额即征即退增值税的办法。

上述政策仅适用于从事原营业税"服务业"税目（广告服务除外）范围内业务取得的收入占其增值税和营业税业务合计收入的比例达到50%的单位。

有关享受增值税优惠政策单位的条件、定义、管理要求等按照《财政部、国家税务总局关于促进残疾人就业税收优惠政策的通知》中的有关规定执行。

（3）2015年12月31日前，试点纳税人中的一般纳税人提供管道运输服务，对其增值实际税负超过 3%的部分实行增值税即征即退政策。

（4）经中国人民银行、银监会或者商务部批准从事融资租赁业务的试点纳税人中的一般纳税人，提供有形动产融资租赁服务，在 2015 年 12 月 31 日前，对其增值税实际税负超过 3%的部分实行增值税即征即退政策。商务部授权的省级商务主管部门和国家经济技术开发区批准的从事融资租赁业务的试点纳税人中的一般纳税人，2013 年 12 月 31 日前注册资本达到 1.7 亿元的，自 2013 年 8 月 1 日起，按照上述规定执行；2014 年 1 月 1 日以后注册资本达到 1.7 亿元的，从达到该标准的次月起，按照上述规定执行。

（三）境内的单位和个人提供的下列应税服务免征增值税

（1）工程、矿产资源在境外的工程勘察勘探服务。

（2）会议展览地点在境外的会议展览服务。

（3）存储地点在境外的仓储服务。

（4）标的物在境外使用的有形动产租赁服务。

（5）为出口货物提供的邮政业服务和收派服务。

（6）在境外提供的广播影视节目（作品）的发行、播映服务。

（7）符合第 1 条第（1）项规定但不符合第 1 条第（2）项规定条件的国际运输服务。[①]

（8）符合第 2 条第 1 款规定但不符合第 2 条第 2 款规定条件的港澳台运输服务。[②]

（9）向境外单位提供的下列应税服务：

1）技术转让服务、技术咨询服务、合同能源管理服务、软件服务、电路设计及测试服务、信息系统服务、业务流程管理服务、商标著作权转让服务、知识产权服务、物流辅助服务（仓储服务、收派服务除外）、认证服务、鉴证服务、咨询服务、广播影视节目（作品）制作服务、期租服务、程租服务、湿租服务。但不包括：合同标的物在境内的合同能源管理服务，对境内货物或不动产的认证服务、鉴证服务和咨询服务。

2）广告投放地在境外的广告服务。

第七节　出口货物劳务和零税率应税服务的退（免）税

出口货物的退（免）税是对出口货物已承担或应承担的增值税和消费税等流转税实行退还或免征。出口货物的退（免）税是世界各国的普遍做法。因税制的差异，导致各国出口货物已承担和应承担的本国流转税有一定差距，实行出口货物的退（免）税制度，有助于各国

---

① 第 1 条第（1）项：国际运输服务是指：在境内载运旅客或者货物出境；在境外载运旅客或者货物入境；在境外载运旅客或者货物。
　　第（2）项：境内的单位和个人适用增值税零税率，以水路运输方式提供国际运输服务的，应当取得《国际船舶运输经营许可证》；以公路运输方式提供国际运输服务的，应当取得《道路运输经营许可证》和《国际汽车运输行车许可证》，且《道路运输经营许可证》的经营范围应当包括"国际运输"；以航空运输方式提供国际运输服务的，应当取得《公共航空运输企业经营许可证》且其经营范围应当包括"国际航空客货邮运输业务"，或者持有《通用航空经营许可证》且其经营范围应当包括"公务飞行"。
　　② 第 2 条第 1 款：境内的单位和个人提供的往返香港、澳门、台湾的交通运输服务以及在香港、澳门、台湾提供的交通运输服务，适用增值税零税率。
　　第 2 款：境内的单位和个人适用增值税零税率，以公路运输方式提供至香港、澳门的交通运输服务的，应当取得《道路运输经营许可证》并具有持《道路运输证》的直通港澳运输车辆；以水路运输方式提供至台湾的交通运输服务的，应当取得《台湾海峡两岸间水路运输许可证》并具有持《台湾海峡两岸间船舶营运证》的船舶；以水路运输方式提供至香港、澳门的交通运输服务的，应当具有获得港澳线路运营许可的船舶；以航空运输方式提供上述交通运输服务的，应当取得《公共航空运输企业经营许可证》且其经营范围应当包括"国际、国内（含港澳）航空客货邮运输业务"，或者持有《通用航空经营许可证》且其经营范围应当包括"公务飞行"。

出口货物在国际市场展开公平竞争。对于一个国家而言，出口货物的退（免）税是保证本国出口货物国际竞争力的重要制度。

一、退（免）税的基本规定和政策

（一）基本规定

（1）《增值税暂行条例》第 2 条规定：除国务院另有规定，纳税人出口货物税率为零。出口商自营或委托出口的货物，除另有规定者外，可在货物报关出口并在财务上做销售核算后，凭有关凭证报送所在地国家税务局批准退还或免征其增值税。

（2）《关于出口货物劳务增值税和消费税政策的通知》第 1 条规定：出口企业对外提供加工修理修配劳务实行增值税退（免）税政策。

（3）《适用增值税零税率应税服务退（免）税管理办法》第 1 条规定：我国境内的增值税一般纳税人提供适用增值税零税率的应税服务，实行增值税退（免）税办法。

（二）基本政策

我国退（免）税政策分为以下三种：

（1）免税并退税。出口货物劳务和提供零税率应税服务在本环节免征增值税，本环节之前实际承担的税收负担，按规定的退税率计算后予以退还。

（2）免税不退税。适用这一政策的货物劳务在之前的环节是免税的，价格中并不含税，因而只在本环节免征增值税但无需退税。

（3）不免税也不退税，即本环节征税。法律规定的某些货物劳务的出口，出口环节实行征税，即不免税，之前环节所负担的税款也不退还。例如，限制和禁止出口的货物，因骗取出口退税被税务机关停止办理增值税退(免)税期间出口的货物等。

其中，以"免税并退税"政策，即退（免）税政策为主，"免税不退税"政策（即免税政策）、"不免税也不退税"政策（即征税政策）本书从略。

二、退（免）税的办法和适用范围

适用增值税退（免）税政策的出口货物劳务以及零税率应税服务，按照下列规定实行增值税免抵退税或免退税办法。

（一）免抵退税办法及其适用范围

生产企业出口自产货物和视同自产货物及对外提供加工修理修配劳务，列名的 74 家生产企业出口非自产货物，以及提供零税率的应税服务，免征增值税，相应的进项税额抵减应纳增值税额（不包括适用增值税即征即退、先征后退政策的应纳增值税额），未抵减完的部分予以退还。具体适用范围包括：

（1）生产企业出口自产货物，即自营出口货物。

（2）生产企业出口视同自产货物。视同自产货物的具体范围包括：

1）持续经营以来从未发生骗取出口退税、虚开增值税专用发票或农产品收购发票、接受虚开增值税专用发票（善意取得虚开增值税专用发票除外）行为且同时符合下列条件的生产企业出口的外购货物，可视同自产货物适用增值税退（免）税政策：

① 已取得增值税一般纳税人资格。

② 已持续经营 2 年及 2 年以上。

③ 纳税信用等级 A 级。

④ 上一年度销售额 5 亿元以上。

⑤ 外购出口的货物与本企业自产货物同类型或具有相关性。

2）持续经营以来从未发生骗取出口退税、虚开增值税专用发票或农产品收购发票、接受虚开增值税专用发票（善意取得虚开增值税专用发票除外）行为但不能同时符合第 1）条规定的条件的生产企业，出口的外购货物符合下列条件之一的，可视同自产货物申报适用增值税退（免）税政策：

① 同时符合三个条件的外购货物：第一，与本企业生产的货物名称、性能相同；第二，使用本企业注册商标或境外单位或个人提供给本企业使用的商标；第三，出口给进口本企业自产货物的境外单位或个人。

② 与本企业所生产的货物属于配套出口，且出口给进口本企业自产货物的境外单位或个人的外购货物，符合下列条件之一的：用于维修本企业出口的自产货物的工具、零部件、配件；或是不经过本企业加工或组装，出口后能直接与本企业自产货物组合成成套设备的货物。

③ 经集团公司总部所在地的地级以上国家税务局认定的集团公司，其控股的生产企业之间收购的自产货物以及集团公司与其控股的生产企业之间收购的自产货物。

④ 同时符合三个条件的委托加工货物：第一，与本企业生产的货物名称、性能相同，或者是用本企业生产的货物再委托深加工的货物；第二，出口给进口本企业自产货物的境外单位或个人；第三，委托方与受托方必须签订委托加工协议，且主要原材料必须由委托方提供，受托方不垫付资金，只收取加工费，开具加工费（含代垫的辅助材料）的增值税专用发票。

⑤ 用于本企业中标项目下的机电产品。

⑥ 用于对外承包工程项目下的货物。

⑦ 用于境外投资的货物。

⑧ 用于对外援助的货物。

⑨ 生产自产货物的外购设备和原材料（农产品除外）。

（3）出口企业对外提供加工修理修配劳务。它是指对进境复出口货物或从事国际运输的运输工具进行的加工修理修配。

（4）列名的北京天坛股份有限公司等 74 家生产企业出口非自产货物。

（5）适用免抵退税办法的提供适用增值税零税率应税服务。

实行免抵退税办法的增值税零税率应税服务提供者如果同时出口货物劳务且未分别核算的，应一并计算免抵退税。税务机关在审批时，应按照增值税零税率应税服务、出口货物劳务免抵退税额的比例划分其退税额和免抵税额。

（二）免退税办法及其适用范围

不具有生产能力的出口企业（以下称外贸企业）或其他单位出口货物劳务，适用免退税办法的提供适用增值税零税率应税服务，免征增值税，相应的进项税额予以退还。

三、退（免）税的退税率和计税依据

（一）退税率

（1）除财政部和国家税务总局根据国务院决定而明确的增值税出口退税率外，出口货物的退税率为其适用税率。国家税务总局根据上述规定将退税率通过出口货物劳务退税率文库予以发布，供征纳双方执行。退税率有调整的，除另有规定外，其执行时间以货物（包括被加工修理修配的货物）出口货物报关单（出口退税专用）上注明的出口日期为准。

（2）增值税零税率应税服务的退税率为对应服务提供给境内单位适用的增值税税率。

（3）适用不同退税率的货物劳务以及应税服务，应分开报关、核算并申报退（免）税，未分开报关、核算或划分不清的，从低适用退税率。

（二）计税依据

（1）出口货物劳务的增值税退（免）税的计税依据，按出口货物劳务的出口发票（外销发票）、其他普通发票或购进出口货物劳务的增值税专用发票、海关进口增值税专用缴款书确定。主要有：

1）生产企业出口货物劳务（进料加工复出口货物除外）增值税退（免）税的计税依据，为出口货物劳务的实际离岸价（FOB）。实际离岸价应以出口发票上的离岸价为准，但如果出口发票不能反映实际离岸价，主管税务机关有权予以核定。

2）生产企业进料加工复出口货物增值税退（免）税的计税依据，按出口货物的离岸价（FOB）扣除出口货物所含的海关保税进口料件的金额后确定。

3）外贸企业出口货物（委托加工修理修配货物除外）增值税退（免）税的计税依据，为购进出口货物的增值税专用发票注明的金额或海关进口增值税专用缴款书注明的完税价格。

4）外贸企业出口委托加工修理修配货物增值税退（免）税的计税依据，为加工修理修配费用增值税专用发票注明的金额。外贸企业应将加工修理修配使用的原材料（进料加工海关保税进口料件除外）作价销售给受托加工修理修配的生产企业，受托加工修理修配的生产企业应将原材料成本并入加工修理修配费用开具发票。

（2）增值税零税率应税服务的退（免）税计税依据，按照下列规定确定：

实行免抵退税办法的退（免）税计税依据：

1）以铁路运输方式载运旅客的，为按照铁路合作组织清算规则清算后的实际运输收入；

2）以铁路运输方式载运货物的，为按照铁路运输进款清算办法，对"发站"或"到站（局）"名称包含"境"字的货票上注明的运输费用以及直接相关的国际联运杂费清算后的实际运输收入。

3）以航空运输方式载运货物或旅客的，如果国际运输或港澳台运输各航段由多个承运人承运的，为中国航空结算有限责任公司清算后的实际收入；如果国际运输或港澳台运输各航段由一个承运人承运的，为提供航空运输服务取得的收入。

4）其他实行免抵退税办法的增值税零税率应税服务，为提供增值税零税率应税服务取得的收入。

实行免退税办法的退（免）税计税依据为购进应税服务的增值税专用发票或解缴税款的中华人民共和国税收缴款凭证上注明的金额。

四、退（免）税的计算公式

1. 生产企业出口货物劳务增值税免抵退税，依下列公式计算：

（1）当期应纳税额的计算。

当期应纳税额 = 当期销项税额 - （当期进项税额 - 当期不得免征和抵扣税额）

当期不得免征和抵扣税额 = 当期出口货物离岸价 × 外汇人民币折合率 × （出口货物适用税率 – 出口货物退税率） – 当期不得免征和抵扣税额抵减额

当期不得免征和抵扣税额抵减额 = 当期免税购进原材料价格 × （出口货物适用税率 – 出口货物退税率）

（2）当期免抵退税额的计算。

当期免抵退税额 = 当期出口货物离岸价 × 外汇人民币折合率 × 出口货物退税率 – 当期免抵退税额抵减额

当期免抵退税额抵减额 = 当期免税购进原材料价格 × 出口货物退税率

（3）当期应退税额和免抵税额的计算。

1）当期期末留抵税额≤当期免抵退税额，则：

当期应退税额 = 当期期末留抵税额

当期免抵税额 = 当期免抵退税额 – 当期应退税额

2）当期期末留抵税额＞当期免抵退税额，则：

当期应退税额 = 当期免抵退税额

当期免抵税额 = 0

当期期末留抵税额为当期增值税纳税申报表中"期末留抵税额"。

（4）当期免税购进原材料价格包括当期国内购进的无进项税额且不计提进项税额的免税原材料的价格和当期进料加工保税进口料件的价格，其中当期进料加工保税进口料件的价格为组成计税价格。

当期进料加工保税进口料件的组成计税价格 = 当期进口料件到岸价格 + 海关实征关税 + 海关实征消费税

1）采用"实耗法"的，当期进料加工保税进口料件的组成计税价格为当期进料加工出口货物耗用的进口料件组成计税价格。其计算公式为：

当期进料加工保税进口料件的组成计税价格 = 当期进料加工出口货物离岸价 × 外汇人民币折合率 × 计划分配率

计划分配率 = 计划进口总值÷计划出口总值×100%

实行纸质手册和电子化手册的生产企业，应根据海关签发的加工贸易手册或加工贸易电子化纸质单证所列的计划进出口总值计算计划分配率。

实行电子账册的生产企业，计划分配率按前一期已核销的实际分配率确定；新启用电子账册的，计划分配率按前一期已核销的纸质手册或电子化手册的实际分配率确定。

2）采用"购进法"的，当期进料加工保税进口料件的组成计税价格为当期实际购进的进料加工进口料件的组成计税价格。

若当期实际不得免征和抵扣税额抵减额大于当期出口货物离岸价 × 外汇人民币折合率 × （出口货物适用税率 – 出口货物退税率）的，则：

当期不得免征和抵扣税额抵减额 = 当期出口货物离岸价 × 外汇人民币折合率 × （出口货物适用税率 – 出口货物退税率）

2. 外贸企业出口货物劳务增值税免退税，依下列公式计算：

（1）外贸企业出口委托加工修理修配货物以外的货物：

$$增值税应退税额 = 增值税退（免）税计税依据 × 出口货物退税率$$

（2）外贸企业出口委托加工修理修配货物：

出口委托加工修理修配货物的增值税应退税额 = 委托加工修理修配的增值税退（免）税计税依据 × 出口货物退税率

3.退税率低于适用税率的，相应计算出的差额部分的税款计入出口货物劳务成本。

4.出口企业既有适用增值税免抵退项目，也有增值税即征即退、先征后退项目的，增值税即征即退和先征后退项目不参与出口项目免抵退税计算。出口企业应分别核算增值税免抵退项目和增值税即征即退、先征后退项目，并分别申请享受增值税即征即退、先征后退和免抵退税政策。

用于增值税即征即退或者先征后退项目的进项税额无法划分的，按照下列公式计算：

无法划分进项税额中用于增值税即征即退或者先征后退项目的部分 = 当月无法划分的全部进项税额 × 当月增值税即征即退或者先征后退项目销售额 ÷ 当月全部销售额、营业额合计

5.增值税零税率应税服务退（免）税的计算公式按以上有关出口货物劳务退（免）税的规定执行。

五、退（免）税的管理

（一）退（免）税的认定

（1）对外贸易经营者按《中华人民共和国对外贸易法》和商务部《对外贸易经营者备案登记办法》的规定办理备案登记后，没有出口经营资格的生产企业委托出口自产货物（含视同自产产品，下同），应分别在备案登记、代理出口协议签订之日起 30 日内持有关资料，填写《出口货物退（免）税认定表》，到所在地税务机关办理出口货物退（免）税认定手续。

已办理出口货物退（免）税认定的出口商，其认定内容发生变化的，需自有关管理机关批准变更之日起 30 日内，持相关证件向税务机关申请办理出口货物退（免）税认定变更手续。

（2）增值税零税率应税服务提供者应填报《出口退（免）税资格认定申请表》及电子数据，并按照要求提供必要资料，向主管税务机关申请办理出口退（免）税资格认定。

已办理过出口退（免）税资格认定的出口企业，提供增值税零税率应税服务的，应填报《出口退（免）税资格认定变更申请表》及电子数据，提供第九条所列的增值税零税率应税服务对应的资料，向主管税务机关申请办理出口退（免）税资格认定变更。增值税零税率应税服务提供者按规定需变更增值税退（免）税办法的，主管税务机关应按照现行规定进行退（免）税清算，在结清税款后方可办理变更。

（3）出口商发生解散、破产、撤销以及其他依法应终止出口货物退（免）税事项的，应持相关证件、资料向税务机关办理出口货物退（免）税注销认定。对申请注销认定的出口商，税务机关应先结清其出口货物退（免）税款，再按规定办理注销手续。

（二）退（免）税的预申报及审核

企业出口货物劳务及适用增值税零税率的应税服务（简称出口货物劳务及服务），在正式申报出口退（免）税之前，应按现行申报办法向主管税务机关进行预申报，在主管税务机关确认申报凭证的内容与对应的管理部门电子信息无误后，方可提供规定的申报退（免）税凭

证、资料及正式申报电子数据，向主管税务机关进行正式申报。

税务机关受理企业出口退（免）税预申报后，应及时审核并向企业反馈审核结果。

如果审核发现申报退（免）税的凭证没有对应的管理部门，电子信息或凭证的内容与电子信息不符的，企业应按下列方法处理：

（1）属于凭证信息录入错误的，应更正后再次进行预申报。

（2）属于未在"中国电子口岸出口退税子系统"中进行出口货物报关单确认操作或未按规定进行增值税专用发票认证操作的，应进行上述操作后，再次进行预申报。

（3）除上述原因外，可填写《出口企业信息查询申请表》，将缺失对应凭证管理部门电子信息或凭证的内容与电子信息不符的数据和原始凭证报送至主管税务机关，由主管税务机关协助查找相关信息。

（三）退（免）税的申报及受理

1. 退（免）税的申报

企业应在规定期限内，收齐退（免）税所需的有关单证，使用国家税务总局认可的退（免）税电子申报系统生成电子申报数据，如实填写退（免）税申报表，向税务机关申报办理退（免）税手续。

在退（免）税申报期截止之日前，如果企业出口的货物劳务及服务申报退（免）税的凭证仍没有对应管理部门电子信息或凭证的内容与电子信息比对不符，无法完成预申报的，企业应在退（免）税申报期截止之日前，向主管税务机关报送以下资料：

（1）《出口退（免）税凭证无相关电子信息申报表》及其电子数据。

（2）退（免）税申报凭证及资料。

经主管税务机关核实，企业报送的退（免）税凭证资料齐全，且《出口退（免）税凭证无相关电子信息申报表》及其电子数据与凭证内容一致的，企业退（免）税正式申报时间不受退（免）税申报期截止之日限制。未按上述规定在退（免）税申报期截止之日前向主管税务机关报送退（免）税凭证资料的，企业在退（免）税申报期限截止之日后不得进行退（免）税申报，应按规定进行免税申报或纳税申报。

2. 退（免）税的受理

企业申报退（免）税时，税务机关应及时予以接受并进行初审。经初步审核，企业报送的申报资料、电子申报数据及纸质凭证齐全的，税务机关受理该笔出口货物退（免）税申报。出口商报送的申报资料或纸质凭证不齐全的，除另有规定者外，税务机关不予受理该笔出口货物的退（免）税申报，并要当即向出口商提出改正、补充资料、凭证的要求。

税务机关受理企业的出口退（免）税申报后，应为其出具回执，并对出口退（免）税申报情况进行登记。

（四）退（免）税的审核、审批

税务机关受理企业退（免）税申报后，应在规定的时间内，对申报凭证、资料的合法性、准确性进行审查，并核实申报数据之间的逻辑对应关系。

企业办理相关退（免）税证明的申请，税务机关经审核符合有关规定的，应及时出具相关证明。

退（免）税应当由设区的市、自治州以上（含本级）税务机关根据审核结果按照有关规定进行审批。税务机关在审批后应当按照有关规定办理退库或调库手续。

第八节 增值税的征收管理

一、纳税义务发生时间

（一）销售货物或者应税劳务和服务的纳税义务发生时间

销售货物或者应税劳务和服务，为收讫销售款项或者取得索取销售款项凭据的当天；先开具发票的，为开具发票的当天。

收讫销售款项或者取得索取销售款项凭据的当天，按销售结算方式的不同，具体为：

（1）采取直接收款方式销售货物，不论货物是否发出，均为收到销售款或者取得索取销售款凭据的当天。

（2）采取托收承付和委托银行收款方式销售货物，为发出货物并办妥托收手续的当天。

（3）采取赊销和分期收款方式销售货物，为书面合同约定的收款日期的当天，无书面合同的或者书面合同没有约定收款日期的，为货物发出的当天。

（4）采取预收货款方式销售货物，为货物发出的当天，但生产销售生产工期超过 12 个月的大型机械设备、船舶、飞机等货物，为收到预收款或者书面合同约定的收款日期的当天。

（5）委托其他纳税人代销货物，为收到代销单位的代销清单或者收到全部或者部分货款的当天。未收到代销清单及货款的，为发出代销货物满 180 天的当天。

（6）销售应税劳务，为提供劳务同时收讫销售款或者取得索取销售款凭据的当天。

（7）纳税人发生视同销售货物行为，为货物移送的当天。

（8）纳税人提供有形动产租赁服务采取预收款方式的，为收到预收款的当天。

（9）纳税人发生视同提供应税服务的，为应税服务完成的当天。

（二）进口货物的纳税义务发生时间

进口货物的纳税义务发生时间，为报关进口的当天。

此外，增值税扣缴义务发生时间为纳税人增值税纳税义务发生的当天。

二、纳税期限与纳税申报期

（一）销售货物或者应税劳务和服务

增值税的纳税期限分别为 1 日、3 日、5 日、10 日、15 日、1 个月或者 1 个季度。纳税人的具体纳税期限，由主管税务机关根据纳税人应纳税额的大小分别核定；不能按照固定期限纳税的，可以按次纳税。

纳税人以 1 个月或者 1 个季度为 1 个纳税期的，自期满之日起 15 日内申报纳税；以 1 日、3 日、5 日、10 日或者 15 日为 1 个纳税期的，自期满之日起 5 日内预缴税款，于次月 1 日起 15 日内申报纳税并结清上月应纳税款。

扣缴义务人解缴税款的期限，依照上面两段规定执行。

（二）进口货物

纳税人进口货物，应当自海关填发海关进口增值税专用缴款书之日起 15 日内缴纳税款。

三、纳税地点

（1）固定业户应当向其机构所在地的主管税务机关申报纳税。总机构和分支机构不在同一县（市）的，应当分别向各自所在地的主管税务机关申报纳税；经国务院财政、税务主管部门或者其授权的财政、税务机关批准，可以由总机构汇总向总机构所在地的主管税务机关申报纳税。

（2）固定业户到外县（市）销售货物或者应税劳务，应当向其机构所在地的主管税务机关申请开具外出经营活动税收管理证明，并向其机构所在地的主管税务机关申报纳税；未开具证明的，应当向销售地或者劳务发生地的主管税务机关申报纳税；未向销售地或者劳务发生地的主管税务机关申报纳税的，由其机构所在地的主管税务机关补征税款。

（3）非固定业户销售货物或者应税劳务和服务，应当向销售地或者劳务和服务发生地的主管税务机关申报纳税；未向销售地或者劳务和服务发生地的主管税务机关申报纳税的，由其机构所在地或者居住地的主管税务机关补征税款。

（4）进口货物，应当向报关地海关申报纳税。

（5）扣缴义务人应当向其机构所在地或者居住地的主管税务机关申报缴纳其扣缴的税款。

四、纳税申报

纳税申报资料包括纳税申报表及其附列资料和纳税申报其他资料。

（一）纳税申报表及其附列资料

1. 增值税一般纳税人纳税申报表及其附列资料包括：

（1）《增值税纳税申报表（一般纳税人适用）》。

（2）《增值税纳税申报表附列资料（一）》（本期销售情况明细）。

（3）《增值税纳税申报表附列资料（二）》（本期进项税额明细）。

（4）《增值税纳税申报表附列资料（三）》（应税服务扣除项目明细）。

一般纳税人提供应税服务，在确定应税服务销售额时，按照有关规定可以从取得的全部价款和价外费用中扣除价款的，需填报《增值税纳税申报表附列资料（三）》。其他情况不填写该附列资料。

（5）《增值税纳税申报表附列资料（四）》（税收抵减情况表）。

（6）《固定资产进项税额抵扣情况表》。

2. 增值税小规模纳税人纳税申报表及其附列资料包括：

（1）《增值税纳税申报表（小规模纳税人适用）》。

（2）《增值税纳税申报表（小规模纳税人适用）附列资料》。

（二）纳税申报其他资料

（1）已开具的税控"机动车销售统一发票"和普通发票的存根联。

（2）符合抵扣条件且在本期申报抵扣的防伪税控"增值税专用发票"、"货物运输业增值税专用发票"、税控"机动车销售统一发票"的抵扣联。

按规定仍可以抵扣且在本期申报抵扣的"公路、内河货物运输业统一发票"的抵扣联。

（3）符合抵扣条件且在本期申报抵扣的海关进口增值税专用缴款书、购进农产品取得的普通发票、铁路运输费用结算单据的复印件。

按规定仍可以抵扣且在本期申报抵扣的其他运输费用结算单据的复印件。

（4）符合抵扣条件且在本期申报抵扣的中华人民共和国税收缴款凭证及其清单，书面合同、付款证明和境外单位的对账单或者发票。

（5）已开具的农产品收购凭证的存根联或报查联。

（6）纳税人提供应税服务，在确定应税服务销售额时，按照有关规定从取得的全部价款和价外费用中扣除价款的合法凭证及其清单。

（7）主管税务机关规定的其他资料。

（三）纳税申报表的内容

为配合"营改增"试点，自 2013 年 9 月 1 日起施行新版的《增值税纳税申报表（一般纳税人适用）》（见表 2-4）；为认真落实扶持小微企业发展的有关税收优惠政策，自 2014 年 11 月 1 日起施行新版的《增值税纳税申报表（小规模纳税人适用）》（见表 2-5）。

表 2-4 增值税纳税申报表

（一般纳税人适用）

根据国家税收法律法规及增值税相关规定制定本表。纳税人不论有无销售额，均应按税务机关核定的纳税期限填写本表，并向当地税务机关申报。

税款所属时间：自 年 月 日至 年 月 日 填表日期：年 月 日 金额单位：元至角分

纳税人识别号															所属行业：		
纳税人名称	（公章）		法定代表人姓名		注册地址			生产经营地址		
开户银行及账号			登记注册类型				电话号码		

项 目		栏 次	一般货物、劳务和应税服务		即征即退货物、劳务和应税服务	
			本月数	本年累计	本月数	本年累计
销售额	（一）按适用税率计税销售额	1				
	其中：应税货物销售额	2				
	应税劳务销售额	3				
	纳税检查调整的销售额	4				
	（二）按简易办法计税销售额	5				
	其中：纳税检查调整的销售额	6				
	（三）免、抵、退办法出口销售额	7			——	——
	（四）免税销售额	8			——	——
	其中：免税货物销售额	9			——	——
	免税劳务销售额	10			——	——
税款计算	销项税额	11				
	进项税额	12				
	上期留抵税额	13			——	
	进项税额转出	14				
	免、抵、退应退税额	15			——	——

（续）

项 目	栏 次	一般货物、劳务和应税服务		即征即退货物、劳务和应税服务	
		本月数	本年累计	本月数	本年累计
税款计算 按适用税率计算的纳税检查应补缴税额	16				
应抵扣税额合计	17=12+13-14-15+16			——	——
实际抵扣税额	18（如17<11，则为17，否则为11）				
应纳税额	19=11-18				
期末留抵税额	20=17-18			——	——
简易计税办法计算的应纳税额	21				
按简易计税办法计算的纳税检查应补缴税额	22				
应纳税额减征额	23				
应纳税额合计	24=19+21-23				
税款缴纳 期初未缴税额（多缴为负数）	25				
实收出口开具专用缴款书退税额	26			——	——
本期已缴税额	27=28+29+30+31				
①分次预缴税额	28			——	——
②出口开具专用缴款书预缴税额	29			——	——
③本期缴纳上期应纳税额	30				
④本期缴纳欠缴税额	31				
期末未缴税额（多缴为负数）	32=24+25+26-27				
其中：欠缴税额（≥0）	33=25+26-27			——	——
本期应补(退)税额	34 = 24-28-29				
即征即退实际退税额	35	——	——		
期初未缴查补税额	36			——	——
本期入库查补税额	37				
期末未缴查补税额	38=16+22+36-37			——	——

授权声明	如果你已委托代理人申报，请填写下列资料：		申报人声明	
	为代理一切税务事宜，现授权			
	（地址）为本纳税人的代理申报人，任何与本申报表有关的往来文件，都可寄予此人。			本纳税申报表是根据国家税收法律法规及相关规定填报的，我确定它是真实的、可靠的、完整的。
	授权人签字：			声明人签字：

主管税务机关：　　　　　　　　　　接收人：　　　　　　　　　　接收日期：

表 2-5　增值税纳税申报表

（小规模纳税人适用）

纳税人识别号：☐☐☐☐☐☐☐☐☐☐☐☐☐☐☐☐☐☐☐☐

纳税人名称（公章）：　　　　　　　　　　　　　　　　　　金额单位：元至角分

税款所属期：　年　月　日至　年　月　日　　　　　　　　　填表日期：　年　月　日

项　目	栏　次	本期数		本年累计	
		应税货物及劳务	应税服务	应税货物及劳务	应税服务
一、计税依据　（一）应征增值税不含税销售额	1				
税务机关代开的增值税专用发票不含税销售额	2				
税控器具开具的普通发票不含税销售额	3				
（二）销售使用过的应税固定资产不含税销售额	4(4≥5)			——	——
其中：税控器具开具的普通发票不含税销售额	5			——	——
（三）免税销售额	6=7+8+9				
其中：小微企业免税销售额	7				
未达起征点销售额	8				
其他免税销售额	9				
（四）出口免税销售额	10(10≥11)				
其中：税控器具开具的普通发票销售额	11				
二、税款计算　本期应纳税额	12				
本期应纳税额减征额	13				
本期免税额	14				
其中：小微企业免税额	15				
未达起征点免税额	16				
应纳税额合计	17=12-13				
本期预缴税额	18			——	——
本期应补（退）税额	19=17-18				

纳税人或代理人声明：　本纳税申报表是根据国家税收法律法规及相关规定填报的，我确定它是真实的、可靠的、完整的	如纳税人填报，由纳税人填写以下各栏：
	办税人员：　　　　　财务负责人：
	法定代表人：　　　　联系电话：
	如委托代理人填报，由代理人填写以下各栏：
	代理人名称（公章）：　　　经办人：
	联系电话：

主管税务机关：　　　　　　　接收人：　　　　　　　　　接收日期：

第九节　增值税专用发票的使用及管理

根据《增值税暂行条例》第9条：纳税人购进货物或者应税劳务，取得的增值税扣税凭证不符合法律、行政法规或者国务院税务主管部门有关规定的，其进项税额不得从销项税额中抵扣。增值税扣税凭证是指增值税专用发票、海关进口增值税专用缴款书、农产品收购发票和农产品销售发票以及运输费用结算单据。可见，增值税专用发票不仅有普通发票的功能，即为纳税人经济活动的重要凭证，更重要的是兼记销货方销项税额和购货方进项税额，并作为购进方抵扣进项税额的重要凭证，这是普通发票不具备的功能。正确使用增值税专用发票，不仅是增值税专用发票管理的需要，也关系到每个纳税人自身的合法权益。1994年1月1日，国家税务总局制定的《增值税专用发票使用规定》开始执行。国家为了强化增值税征收管理，防止严重违反增值税专用发票使用规定的行为发生，1995年10月30日实施了《全国人民代表大会常务委员会关于惩治虚开、伪造和非法出售增值税专用发票犯罪的决定》。《中华人民共和国刑法》第205条至第208条，也规定了有关触犯刑律的违法行为及其应承担的刑事责任，具体规定有：虚开增值税专用发票罪，伪造、出售伪造的增值税专用发票罪，非法出售增值税专用发票罪，非法购买增值税专用发票、购买伪造的增值税专用发票罪等罪名。

2007年1月1日，国家税务总局修订的《增值税专用发票使用规定》开始施行，是现行增值税专用发票使用及管理的主要依据。根据《关于推行增值税发票系统升级版有关问题的公告》，自2015年1月1日起在全国范围推行增值税发票系统升级版，废止《增值税专用发票使用规定》第14条至第19条。

一、增值税专用发票的联次和票样

专用发票由基本联次或者基本联次附加其他联次构成，基本联次为三联：发票联、抵扣联和记账联。发票联作为购买方核算采购成本和增值税进项税额的记账凭证；抵扣联作为购买方报送主管税务机关认证和留存备查的凭证；记账联作为销售方核算销售收入和增值税销项税额的记账凭证。其他联次用途，由一般纳税人自行确定。

根据《国家税务总局关于启用新版增值税发票有关问题的公告》，自2014年8月1日起启用新版专用发票。图2-2为增值税专用发票票样。

图2-2　增值税专用发票票样

二、增值税防伪税控系统

一般纳税人应通过增值税防伪税控系统，使用专用发票。使用，包括领购、开具、缴销、认证纸质专用发票及其相应的数据电文。防伪税控系统是指经国务院同意推行的，使用专用设备（金税卡、IC卡、读卡器和其他设备）和通用设备（计算机、打印机、扫描器具和其他设备）、运用数字密码和电子存储技术管理专用发票的计算机管理系统。

一般纳税人领购专用设备后，凭《发票领购簿》到主管税务机关办理初始发行，即主管税务机关将一般纳税人的下列信息载入空白金税卡和IC卡的行为。

1）企业名称。

2）税务登记代码。

3）开票限额。

4）购票限量。

5）购票人员姓名、密码。

6）开票机数量。

7）国家税务总局规定的其他信息。

一般纳税人发生除第2）项以外的信息变化，应向主管税务机关申请变更发行；发生第2）项信息变化，应向主管税务机关申请注销发行。

三、增值税专用发票的领购

一般纳税人凭《发票领购簿》、IC卡和经办人身份证明领购专用发票。一般纳税人有下列情形之一的，不得领购开具专用发票，如已领购专用发票，主管税务机关应暂扣其结存的专用发票和IC卡。

（1）会计核算不健全，不能向税务机关准确提供增值税销项税额、进项税额、应纳税额数据及其他有关增值税税务资料的，其他有关增值税税务资料的内容，由省、自治区、直辖市和计划单列市国家税务局确定。

（2）有《税收征管法》规定的税收违法行为，拒不接受税务机关处理的。

（3）有下列行为之一，经税务机关责令限期改正而仍未改正的：

1）虚开增值税专用发票。

2）私自印制专用发票。

3）向税务机关以外的单位和个人买取专用发票。

4）借用他人专用发票。

5）未按本规定第11条的开具要求开具专用发票。

6）未按规定保管专用发票和专用设备。

未按规定保管专用发票和专用设备，是指下列情形之一的：未设专人保管专用发票和专用设备；未按税务机关要求存放专用发票和专用设备；未将认证相符的专用发票抵扣联、《认证结果通知书》和《认证结果清单》装订成册；未经税务机关查验，擅自销毁专用发票基本联次。

7）未按规定申请办理防伪税控系统变更发行。

8）未按规定接受税务机关检查。

四、增值税专用发票的开具

（一）开具范围

（1）一般纳税人销售货物或者提供应税劳务，应向购买方开具专用发票。

（2）商业企业一般纳税人零售的烟、酒、食品、服装、鞋帽（不包括劳保专用部分）、化妆品等消费品不得开具专用发票。

（3）增值税小规模纳税人需要开具专用发票的，可向主管税务机关申请代开。

（4）销售免税货物不得开具专用发票，法律、法规及国家税务总局另有规定的除外。

（二）开具要求

根据《增值税专用发票使用规定》第11条，专用发票应按下列要求开具：

（1）项目齐全，与实际交易相符。

（2）字迹清楚，不得压线、错格。

（3）发票联和抵扣联加盖财务专用章或者发票专用章。

（4）按照增值税纳税义务的发生时间开具。

对不符合上述要求的专用发票，购买方有权拒收。

（三）汇总开具要求

一般纳税人销售货物或者提供应税劳务可汇总开具专用发票。汇总开具专用发票的，同时使用防伪税控系统开具《销售货物或者提供应税劳务清单》，并加盖财务专用章或者发票专用章。

（四）开具后发生退货或开票有误的处理

（1）一般纳税人在开具专用发票的当月，发生销货退回、开票有误等情形，收到退回的发票联、抵扣联符合作废条件的，按作废处理；开具时发现有误的，可即时作废。作废专用发票需在防伪税控系统中将相应的数据电文按"作废"处理，在纸质专用发票各联次上注明"作废"字样，全联次留存。

同时具有下列情形的，符合作废条件：

1）收到退回的发票联、抵扣联时间未超过销售方开票当月。

2）销售方未抄税[①]并且未记账。

3）购买方未认证或者认证结果为"纳税人识别号认证不符""专用发票代码、号码认证不符"。

（2）一般纳税人开具增值税专用发票或货物运输业增值税专用发票后，发生销货退回、开票有误、应税服务中止以及发票抵扣联、发票联均无法认证等情形但不符合作废条件，或者因销货部分退回及发生销售折让，需要开具红字专用发票的，暂按以下方法处理：

1）专用发票已交付购买方的，购买方可在增值税发票系统升级版中填开并上传《开具红字增值税专用发票信息表》或《开具红字货物运输业增值税专用发票信息表》（以下统称《信息表》，见表2-6和表2-7）。《信息表》所对应的蓝字专用发票应经税务机关认证（所购货物或服务不属于增值税扣税项目范围的除外）。经认证结果为"认证相符"并且已经抵扣增值税进项税额的，购买方在填开《信息表》时不填写相对应的蓝字专用发票信息，应暂依《信

---

① 抄税是指报税前用IC卡或者IC卡和软盘抄取开票数据电文。

息表》所列增值税额从当期进项税额中转出；未抵扣增值税进项税额的可列入当期进项税额，待取得销售方开具的红字专用发票后，与《信息表》一并作为记账凭证；经认证结果为"无法认证"、"纳税人识别号认证不符"、"专用发票代码、号码认证不符"，以及所购货物或服务不属于增值税扣税项目范围的，购买方不列入进项税额，不作进项税额转出，填开《信息表》时应填写相对应的蓝字专用发票信息。

表2-6　开具红字增值税专用发票信息表

填开日期：　　年　　月　　日

销售方	名　称		购买方	名　称		
	纳税人识别号			纳税人识别号		
开具红字专用发票内容	货物（劳务服务）名称	数量	单价	金额	税率	税额
	合计	——	——	——		——
说明	一、购买方□ 对应蓝字专用发票抵扣增值税销项税额情况： 1．已抵扣□ 2．未抵扣□ （1）无法认证□ （2）纳税人识别号认证不符□ （3）增值税专用发票代码、号码认证不符□ （4）所购货物或劳务、服务不属于增值税扣税项目范围□ 对应蓝字专用发票的代码：　　　　号码： 二、销售方□ 1．购买方拒收发票□ 2．发票尚未交付□ 对应蓝字专用发票的代码：　　　　号码：					
红字发票信息表编号						

表 2-7 开具红字货物运输业增值税专用发票信息表

填开日期： 年 月 日

承运人	名 称		实际受票方	名 称	
	纳税人识别号			纳税人识别号	
收货人	名 称		发货人	名 称	
	纳税人识别号			纳税人识别号	
开具红字货运专用发票内容	费用项目及金额			运输货物信息	
	合计金额	税率	税额	机器编号	车种车号	车船吨位
说明	一、实际受票方□ 对应蓝字专用发票抵扣增值税销项税额情况： 1．已抵扣□ 2．未抵扣□ （1）无法认证□ （2）纳税人识别号认证不符□ （3）货运专票代码、号码认证不符□ （4）所购服务不属于增值税扣税项目范围□ 对应蓝字货运专票的代码： 号码： 二、承运人□ 1．受票方拒收发票□ 2．发票尚未交付□ 对应蓝字货运专票的代码： 号码：				
红字发票信息表编号					

专用发票尚未交付购买方或者购买方拒收的，销售方应于专用发票认证期限内在增值税发票系统升级版中填开并上传《信息表》。

2）主管税务机关通过网络接收纳税人上传的《信息表》，系统自动校验通过后，生成带有"红字发票信息表编号"的《信息表》，并将信息同步至纳税人端系统中。

3）销售方凭税务机关系统校验通过的《信息表》开具红字专用发票，在增值税发票系统升级版中以销项负数开具。红字专用发票应与《信息表》一一对应。

4）纳税人也可凭《信息表》电子信息或纸质资料到税务机关对《信息表》内容进行系统校验。

5）已使用增值税税控系统的一般纳税人，在纳入升级版之前暂可继续使用《开具红字增值税专用发票申请单》。

（3）税务机关为小规模纳税人代开专用发票需要开具红字专用发票的，按照一般纳税人开具红字专用发票的方法处理。

（4）纳税人需要开具红字增值税普通发票的，可以在所对应的蓝字发票金额范围内开具多份红字发票。红字机动车销售统一发票需与原蓝字机动车销售统一发票一一对应。

（五）开具报税

一般纳税人开具专用发票应在增值税纳税申报期内向主管税务机关报税，在申报所属月份内可分次向主管税务机关报税。报税是纳税人持 IC 卡或者 IC 卡和软盘向税务机关报送开票数据电文。

因 IC 卡、软盘质量等问题无法报税的，应更换 IC 卡、软盘。

因硬盘损坏、更换金税卡等原因不能正常报税的，应提供已开具未向税务机关报税的专用发票记账联原件或者复印件，由主管税务机关补采开票数据。

五、增值税专用发票的缴销

一般纳税人注销税务登记或者转为小规模纳税人，应将专用设备和结存未用的纸质专用发票送交主管税务机关。主管税务机关应缴销其专用发票，并按有关安全管理的要求处理专用设备。专用发票的缴销是指主管税务机关在纸质专用发票监制章处按"V"字剪角作废，同时作废相应的专用发票数据电文。被缴销的纸质专用发票应退还纳税人。

六、增值税专用发票的认证

用于抵扣增值税进项税额的专用发票应经税务机关认证相符（国家税务总局另有规定的除外）。认证相符的专用发票应作为购买方的记账凭证，不得退还销售方。认证是税务机关通过防伪税控系统对专用发票所列数据的识别、确认。认证相符是指纳税人识别号无误，专用发票所列密文解译后与明文一致。

（一）经认证不得作为增值税进项税额的抵扣凭证

经认证，有下列情形之一的，不得作为增值税进项税额的抵扣凭证，税务机关退还原件，购买方可要求销售方重新开具专用发票。

（1）无法认证是指专用发票所列密文或者明文不能辨认，无法产生认证结果。

（2）纳税人识别号认证不符是指专用发票所列购买方纳税人识别号有误。

（3）专用发票代码、号码认证不符是指专用发票所列密文解译后与明文的代码或者号码不一致。

（二）经认证暂不得作为增值税进项税额的抵扣凭证

经认证，有下列情形之一的，暂不得作为增值税进项税额的抵扣凭证，税务机关扣留原件，查明原因，分别情况进行处理。

（1）重复认证是指已经认证相符的同一张专用发票再次认证。

（2）密文有误是指专用发票所列密文无法解译。

（3）认证不符是指纳税人识别号有误，或者专用发票所列密文解译后与明文不一致。不包括纳税人识别号认证不符和专用发票代码、号码认证不符。

（4）列为失控专用发票是指认证时的专用发票已被登记为失控专用发票。

专用发票抵扣联无法认证的，可使用专用发票发票联到主管税务机关认证。专用发票发票联复印件留存备查。

七、丢失增值税专用发票的处理

一般纳税人丢失已开具专用发票的发票联和抵扣联，如果丢失前已认证相符的，购买方凭销售方提供的相应专用发票记账联复印件及销售方所在地主管税务机关出具的《丢失增值税专用发票已报税证明单》，可作为增值税进项税额的抵扣凭证；如果丢失前未认证的，购买方凭销售方提供的相应专用发票记账联复印件到主管税务机关进行认证，认证相符的凭该专用发票记账联复印件及销售方所在地主管税务机关出具的《丢失增值税专用发票已报税证明单》，经购买方主管税务机关审核同意后，可作为增值税进项税额的抵扣凭证。

一般纳税人丢失已开具专用发票的抵扣联，如果丢失前已认证相符的，可使用专用发票发票联复印件留存备查；如果丢失前未认证的，可使用专用发票发票联到主管税务机关认证，专用发票发票联复印件留存备查。一般纳税人丢失已开具专用发票的发票联，可将专用发票抵扣联作为记账凭证，专用发票抵扣联复印件留存备查。

八、增值税发票系统升级版的规定

为适应税收现代化建设需要，着眼于税制改革的长远规划，满足增值税一体化管理要求，切实减轻基层税务机关和纳税人负担，2015 年 1 月 1 日起在全国范围推行增值税发票系统升级版。

（一）推行范围

2015 年 1 月 1 日起新认定的增值税一般纳税人和新办的小规模纳税人。

（二）发票的使用

（1）一般纳税人销售货物、提供应税劳务和应税服务应开具增值税专用发票、货物运输业增值税专用发票和增值税普通发票。

（2）小规模纳税人销售货物、提供应税劳务和应税服务应开具增值税普通发票。

（3）一般纳税人和小规模纳税人从事机动车（旧机动车除外）零售业务应开具机动车销售统一发票。

（4）通用定额发票、客运发票和二手车销售统一发票继续使用。

（三）系统使用

增值税发票系统升级版是对增值税防伪税控系统、货物运输业增值税专用发票税控系统、稽核系统以及税务数字证书系统等进行的整合升级完善。实现纳税人经过税务数字证书安全认证、加密开具的发票数据，通过互联网实时上传税务机关，生成增值税发票电子底账，作为纳税申报、发票数据查验以及税源管理、数据分析利用的依据。

（1）增值税发票系统升级版纳税人端税控设备包括金税盘和税控盘（以下统称专用设备）。专用设备均可开具增值税专用发票、货物运输业增值税专用发票、增值税普通发票和机动车销售统一发票。

新认定的一般纳税人和新办小规模纳税人自愿选择使用金税盘或税控盘。除通用定额发票、客运发票和二手车销售统一发票，新认定的一般纳税人和新办小规模纳税人发生增值税业务对外开具发票应当使用专用设备开具。

（2）纳税人应在互联网连接状态下在线使用增值税发票系统升级版开具发票。增值税发票系统升级版可自动上传已开具的发票明细数据。

（3）纳税人因网络故障等原因无法在线开票的，在税务机关设定的离线开票时限和离线开具发票总金额范围内仍可开票，超限将无法开具发票。纳税人开具发票次月仍未连通网络上传已开具发票明细数据的，也将无法开具发票。纳税人需连通网络上传发票后方可开票，若仍无法连通网络的需携带专用设备到税务机关进行征期报税或非征期报税后方可开票。

纳税人已开具未上传的增值税发票为离线发票。离线开票时限是指自第一份离线发票开具时间起开始计算可离线开具的最长时限。离线开票总金额是指可开具离线发票的累计不含税总金额，离线开票总金额按不同票种分别计算。

纳税人离线开票时限和离线开票总金额的设定标准及方法由各省、自治区、直辖市和计划单列市国家税务局确定。

（4）按照有关规定不使用网络办税或不具备网络条件的特定纳税人，以离线方式开具发票，不受离线开票时限和离线开具发票总金额限制。特定纳税人的相关信息由主管税务机关在综合征管系统中设定，并同步至增值税发票系统升级版。

（5）纳税人应在纳税申报期内将上月开具发票汇总情况通过增值税发票系统升级版进行网络报税。

特定纳税人不使用网络报税，需携带专用设备和相关资料到税务机关进行报税。

练 习 题

1．某制药厂为增值税一般纳税人，生产的药品中有免税药品，2013 年 4 月发生如下经济业务：

（1）批发抗生素药品，开具专用发票，注明销售额 125 800 元，由本厂运输部门运输，收到购货方支付的运费 2 340 元。

（2）销售其他应税药品，收到含税货款 40 500 元。

（3）销售免税药品一批，取得不含税收入 23 200 元。

（4）当月购入生产用原料一批，取得经税务机关认证的防伪税控系统增值税专用发票上注明税款 42 000 元，用于生产应税与免税药品，但无法划分耗料情况，同时支付运费 1 500 元（有运输发票），其中建设基金 100 元，装卸费 400 元，运费 1 000 元。

（5）上月未抵扣进项税额 20 080 元。

根据以上材料计算该制药厂 2013 年 4 月应纳增值税。

2．某食品公司为增值税一般纳税人，2013 年 12 月发生下列经营业务：

（1）从某农业生产者处收购土豆，开具的收购凭证上注明收购价格为 65 000 元，货物验收入库。

（2）销售食品给某商场，开具增值税专用发票上注明价款 78 000 元，并以本公司自备车辆送货上门，另开具普通发票收取运费共 750 元。

（3）销售食品给某大型超市，不含税价款 65 000 元，委托某货运公司运送货物，代垫运费 500 元，取得该货运公司开具的货运发票并将其转交给该超市。

（4）从某设备制造公司购进检测设备一台，取得的增值税专用发票上注明价款 240 000 元；另支付运费 600 元，已取得合法的货运发票。

（5）购进自用货运卡车一辆，支付不含税价 140 000 元，取得机动车销售统一发票；另支付运费 800 元，已取得合法的货运发票。

（6）上月购进的免税农产品（已抵扣进项税）因保管不善发生霉烂变质，账面成本价 3 000 元（含应分摊的运费 100 元）。

相关发票当月均已通过主管税务机关认证并在本月抵扣。

根据以上材料计算甲公司当月应纳的增值税。

3．某便利店是增值税小规模纳税人，2012 年 8 月，该商场取得零售收入总额 18.54 万元，另外销售旧货一批，开具普通发票，取得含税销售额 6.8 万元，原值 5.3 万元。结合材料计算该便利店当月应纳的增值税。

4．某金店为增值税一般纳税人，2013 年 8 月发生以下业务：

（1）零售金银首饰与镀金首饰组成的套装礼盒，取得收入 38.78 万元，其中金银首饰收入 28 万元，镀金首饰收入 10.78 万元。

（2）采取"以旧换新"方式向消费者销售金项链 1 350 条，新项链每条零售价 0.35 万元，旧项链每条作价 0.28 万元，每条项链取得差价款 0.07 万元。

（3）为个人定制加工金银首饰，商城提供原料含税金额 28.65 万元，取得个人支付的含税加工费收入 6.24 万元（商城无同类首饰价格）。

（4）用 360 条银项链抵偿债务，该批项链账面成本为 36 万元，零售价 54.2 万元。

（5）外购金银首饰一批，取得的普通发票上注明的价款 425 万元；外购镀金首饰一批，取得经税务机关认可的增值税专用发票，注明价款 68 万元、增值税 11.56 万元。

（6）上月未抵扣进项税额 2.34 万元。

根据以上材料计算金店当月应纳的增值税。

第三章 消费税法

第一节 消费税概述

一、消费税概念

我国现行消费税是对在我国境内从事生产、委托加工和进口应税消费品的单位和个人就销售额或销售数量，在特定环节征收的一种流转税，属于流转税的范畴。消费税的开征，不仅起到优化税制结构、完善流转税征税体系的作用，更在配合国家消费政策、削弱和缓解贫富悬殊以及分配不公矛盾等方面发挥着积极作用。根据国家统计局年度数据，2013 年我国国内消费税 8 231.32 亿元，占全年税收收入 110 530.70 亿元的 7.45%。

二、消费税的发展

消费税源远流长，在我国可追溯到西汉时期对酒的课税。古罗马时代曾课征盐税。目前，世界上已有一百多个国家开征了这一税种或类似税种。随着商品经济的发展，消费税课征范围不断扩大，数额日益增加。由于消费税的独特调节作用，它受到了世界各国的普遍重视。

早在 1951 年政务院就根据国家公布和实行的《全国税政实施要则》的规定，颁布了《特种消费行为税暂行条例》，开始征收特种消费行为税，后来由于种种原因，消费税被迫取消。之后的数次税制改革，消费税也没有发挥出应有的作用。1994 年税制改革，开始施行《中华人民共和国消费暂行条例》以及《中华人民共和国消费税暂行条例实施细则》，消费税成为我国三大流转税之一。

我国现行消费税法的基本规范，是 2008 年 11 月 5 日经国务院第 34 次常务会议修订通过并颁布，自 2009 年 1 月 1 日起施行的《中华人民共和国消费税暂行条例》（以下简称《消费税暂行条例》），以及 2008 年 12 月 15 日财政部、国家税务总局第 51 号令颁布的《中华人民共和国消费税暂行条例实施细则》。

三、消费税的特点

消费税是以应税消费品为征税对象的一种税，与其他流转税相比具有以下特点：

（一）消费税的征税对象具有选择性

消费税是在对货物普遍征收增值税的基础上，选择少数消费品再征收一道消费税，目的是调节产品结构，引导消费方向，保证国家财政收入。消费税的征税对象具有选择性，其调节范围主要包括：特殊消费品、奢侈品、高能耗产品、不可再生的稀缺资源消费品；一些税基宽广、消费普遍、征收消费税不会影响人民生活水平，具有一定财政意义的普通消费品。消费税按照产品不同来设置税目，分别制定高低不同的税率或税额，以具体规定消费税调节的范围。

（二）消费税是单一环节征税

我国消费税的纳税环节主要确定在生产环节，具有较大的隐蔽性，容易被消费者所接受，可减少消费税对社会的影响。同时，为了避免重复征税，在应税消费品脱离生产环节进入流通领域后，就不再征收（金银首饰等除外），具有征收环节单一性的特点。

（三）消费税是价内税

消费税实行价内征收，即消费税是产品价格的组成部分，应纳消费税的计税依据是含消费税的价格。税与价格互相补充，共同发挥调节经济的杠杆作用。

第二节　消费税的纳税义务人与征税范围

一、消费税的纳税义务人

根据《消费税暂行条例》的规定，在中华人民共和国境内生产、委托加工和进口应税消费品的单位和个人，以及国务院确定的销售规定的消费品的其他单位和个人，为消费税的纳税人，应当依照规定缴纳消费税。

其中，国务院确定的销售规定的消费品的其他单位和个人是指金银首饰、钻石及钻石饰品、铂金首饰的零售商以及卷烟批发商等。

二、消费税的征税范围

（一）生产销售应税消费品

（1）纳税人生产的应税消费品，于纳税人销售时纳税。

（2）纳税人自产自用的应税消费品，用于连续生产应税消费品的，不纳税；用于其他方面的，于移送使用时纳税。

（二）委托加工应税消费品

除受托方为个人外，由受托方向委托方交货时代收代缴税款。委托个人加工的应税消费品，由委托方收回后缴纳消费税。

（三）进口应税消费品

进口应税消费品，应缴纳关税、进口消费税和进口增值税。

（四）特殊规定

消费税属于价内税，只征收一次，一般情况下是在消费品的生产、委托加工和进口环节缴纳，在以后的批发、零售环节不再缴纳消费税。但以下情况除外：

1. 零售环节纳税

金银首饰、钻石及钻石饰品在零售环节纳税，纳税人为在我国境内从事钻石及钻石饰品零售业务的单位或个人。

2. 生产和批发两个环节纳税

自2009年5月1日起，烟草批发企业将卷烟销售给零售单位的，要再征一道5%的从价税。这是单一环节纳税的例外情况。烟草批发企业将卷烟销售给其他烟草批发企业的，不缴纳消费税。

第三节　消费税的税目与税率

一、消费税的税目

截至 2015 年 3 月 15 日，我国应税消费品一共为 15 类货物，即消费税有 15 个税目，具体内容如下：

1. 烟

凡是以烟叶为原料加工生产的产品，不论使用何种辅料，均属于本税目的征收范围，包括卷烟（包括进口卷烟、白包卷烟、手工卷烟和未经国务院批准纳入计划的企业及个人生产的卷烟）、雪茄烟和烟丝三个子目。

2. 酒

酒是酒精在 1° 以上的各种酒类饮料。酒精又名乙醇，是指用蒸馏或合成方法生产的酒精度在 95° 以上的无色透明液体。酒类包括粮食白酒、薯类白酒、黄酒、啤酒和其他酒，但不包括调味料酒。

对饮食业、商业、娱乐业举办的啤酒屋（啤酒坊）利用啤酒生产设备生产的啤酒应当征收消费税。

3. 化妆品

本税目征收范围包括各类美容、修饰类化妆品，高档护肤类化妆品和成套化妆品。美容、修饰类化妆品是指香水、香水精、香粉、口红、指甲油、胭脂、眉笔、唇笔、蓝眼油、眼睫毛以及成套化妆品。

舞台、戏剧、影视演员化妆用的上妆油、卸装油、油彩，不属于本税目的征收范围。

4. 贵重首饰及珠宝玉石

贵重首饰及珠宝玉石包括各种金银珠宝首饰和经采掘、打磨、加工的各种珠宝玉石。

5. 鞭炮、焰火

本税目征收范围包括各类鞭炮、焰火。但体育上用的发令纸、鞭炮药引线不包括在本税目。

6. 成品油

本税目包括汽油、柴油、石脑油、溶剂油、航空煤油、润滑油、燃料油 7 个子目。

7. 摩托车

本税目包括气缸容量（排气量，下同）为 250mL 的摩托车和气缸容量在 250mL 以上的摩托车两个子目。

8. 小汽车

本税目中的小汽车是指由动力装置驱动，具有四个和四个以上车轮的非轨道无架线的、主要用于载送人员及其随身物品的车辆。本税目征收范围包括乘用车和中轻型商用客车。电动汽车不属于本税目征收范围。沙滩车、雪地车、卡丁车、高尔夫车不属于消费税征收范围，不征收消费税。对于企业购进货车或箱式货车改装生产的商务车、卫星通信车等专用汽车也不属于消费税征收范围。

9. 高尔夫球及球具

本税目包括高尔夫球，高尔夫球杆，高尔夫球包（袋），高尔夫球杆的杆头、杆身和握把。

10．高档手表

本税目的高档手表是指销售价格（不含增值税）每只在 10 000 元（含）以上的各类手表。

11．游艇

游艇是指长度大于 8m 小于 90m，船体由玻璃钢、钢、铝合金、塑料等多种材料制作，可以在水上移动的水上浮载体。按照动力划分，游艇分为无动力艇、帆艇和机动艇。本税目征收范围包括艇身长度大于 8m（含）小于 90m（含），内置发动机，主要用于水上运动和休闲娱乐等非牟利活动的各类机动艇。

12．木制一次性筷子

木制一次性筷子，又称卫生筷子，是指以木材为原料经过锯段、浸泡、旋切、刨切、烘干、筛选、打磨、倒角、包装等环节加工而成的各类一次性使用的筷子。本税目征收范围包括各种规格的木制一次性筷子以及未经打磨、倒角的木制一次性筷子。

13．实木地板

实木地板是指以木材为原料，经锯割、干燥、刨光、截断、开榫、涂漆等工序加工而成的块状或条状的地面装饰材料。本税目包含各类规格的实木地板，实木指接地板，实木复合地板，用于装饰墙壁、天棚的侧端面为榫、槽的实木装饰板，以及未经涂饰的素板。

14．电池

自 2015 年 2 月 1 日起，对电池在生产、委托加工和进口环节征收消费税。电池是一种将化学能、光能等直接转换为电能的装置，一般由电极、电解质、容器、极端（通常还有隔离层）组成的基本功能单元，以及用一个或多个基本功能单元装配成的电池组。范围包括：原电池、蓄电池、燃料电池、太阳能电池和其他电池。

15．涂料

自 2015 年 2 月 1 日起，对涂料在生产、委托加工和进口环节征收消费税。涂料是指涂于物体表面能形成具有保护、装饰或特殊性能的固态涂膜的一类液体或固体材料之总称。

二、消费税的税率

我国现行消费税的税率采取比例税率和定额税率两种形式。其中，对成品油、啤酒、黄酒三种消费品实行定额税率，对卷烟和白酒实行比例税率和定额税率的复合征收。除此之外，其他应税消费品实行比例税率。截至 2015 年 5 月 10 日，消费税的税率见表 3-1。

表 3-1　消费税税目税率表

税　目	税　率
一、烟	
1．卷烟	
（1）甲类卷烟	56%加 0.003 元/支
（2）乙类卷烟	36%加 0.003 元/支
（3）批发环节	11%加 0.005 元/支
2．雪茄烟	36%
3．烟丝	30%

（续）

税　目	税　率
二、酒	
1．白酒	20%加 0.5 元/500g（或者 500mL）
2．黄酒	240 元/t
3．啤酒	250 元/t
（1）甲类啤酒	220 元/t
（2）乙类啤酒	10%
4．其他酒	
三、化妆品	30%
四、贵重首饰及珠宝玉石	
1．金银首饰、铂金首饰和钻石及钻石饰品	5%
2．其他贵重首饰和珠宝玉石	10%
五、鞭炮、焰火	15%
六、成品油	
1．汽油	1.52 元/L
2．柴油	1.20 元/L
3．航空煤油	1.20 元/L
4．石脑油	1.52 元/L
5．溶剂油	1.52 元/L
6．润滑油	1.52 元/L
7．燃料油	1.20 元/L
七、摩托车	
1．气缸容量（排气量，下同）在 250mL 的	3%
2．气缸容量在 250mL 以上的	10%
八、小汽车	
1．乘用车	
（1）气缸容量（排气量，下同）在 1.0L（含 1.0L）以下的	1%
（2）气缸容量在 1.0L 以上至 1.5L（含 1.5L）的	3%
（3）气缸容量在 1.5L 以上至 2.0L（含 2.0L）的	5%
（4）气缸容量在 2.0L 以上至 2.5L（含 2.5L）的	9%
（5）气缸容量在 2.5L 以上至 3.0L（含 3.0L）的	12%
（6）气缸容量在 3.0L 以上至 4.0L（含 4.0L）的	25%
（7）气缸容量在 4.0L 以上的	40%
2．中轻型商用客车	5%
九、高尔夫球及球具	10%
十、高档手表	20%
十一、游艇	10%

（续）

税 目	税 率
十二、木制一次性筷子	5%
十三、实木地板	5%
十四、电池	4%
十五、涂料	4%

纳税人兼营不同税率的应税消费品，应当分别核算不同税率应税消费品的销售额或销售数量，未分别核算的，按其中最高税率征税。纳税人兼营不同税率的应税消费品，应当分别核算不同税率应税消费品的销售额、销售数量；未分别核算销售额、销售数量，或者将不同税率的应税消费品组成成套消费品销售的，从高适用税率。

【例 3-1】　美瑶公司是一家化妆品生产企业，属于增值税一般纳税人，2014 年 12 月，该公司销售化妆品取得不含增值税销售收入 140 万元，销售护肤护发产品取得不含增值税销售收入 50 万元，将化妆品与护肤护发产品组成礼盒成套销售，取得不含增值税销售额 100 万元，已知化妆品的消费税税率为 30%，计算该公司当月应纳消费税税额。

答案：销售护肤护发产品收入不用缴纳消费税，将化妆品与护肤护发产品组成礼盒成套销售的，适用化妆品的消费税税率，该公司应纳消费税税额＝（140＋100）×30%＝72（万元）。

第四节　消费税应纳税额的计算

针对消费税比例税率、定额税率及复合税率三种税率形式，消费税应纳税额的计算采用从价定率、从量定额和从量从价复合计征三种基本的方法。

一、生产销售应纳消费税的计算

（一）从价定率应纳税额的计算

$$应纳税额＝销售额×比例税率$$

1．销售额的一般规定

销售额为纳税人销售应税消费品向购买方收取的全部价款和价外费用，但不包括收取的增值税销项税额。

价外费用是指价外向购买方收取的手续费、补贴、基金、集资费、返还利润、奖励费、违约金、滞纳金、延期付款利息、赔偿金、代收款项、代垫款项、包装费、包装物租金、储备费、优质费、运输装卸费以及其他各种性质的价外收费。但下列项目不包括在内：

（1）同时符合以下条件的代垫运输费用：

1）承运部门的运输费用发票开具给购买方的。

2）纳税人将该项发票转交给购买方的。

（2）同时符合以下条件代为收取的政府性基金或者行政事业性收费：

1）由国务院或者财政部批准设立的政府性基金，由国务院或者省级人民政府及其财政、价格主管部门批准设立的行政事业性收费。

2）收取时开具省级以上财政部门印制的财政票据。

3）所收款项全额上缴财政。

【例 3-2】飞跃摩托车制造厂（增值税一般纳税人）向某企业销售摩托车 10 辆，支付货款（含税）共计 351 000 元，另付设计、改装费 46 800 元。计算东方摩托车制造厂计缴消费税的销售额。

答案：飞跃摩托车制造厂计缴消费税的销售额 =（351 000 + 46 800）÷（1 + 17%）= 340 000（元）

【例 3-3】香深酒厂为增值税一般纳税人，2015 年 5 月销售果木酒，取得不含增值税销售额 30 万元，同时收取包装物租金 0.936 万元、优质费 4.68 万元。计算该酒厂当月销售果木酒应缴纳的消费税税额。

答案：该酒厂当月销售果木酒应缴纳的消费税税额 = [30 +（0.936 + 4.68）÷（1 + 17%）] × 10% = 3.48（万元）

2．销售额的特殊情况

（1）纳税人通过自设非独立核算门市部销售的自产应税消费品，应当按照门市部对外销售额或者销售数量征收消费税。

【例 3-4】飞跃摩托车制造厂（增值税一般纳税人）将生产的某型号摩托车 50 辆，以每辆出厂价 20 000 元（不含增值税）销售给自设非独立核算的门市部；门市部又以每辆 24 570 元（含增值税）全部销售给消费者。已知：摩托车适用消费税税率为 10%，计算该摩托车制造厂应纳的消费税。

答案：该摩托车厂应纳的消费税 = 24 570 ÷（1 + 17%）× 50 × 10% = 105 000（元）

（2）纳税人用于换取生产资料和消费资料、投资入股和抵偿债务等方面的应税消费品，应当以纳税人同类应税消费品的最高销售价格作为计税依据计算消费税。

【例 3-5】华润商场（增值税一般纳税人）本月以一批化妆品抵偿 3 个月以前购进某批电视机的欠款 468 000 元。该批化妆品的成本为 380 000 元，若按同类商品的平均价格计算，该批金银首饰的不含税价格为 410 000 元；若按同类产品的最高销售价格计算，该批首饰的不含税价格为 420 000 元。已知：化妆品的消费税税率为 30%，计算该百货商场应缴纳的消费税。

答案：该商场应缴纳的消费税 = 420 000 × 30% = 126 000（元）

（3）包装物押金的处理。

按《税法》规定，实行从价定率办法计算应纳税额的应税消费品连同包装销售及包装物押金的计税销售额，作如下处理：

1）纳税人应税消费品连同包装物销售的，无论包装是否单独计价，也不论在会计上如何核算，均应并入应税消费品的销售额中征收消费税。

2）如果包装物不作价随同产品销售，而是收取押金（收取酒类产品的包装物押金除外），且单独核算又未过期的，此项押金则不应并入应税消费品的销售额中征税。但对因逾期未收回的包装物不再退还的和已收取 1 年以上的押金，应并入应税消费品的销售额，按照应税消费品的适用税率征收消费税。

3）对既作价随同应税消费品销售，又另外收取包装物押金的，凡纳税人在规定的期限内不予退还押金，均应并入应税消费品的销售额，按照应税消费品的适用税率征收消费税。

4）对酒类产品生产企业销售酒类产品（黄酒、啤酒除外）而收取的包装物押金，无论押金是否返还与会计上如何核算，均需并入酒类产品销售额中，依酒类产品的适用税率征收消费税。

表 3-2 为包装物押金的税务处理。

表 3-2　包装物押金的税务处理

押 金 种 类	收取时，未逾期	逾 期 时
一般应税消费品的包装物押金	不缴增值税，不缴消费税	缴纳增值税，缴纳消费税（押金需换算为不含税价）
酒类产品包装物押金（除啤酒、黄酒外）	缴纳增值税、消费税（押金需换算为不含税价）	不再缴纳增值税、消费税
啤酒、黄酒包装物押金	不缴增值税，不缴消费税	只缴纳增值税，不缴纳消费税（因为从量征收）

（二）从量定额应纳税额的计算

我国现行消费税仅对黄酒、啤酒、成品油实行定额税率，采用从量定额方法计税。

$$应纳税额 = 销售数量 × 定额税率（单位税额）$$

消费税的定额税率通过税率表可以查到，因此，从量定额方法计算的关键是销售数量的确定。

1. 销售数量的具体规定

销售数量是指纳税人生产、委托加工和进口应税消费品的数量。分别根据以下情况确定：

（1）销售应税消费品的，为应税消费品的销售数量。

（2）自产自用应税消费品的，为应税消费品的移送使用数量。

（3）委托加工应税消费品的，为纳税人收回的应税消费品数量。

（4）进口的应税消费品，为海关核定的应税消费品的进口数量。

2. 计量单位的换算标准

在实际销售过程中，一些纳税人会把吨和升这两个计量单位混用，为了规范不同产品的计量单位，以准确计算应纳税额，吨与升两个计量单位的换算标准见表 3-3。

表 3-3　吨、升换算表

货 物 名 称	换 算 关 系	货 物 名 称	换 算 关 系
啤酒	1t=988L	汽油	1t=1388L
黄酒	1t=962L	柴油	1t=1176L
石脑油	1t=1385L	溶剂油	1t=1282L
润滑油	1t=1126L	燃料油	1t=1015L
航空煤油	1t=1246L		

【例 3-6】香深酒厂 2014 年 8 月份销售乙类啤酒 100 吨，每吨出厂价格 2 500 元。已知乙类啤酒定额税率为 220 元/吨，计算该啤酒厂 8 月应纳消费税税额。

答案：该啤酒厂 8 月应纳消费税税额 = 100 × 220 = 22 000（元）

（三）复合计征应纳税额的计算

我国现行消费税的征税范围中，对卷烟、白酒采用从价定率和从量定额相结合的复合计征的方法。

$$应纳税额 = 销售额 × 比例税率 + 销售数量 × 单位税额$$

【例 3-7】香深酒厂 2014 年销售粮食白酒 80 000 斤，取得不含税销售额 200 000 元，收取包装物押金 7 020 元，收取粮食白酒品牌使用费 3 510 元。已知白酒消费税定额税率为 0.5 元/斤，比例税率为 20%。计算该酒厂本月应纳的消费税。

答案：该酒厂本月应纳消费税 = 80 000 × 0.5 + 200 000 × 20% + (7 020 + 3 510) ÷ (1 + 17%) × 20% = 81 800（元）

二、自产自用应税消费品的应纳税额计算

自产自用应税消费品的计税价格：用于连续生产应税消费品的，不纳税；用于其他方面的，于移送使用时纳税。

（1）有同类消费品销售价格的，按纳税人生产的同类消费品的销售价格计算纳税；

（2）没有同类消费品销售价格的，按照组成计税价格计算纳税。

1）对从价定率征税消费税的应税消费品

$$组成计税价格 = （成本 + 利润）÷（1 - 消费税比例税率）$$
$$= 成本 × （1 + 成本利润率）÷（1 - 消费税比例税率）$$

从价定率的组成计税价格公式推理过程：

$$组成计税价格 = 成本 + 利润 + 消费税$$
$$= 成本 + 利润 + 组成计税价格 × 消费税比例税率$$
$$组成计税价格 × （1 - 消费税税率）= 成本 + 利润$$
$$组成计税价格 = （成本 + 利润）÷（1 - 消费税比例税率）$$

2）对复合计税征收消费税的应税消费品

$$组成计税价格 = （成本 + 利润 + 自产自用数量 × 定额税率）÷（1 - 消费税比例税率）$$
$$= [成本 × （1 + 成本利润率）+ 自产自用数量 × 定额税率] ÷$$
$$（1 - 消费税比例税率）$$

上述公式中所说的"成本"是指应税消费品的产品生产成本，"利润"是指根据应税消费品的全国平均成本利润率计算的利润。应税消费品全国平均成本利润率由国家税务总局确定。

表 3-4 为应税消费品全国平均成本利润率。

表 3-4　应税消费品全国平均成本利润率

货物名称	利润率	货物名称	利润率
1. 甲类卷烟	10	5. 粮食白酒	10
2. 乙类卷烟	5	6. 薯类白酒	5
3. 雪茄烟	5	7. 其他酒	5
4. 烟丝	5	8. 酒精	5

（续）

货　物　名　称	利润率	货　物　名　称	利润率
9. 化妆品	5	15. 高档手表	20
10. 鞭炮、焰火	5	16. 游艇	10
11. 贵重首饰及珠宝玉石	6	17. 木制一次性筷子	5
12. 汽车轮胎	5	18. 实木地板	5
13. 摩托车	6	19. 乘用车	8
14. 高尔夫球及球具	10	20. 中轻型商用客车	5

【例3-8】美瑶公司将某品牌的化妆品与护肤品组成成套化妆品，其中，化妆品的生产成本为 85 元/套，护肤品的生产成本为 55 元/套。2014 年 12 月将 100 套成套化妆品分给职工作为奖励。已知化妆品的成本利润率为 5%，比例税率为 30%，计算该公司上述业务应纳消费税税额。

答案：应纳消费税 ＝（85＋55）×（1＋5%）÷（1－30%）×30%×100＝6 300（元）

【例3-9】香深酒厂于 2014 年 12 月将自产的 10t 新型粮食白酒作为职工福利发放给本厂职工，已知该批白酒的成本为 200 000 元，无同类产品市场销售价格：成本利润率为 10%；白酒消费税税率：比例税率为 20%，定额税率为每 500g0.5 元。计算该批白酒应缴纳的消费税税额。

答案：应税消费品组成计税价格 ＝[200 000×（1＋10%）＋10×2 000×0.5]/（1－20%）＝287 500（元）

应纳消费税税额 ＝ 287 500×20%＋10×2 000×0.5＝67 500（元）

三、委托加工应税消费品税务处理

（一）委托加工应税消费品的确定

委托加工应税消费品是指委托方提供原料和主要材料，受托方只收取加工费和代垫部分辅助材料加工的应税消费品。

以下情况不属于委托加工应税消费品：

（1）由受托方提供原材料生产的应税消费品。

（2）受托方先将原材料卖给委托方，再接受加工的应税消费品。

（3）由受托方以委托方名义购进原材料生产的应税消费品。

（二）代收代缴消费税的规定

（1）受托方加工完毕向委托方交货时，由受托方代收代缴消费税。如果受托方是个体经营者，委托方须在收回加工应税消费品后向所在地主管税务机关缴纳消费税。

（2）如果受托方没有代收代缴消费税，委托方应补交税款，补税的计税依据为：

1）已直接销售的：按销售额计税。

2）未销售或不能直接销售的：按组成计税价格计税（委托加工业务的组成计税价格）。

（三）委托加工应税消费品应纳税额的计算

根据《消费税暂行条例》的规定，委托加工的应税消费品应纳税额的计算方法如下：

1．有同类消费品销售价格的

按照受托方的同类消费品的销售价格计算纳税，其应纳税额的计算公式为：

应纳税额 = 同类消费品销售单价 × 委托加工收回数量 × 适用税率

2．没有同类价格的，按照组成计税价格计算纳税。公式为：

实行从价定率办法计算纳税的组成计税价格计算公式：

组成计税价格 =（材料成本 + 加工费）÷（1 − 比例税率）

实行复合计税办法计算纳税的组成计税价格计算公式：

组成计税价格 =（材料成本 + 加工费 + 委托加工数量 × 定额税率）÷（1 − 比例税率）

应纳税额 = 组成计税价格 × 适用税率

这里的"材料成本"是指委托方所提供加工材料的实际成本；"加工费"是指受托方加工应税消费品向委托方所收取的全部费用（包括代垫辅助材料的实际成本，不包括增值税税金）。

【例 3-10】 黄河烟厂为增值税一般纳税人，4 月接受某烟厂委托加工烟丝，黄河烟厂自行提供烟叶的成本为 35 000 元，代垫辅助材料为 2 000 元（不含税），发生加工支出 4 000 元（不含税）。已知烟丝的成本利润率为 5%。计算该烟厂应纳消费税税额。

答案：应税消费品的组成计税价格 =（35 000 + 2 000 + 4 000）×（1 + 5%）÷（1 − 30%）= 61 500（元）

应纳消费税 = 61 500 × 30% = 18 450（元）

【例 3-11】华润商场委托香深酒厂加工粮食白酒 5 吨（1 吨=2000 斤），华润商场提供原材料和主要材料，材料实际成本为 50 000 元，香深酒厂收取加工费 15 000 元，香深酒厂无同类产品售价。请计算香深酒厂代收代缴的消费税。

答案：从量征收的消费税 = 5 × 2 000 × 0.5 = 5 000（元）

从价征收的消费税的组成计税价格 = [50 000 + 15 000 + 5 000]÷（1 − 20%）= 87 500（元）

从价征收的消费税 = 87 500 × 20% = 17 500（元）

代收代缴的消费税 = 5 000 + 17 500 = 22 500（元）

四、进口应税消费品应纳税额的计算

进口的应税消费品，由进口人或者其代理人于报关进口时向报关地海关缴纳消费税。纳税人进口应税消费品，应按照组成计税价格和规定的税率计算应纳税额。计算方法如下：

（一）实行从价定率计征应纳税额的计算

组成计税价格 =（关税完税价格 + 关税）÷（1 − 消费税比例税率）

应纳税额 = 组成计税价格 × 消费税税率

公式中所称"关税完税价格"是指海关核定的关税计税价格。

【例 3-12】 东方进出口公司 2014 年 12 月进口 80 辆小轿车，每辆车关税完税价格为人民币 28.6 万元，缴纳关税 8.2 万元。已知小轿车适用的消费税税率为 8%，计算该批进口小轿车应缴纳的消费税税额。

答案：该批进口小轿车应缴纳的消费税＝（28.6＋8.2）÷（1－8%）×8%×80＝256（万元）

（二）实行从量定额计征应纳税额的计算

$$应纳税额＝应税消费品进口数量×定额税率$$

（三）实行从价定率和从量定额复合计征应纳税额的计算

$$组成计税价格＝（关税完税价格＋关税＋应税消费品进口数量×定额税率）÷（1－消费税税率）$$

$$应纳税额＝组成计税价格×消费税税率＋应税消费品进口数量×定额税率$$

五、应税消费品已纳税款的扣除

为了避免重复征税，现行消费税法规定，纳税人使用外购的或委托加工收回的应税消费品继续生产应税消费品销售的，可以将外购的或委托加工收回的应税消费品已缴纳的消费税予以扣除。

（一）扣税范围

用外购的或委托加工的应税消费品继续生产应税消费品销售的，已缴纳的消费税的扣税范围仅限于以下 11 个方面：

（1）用外购或委托加工的已税烟丝生产的卷烟。

（2）用外购或委托加工的已税珠宝玉石生产的贵重首饰及珠宝玉石；

（3）用外购或委托加工的已税化妆品生产的化妆品。

（4）用外购或委托加工的已税鞭炮焰火生产的鞭炮焰火。

（5）用外购或委托加工的已税摩托车生产的摩托车（如用外购两轮摩托车改装三轮摩托车）。

（6）以外购或委托加工的已税杆头、杆身和握把为原料生产的高尔夫球杆。

（7）以外购或委托加工的已税木制一次性筷子为原料生产的木制一次性筷子；

（8）以外购或委托加工的已税实木地板为原料生产的实木地板。

（9）以外购或委托加工的已税石脑油、燃料油为原料生产的应税消费品。

（10）以外购或委托加工的已税润滑油为原料生产的润滑油。

（11）以外购或委托加工的已税汽油、柴油为原料生产的汽油、柴油。

需要注意的是：酒、小汽车、高档手表、游艇不得扣除；同一税目产品可以扣除，不同税目产品不得扣除；纳税环节不同不得扣除；用于生产非应税消费品不得扣除。只有石脑油例外。

（二）扣税计算

用外购或委托加工的已纳消费税的应税消费品连续生产的应税消费品计算征税时，税法规定应按当期生产领用数量计算准予扣除外购或委托加工的应税消费品已纳的消费税税款。

当期准予扣除的外购或委托加工的应税消费品买价＝期初库存的外购或委托加工应税消费品买价＋当期增加的外购或委托加工应税消费品买价－期末库存的外购或委托加工应税消费品买价

当期准予扣除的外购或委托加工应税消费品已纳税款＝当期准予扣除的外购或委托加工应税消费品买价×外购或委托加工应税消费品适用税率

在扣除时应注意以下三个问题：

（1）纳税人用外购的已税珠宝玉石生产的改在零售环节征收消费税的金银首饰（镶嵌首饰），在计税时一律不得扣除外购珠宝玉石的已纳税款。

（2）对自己不生产应税消费品，而只是购进后再销售应税消费品的工业企业，其销售的化妆品，鞭炮焰火和珠宝玉石，凡不能构成最终消费品直接进入消费品市场，而需进一步生产加工的，应当征收消费税，同时允许扣除上述外购应税消费品的已纳税款。

（3）允许扣除已纳税款的应税消费品只限于从工业企业购进的应税消费品和进口环节已缴纳消费税的应税消费品，对从境内商业企业购进应税消费品的已纳税款一律不得扣除。

【例 3-13】黄河卷烟厂 2015 年 1 月初库存外购应税烟丝金额为 20 万元，当月又外购应税烟丝金额为 50 万元（不含增值税），月末库存烟丝金额为 10 万元，其余被当月生产卷烟领用。已知：烟丝适用的消费税税率为 30%，计算卷烟厂当月准许扣除的外购烟丝已缴纳的消费税税额。

答案：该卷烟厂当月准许扣除的外购烟丝已缴纳的消费税税额 =（20 + 50 - 10）× 30% = 18（万元）

【例 3-14】香深酒厂为增值税一般纳税人，主要从事粮食白酒的生产和销售业务。2014 年 8 月该厂发生以下经济业务：

（1）12 日外购一批包装材料，取得的增值税专用发票上注明的价款为 150 000 元，增值税税额为 25 500 元，货款已付。

（2）3 日向农户购进免税粮食，开具的农业品收购发票上注明的价款为 50 000 元，货款以现金支付。

（3）20 日销售粮食白酒 5 吨，不含增值税的销售价格为 60 元/斤，另外向购货方收取包装物租金 23 400 元，款项已收讫。

已知：粮食白酒适用的增值税税率为 17%；粮食白酒适用的消费税比例税率为 20%，定额税率为 0.5 元/斤；免税粮食增值税的扣除率为 13%；7 月末该酒厂增值税留抵税额为零；农产品收购发票和增值税专用发票已经向税务机关认定：1 吨 = 2 000 斤。根据上述资料计算该酒厂当月应缴纳的消费税和增值税。

答案：（1）该酒厂当月应缴纳的消费税税额 = [5 × 2 000 × 60 + 23 400 ÷（1 + 17%）] × 20% + 5 × 2 000 × 0.5 = 129 000（元）

（2）该酒厂当月可抵扣的增值税进项税额 = 50 000 × 13% + 25 500 = 32 000（元）

（3）该酒厂当月增值税销项税额 = [5 × 2 000 × 60 + 23 400 ÷（1 + 17%）] × 17% = 105 400（元）

（4）该酒厂当月应缴纳的增值税税额 = 105 400 - 32 000 = 73 400（元）

第五节 消费税的征收管理

一、消费税的纳税义务发生时间

纳税人生产应税消费品的于销售时纳税，进口消费品应当于应税消费品报关进口环节纳税，但金银首饰、钻石及钻石饰品在零售环节纳税。消费税纳税义务发生的时间依货款结算方式或行为发生时间分别确定。

（1）纳税人销售应税消费品的，按不同的销售结算方式分别为：

1）采取赊销和分期收款结算方式的，为书面合同约定的收款日期的当天；书面合同没有约定收款日期或者无书面合同的，为发出应税消费品的当天。

2）采取预收货款结算方式的，为发出应税消费品的当天。

3）采取托收承付和委托银行收款方式的，为发出应税消费品并办妥托收手续的当天。

4）采取其他结算方式的，为收讫销售款或者取得索取销售款凭据的当天。

（2）纳税人自产自用应税消费品的，为移送使用的当天。

（3）纳税人委托加工应税消费品的，为纳税人提货的当天。

（4）纳税人进口应税消费品的，为报关进口的当天。

二、消费税的纳税期限

消费税的纳税期限分别为 1 日、3 日、5 日、10 日、15 日、1 个月或者 1 个季度。纳税人的具体纳税期限，由主管税务机关根据纳税人应纳税额的大小分别核定；不能按照固定期限纳税的，可以按次纳税。

纳税人以 1 个月或者 1 个季度为 1 个纳税期的，自期满之日起 15 日内申报纳税；以 1 日、3 日、5 日、10 日或者 15 日为 1 个纳税期的，自期满之日起 5 日内预缴税款，于次月 1 日起 15 日内申报纳税并结清上月应纳税款。

纳税人进口应税消费品，应当自海关填发海关进口消费税专用缴款书之日起 15 日内缴纳税款。

三、消费税的纳税地点

（1）纳税人销售的应税消费品，以及自产自用的应税消费品，除国务院财政、税务主管部门另有规定外，应当向纳税人机构所在地或者居住地的主管税务机关申报纳税。

（2）委托加工的应税消费品，除受托方为个人外，由受托方向机构所在地或者居住地的主管税务机关解缴消费税税款。委托个人加工的应税消费品，由委托方向其机构所在地或者居住地主管税务机关申报纳税。

（3）进口的应税消费品，由进口人或者其代理人向报关地海关申报纳税。

（4）纳税人销售的应税消费品，如因质量等原因由购买者退回时，经机构所在地或者居住地主管税务机关审核批准后，可退还已缴纳的消费税税款。

（5）纳税人到外县（市）销售或者委托外县（市）代销自产应税消费品的，于应税消费品销售后，向机构所在地或者居住地主管税务机关申报纳税。

纳税人的总机构与分支机构不在同一县（市）的，应当分别向各自机构所在地的主管税务机关申报纳税；经财政部、国家税务总局或者其授权的财政、税务机关批准，可以由总机构汇总向总机构所在地的主管税务机关申报纳税。

四、消费税的纳税申报

消费税的纳税人应在法律规定的纳税申报期内如实填写纳税申报表（见表 3-5、表 3-6），缴纳税款。

表 3-5　酒类应税消费品消费税纳税申报表

税款所属期：　　年　月　日至　　年　月　日

纳税人名称（公章）：　　　　　　纳税人识别号：☐☐☐☐☐☐☐☐☐☐☐☐☐☐☐☐☐☐

填表日期：　　年　月　日　　金额单位：元（列至角分）

应税消费品名称	适用税率		销售数量	销售额	应纳税额
	定额税率	比例税率			
粮食白酒	0.5 元/斤	20%			
薯类白酒	0.5 元/斤	20%			
啤酒	250 元/吨	——			
啤酒	220 元/吨	——			
黄酒	240 元/吨	——			
其他酒	——	10%			
合计	——	——	——	——	

本期准予抵减税额：

本期减（免）税额：

声明

此纳税申报表是根据国家税收法律的规定填报的，我确定它是真实的、可靠的、完整的。

期初未缴税额：

经办人（签章）：

财务负责人（签章）：

联系电话：

本期缴纳前期应纳税额：

本期预缴税额：

本期应补（退）税额：

（如果你已委托代理人申报，请填写）

授权声明

期末未缴税额：

为代理一切税务事宜，现授权

＿＿＿＿＿＿＿＿＿＿（地址）＿＿＿＿＿＿＿＿＿为

本纳税人的代理申报人，任何与本申报表有关的往来文件，都可寄予此人。

授权人签章：

以下由税务机关填写

受理人（签章）：　　　受理日期：　　年　月　日　　　　　　受理税务机关（章）：

表3-6　其他应税消费品消费税纳税申报表

税款所属期：　　年　月　日至　年　月　日

纳税人名称（公章）：　　　　　　纳税人识别号：

填表日期：　　年　月　日　　　　金额单位：　元（列至角分）

项目 应税 消费品名称	适用税率	销售数量	销售额	应纳税额
合计	——	——	——	

本期准予抵减税额：

本期减（免）税额：

期初未缴税额：

本期缴纳前期应纳税额：

本期预缴税额：

本期应补（退）税额：

期末未缴税额：

声明

此纳税申报表是根据国家税收法律的规定填报的，我确定它是真实的、可靠的、完整的。

经办人（签章）：

财务负责人（签章）：

联系电话：

（如果你已委托代理人申报，请填写）

授权声明

为代理一切税务事宜，现授权

_____（地址）_____为

本纳税人的代理申报人，任何与本申报表有关的往来文件，都可寄予此人。

授权人签章：

以下由税务机关填写

受理人（签章）：　　受理日期：　　年　月　日　　　　受理税务机关（章）：

练　习　题

1．某酒厂为增值税一般纳税人，主要从事粮食白酒的生产和销售业务。2014年8月该厂发生以下经济业务：

（1）5日向农户购进免税粮食，开具的农业品收购发票上注明的价款为 50 000 元，货款以现金支付。

（2）10 日外购一批包装材料，取得的增值税专用发票上注明的价款为 150 000 元，增值税税额为 25 500 元，货款已付。

（3）26 日销售粮食白酒 5 吨，不含增值税的销售价格为 60 元/斤，另外向购货方收取包装物租金 23 400 元，款项已收讫。

已知：粮食白酒适用的增值税税率为 17%；粮食白酒适用的消费税比例税率为 20%，定额税率为 0.5 元/斤；免税粮食增值税的扣除率为 13%；7 月末该酒厂增值税留抵税额为零；农产品收购发票和增值税专用发票已经向税务机关认定：1 吨 = 2 000 斤。

要求：

（1）计算该酒厂当月应缴纳的消费税税额。

（2）计算该酒厂当月应缴纳的增值税税额。

2. 甲化妆品公司为增值税一般纳税人，主要从事化妆品的生产、进口和销售业务，2014 年 11 月发生以下经济业务：

（1）从国外进口一批化妆品，海关核定的关税完税价格为 112 万元，公司按规定向海关缴纳了关税、消费税和进口环节增值税，并取得了相关完税凭证。

（2）向公司员工发放一批新研发的化妆品作为职工福利，该批化妆品不含增值税的销售价格为 75 万元。

（3）委托乙公司加工一批化妆品，提供的材料成本为 86 万元，支付乙公司加工费 5 万元（不含增值税），当月尚未收回该批委托加工的化妆品，乙公司没有同类消费品销售价格。

已知：该公司适用的增值税税率为 17%，化妆品适用的消费税税率为 30%，关税税率为 25%。

要求：

（1）计算该公司当月进口环节应缴纳的增值税及消费税税额。

（2）计算该公司当月作为职工福利发放的化妆品应缴纳的增值税及消费税税额。

（3）计算乙公司受托加工的化妆品在当月应代收代缴的消费税税额。

第四章 营业税法

第一节 营业税概述

一、营业税的概念

营业税是对在我国境内提供应税劳务、转让无形资产或者销售不动产的单位和个人，就其营业额征收的一种税。营业税是传统的流转税之一，我国每年的营业税收入约占税收收入的 15%（见表 4-1），与增值税、消费税并称三大流转税。

表 4-1 我国营业税占税收收入比重（2010～2013 年）

年度/年	税收收入/亿元	营业税/亿元	税收占财政收入比重/%
2010	73 210.79	11 157.91	15.24
2011	89 738.39	13 679.00	15.24
2012	100 614.28	15 747.64	15.65
2013	110 530.70	17 233.02	15.59

（数据来源：国家统计局年度数据，比重为计算而得。）

二、营业税的发展

营业税是各国税收史上出现较早的一种税。早在中世纪，法国等国就曾经对营业商户征收具有营业执照税性质的许可金。我国营业税历史悠久，早在周朝就对"商贾虞衡"征税，之后汉朝的"算缗钱"，明朝的"市肆门摊税"，清朝的"当税"等，都具有营业税的性质。南京国民政府也在 1928 年制定《营业税办法大纲》，并于 1931 年修改制定《营业税法》。

新中国成立后，1950 年政务院公布《工商业税暂行条例》，将固定工商业户缴纳的营业税和所得税合称为工商业税。1958 年税制改革，将当时实行的货物税、商业流通税、印花税以及工商业税中的营业税部分，合并为工商统一税，不再征收营业税。1973 年全国实行工商税，将工商统一税并入其中。

改革开放以后，1984 年第二步利改税，我国首次颁布《营业税条例（草案）》，将工商税中的商业和服务业等行业划分出来，单独征收营业税。1993 年根据社会主义市场经济体制改革的要求，我国进行了大规模的税制改革，将商品流通和加工、修理修配行业改征增值税，重新修订、颁布了营业税条例，即 1993 年 12 月 13 日国务院令 136 号发布，自 1994 年 1 月 1 日起施行的《中华人民共和国营业税暂行条例》（以下简称《营业税暂行条例》。将营业税的课税范围限定为提供应税劳务、转让无形资产和销售不动产，适用范围扩大到内外资企业，建立了统一、规范的营业税制。《中华人民共和国营业税暂行条例实施细则》（以下简称《营业税暂行条例实施细则》）同日施行。2008 年 11 月 5 日国务院第 34 次常务会议修订通过《营业税暂行条例》，并于 2009 年 1 月 1 日起施行，修订的《营业税暂行条例实施细则》同日施行。

2011 年 3 月《中华人民共和国国民经济和社会发展第十二个五年规划纲要》，确定的税制改革目标之一是"扩大增值税征收范围，相应调减营业税等税收"。原有营业税征税范围的交通运输业、部分现代服务业、邮政服务业、电信业先后纳入营业税改征增值税试点范围。2015 年 5 月，"营改增"的最后三个行业建安房地产、金融保险、生活服务业的"营改增"方案将推出，不排除分行业实施的可能性。其中，建安房地产的增值税税率暂定为 11%，金融保险、生活服务业为 6%。于是有观点认为，进入 2015 年下半年后，中国或将全面告别营业税。[①]

三、营业税的特点

（一）以营业额作为计税依据

营业税属于传统的流转税，是典型的价内税，计税依据是营业额全额，税额不受成本、费用高低的影响，对于保证财政收入的稳定增长具有十分重要的作用。但是，每个流通环节都要按全额征税，重复征税明显，加重了企业的税收负担。

（二）按行业设计税目税率

营业税实行普遍征收，税率设计的总体水平一般较低。由于各种经营业务盈利水平不同，因此在税率设计中，一般实行同一行业同一税率，不同行业不同税率，以体现公平税负、鼓励平等竞争的政策。但是，与缴纳增值税的行业只按增值额计征增值税不同，缴纳营业税的行业需要按全额征收营业税，"鼓励平等竞争"的政策无法体现在两类企业的生产经营中。

（三）计算简便，便于征管

营业税一般以营业额全额为计税依据，采用便于计算的比例税率，因此较之其他税收而言，计征简便，有利于节省征收费用。

第二节　营业税纳税义务人与扣缴义务人

一、纳税义务人

（一）一般规定

在中华人民共和国境内提供《营业税暂行条例》规定的劳务、转让无形资产或者销售不动产的单位和个人，为营业税的纳税义务人。单位是指企业、行政单位、事业单位、军事单位、社会团体及其他单位。个人是指个体工商户和其他个人。

（1）所谓境内具体是指：

1）提供或者接受条例规定劳务的单位或者个人在境内。

---

① 《中国或将全面告别营业税：5 月推最后三行业营改增》，http://finance.ifeng.com/a/20150322/13571639_0.shtml#_zbs_baidu_bk，2015 年 3 月 23 日访问。

2）所转让的无形资产（不含土地使用权）的接受单位或者个人在境内。

3）所转让或者出租土地使用权的土地在境内。

4）所销售或者出租的不动产在境内。

（2）提供条例规定的劳务、转让无形资产或者销售不动产是指有偿提供规定的劳务、有偿转让无形资产或者有偿转让不动产所有权的行为（以下称应税行为）。有偿是指取得货币、货物或者其他经济利益。

（3）单位或者个体工商户聘用的员工为本单位或者雇主提供规定的劳务，不包括在内。

（二）特殊规定

单位以承包、承租、挂靠方式经营的，承包人、承租人、挂靠人（以下统称承包人）发生应税行为，承包人以发包人、出租人、被挂靠人（以下统称发包人）名义对外经营并由发包人承担相关法律责任的，以发包人为纳税人；否则，以承包人为纳税人。

二、扣缴义务人

（1）中华人民共和国境外的单位或者个人在境内提供应税劳务、转让无形资产或者销售不动产，在境内未设有经营机构的，以其境内代理人为扣缴义务人；在境内没有代理人的，以受让方或者购买方为扣缴义务人。

（2）国务院财政、税务主管部门规定的其他扣缴义务人。

第三节 营业税的起征点与税目税率

一、起征点

营业税起征点是指纳税人营业额合计达到起征点。营业税起征点的适用范围限于个人。

营业税起征点的幅度规定如下：

（1）按期纳税的，为月营业额 5 000～20 000 元；

（2）按次纳税的，为每次（日）营业额 300～500 元。

省、自治区、直辖市财政厅（局）、税务局应当在规定的幅度内，根据实际情况确定本地区适用的起征点，并报财政部、国家税务总局备案。

二、税目

截至 2014 年 6 月 1 日《关于将电信业纳入营业税改征增值税试点的通知》的执行，现有营业税的税目如下：

（一）建筑业

建筑业是指建筑安装工程作业，包括：建筑、安装、修缮、装饰、其他工程作业。

（1）建筑。建筑是指新建、改建、扩建各种建筑物、构筑物的工程作业，包括与建筑物相连的各种设备或支柱、操作平台的安装或装设工程作业，以及各种窑炉和金属结构工程作业在内。但是自建自用建筑物，其自建行为不是建筑业税目的征税范围。

（2）安装。安装是指生产设备、动力设备、起重设备、运输设备、传动设备、医疗实验设备及其他各种设备的装配、安置工程作业，包括与设备相连的工作台、梯子、栏杆的装设工程作业和被安装设备的绝缘、防腐、保温、油漆等工程作业在内。

（3）修缮。修缮是指对建筑物、构筑物进行修补、加固、养护、改善，使之恢复原来的使用价值或延长其使用期限的工程作业。

（4）装饰。装饰是指对建筑物、构筑物进行修饰，使之美观或具有特定用途的工程作业。

（5）其他工程作业。其他工程作业是指上列工程作业以外的各种工程作业，如代办电信工程，水利工程、道路修建、疏浚、钻井（打井）、拆除建筑物或构筑物、平整土地、搭脚手架、爆破等工程作业。

（二）金融保险业

本税目的征收范围包括：金融、保险。

1. 金融

金融是指经营货币资金融通活动的业务，包括贷款、融资租赁、金融商品转让、金融经纪业和其他金融业务。其中，有形动产融资租赁已纳入"营改增"试点。

（1）贷款。贷款是指将资金贷与他人使用的业务，包括自有资金贷款和转贷。自有资金贷款，是指将自有资本金或吸收的单位、个人的存款贷与他人使用。转贷是指将借来的资金贷与他人使用。

（2）金融商品转让。金融商品转让是指转让外汇、有价证券或非货物期货的所有权行为。非货物期货是指商品期货、贵金属期货以外的期货，如外汇期货等。

（3）金融经济业。金融经纪业是指受托代他人经营金融活动的业务。

（4）其他金融业务。其他金融业务是指上列业务以外的各项金融业务，如银行结算、票据贴现等。

对我国境内外资金融机构从事离岸银行业务，属于在我国境内提供营业税应税劳务，其利息收入应征收营业税。离岸银行业务是指银行吸收非居民的资金，服务于非居民的金融活动。离岸银行业务包括：外汇存款，外汇贷款，同业外汇拆借，国际结算，发行大额可转让存款证，外汇担保，咨询、见证业务，国家外汇管理局批准的其他业务。

2. 保险

保险是指将通过契约的形式集中起来的资金，用以补偿被保险人的经济利益的业务。

（三）文化体育业

本税目的征收范围包括：文化业、体育业。

1. 文化业

文化业是指经营文化活动的业务，包括表演、经营游览场所和举办各种展览、培训活动，举办文学、艺术、科技讲座、演讲、报告会，图书馆的图书和资料借阅业务等。播映已纳入"营改增"试点，不再属于本税目。

2. 体育业

体育业是指举办各种体育比赛和为体育比赛或体育活动提供场所的业务。

（四）娱乐业

娱乐业是指为娱乐活动提供场所和服务的业务。本税目征收范围包括：经营歌厅、舞厅、卡拉OK歌舞厅、音乐茶座、台球、高尔夫球、保龄球场、游艺场等娱乐场所，以及娱乐场所为顾客进行娱乐活动提供服务的业务。娱乐场所为顾客提供的饮食服务及其他各种服务也按照娱乐业征税。

（五）服务业

服务业是指利用设备、工具、场所、信息或技能为社会提供服务的业务。本税目的征收范围包括：代理业、旅店业、饮食业、旅游业、仓储业、租赁业、广告业、其他服务业。其中，仓储业、广告业、有形动产经营租赁已纳入"营改增"试点。

（1）代理业。代理业是指代委托人办理受托事项的业务，包括代购代销货物、代办进出口、介绍服务、其他代理服务。

（2）旅店业。旅店业是指供住宿服务的业务。

（3）饮食业。饮食业是指通过同时提供饮食和饮食场所的方式为顾客提供饮食消费服务的业务。

（4）旅游业。旅游业是指为旅游者安排食宿、交通工具和提供导游等旅游服务的业务。

（5）其他服务业。其他服务业是指上列业务以外的服务业务。例如，沐浴、理发、洗染、照相、美术、裱画、誊写、打字、镌刻、计算、测试、试验、化验、录音、录像、复印、晒图、设计、制图、测绘、勘探、打包、咨询等。

（六）转让无形资产

转让无形资产是指转让无形资产的所有权或使用权的行为。本税目的征收范围包括：转让土地使用权、转让自然资源使用权、转让商标权、转让专利权、转让非专利技术、转让著作权、转让商誉。其中，转让商标权、转让专利权、转让非专利技术、转让著作权、转让商誉已纳入"营改增"试点。

（1）转让土地使用权是指土地使用者转让土地使用权的行为。土地所有者出让土地使用权和土地使用者将土地使用权归还给土地所有者的行为，不征收营业税。

（2）转让自然资源使用权是指权利人转让勘探、开采、使用自然资源权利的行为。自然资源使用权是指海域使用权、探矿权、采矿权、取水权和其他自然资源使用权（不含土地使用权）。县级以上地方人民政府或自然资源行政主管部门出让、转让或收回自然资源使用权的行为，不征收营业税。

以无形资产投资入股，参与接受投资方的利润分配、共同承担投资风险的行为，不征收营业税。在投资后转让其股权的也不征收营业税。

（七）销售不动产

销售不动产是指有偿转让不动产所有权的行为。本税目的征收范围包括：销售建筑物或构筑物、销售其他土地附着物。

（1）销售建筑物或构筑物是指有偿转让建筑物或构筑物所有权的行为。以转让有限产权或永久使用权方式销售建筑物的，视同销售建筑物。

（2）销售其他土地附着物是指有偿转让其他土地附着物所有权的行为。其他土地附着物是指建筑物或构筑物以外的其他附着于土地的不动产。

在销售不动产时连同不动产所占土地的使用权一并转让的行为，比照销售不动产征税。

以不动产投资入股，参与接受投资方利润分配、共同承担投资风险的行为，不征营业税。在投资后转让其股权的也不征收营业税。

需要注意的是：单位或者个人将不动产或者土地使用权无偿赠与他人的，视同发生应税行为，依率征收营业税。

三、税率

营业税按照行业类别划分税率，税率形式为比例税率，见表4-2。

表4-2 营业税税率表

税 目	税 率	备 注
建筑业	3%	
金融保险业	5%	
文化体育业	3%	
娱乐业	5%～0%	娱乐业具体适用的税率由省、自治区、直辖市人民政府在规定的幅度内决定
服务业	5%	
转让无形资产	5%	
销售不动产	5%	

第四节 营业税的计税依据

一、营业税计税依据的含义

营业税的计税依据是营业额，为纳税人提供应税劳务、转让无形资产或者销售不动产收取的全部价款和价外费用。

价外费用，包括收取的手续费、补贴、基金、集资费、返还利润、奖励费、违约金、滞纳金、延期付款利息、赔偿金、代收款项、代垫款项、罚息及其他各种性质的价外收费，但不包括同时符合以下条件代为收取的政府性基金或者行政事业性收费：

（1）由国务院或者财政部批准设立的政府性基金，由国务院或者省级人民政府及其财政、价格主管部门批准设立的行政事业性收费。

（2）收取时开具省级以上财政部门印制的财政票据。

（3）所收款项全额上缴财政。

纳税人的营业额计算缴纳营业税后因发生退款减除营业额的，应当退还已缴纳营业税税款或者从纳税人以后的应缴纳营业税税额中减除。

纳税人发生应税行为，如果将价款与折扣额在同一张发票上注明的，以折扣后的价款为营业额；如果将折扣额另开发票的，不论其在财务上如何处理，均不得从营业额中扣除。

二、营业税各税目计税依据的确定

（一）建筑业

（1）纳税人提供建筑业劳务（不含装饰劳务）的，其营业额应当包括工程所用原材料、设备及其他物资和动力价款在内，但不包括建设方提供的设备的价款。

（2）纳税人将建筑工程分包给其他单位的，以其取得的全部价款和价外费用扣除其支付给其他单位的分包款后的余额为营业额。

（3）纳税人自己新建建筑物后销售，其所发生的自建行为应依建筑业税目征收营业税，再按销售不动产税目征收营业税。

（二）金融保险业

（1）一般贷款业务的营业额为贷款利息收入（包括各种加息、罚息等）。

（2）外汇、有价证券、期货等金融商品买卖业务，以卖出价减去买入价后的余额为营业额。

（3）金融经纪业务和其他金融业务（中间业务）以手续费（佣金）类的全部收入为营业额。

金融企业从事受托收款业务，如代收电话费、水电煤气费、信息费、学杂费、寻呼费、社保统筹费、交通违章罚款、税款等，以全部收入减去支付给委托方价款后的余额为营业额。

（4）各类保险业务的营业额如下：

1）初保业务以全部保费收入为营业额。

2）储金业务[①]的营业额为储金的利息，即纳税人在纳税期内的储金平均余额乘以人民银行公布的 1 年期存款利率折算的月利率计算。储金平均余额为纳税期期初储金余额与期末余额之和乘以 50%。

3）保险企业已征收过营业税的应收未收保费，凡在财务会计制度规定的核算期限内未收回的，允许从营业额中减除。在会计核算期限以后收回的已冲减的应收未收保费，再并入当期营业额中。

4）保险企业开展无赔偿奖励业务的，以向投保人实际收取的保费为营业额。

5）境内保险人以境内标的物向境外再保险人办理分保业务的，以全部保费收入减去分保保费后的余额为营业额。

境外再保险人应就其分保收入承担营业税纳税义务，并由境内保险人扣缴境外再保险人应缴纳的营业税税款。

（三）娱乐业

娱乐业的营业额为经营娱乐业收取的全部价款和价外费用，包括门票收费、台位费、点歌费、烟酒、饮料、茶水、鲜花、小吃等收费及经营娱乐业的其他各项收费。

（四）服务业

（1）代理业以纳税人从事代理业务向委托方实际收取的报酬为营业额。

（2）纳税人从事旅游业务的，以其取得的全部价款和价外费用扣除替旅游者支付给其他单位或者个人的住宿费、餐费、交通费、旅游景点门票和支付给其他接团旅游企业的旅游费后的余额为营业额。

（3）从事物业管理的单位，以与物业管理有关的全部收入减去代业主支付的水、电、燃气以及代承租者支付的水、电、燃气、房屋租金的价款后的余额为营业额。

（五）销售不动产或受让土地使用权

（1）单位和个人销售或转让其购置的不动产或受让的土地使用权，以全部收入减去不动产或土地使用权的购置或受让原价后的余额为营业额。

---

① 储金业务是指保险公司在办理保险业务时，不是直接向投保人收取保费，而是向投保人收取一定数额的到期应返还的资金（称为储金），以储金产生的收益作为保费收入的业务。

（2）单位和个人销售或转让抵债所得的不动产、土地使用权的，以全部收入减去抵债时该项不动产或土地使用权作价后的余额为营业额。

（3）自 2011 年 1 月 28 日起，个人将购买不足 5 年的住房对外销售的，全额征收营业税；个人将购买超过 5 年（含 5 年）的非普通住房对外销售的，按照其销售收入减去购买房屋的价款后的差额征收营业税；个人将购买超过 5 年（含 5 年）的普通住房对外销售的，免征营业税。

三、税务机关核定营业额

（一）核定营业额的情形

（1）纳税人提供应税劳务、转让无形资产或者销售不动产的价格明显偏低并无正当理由的，由主管税务机关核定其营业额。

（2）视同发生应税行为而无营业额的，由主管税务机关核定其营业额。纳税人有下列情形之一的，视同发生应税行为：

1）单位或者个人将不动产或者土地使用权无偿赠送其他单位或者个人。

2）单位或者个人自己新建建筑物后销售，其所发生的自建行为。

3）财政部、国家税务总局规定的其他情形。

（二）核定营业额的方法

主管税务机关按下列顺序确定其营业额：

（1）按纳税人最近时期发生同类应税行为的平均价格核定。

（2）按其他纳税人最近时期发生同类应税行为的平均价格核定。

（3）按下列公式核定：

营业额＝营业成本或者工程成本×（1＋成本利润率）÷（1－营业税税率）

公式中的成本利润率，由省、自治区、直辖市税务局确定。

第五节　营业税应纳税额的计算

一、营业税应纳税额的计算公式

纳税人提供应税劳务、转让无形资产或者销售不动产，按照营业额和规定的税率计算应纳税额。计算公式为：

应纳税额＝营业额×税率

营业额以人民币计算。纳税人以人民币以外的货币结算营业额的，应当折合成人民币计算。营业额的人民币折合率可以选择营业额发生的当天或者当月 1 日的人民币汇率中间价。纳税人应当在事先确定采用何种折合率，确定后 1 年内不得变更。

【例 4-1】2014 年 5 月甲建筑公司，承包乙单位一项工程项目，采用包工不包料的方式结算工程，同年 8 月工程完工并验收合格，甲建筑公司按照合同获得工程款 1 260 万元。另外，工程建设中共耗费乙单位提供的建筑材料 4 650 万元、施工用电 65 万元、设备折旧 45

万元。计算当月甲建筑公司应纳的营业税。

答案：应纳营业税＝（1 260＋4 650＋65）×3%＝179.25（万元）

营业额中不应包括建设方提供的设备的价款。

【例4-2】 某商业银行2013年第二季度发放贷款取得利息收入325万元，逾期偿还贷款的罚息收入23万元，转让2012年第四季度购入外汇，买入价210万元，卖出价240万元。计算2013年第二季度该商业银行应纳的营业税。

答案：营业额＝325＋23＋（240－210）＝378（万元）

应纳营业税＝378×5%＝18.9（万元）

二、特殊经营行为应纳税额的计算

（一）兼营不同税目的应税行为

纳税人兼有不同税目的应当缴纳营业税的劳务、转让无形资产或者销售不动产，应当分别核算不同税目的营业额、转让额、销售额（统称营业额）；未分别核算营业额的，从高适用税率。

【例4-3】 某歌舞团2014年6月演出获得收入120万元，介绍演出获得中介费6万元，但未分开核算。计算当月应纳的营业税。

答案：应纳营业税＝（120＋6）×5%＝6.3（万元）

若分开核算应纳营业税＝120×3%＋6×5%＝3.9（万元）

因未分开核算多纳税2.4万元。

（二）混合销售行为

一项销售行为如果既涉及应税劳务又涉及货物，为混合销售行为。

（1）纳税人的下列混合销售行为，应当分别核算应税劳务的营业额和货物的销售额，其应税劳务的营业额缴纳营业税，货物销售额不缴纳营业税；未分别核算的，由主管税务机关核定其应税劳务的营业额：

1）提供建筑业劳务的同时销售自产货物的行为。

2）财政部、国家税务总局规定的其他情形。

2．从事货物的生产、批发或者零售的企业、企业性单位和个体工商户的混合销售行为，视为销售货物，不缴纳营业税；其他单位和个人的混合销售行为，视为提供应税劳务，缴纳营业税。

其中，货物是指有形动产，包括电力、热力、气体在内。从事货物的生产、批发或者零售的企业、企业性单位和个体工商户，包括以从事货物的生产、批发或者零售为主，并兼营应税劳务的企业、企业性单位和个体工商户在内。

【例4-4】 某KTV自助唱吧2014年2月共收包间费26万元，销售酒水饮料89万元，录歌服务收费3万元。计算当月应纳的营业税。（假定税率为10%）

答案：应纳营业税＝（26＋89＋3）×10%＝11.8（万元）

销售酒水饮料属于营业税混合销售行为，一并征收营业税。

（三）兼营应税行为和货物或者非应税劳务

纳税人兼营应税行为和货物或者非应税劳务的，应当分别核算应税行为的营业额和货物或者非应税劳务的销售额，其应税行为营业额缴纳营业税，货物或者非应税劳务销售额不缴纳营业税；未分别核算的，由主管税务机关核定其应税行为营业额。

第六节　营业税的税收优惠

一、《营业税暂行条例》中的免税项目

根据《营业税暂行条例》第 8 条的规定，下列项目免征营业税：

（1）幼儿园、养老院、残疾人福利机构提供的育养服务，婚姻介绍，殡葬服务。

（2）残疾人员个人提供的劳务，即残疾人员本人为社会提供的劳务。

（3）医院、诊所和其他医疗机构提供的医疗服务。

（4）学校和其他教育机构提供的教育劳务，学生勤工俭学提供的劳务。

学校和其他教育机构是指普通学校以及经地、市级以上人民政府或者同级政府的教育行政部门批准成立、国家承认其学员学历的各类学校。

（5）农业机耕、排灌、病虫害防治、植物保护、农牧保险以及相关技术培训业务，家禽、牲畜、水生动物的配种和疾病防治。

农业机耕是指在农业、林业、牧业中使用农业机械进行耕作（包括耕耘、种植、收割、脱粒、植物保护等）的业务；排灌是指对农田进行灌溉或排涝的业务；病虫害防治是指从事农业、林业、牧业、渔业的病虫害测报和防治的业务；农牧保险是指为种植业、养殖业、牧业种植和饲养的动植物提供保险的业务；相关技术培训是指与农业机耕、排灌、病虫害防治、植物保护业务相关以及为使农民获得农牧保险知识的技术培训业务；家禽、牲畜、水生动物的配种和疾病防治业务的免税范围，包括与该项劳务有关的提供药品和医疗用具的业务。

（6）纪念馆、博物馆、文化馆、文物保护单位管理机构、美术馆、展览馆、书画院、图书馆举办文化活动的门票收入，宗教场所举办文化、宗教活动的门票收入。

纪念馆、博物馆、文化馆、文物保护单位管理机构、美术馆、展览馆、书画院、图书馆举办文化活动是指这些单位在自己的场所举办的属于文化体育业税目征税范围的文化活动。其门票收入是指销售第一道门票的收入。宗教场所举办文化、宗教活动的门票收入是指寺院、宫观、清真寺和教堂举办文化、宗教活动销售门票的收入。

（7）境内保险机构为出口货物提供的保险产品。为出口货物提供的保险产品，包括出口货物保险和出口信用保险。

二、其他法律法规中的免税、减税项目

营业税的免税、减税项目由国务院规定。任何地区、部门均不得规定免税、减税项目。其他法律法规中的免税，减税项目还有：

（1）保险公司开展的 1 年期以上返还性人身保险业务的保费收入免征营业税；返还性人身保险业务是指保期 1 年以上（包括 1 年期），到期返还本利的普通人寿保险、养老金保险、健康保险。

对保险公司开办的普通人寿保险、养老金保险、健康保险的具体险种，凡经财政部、国家税务总局审核并列入免税名单的可免征营业税，未列入免税名单的一律征收营业税。

（2）将土地使用权转让给农业生产者用于农业生产，免征营业税。

（3）工会疗养院（所）可视为"其他医疗机构"，免征营业税。

（4）凡经中央及省级财政部门批准纳入预算管理或财政专户管理的行政事业性收费、基金，无论是行政单位收取的，还是由事业单位收取的，均不征收营业税。

（5）立法机关、司法机关、行政机关的收费，同时具备下列条件的，不征收营业税：

1）国务院、省级人民政府或其所属财政、物价部门以正式文件允许收费，而且收费标准符合文件规定的。

2）所收费用由立法机关、司法机关、行政机关自己直接收取的。

（6）社会团体按财政部门或民政部门规定标准收取的会费，不征收营业税。社会团体是指在中华人民共和国境内经国家社团主管部门批准成立的非营利性的协会、学会、联合会、研究会、基金会、联谊会、促进会、商会等民间群众社会组织。社会团体会费是指社会团体在国家法规、政策许可的范围内，依照社团章程的规定收取的个人会员和团体会员的款额。

各党派、共青团、工会、妇联、中科协、青联、台联、侨联收取的党费、会费，比照上述规定执行。

（7）自 2013 年 1 月 1 日至 2015 年 12 月 31 日，对按照国家规定的收费标准向学生收取的高校学生公寓住宿费收入，免征营业税。对高校学生食堂为高校师生提供餐饮服务取得的收入，免征营业税。

（8）对住房公积金管理中心用住房公积金在指定的委托银行发放个人住房贷款取得的收入，免征营业税。

（9）对按政府规定价格出租的公有住房和廉租住房暂免征收营业税；对个人出租住房，不区分用途，一律按 3%的税率减半征收营业税。

（10）人民银行对金融机构的贷款业务，不征收营业税。人民银行对企业贷款或委托金融机构贷款的业务应当征收营业税。

（11）金融机构往来业务暂不征收营业税。金融机构往来是指金融企业联行、金融企业与人民银行及同业之间的资金往来业务取得的利息收入，不包括相互之间提供的服务。

（12）对金融机构的出纳长款收入，不征收营业税。

（13）企业集团或集团内的核心企业（以下简称企业集团）委托企业集团所属财务公司代理统借统还的贷款业务，从财务公司取得的用于归还金融机构的利息不征收营业税；财务公司承担此项统借统还委托贷款业务，从贷款企业收取贷款利息不代扣代缴营业税。

（14）对地方商业银行转贷用于清偿农村合作基金会债务的专项贷款利息收入免征营业税。专项贷款是指由人民银行向地方商业银行提供，并由商业银行转贷给地方政府，专项用于清偿农村合作基金会债务的贷款。

（15）对符合条件的中小企业信用担保、再担保机构，对其从事担保业务的收入，3 年内免征营业税。

（16）对社保基金理事会、社保基金投资管理人运用社保基金买卖证券投资基金、股票、债券的差价收入，暂免征收营业税。

（17）保险企业取得的追偿款不征收营业税。追偿款是指发生保险事故后，保险公司按照保险合同的约定向被保险人支付的赔款，并从被保险人处取得对保险标的价款进行追偿的权利而追回的价款。

（18）对军队空余房产租赁收入暂免征收营业税；此前已征税款不予退还，未征税款不再补征。

（19）对从事个体经营的军队转业干部、城镇退役士兵和随军家属，自领取税务登记证之日起，3年内免征营业税。个体经营是指雇工7人（含7人）以下的个体经营行为，军队转业干部、城镇退役士兵、随军家属从事个体经营凡雇工8人（含8人）以上的，无论其领取的营业执照是否注明为个体工商业户，军队转业干部和随军家属均按照新开办的企业、城镇退役士兵按照新办的服务型企业的规定享受有关营业税优惠政策。

（20）对QFII委托境内公司在我国从事证券买卖业务取得的差价收入，免征营业税。

（21）单位和个人提供的垃圾处置劳务不属于营业税应税劳务，对其处置垃圾取得的垃圾处置费，不征收营业税。

（22）个人无偿赠与不动产、土地使用权，属于下列情形之一的，暂免征收营业税：

1）离婚财产分割。

2）无偿赠与配偶、父母、子女、祖父母、外祖父母、孙子女、外孙子女、兄弟姐妹。

3）无偿赠与对其承担直接抚养或者赡养义务的抚养人或者赡养人。

4）房屋产权所有人死亡，依法取得房屋产权的法定继承人、遗嘱继承人或者受遗赠人。

（23）纳税人将土地使用权归还给土地所有者时，只要出具县级（含）以上地方人民政府收回土地使用权的正式文件，无论支付征地补偿费的资金来源是否为政府财政资金，该行为均属于土地使用者将土地使用权归还给土地所有者的行为，不征收营业税。

（24）自2009年1月1日至2015年12月31日，对农村信用社、村镇银行、农村资金互助社、由银行业机构全资发起设立的贷款公司、法人机构所在地在县（含县级市、区、旗）及县以下地区的农村合作银行和农村商业银行的金融保险业收入减按3%的税率征收营业税。

（25）自2012年1月1日起，对中华人民共和国境内单位提供的下列劳务，免征营业税：

1）标的物在境外的建设工程监理。

2）外派海员劳务。

外派海员劳务是指境内单位派出属于本单位员工的海员，为境外单位或个人在境外提供的船舶驾驶和船舶管理等劳务。

（3）以对外劳务合作方式，向境外单位提供的完全发生在境外的人员管理劳务。

对外劳务合作是指境内单位与境外单位签订劳务合作合同，按照合同约定组织和协助中国公民赴境外工作的活动。

（26）营业税纳税人，月营业额不超过3万元（含3万元）的，免征营业税。其中，以1个季度为纳税期限的营业税纳税人，季度营业额不超过9万元的，免征营业税。

以上只是部分法律法规中的免税减税规定，营业税的纳税人应当全面及时了解自身可以享受的税收优惠。需要注意的是：纳税人兼营免税、减税项目的，应当分别核算免税、减税项目的营业额；未分别核算营业额的，不得免税、减税。

第七节　营业税的征收管理

一、纳税义务发生时间

营业税纳税义务发生时间为纳税人提供应税劳务、转让无形资产或者销售不动产并收讫营业收入款项或者取得索取营业收入款项凭据的当天。国务院财政、税务主管部门另有规定的，从其规定。收讫营业收入款项是指纳税人应税行为发生过程中或者完成后收取的款项。取得索取营业收入款项凭据的当天，为书面合同确定的付款日期的当天；未签订书面合同或者书面合同未确定付款日期的，为应税行为完成的当天。具体规定如下：

（1）纳税人转让土地使用权或者销售不动产，采取预收款方式的，其纳税义务发生时间为收到预收款的当天。

（2）纳税人提供建筑业或者租赁业劳务，采取预收款方式的，其纳税义务发生时间为收到预收款的当天。

（3）纳税人将不动产或者土地使用权无偿赠送其他单位或者个人的，其纳税义务发生时间为不动产所有权、土地使用权转移的当天。

（4）纳税人自己新建建筑物后销售，其自建行为的纳税义务发生时间为销售自建建筑物的纳税义务发生时间，即销售自建建筑物并收讫营业收入款项或者取得索取营业收入款项凭据的当天。

（5）营业税扣缴义务发生时间为纳税人营业税纳税义务发生的当天。

二、纳税期限与纳税申报期

（1）营业税的纳税期限分别为 5 日、10 日、15 日、1 个月或者 1 个季度。纳税人的具体纳税期限，由主管税务机关根据纳税人应纳税额的大小分别核定；不能按照固定期限纳税的，可以按次纳税。

纳税人以 1 个月或者 1 个季度为一个纳税期的，自期满之日起 15 日内申报纳税；以 5 日、10 日或者 15 日为一个纳税期的，自期满之日起 5 日内预缴税款，于次月 1 日起 15 日内申报纳税并结清上月应纳税款。

（2）银行、财务公司、信托投资公司、信用社、外国企业常驻代表机构的纳税期限为 1 个季度。自期满之日起 15 日内申报纳税。

（3）保险业的纳税期限为 1 个月。自期满之日起 15 日内申报纳税。

三、纳税地点

营业税的纳税地点具体规定如下：

（1）纳税人提供应税劳务应当向其机构所在地或者居住地的主管税务机关申报纳税。但是，纳税人提供的建筑业劳务以及国务院财政、税务主管部门规定的其他应税劳务，应当向应税劳务发生地的主管税务机关申报纳税。

（2）纳税人转让无形资产应当向其机构所在地或者居住地的主管税务机关申报纳税。但是，纳税人转让、出租土地使用权，应当向土地所在地的主管税务机关申报纳税。

（3）纳税人销售、出租不动产应当向不动产所在地的主管税务机关申报纳税。

（4）扣缴义务人应当向其机构所在地或者居住地的主管税务机关申报缴纳其扣缴的税款。

纳税人应当向应税劳务发生地、土地或者不动产所在地的主管税务机关申报纳税而自应当申报纳税之月起超过 6 个月没有申报纳税的，由其机构所在地或者居住地的主管税务机关补征税款。

四、纳税申报

为了加强营业税的征管，各地采用新营业税纳税申报软件。2014 年 1 月 1 日起南京地区启用新营业税纳税申报软件，新营业税纳税申报软件包括三张申报表，分别是：《营业税、城市维护建设税、教育费附加、文化事业建设费申报表》（主表）；《营业税应税营业额减除项目申报表》（附表）以及《建筑业、房地产业分项目申报表》。

主表适用于为营业税纳税人发生营业税应税行为时对营业税、城建税、教育费附加、地方教育费附加及文化事业建设费等税费进行申报以及增值税、消费税纳税人对城建税等的申报。附表适用于发生税法规定可按差额缴纳营业税的应税行为并取得合法有效减除凭证的纳税人，但不包括个人销售不动产、按规定办理一般项目登记的建筑业总、分包业务。附表申报时应当区分不同减除项目进行填写。而第三张《建筑业、房地产业分项目申报表》，专门适用于按规定办理建筑业一般项目登记的纳税人，按规定办理房地产项目登记的纳税人也适用。[①]

练　习　题

1. 某风景区开发有限公司 2014 年 6 月发生有关业务及收入如下：

（1）旅游景点门票收入 350 万元。

（2）景区索道客运收入 430 万元。

（3）公司舞蹈团表演收入 35 万元。

（4）与一家酒店签订合作经营协议：以景区内价值 3 000 万元的房产使用权与酒店合作经营景区酒店（房屋产权仍属风景区开发公司所有）；按照约定，风景区开发公司每月收取 42 万元的固定收入。

请计算该公司 2014 年 6 月应纳的营业税。

2. 某四星级酒店 2013 年 12 月取得下列收入：

（1）住宿、餐饮营业收入 54 万元（包括销售 6 吨自制啤酒取得的收入 13 万元）。

（2）歌舞厅取得收入 35 万元。

（3）台球室营业收入 8 万元。

（4）室内游泳池收入 12 万元。

（5）室内羽毛球场营业收入 6 万元。

请计算该酒店当月应纳的营业税。（游艺厅、歌舞厅营业税税率为 10%，台球税率为 5%。）

3. 某房屋开发公司采用预收款方式销售一栋商品住宅，合同规定的销售价格为 2 320 万元。2012 年 7 月、8 月该公司分别收到购房单位预交定金 160 万元和 80 万元，2013 年 10 月住宅建成并将产权交付购房单位，当月收到购房款 1 620 万元，余款双方约定 12 月支付。根据资料计算回答该房屋开发公司的纳税义务发生时间及各月应缴纳的营业税。

---

① 新营业税纳税申报软件元旦起上线[N]. 现代快报，2013-12-24(B7)。

第五章　城市维护建设税法和烟叶税法

第一节　城市维护建设税法

城市维护建设税（简称城建税），是国家对缴纳增值税、消费税、营业税（简称"三税"）的单位和个人，以其实际缴纳的"三税"税额为计税依据而征收的一种税。征收城市维护建设税的主要目的是筹集城镇设施建设和维护资金。

一、城市维护建设税征税范围

城市维护建设税的征税范围包括城市、县城、建制镇以及税法规定征税的其他地区。

二、城市维护建设税纳税人

凡实际缴纳增值税、消费税和营业税的单位和个人，都是城市维护建设税的纳税义务人。自 2010 年 12 月 1 日起，对外商投资企业、外国企业及外籍个人征收城市维护建设税。

三、城市维护建设税税率

（1）纳税人所在地为市区的，税率为 7%。
（2）纳税人所在地为县城、镇的，税率为 5%。
（3）纳税人所在地不在市区、县城或者镇的，税率为 1%。

四、城市维护建设税计税依据

城市维护建设税的计税依据是纳税人实际缴纳的增值税、消费税、营业税税额之和。
（1）纳税人违反"三税"有关规定，被查补"三税"和被处以罚款时，也要对其未缴的城市维护建设税进行补税和罚款。
（2）纳税人违反"三税"有关规定而加收的滞纳金和罚款，不作为城市维护建设税的计税依据。

五、城市维护建设税应纳税额的计算

城市维护建设税的计算公式为：

应纳税额 =（实际缴纳的增值税额 + 实际缴纳的消费税额 + 实际缴纳的营业税额）× 适用税率

【例 5-1】飞远公司 2015 年 3 月份销售应税货物缴纳增值税 34 万元、消费税 12 万元，出售房产缴纳营业税 10 万元、土地增值税 4 万元。已知该企业所在地使用的城市维护建设税税率为 7%。计算该公司 3 月份应缴纳的城市维护建设税税额。

答案：应缴纳的城市维护建设税 =（34 + 12 + 10）× 7% = 3.92（万元）

六、城市维护建设税税收优惠

城建税不单独减免，原则上比照"三税"的减免规定，随"三税"的减免而减免。现行减免规定主要有：

（1）海关对进口产品代征的增值税、消费税，不征收城建税。

（2）对于因减免税而需进行"三税"退库的，城建税也可同时退库。但对出口产品退还增值税、消费税的，不退还已征的城建税。

（3）对"三税"实行先征后返、先征后退、即征即退办法的，除另有规定外，对随"三税"附征的城建税和教育费附加，一律不予退（返）还。

七、城市维护建设税征收管理

（一）代扣代缴、代收代缴

根据《国务院办公厅对<中华人民共和国城市维护建设税暂行条例>第五条的解释的复函》，城建税的征收、管理，包括城建税的代扣代缴、代收代缴，一律比照"三税"的有关规定办理。

（二）纳税期限

城建税作为"三税"的附加税，随"三税"的征收而征收，因而纳税义务发生时间与纳税期限与"三税"一致。

（三）纳税地点

（1）代扣代缴、代收代缴"三税"的单位和个人，同时也是城建税的代扣代缴、代收代缴义务人，其城建税的纳税地点在代扣代收地。

（2）跨省开采的油田，在油井所在地缴纳增值税，同时一并缴纳城建税。

（3）对管道局输油部分的收入，由取得收入的各管道局于所在地缴纳营业税，城建税也一并缴纳。

（4）对流动经营等无固定纳税地点的单位和个人，应随同"三税"在经营地按适用税率缴纳。

（四）纳税申报

纳税人应当在进行"三税"申报的同时，进行城建税的纳税申报。表 5-1 为城市维护建设税纳税申报表。

表 5-1　城市维护建设税纳税申报表

（适用于增值税、消费税、营业税纳税人）

填表日期：　　年　　　月　　　日

纳税人识别号：　　　　　　　　纳税人名称：

申报所属期起：　　　　　　　　申报所属期止：　　　　　　　　单位：　元（列至角分）

税（费种）	计税（费）依据			税（费）率	应纳税（费）额	减免税（费）额	应缴纳税（费）额
	增值税额	消费税额	营业税额				
1	2	3	4	5	6=(2+3+4)×5	7	8=6-7
城市维护建设税							

（续）

税（费种）	计税（费）依据			税（费）率	应纳税（费）额	减免税（费）额	应缴纳税（费）额
	增值税额	消费税额	营业税额				
如纳税人填报，由纳税人填写以下各栏				如委托税务代理机构填报，由税务代理机构填写以下各栏			
会计主管（签章）		经办人（签章）		税务代理机构名称			税务代理机构（公章）
				税务代理机构地址			
				代理人（签章）			
申报声明	此纳税申报表是根据国家税收法律的规定填报的，我确信它是真实的、可靠的、完整的。 申明人：法定代表人（负责人）签字或盖章（公章）			以下由税务机关填写			
				受理日期			受理人
				审核日期			审核人
				审核记录			

第二节　教育费附加

教育费附加是国家对缴纳增值税、消费税、营业税（简称"三税"）的单位和个人，就其实际缴纳的"三税"税额为计税依据而征收的一种附加费。教育费附加主要起到发展地方性教育事业，扩大地方教育经费的资金来源的作用。

一、教育费附加的纳费人

教育费附加的征收对象是缴纳增值税、消费税、营业税的单位和个人。自 2010 年 12 月 1 日起，对外商投资企业、外国企业及外籍个人征收教育费附加。

二、教育费附加的计征依据

教育费附加以纳税人实际缴纳的增值税、消费税和营业税税额之和为计征依据。

三、教育费附加的计征比率

现行教育费附加征收比例为 3%。

四、教育费附加的计算方法

应纳教育费附加 ＝（实际缴纳增值税 ＋ 实际缴纳消费税 ＋ 实际缴纳营业税）× 3%

【例 5-2】　飞远公司 2014 年 3 月应缴增值税 90 000 元，实际缴纳增值税 80 000 元；应缴纳消费税 70 000 元，实际缴纳消费税 60 000 元；应缴纳营业税 50 000 元，实际缴纳营业税 40 000 元。已知，教育费附加的征收比例为 3%，计算该公司当月应缴纳教育费附加。

答案：飞远公司 3 月份应缴纳教育费附加 ＝（80 000 ＋ 60 000 ＋ 40 000）× 3% ＝ 5 400（元）

五、教育费附加减免规定

教育费附加的减免，原则上比照"三税"的减免规定。主要的减免规定有：

（1）对海关进口的产品征收的增值税、消费税，不征收教育费附加。

（2）对由于减免增值税、消费税、营业税而发生退税的，可以同时退还已征收的教育费附加。但对出口产品退还增值税、消费税的，不退还已征的教育费附加。

六、教育费附加征收管理

纳费人申报缴纳增值税、消费税、营业税的同时，申报、缴纳教育费附加。

教育费附加由地方税务局负责征收，也可委托国家税务局征收。

第三节 烟 叶 税 法

烟叶税是向收购烟叶产品的单位征收的一种税。

一、烟叶税的纳税人

烟叶税的纳税人为在中华人民共和国境内收购烟叶的单位。一般是指依照《中华人民共和国烟草专卖法》的规定有权收购烟叶的烟草公司或者受其委托收购烟叶的单位。

二、烟叶税的征税范围

烟叶税的征税范围包括晾晒烟叶、烤烟叶。晾晒烟叶包括列入名晾晒烟名录的晾晒烟叶和未列入名晾晒烟名录的其他晾晒烟叶。

三、烟叶税的税率

烟叶税实行比例税率，税率为 20%。

四、烟叶税的计税依据

烟叶税的计税依据是纳税人收购烟叶的收购金额，具体包括纳税人支付给烟叶销售者的烟叶收购价款和价外补贴。价外补贴统一暂按烟叶收购价款的 10% 计入收购金额。

收购金额的计算公式为：

$$收购金额 = 收购价款 \times （1 + 10\%）$$

五、烟叶税应纳税额的计算

烟叶税应纳税额的计算公式为：

$$应纳税额 = 烟叶收购金额 \times 税率$$
$$= 烟叶收购价款 \times （1 + 10\%） \times 税率$$

【例 5-3】 某卷烟厂从烟农手中收购烟叶 1 000 千克，开具的收购凭证上分别注明收购价格 4 000 元、价外补贴 400 元，请计算该卷烟厂应纳烟叶税。

答案：应纳烟叶税 =（4 000 + 400）× 20% = 880（元）

六、征收管理

纳税人收购烟叶，应当向烟叶收购地的主管税务机关申报纳税。

烟叶税的纳税义务发生时间为纳税人收购烟叶的当天，具体指纳税人向烟叶销售者付讫收购烟叶款项或者开具收购烟叶凭据的当天。

纳税人应当自纳税义务发生之日起 30 日内申报纳税。具体纳税期限由主管税务机关核定。

烟叶税由地方税务机关征收。烟叶税纳税申报表见表 5-2。

表 5-2 烟叶税纳税申报表

纳税人识别号：

纳税人名称（公章）：　　　　　　　　　　　　　　金额单位：元（列至角分）

税款所属期：　　年　　月　　日至　　年　　月　　日　　　　填表日期：　　年　　月　　日

烟叶收购金额	税率	应纳税额	已纳税额	应入库税额
1	2	3=1×2	4	5=3-4
烟叶购买金额	税率	应纳税额	已纳税额	应入库税额
合计				

纳税人或代理人声明： 此纳税申报表是根据国家税收法律的规定填报的，我确定它是真实的、可靠的、完整的	如纳税人填报，由纳税人填写以下各栏：
	办税人员（签章）：　　　　　　财务负责人（签章）： 法定代表人（签章）：　　　　　　联系电话：
	如委托代理人填报，由代理人填写以下各栏：
	代理人名称：　　　　　　　　经办人（签章）： 代理人（公章）：　　　　　　　联系电话：

受理人（签章）：　　　　　　受理日期：　　年　　月　　日　　　　受理税务机关（章）：

练 习 题

2015 年 1 月，甲公司组织了一个境内夕阳红旅游团，该团共有游客 30 人，每人收取旅游费 3 500 元，公司为每位游客支付交通费 1 000 元、住宿费 500 元、餐费 350 元、景点门票费 600 元；当月支付员工工资 5 000 元、汽油费 3 000 元、过路费 600 元。

已知：服务业适用营业税税率为 5%，城市维护建设税税率为 7%，教育费附加征收率为 3%。

要求：计算该公司本月应缴纳的营业税、城市维护建设税及教育费附加。

第六章　关税法

第一节　关 税 概 述

一、关税的概念与特点

（一）关税的概念

关税是指海关根据国家制定的有关法律和授权，对进出国境或关境的货物和物品征收的一种商品税。在我国，关税具体是指对进出中国关境的货物和物品，按其完税价格所征收的一种商品税。从关税的概念可以看出其包含以下内涵：

（1）关税是一种商品税。

（2）关税是由海关征收的税。

（3）关税是对进出国境或关境的货物和物品征收。

（4）关税是按完税价格征收的一种税。

（二）关税的特点

1. 纳税上的统一性和一次性

国家授权海关按照全国统一的进出口关税条例和税则征收关税，在征收一次性关税后，货物就可在整个关境内流通，不再另行征收关税。这与其他税种，如增值税、营业税等流转税是不同的。

2. 征收地域上的特殊性

国家是否征收关税，是以货物是否通过"关境"这一特殊地点为标准。凡是进出关境的货物才征收关税；凡未进出关境的货物则不属于关税的征税对象。

3. 税率上的复式性

国家为了体现对不同国家之间的关系或协议程度，往往对同一进口货物设置优惠税率和普通税率的复式税则制。优惠税率是一般的、正常的税率，适用于同我国订有贸易互利条约或协定的国家。普通税率适用于同我国没有签订贸易条约或协定的国家。这种复式税则充分反映了关税具有维护国家主权、平等互利发展国际贸易往来和经济技术合作的特点。

4. 征管上的权威性

关税是通过海关管理征收的。海关是设在关境上的国家行政管理机构，是贯彻执行本国有关进出口政策、法令和规章的重要工具。其任务是根据有关政策、法令和规章，对进出口货物、货币、金银、行李、邮件、运输工具等实行监督管理；征收关税、查禁走私货物、临时保管通关货物和统计进出口商品等。

二、关税的起源与发展

（一）关税的起源

现代意义上的"关税"（Customs Duty 或 Tariff）一词源于西方，配第在《赋税论》中说：

"关税是对输入或输出君主领土的货物所课的一种捐税。……我认为，关税最初是为了保护进出口的货物免遭海盗劫掠而送给君主的报酬。"据《大英百科全书》对 customs 一词的来源解释，欧洲古时在商人进入市场交易时要向当地领主交纳一种例行的、常规的入市税 Customary Tolls，后来就把 Customs 和 Customs Duty 作为海关和关税的英文名称。实践中，希腊在公元前 5 世纪时，雅典成为地中海、爱琴海沿岸的强国。这个地区的经济在当时已比较发达，商品贸易往来很普遍，雅典成为当时的贸易中心。外国商人为取得在该地的贸易权利和受到保护，便向领主送（贡）礼。后来，雅典以使用港口的报酬为名，正式对输出入的货物征收 2%~5% 的使用费。而其后的罗马主政时代更是对进出境的一切贸易物品（帝国的信使除外）均征缴进出口税，正常税率是 12.5%。

关税在英文中的另一个专用词为 Tariff，据传是在地中海西口，距直布罗陀 21 英里处，古时有一个海盗盘踞的港口名叫塔利法（Tariffa）。当时，进出地中海的商船为了避免被抢劫，被迫向塔利法港口的海盗缴纳一笔买路费。以后 Tariff 就成为关税的另一通用名称，泛指关税、关税税则或关税制度等。

（二）我国关税的历史发展

关税在我国有悠久的历史，依照《周礼·地官》中"关市之赋"的记载表明，早在三千多年前的西周时期（前 11 世纪—前 771 年），当时货物通过边境的"关卡"就要征税，这可以视为我国最早的出关缴税的记录。秦统一天下以后，汉唐各代疆界不断扩大，在陆地边境关口和沿海港口征税，具有了边境关税的性质。但是真正作为国与国之间的关税则始于唐代，唐朝设立"市舶司"，专门负责对国外贸易货物和船舶征收关税，从而使关税的内容更为明确，并延续到了以后的宋元明等朝代。到清朝康熙年间，才在沿海设立粤、闽、浙、江四个"海关"，对进出口的货物征收船钞和货税。1840 年以后，由于鸦片战争以及随后各帝国主义国家的侵华战争，中国逐渐丧失了国家主权与独立地位，成为半封建半殖民地的国家，表现在西方列强强加给我国许多不平等条约，特别表现在制定"值百抽五"的片面关税协定，剥夺了我国的关税自主权和海关管理权。

（三）新中国成立后的关税发展

1949 年新中国成立以后，我国废除了此前西方列强强加给我国的一系列不平等条约，彻底取缔了帝国主义在中国的一切特权，建立了完全独立自主的保护关税和海关管理制度。1949 年 10 月，新成立的中国政府就设立海关总署，统一领导全国海关机构和业务。1951 年 5 月更公布了《中华人民共和国暂行海关法》，同时公布了《中华人民共和国海关进出口税则》和《中华人民共和国海关进出口税则暂行实施条例》，以法律形式确立和维护了我国的关税自主与独立。

党的十一届三中全会以来，随着改革开放的迅速发展，1985 年国务院及时重新发布了《中华人民共和国海关进出口关税条例》（以下简称《进出口关税条例》）和《中华人民共和国海关进出口税则》。1987 年 1 月，六届全国人大常委会第十九次会议通过了《中华人民共和国海关法》（以下简称《海关法》），其中第五章就明确为"关税"。1987 年和 1992 年先后两次修订了《进出口关税条例》。2000 年 7 月，九届全国人大常委会第十六次会议表决通过《关于修改<中华人民共和国海关法>的决定》，新修订的《海关法》于 2001 年 1 月起施行。2003 年 11 月国务院修订发布了《中华人民共和国进出口关税条例》，国务院关税税则委员会审定并报国务院批准又颁发了《中华人民共和国海关进出口税则》和《中华人民共和国海关入境旅客行李物品和个人邮递物品征收进口税办法》等。2014 年 1 月实施了新的《中华人民共和国海关进出口税则》(以下简称《进出口税则》)。新修订的《海关法》和《进出口税则》对推动国民经济发展，扩大对外经济贸易、科技与文化交往，保证社会主义现代化建设具有重大意义；同时，对进一步保证进出口企业的合法权益、规范企业经营管理、促进企业发展也将起到十分积极的作用。

三、关税的作用

关税既是国家独立行使主权的一种重要表现，也往往是国家税收乃至国家财政的主要收入来源之一。此外，关税对于促进国家间的经济往来，实现国家政治、经济目标，调节外贸等方面都具有重要的意义和作用。具体表现在以下几个方面。

(一)筹集国家财政收入

对于绝大多数现代国家而言，税收是国家财政的最主要来源。虽然从当今大多数国家尤其是发达国家的税制结构分析，关税收入在整个财政收入中的比重不大，并呈下降趋势。但对一些发展中国家而言，特别是对那些国内工业不发达、工商税源有限、国民经济主要依赖于某种或某几种初级资源产品出口，以及国内许多消费品主要依赖于进口的国家，征收进出口关税仍然是他们取得财政收入的重要渠道之一。我国关税收入是财政收入的重要组成部分，新中国成立以来，关税为经济建设提供了可观的财政资金。目前，发挥关税在筹集建设资金方面的作用，仍然是我国关税政策的一项重要内容。以 2014 年为例，1~3 季度，全国税收总额为 90 695.17 亿元，其中关税为 2 143.00 亿元，占全国税收总额的 2.4%。[①]

(二)维护国家主权和经济利益

对进出口货物征收关税，表面上看似乎只是一个与对外贸易相联系的税收问题，其实一国采取什么样的关税政策直接关系到国与国之间的主权和经济利益。历史发展到今天，关税已成为各国政府维护本国政治、经济权益，乃至进行国际经济斗争的一个重要武器。我国根据平等互利和对等的原则，通过关税复式税则的运用等方式，争取国际间的关税互惠并反对他国对我国进行关税歧视，促进对外经济技术交往，扩大对外经济合作。

(三)调节国民经济和对外贸易

关税是国家的重要经济杠杆，通过税率的高低和关税的减免，可以影响进出口规模，调节国民经济活动。例如，调节出口产品和出口产品生产企业的利润水平，有意识地引导各类产品的生产；调节进出口商品数量和结构，可促进国内市场商品的供需平衡，保护国内市场的物价稳定等。而通过当前国际流行的降低整体关税水平，将为国内企业创造竞争环境，激励创新活动，提高企业的长期增长能力。进而，关税减让的这种动态效果对国民经济的影响力更大，将使国家的潜在生产能力得到更充分的发挥。关税水平的下降使国际贸易的交易成本大大降低，使国际化大生产成为可能。通过国际专业化分工，各国可以实现在比较优势和规模经济基础上的国内资源最优配置。

(四)调节本国的外贸进出口

许多国家通过制定和调整关税税率来调节进出口贸易。在出口方面，通过低税、免税和

---

① 中华人民共和国财政部税政司. 2014 年前三季度税收收入情况分析，http://szs.mof.gov.cn/zhengwuxinxi/gongzuodongtai/201411/t20141106_1156373.html，2015 年 1 月 5 日访问。

退税来鼓励商品出口；在进口方面，通过税率的高低、减免来调节商品的进口。关税对进口商品的调节作用，主要表现在以下几个方面：

（1）对于国内能大量生产或者暂时不能大量生产但将来可能发展的产品，规定较高的进口关税，以削弱进口商品的竞争能力，保护国内同类产品的生产和发展。

（2）对于非必需品或奢侈品的进口，规定更高的关税，以达到限制甚至禁止进口的目的。

（3）对于本国不能生产或生产不足的原料、半成品、生活必需品或生产上急需的物资，规定较低税率或免税，以鼓励进口，满足国内的生产和生活需要。

（4）通过关税调整贸易差额，当贸易逆差过大时，提高关税或征收进口附加税，以限制商品进口，缩小贸易逆差；当贸易顺差过大时，通过减免关税，缩小贸易顺差，以减缓与有关国家的贸易摩擦与矛盾。

四、关税的分类

关税按不同的分类标准有不同的分类，如：按照征税的一般方法或征税标准分类，可分为从量税、从价税、复合税、选择税；按照征收的对象或商品流向分类，可分为进口税、出口税、过境税；按照征税的目的分类，可分为财政关税、保护关税；按照征税的性质分类，可分为普通关税、优惠关税以及差别关税等。具体分类如下：

（一）按征收方法划分

1. 从量关税

从量关税是以货物的数量、重量、体积、容量等计量单位为计税标准，以每计量单位货物的应征税额为税率。从量税的特点是，每一种货物的单位应税额固定，不受该货物价格的影响。计税时以货物的计量单位乘以每单位应纳税金额即可得出该货物的关税税额。从量税的优点是：计算简便，通关手续快捷，并能起到抑制低廉商品或故意低瞒价格货物的进口。但是，由于应税额固定，物价涨落时税额不能相应变化，因此，在物价上涨时，关税的调控作用相对减弱。我国目前对原油、啤酒和胶卷等进口商品征收从量税。

2. 从价关税

从价关税是一种最常用的关税计税标准。它是以货物的价格或者价值为征税标准，以应征税额占货物价格或者价值的百分比为税率，价格越高，税额越高。货物进口时，以此税率和海关审定的实际进口货物完税价格相乘计算应征税额。从价税的特点是，随着进口商品价格的涨落，其税额也相应地增减。优点是：税负公平明确、易于实施；但是，从价税也存在着一些不足，如：不同品种、规格、质量的同一货物价格有很大差异，海关估价有一定的难度，因此计征关税的手续也较繁杂。目前，我国海关计征关税标准主要是从价税。

3. 复合关税

复合关税是指对一种进口货物同时采用从价和从量两种方式，分别计算出税额，以两个税额之和作为该货物的应纳税额的一种关税。复合税又称混合税，即订立从价、从量两种税率，随着完税价格和进口数量而变化，征收时两种税率合并计征。混合使用从价税和从量税的方法有多种，如：对某种货物同时征收一定数额的从价税和从量税；或对低于某一价格进口的货物只按从价税计征关税，高于这一价格，则混合使用从价税和从量税等。复合税既可发挥从量税抑制低价进口货物的特点，又可发挥从价税税负合理、稳定的特点。我国目前仅对录像机、放像机、摄像机、数字照相机和摄录一体机等进口商品征收复合税。

4．选择关税

选择关税是指对同一种货物在税则中规定有从量、从价两种关税税率，在征税时选择其中征税额较多的一种关税，也可以选择税额较少的一种为计税标准计征。

5．滑动关税

滑动关税是指关税税率随着进口商品价格由高到低而由低到高设置的税，以起到稳定进口商品价格的作用，又称滑准税。滑准税是根据货物的不同价格适用不同税率的一类特殊的从价关税。通俗地讲，就是进口货物的价格越高，其进口关税税率越低，进口商品的价格越低，其进口关税税率越高。滑准税的特点是可保持实行滑准税商品的国内市场价格的相对稳定，而不受国际市场价格波动的影响。我国目前仅对进口新闻纸实行滑准税。

（二）按征税性质划分

1．普通关税

普通关税又称一般关税，是对与中华人民共和国没有签署贸易、经济或关税互惠等友好协定的国家原产的货物征收的非优惠性关税。普通关税与优惠关税的税率差别一般较大。

2．优惠关税

优惠关税一般是互惠关税，是与中华人民共和国签署有贸易、经济或关税互惠等友好协定而双方互相给对方优惠关税待遇。但也有单向优惠关税，即只对受惠国给予优惠待遇，而没有反向优惠。优惠关税一般有特定优惠关税、普遍优惠关税和最惠国待遇三种。

（1）特定优惠关税，又称特惠税，是指某一国家对另一国家或某些国家对另外一些国家的某些方面予以特定优惠关税待遇，而他国不得享受的一种关税制度。特定优惠关税实际上是殖民主义的产物，最早始于宗主国与殖民地附属国之间的贸易交往中，具有排他性，因此税率低于协定优惠关税税率。目前，在国际最有影响的特定优惠关税是《洛美协定》（全称为《欧洲经济共同体——非洲、加勒比和太平洋（国家）洛美协定》）国家之间的特惠关税。今天，特惠税已发展成为某个国家或经济集团对某些国家的所有进口商品给予特别优惠的低关税或免税待遇。例如，根据2014年12月31日海关总署新发布的《关于2015年关税实施方案的公告》精神，根据我国与有关国家或地区签署的贸易或关税优惠协定、双边换文情况以及国务院有关决定，对原产于孟加拉国和老挝的部分商品实施亚太贸易协定项下特惠税率；对原产于埃塞俄比亚、布隆迪、赤道几内亚、刚果（金）、吉布提、几内亚、几内亚比绍、莱索托、马达加斯加、马拉维、马里、莫桑比克、南苏丹、塞拉利昂、塞内加尔、苏丹、索马里、坦桑尼亚、乌干达、乍得、中非、阿富汗、也门和瓦努阿图共24个国家的部分商品实施97%税目零关税特惠税率；对原产于安哥拉、贝宁、多哥、厄立特里亚、科摩罗、利比里亚、卢旺达、尼日尔、赞比亚、东帝汶、柬埔寨、缅甸、尼泊尔和萨摩亚共14个国家的部分商品实施95%税目零关税特惠税率；对原产于毛里塔尼亚和孟加拉国的部分商品实施60%税目零关税特惠税率。[①]

（2）普遍优惠制，简称普惠税，是指发达国家对从发展中国家或地区输入的商品，特别是制成品和半制成品，给予普遍的、非歧视的和非互惠的优惠关税。出口商品要取得关税优惠待遇必须符合给惠国普惠制给惠方案及其原产地规则，并需要提供统一格式的普惠制原产地证明书。现在给惠国绝大多数是发达国家，还包括一部分东欧国家；受惠国有190多个。

---

① 海关总署：《2015年关税实施方案》，http://www.customs.gov.cn/publish/portal0/tab49564/info729040.htm，2014年12月31日访问

我国坚持自己是发展中国家，就是要获得普惠税。目前我国唯一没有获得的是美国的普惠税。根据美国的规定，要获得其普惠税必须满足两个条件：第一，必须是世界贸易组织和国际货币基金组织的成员，我国已经满足；第二，该国家必须实现政治民主，不能由一党专政。这一条其实是针对我国，引起了我国的强烈不满。

（3）差别关税是指针对不同国家的同种进口商品征收税率不同的关税。差别关税实际上是保护主义政策的产物，是保护一国产业所采取的特别手段。一般意义上的差别关税主要分为加重关税、反补贴关税、反倾销关税、报复关税等。

1）加重关税。加重关税是出于某种原因或为达到某种目的，而对某国货物或某种货物的输入加重征收的关税，如间接输入货物加重税等。

2）反补贴关税。反补贴关税又称抵消关税，它是对接受任何津贴或补贴的外国进口货物所附加征收的一种关税，是差别关税的重要形式之一。货物输出国为了加强本国输出产品在国际市场的竞争能力，往往对输出产品予以津贴、补贴或奖励，以降低成本，廉价销售于国外市场。输入国为防止他国补贴货物进入本国市场，威胁本国产业正常发展，对凡接受政府、垄断财团补贴、津贴或奖励的他国输入产品，课征与补贴、津贴或奖励额相等的反补贴关税，以抵消别国输入货物因接受补贴、津贴或奖励所形成的竞争优势。

3）反倾销关税。反倾销关税即对外国的倾销商品，在征收正常进口关税的同时附加征收的一种关税，它是差别关税的又一种重要形式。例如，根据《中华人民共和国反倾销条例》的规定，国务院关税税则委员会决定自2013年6月28日起，对进口原产于欧盟的甲苯胺征收反倾销税，期限为5年。税率分为19.6%和36.9%两种。而国外对中国征收反倾销锐的最新例子是：2015年3月25日，欧盟委员会宣布，将从3月26日起对进口自中国大陆及中国台湾的冷轧不锈钢板征收为期6个月的临时反倾销税，税率从10.9%～25.2%不等①。

4）报复关税。报复关税是指他国政府以不公正、不平等、不友好的态度对待本国输出的货物时，为维护本国利益，报复该国对本国输出货物的不公正、不平等、不友好待遇，对该国输入本国的货物加重征收的关税。例如，2013年6月，在欧盟宣布对中国太阳能电池板征收48%的反倾销关税之后，中国即宣布准备对欧洲进口的葡萄酒实施报复性措施，征收报复关税。

（三）按照征收对象和征税商品流向划分

1. 进口关税

进口关税是进口国家的海关在外国商品输入时，对本国进口商所征收的正常关税。它是海关对进口货物和物品所征收的关税。进口税在进入关境时征收，或在商品从海关保税仓库中提出，投入国内市场时征收。进口税是关税中最重要的一种，在一些废除了出口税和过境税的国家，进口税是唯一的关税。进口税有正税与附加税之分。正税是按照税则中法定税率征收的进口税；附加税则是在征收进口正税的基础上额外加征关税，主要为了在保护本国生产和增加财政收入两个方面，用以补充正税的不足，通常属于临时性的限制进口措施。附加税的目的和名称繁多，如反倾销税、反补贴税、报复关税、紧急进口税等。附加税不是一个独立的税种，是从属于进口正税的。

2. 出口关税

出口关税是对本国出口的货物在运出国境时征收的一种关税。它是海关对出口货物和物

---

① 闫磊，帅蓉. 欧盟对中国冷轧不锈钢板征收反倾销税[N]. 闽西日报，2005-3-27(4)。

品所征收的关税。征收出口关税不利于本国生产和经济的发展，因为征收出口关税增加了出口货物的成本，会提高本国产品在国外的售价，因此降低了同别国产品的市场竞争能力，不利于扩大出口。故而18世纪以后，欧美诸国大都改变了以往出口关税作为主要财政收入来源的模式，甚至在其后逐渐取消出口关税。目前，世界上大多数国家都不征收出口税。目前，我国仅对少数资源性产品（如稀土、天然石墨等）及易于竞相杀价、盲目出口、需要规范出口秩序的半制成品（如铜、钴等矿砂及精矿等）征收出口关税。

3. 过境关税

过境关税，是一国对于通过其关境的外国商品征收的关税。过境关税的前身是使用费，在重商主义时代曾盛行一时，征收过境关税主要是为了增加财政收入。过境货物在海关监管下进出境，不准流入本国市场，对本国生产没有影响。但如果允许过境货物自由通过本国，则不仅有利于国际贸易的开展，而且可以增加本国港口、仓储、运输等部门的收入。因此，19世纪后半期，各国相继取消过境关税，仅在外国货物通过时征收少量的签证费、印花税、统计费等。中国海关对过境货物过境运输有具体要求：①对同我国签有过境货物协定的国家的过境货物，或属于同我国签有铁路联运协定的国家收、发货的，按有关协定准予过境；②对于未同我国签有协定国家的过境货物，应当经国家运输主管部门批准并向入境地海关备案后准予过境。

（四）按征收目的划分

1. 财政关税

财政关税是以增加国家财政收入为主，通常向外国生产、国内消费需求大的产品征收，税率适中。目前多为发展中国家采用，对工业发达国家已经不再重要。对我国而言，关税在财政收入中所占的比重也在不断降低。中国关税占财政收入的比重已由1991年的43.8%，下降到2004年的10.4%[①]，而根据国家财政部最新公布的数据，2014年1~3季度，关税下降到仅占当期税收总额的2.4%，其占财政总收入的比重更低。

2. 保护关税

保护关税是为保护国内相关产业而征收的关税。一般来说，保护关税的税率较高。随着全球经济贸易一体化的推进，大量双边经贸协定和多边经贸协定的缔结，一国实施保护关税的空间越来越小。

第二节　关税的征税对象与纳税义务人

一、关税的征税对象

关税的征税对象是准许进出口的货物和准许进出境的物品。货物是指各种贸易性商品。物品是指入境旅客随身携带的行李物品、个人邮递物品、各种运输工具上的服务人员携带进口的自用物品、馈赠物品以及其他方式进境的个人物品。关税只对有形的货品征收，对无形的货品不征关税。除关税优惠政策规定的以外，对大部分进口货物征收关税；除对少部分货物征收出口关税，对出口货物一般不征收关税。

---

① 钟昌元. 中国关税财政收入作用探析[J]. 世界经济情况，2005（18）：18。

二、纳税义务人

关税纳税人又称"海关债务人"，是指依法负有直接向国家缴纳关税义务的人。进口货物的收货人、出口货物的发货人、进出境物品的所有人是关税的纳税义务人。进出口货物的收、发货人是依法取得对外贸易经营权，并进口或者出口货物的法人或者其他社会团体。进出境物品的所有人包括该物品的所有人和推定为所有人的人。一般情况下，对于携带进境的物品，推定其携带人为所有人；对分离运输的行李，推定相应的进出境旅客为所有人；对以邮递方式进境的物品，推定其收件人为所有人；以邮递或其他运输方式出境的物品，推定其寄件人或托运人为所有人。

按照新修订的《海关法》规定，进出口货物的关税纳税人是进出口货物的收发货人。进出口货物收发货人，是指依照对外贸易法的规定，有权从事对外贸易经营活动并进出口货物的法人和其他组织，即具有进出口经营权的单位（自理报关企业），具体包括外贸专业进出口总公司及其子公司、信托投资公司、外商投资企业、免税品公司等。在海关监管货物的保管期间，非因不可抗力造成海关监管货物损毁或灭失，负责保管该海关监管货物的人应当为关税纳税人。例如，对于储存在仓库中的海关监管货物，仓库的经营人、保管人是纳税人；对于转关运输货物，承运人是纳税人；对于保税货物，保税仓库经营人、加工企业是纳税人。

第三节　进出口关税税则

一、关税税则的含义

中华人民共和国海关进出口税则（Customs Tariff）也称关税税则。它是一国海关据以对进出口商品计征关税的规章和对进出口的应税与免税商品加以系统分类的一类表。里面有海关征收关税的规章条例及说明，也有海关的关税税率表。关税税率表的主要内容有：税则号列、商品分类目录和税率三部分。

二、关税税则的种类

关税税则可分为单式税则和复式税则两类。单式税则也称为一栏税则，即一个税目只有一个税率，适用于来自任何国家的商品，没有差别待遇。目前，只有少数发展中国家如乌干达、巴拿马、委内瑞拉等实行单式税则。而主要发达国家为了在关税上搞差别和岐视待遇，或争取关税上的互惠，都放弃单式税则转为复式税则。复式税则也称为多栏税则，即往往在一个税目下定有两个或两个以上的税率，对来自不同国家或地区的进口商品，给予不同的关税税率待遇。这种税则有二栏、三栏和四栏不等。

三、关税税则的内容

（一）关税税则的基本内容

关税税则的基本内容是根据国家关税政策，通过一定的国家立法程序制定公布实施，对进出口应税和免税商品加以系统分类的一览表。一般包括：

（1）国家实施该税则的法令，即指该税则的实施细则及使用税则的有关说明。

（2）税则的归类总规则，即指说明它们各自应包括和不应包括的商品，以及对一些商品的形态、功能和用途等方面的说明。

（3）税目表。税目表包括商品分类目录和税率栏两大部分：商品分类目录将种类繁多的商品加以综合，或按照商品分为不同的类，类以下分章，章以下分税目，税目以下再分子目（按各国的实际需要），并且将每项商品按顺序编税号；税率栏则按商品分类目录的顺序逐项列出商品各自的税率，有的列一栏税率，有的列两栏或两栏以上的税率。海关合作理事会在与其他一些国际组织讨论和协调的基础上，于 1985 年编制完成了《商品名称及编码协调制度》，所有商品分为 21 大类、97 章，由 5019 组税目构成，包括归类总规则、类注释、章注释、目和子目注释、商品子目索引及归类意见汇编。

（二）关税税则的主要规定

我国 1992 年公布的《进出口税则》就是以《商品名称及编码协调制度》为基础，结合我国进出口商品的实际而编排的，全部应税商品共分 21 大类。2010 年《进出口税则》所规定的栏目包括税则号列、货品名称、最惠国税率、协定税率、普通税率、增值税率、出口退税、计量单位和监管条件等。

为适应科学技术进步、产业结构调整、贸易结构优化和加强进出口管理的需要，在符合世界海关组织有关列目原则的前提下，2015 年 1 月 1 日起我国对进出口税则中部分税目进行了调整。调整后，2015 年我国税则税目总数将由 8277 个增加到 8285 个。

四、我国关税税则的确定及调整机构

国务院内设关税税则委员会。税则委员会是国务院的议事协调机构，其主要职责：审定调整关税税率、关税年度暂定税率、关税配额税率、特别关税（包括反倾销税和反补贴税）税率和修订关税税则、税目、税号等的方案；批准有关国家适用关税税则优惠税率的方案；审议上报国务院的重大关税政策和对外关税谈判方案；提出制定和修订《进出口关税条例》的方针、政策和原则，并审议其相关修订草案。

第四节　关税完税价格

一、确定关税完税价格的原则

根据新修订的《海关法》的规定，进出口货物的完税价格，由海关以该货物的成交价格为基础审查确定。成交价格不能确定时，完税价格由海关估定。应当注意：一方面，确定完税价格必须以货物的实际成交价格为基础；另一方面，纳税义务人向海关申报的价格并不一定等于完税价格，只有经过海关审核并接受的申报价格才能作为完税价格。对不真实或不准确的申报价格，海关有权不予接受，并可按照税法规定对有关进出口货物的申报价格进行调整或另行估定完税价格。

二、进口货物的完税价格

（一）确定进口货物完税价格的一般方法

确定进口货物的完税价格，一般有以下两种方法：

1．以成交价格为基础的完税价格

进口货物的完税价格包括货物的货价、货物运抵我国境内输入地点起卸前的运输及其相关费用、保险费。我国境内输入地为入境海关地，包括内陆河、江口岸，一般为第一口岸。货物的货价以成交价格为基础。进口货物的成交价格，是指卖方向中华人民共和国境内销售该货物时，买方为进口该货物向卖方实付、应付的并按照规定调整后的价款总额，包括直接支付的价款和间接支付的价款。

2．进口货物海关估价的方法

进口货物的价格不符合成交价格条件或成交价格不能确定的，海关应当依次以相同货物成交价格方法、类似货物成交价格方法、倒扣价格方法、计算价格方法及其他合理方法确定的价格为基础，估定完税价格。如果进口货物的收货人提出要求，并提供相关资料，经海关同意，可以选择倒扣价格方法和计算价格方法的适用次序。

（1）相同货物成交价格方法。所谓"相同货物"，主要指货物的物理特性、质量及产品声誉。采用这种比照价格时，相同货物必须已经在被估价货物进口的同时或大约同时向进口国进口，若有好几批相同货物完全符合条件，应采用其中最低的价格。另外，相同货物与被估货物在商业水平、数量、运输方式、运输距离等贸易上的差别也要作调整。

（2）类似货物的成交价格估价方法。所谓"类似货物"是指与被估货物在同一国生产制造，虽然不是在所有方面都相同，但具有相似特征和相似组成材料，从而能起到同样作用，而且在商业上可以互换的货物。选择相似货物时，主要应考虑货物的品质、信誉和现有商标。

（3）倒扣价格方法。它是指海关以进口货物、相同或者类似进口货物在境内的销售价格为基础，扣除境内发生的有关费用后，审查确定进口货物完税价格的估价方法。

（4）计算价格方法。即按下列各项的总和计算出的价格估定完税价格。有关项目包括：生产该货物所使用的原材料价值和进行装配或其他加工的费用；与向境内出口销售同等级或同种类货物的利润、一般费用相符的利润和一般费用；货物运抵境内输入地点起卸前的运输等相关费用及保险费。

（5）其他合理方法。使用其他合理方法时，应当根据《完税价格办法》规定的估价原则，以在境内获得的数据资料为基础估定完税价格，但不得使用以下价格：境内生产的货物在境内的销售价格；可供选择的价格中较高的价格；货物在出口地市场的销售价格；以计算价格方法规定的有关各项之外的价值或费用计算的价格；出口到第三国或地区的货物的销售价格；最低限价或武断虚构的价格。

以上所列的各种估价方法应依次使用，即当完税价格按列在前面的估价方法无法确定时，才能使用后一种估价方法。但是应进口商的要求，第三种和第四种方法的使用次序可以颠倒。

（二）加工贸易内销货物的完税价格

加工贸易进口料件或者其制成品应当征税的，海关应按照以下规定审查完税价格：

（1）进料加工进口料件或其制成品（包括残次品）申报内销时，海关以料件的原进口成交价格为基础审查确定完税价格。料件的原进口成交价格不能确定的，海关按照接受内销申报的同时或大约同时进口的、与料件相同或类似的货物的进口成交价格为基础审查确定完税价格。

（2）来料加工进口料件或其制成品（包括残次品）申报内销时，海关按照接受内销申报的同时或大约同时进口的、与料件相同或类似的货物的进口成交价格为基础审查确定完税价格。

（3）加工贸易企业加工过程中产生的边角料或副产品申报内销时，海关以其内销价格为基础审查确定完税价格。

（4）海关总署或直属海关可以根据市场行情，定期公布有关边角料和副产品的内销计税参考价格。

加工贸易企业可以选择按照内销价格或者计税参考价格向海关申报。加工贸易企业按照计税参考价格申报时，海关按照计税参考价格确定完税价格。

（5）保税区、出口加工区内的加工贸易企业申报内销加工贸易制成品时，海关按照接受内销申报的同时或大约同时进口的、与制成品相同或类似的货物的进口成交价格为基础审查确定完税价格。

保税区内的加工贸易企业内销的进料加工制成品中，如果含有从境内采购的料件，海关以制成品所含从境外购入料件的原进口成交价格为基础审查确定完税价格。料件的原进口成交价格不能确定的，海关按照接受内销申报的同时或大约同时进口的、与料件相同或类似的货物的进口成交价格为基础审查确定完税价格。

保税区内的加工贸易企业内销的来料加工制成品中，如果含有从境内采购的料件，海关按照接受内销申报的同时或大约同时进口的、与制成品所含从境外购入的料件相同或类似的货物的进口成交价格为基础审查确定完税价格。

（6）加工贸易内销货物的完税价格按照上述规定仍不能确定的，由海关按合理的方法审查确定。

（7）加工贸易企业向海关申报内销时，应当提交原进口报关单或备案清单复印件，海关认为必要时，还应提供与成交价格或内销价格有关的资料。

（三）特殊进口货物的完税价格

特殊进口货物的完税价格，主要包括以下几种情形：

（1）运往境外修理的货物。运往境外修理的机械器具、运输工具或其他货物，出境时已向海关报明，并在海关规定期限内复运进境的，应当以海关审定的境外修理费和料件费，以及该货物复运进境的运输及其相关费用、保险费估定完税价格。

（2）运往境外加工的货物。运往境外加工的货物，出境时已向海关报明，并在海关规定期限内复运进境的，应当以海关审定的境外加工费和料件费，以及该货物复运进境的运输及其相关费用、保险费估定完税价格。

（3）暂时进入境内的货物。对于经海关批准的暂时进境的货物，应当按照一般进口货物估价办法的规定，估定完税价格。

（4）租赁方式进口货物。租赁方式进口的货物中，以租金方式对外支付的租赁货物，在租赁期间以海关审定的租金作为完税价格；留购的租赁货物，以海关审定的留购价格作为完税价格；承租人申请一次性缴纳税款的，经海关同意，按照一般进口货物估价办法的规定估定完税价格。

（5）留购的进口货样等。对于境内留购的进口货样、展览品和广告陈列品，以海关审定的留购价格作为完税价格。

（6）予以补税的减免税货物。减税或免税进口的货物需予补税时，应当以海关审定的该货物原进口时的价格，扣除折旧部分价值作为完税价格。

（7）其他方式进口的货物。以易货贸易、寄售、捐赠、赠送等其他方式进口的货物，应当按照一般进口货物估价办法的规定，估定完税价格。

三、出口货物的完税价格

（一）以成交价格为基础的完税价格

（1）出口货物的完税价格，由海关以该货物向境外销售的成交价格为基础审查确定，并应包括货物运至我国境内输出地点装载前的运输及其相关费用、保险费，但其中包含的出口关税税额应当扣除。

（2）出口货物的成交价格是指该货物出口销售到我国境外时买方向卖方实付或应付的价格。出口货物的成交价格中含有支付给境外佣金的，如果单独列明应当扣除。

（二）海关对出口货物的估价方法

出口货物的成交价格不能确定时，完税价格由海关依次使用下列方法估定：

（1）同时或大约同时向同一国家或地区出口的相同货物的成交价格。

（2）同时或大约同时向同一国家或地区出口的类似货物的成交价格。

（3）根据境内生产相同或类似货物的成本、利润和一般费用，境内发生的运输及其相关费用、保险费计算所得的价格。

（4）按照合理方法估定的价格。

四、进出口货物完税价格中的费用计算

（一）进口货物完税价格的费用计算

进口货物的运输及相关费用、保险费计算中，具体依据以下标准执行：

1．海运进口货物

海运进口货物，计算至该货物运抵境内的卸货口岸，如果该货物的卸货口岸是内河（江）口岸，则计算至内河（江）口岸。

2．陆运进口货物

陆运进口货物，计算至该货物运抵境内的第一口岸，如果运输及其相关费用、保险费支付至目的地口岸，则计算至目的地口岸。

3．空运进口货物

空运进口货物，计算至该货物运抵境内的第一口岸，如果该货物的目的地为境内的第一口岸外的其他口岸，则计算至目的地口岸。

陆运、空运和海运进口货物的运费和保险费，应当按照实际支付的费用计算。如果进口货物的运费无法确定或未实际发生，海关应当按照该货物进口同期运输行业公布的运费率（额）计算运费；按照"货价加运费"两者总额的3‰计算保险费。其计算公式如下：

$$保险费 = （货价 + 运费）\times 3‰$$

4．邮运进口货物

邮运进口货物，应当以邮费作为运输及其相关费用、保险费。以境外边境口岸价格条件

成交的铁路或公路运输进口货物，海关应当按照货价的 1%计算运输及其相关费用、保险费用。作为进口货物自驾进口的运输工具，海关在审定完税价格时，可以不另行计入运费。

（二）出口货物完税价格中的费用计算

出口货物的销售价格，如果包括离境口岸至境外口岸之间的运输费和保险费，则该运费和保险费应当扣除。

第五节 关税应纳税额的计算

一、关税的税率

（一）税率设置的整体要求

我国在加入 WTO 之前，进口税则设有普通税率和优惠税率两栏税率和关税配额税率；在加入 WTO 之后，为履行我国在加入 WTO 关税减让谈判中承诺的有关义务，自 2002 年 1 月 1 日起，我国进口税则设有最惠国税率、协定税率、特惠税率、普通税率、关税配额税率等税率形式，对进口货物在一定期限内可以实行暂定税率。根据 2014 年《进出口税则》规定，关税税率主要包括以下两个部分：

1．《关税税则》正文栏目的适用税率。其主要内容包括：

（1）最惠国税率适用原产于与我国共同适用最惠国待遇条款的 WTO 成员国或地区的进口货物，或原产于与我国签订有相互给予最惠国待遇条款的双边贸易协定的国家或地区进口的货物，以及原产于我国境内的进口货物。

（2）协定税率适用原产于我国参加的含有关税优惠条款的区域性贸易协定的有关缔约方的进口货物。

（3）普通税率适用于原产于上述国家或地区以外的其他国家或地区的进口货物，以及原产地不明的进口货物。按照普通税率征税的进口货物，经国务院关税税则委员会特别批准，可以适用最惠国税率。适用最惠国税率、协定税率、特惠税率的国家或者地区名单，由国务院关税税则委员会决定。

2．《关税税则》附件的适用税率，其主要内容包括：

（1）亚太协定税率。根据《亚太贸易协定》要求，适用于原产于亚洲及太平洋经济合作和社会理事会发展中国家成员国的部分进口货物。

（2）原产于中国香港、中国澳门部分进口货物享受货物贸易优惠措施。根据《内地与香港关于建立更紧密经贸关系的安排》及补充协定、《内地与澳门关于建立紧密经贸关系的安排》及补充协定，原产于中国香港、中国澳门部分进口货物享受货物贸易优惠措施。

（3）特惠税率。适用于原产于与中华人民共和国签订含有特殊关税优惠条款的贸易协定的国家或地区的部分进口货物。

（4）暂定税率。主要包括：适用于最惠国税率的进口货物有暂定税率的，应适用暂定税率；适用协定税率、特惠税率的进口货物有暂定税率的，应从低适用税率；适用普通税率的进口货物，不适用暂定税率；适用出口税率的出口货物有暂定税率的，应当适用暂定税率；暂定税率仅在当年生效。

必须指出的是：按照国家规定实行关税配额管理的进口货物，关税配额内的，适用关税配额税率；关税配额外的，按其适用税率的规定执行。

按照有关法律、行政法规的规定对进口货物采取反倾销、反补贴、保障措施的，其税率的适用按照《中华人民共和国反倾销条例》《中华人民共和国反补贴条例》和《中华人民共和国保障措施条例》的有关规定执行。

任何国家或者地区违反与中华人民共和国签订或者共同参加的贸易协定及相关协定，对中华人民共和国在贸易方面采取禁止、限制、加征关税或者其他影响正常贸易措施的，对原产于该国家或者地区的进口货物可以征收报复性关税，适用报复性关税税率。征收报复性关税的货物、适用国别、税率、期限和征收办法，由国务院关税税则委员会决定并公布。

（二）关税的进口税率

我国为完成入世承诺降低关税的义务，自2002年1月起逐年调低进口关税，当年大幅调低了5300多种商品的进口关税，关税总水平由2001年的15.3%降低至12%，是降税涉及商品最多、降税幅度最大的一年；2005年降税涉及900多种商品，关税总水平由2004年的10.4%降低至9.9%，是中国履行义务的最后一次大范围降税。此后的几次降税涉及商品范围有限，对关税总水平的影响不大，如2007～2010年保持在9.8%，至此我国入世的降税承诺已全部履行完毕，关税税率日益规范与完善。

2014年进口关税税率调整的主要内容包括：

1. 普通税率

进口关税的普通税率分为 8%、11%、17%、20%、30%、35%、40%、45%、50%、70%、80%、90%、100%和130%等14个差别比例税率。例如，机器人适用30%的普通税率。

2. 最惠国税率

进口关税的最惠国税率分为 0、3%、5%、5.5%、6.5%、8%、9.7%、10%、10.5%、11%、12%、14%、15%和17.5%等14个差别比例税率。主要规定包括：

（1）对小麦等8类47个税目的商品继续实施关税配额管理，税率维持不变；对配额外进口的一定数量棉花实施滑准税，并适当调整相关公式参数；对尿素、复合肥和磷酸氢二铵三种化肥的配额税率为1%。

（2）对感光材料等47种商品继续实施从量税或复合税。

（3）对10个非全税目信息技术产品继续实行海关核查管理，税目税率维持不变。

（4）其他最惠国税率维持不变。

3. 暂定税率

对燃料油等767项进口商品实施低于最惠国税率的暂定税率，平均优惠幅度达到60%。税率分为 0、1%、2%、3%、4%、5%、5.5%、6%、6.5%、7%、7.5%、8%、9%、10%、12%、15%、16%、17%、20%和40%等20个差别比例税率。例如，燃料油适用1%的暂定税率。

4. 协定税率

根据我国与有关国家或地区签署的贸易或关税优惠协定，对有关国家或地区实施协定税率：

（1）对原产于韩国、印度、斯里兰卡、孟加拉和老挝的1888个税目商品实施亚太贸易协定税率。

（2）对原产于文莱、印度尼西亚、马来西亚、新加坡、泰国、菲律宾、越南、缅甸、老挝和柬埔寨的部分税目商品实施中国—东盟自由贸易协定税率。

（3）对原产于智利的 7 340 个税目商品实施中国—智利自由贸易协定税率，并进一步下调该协定项下部分税目的税率。

（4）对原产于巴基斯坦的 6 539 个税目商品实施中国—巴基斯坦自由贸易协定税率。

（5）对原产于新西兰的 7 351 个税目商品实施中国—新西兰自由贸易协定税率。

（6）对原产于新加坡的 2 793 个税目商品实施中国—新加坡自由贸易协定税率。

（7）对原产于秘鲁的 7 117 个税目商品实施中国—秘鲁自由贸易协定税率。

（8）对原产于哥斯达黎加的 7 313 个税目商品实施中国—哥斯达黎加自由贸易协定税率。

（9）对原产于中国香港地区且已制定优惠原产地标准的 1 791 个税目商品实施零关税。

（10）对原产于中国澳门地区且已制定优惠原产地标准的 1 312 个税目商品实施零关税。

（11）对原产于中国台湾地区的 621 个税目商品实施海峡两岸经济合作框架协议货物贸易早期收获计划协定税率。

5. 特惠税率

根据我国与有关国家或地区签署的贸易或关税优惠协定、双边换文情况及国务院的有关决定，对原产于埃塞俄比亚、贝宁、布隆迪、厄立特里亚、吉布提、刚果、几内亚、几内亚比绍、科摩罗、利比里亚、马达加斯加、马里、马拉维、毛里塔尼亚、莫桑比克、卢旺达、塞拉利昂、苏丹、坦桑尼亚、多哥、乌干达、赞比亚、莱索托、乍得、中非、阿富汗、孟加拉国、尼泊尔、东帝汶、也门、萨摩亚、安哥拉、塞内加尔、尼日尔、索马里、老挝、缅甸和柬埔寨等 38 个联合国认定的最不发达国家，以及已于 2013 年 2 月自最不发达国家名单中毕业但仍处在过渡期内的瓦努阿图和赤道几内亚，共 40 个国家的部分产品实施特惠税率。[①]

（三）关税的出口税率

我国出口关税税率分为出口税率和年度暂定税率两类。2015 年 1 月 1 日起，出口税率实行差别比例税率（分为 20%、25%、30%、40% 和 50%）；年度暂定税率包括差别比例税率（分为 0、5%、10%、15% 和 25%）和从量定额税率。征收出口关税的货物，主要为少数资源性产品及易于竞相杀价、盲目进口、需要规范出口秩序的半制成品，如鳗鱼苗、镍、铅矿砂及其精矿等。

2015 年出口关税税目共有 343 个，对鳗鱼苗等部分出口商品征收出口关税，并适当降低化肥出口关税税率，如鳗鱼苗（税则号列 03019210）适用 20% 的出口税率；同时为落实党的十八届三中全会关于建设生态文明的有关精神，保持宏观调控的连续性和稳定性，继续以暂定税率形式对煤炭、原油、化肥和铁合金等部分出口商品征收关税，如未制成的无烟煤（税则号列 27011100）适用 3% 的暂定税率，石油原油及从沥青矿物提取的原油（税则号列 27090000）适用 5% 的暂定税率。

二、关税的应纳税额计算

（一）从价税应纳税额的计算

$$关税税额 = 应税进（出）口货物数量 \times 单位完税价格 \times 税率$$

进口货物的成交价格，因有不同的成交条件而有不同的价格形式，在国际贸易中较为普

---

① 王曙光. 税法[M]. 大连：东北财经大学出版社，2014：112－113。

遍适用的《国际商会国际贸易术语解释通则》(INCORTERMS2010)的 11 个价格条款术语中，最常用的有 FOB、CFR、CIF 三种。

"FOB"是含义为"船上交货"价格术语的简称。这一价格术语是指卖方在合同规定的装运港把货物装上买方指定的船上，并负责货物装上船为止的一切费用和风险，由买方承担货物装上船以后的一切风险及费用，包括租船订仓、支付运费以及办理保险的费用，FOB 又称为离岸价格。"CFR"是含义为"成本加运费"价格术语的简称，是指在 FOB 的基础上，将原由买方负责的租船订仓与支付运费改由卖方负责，其余双方一切风险、费用及责任不变的价格术语。"CIF"是含义为"成本加运费和保险费"价格术语的简称，是指在 CFR 的基础上，再次将原由买方负责的办理保险、支付保险费改由卖方负责，其余双方一切风险、费用及责任不变的价格术语，CIF 又称为到岸价格。现根据这三种常用的价格条款分别举例介绍进口税款的计算。

1. 以 CIF 成交的进口货物，如果申报价格符合规定的"成交价格"条件，则可直接计算出税款。

【例 6-1】　某公司从韩国进口铁盘条 1 万吨，其成交价格为 CIF 天津塘沽港 600 美元/吨。计算应征关税税款是多少？

已知海关填发税款缴款书当日的外汇牌价：

$$100 \text{ 美元} = 620.65 \text{ 元人民币（买入价）}$$
$$100 \text{ 美元} = 623.35 \text{ 元人民币（卖出价）}$$

答案：（1）审核申报价格，符合"成交价格"条件，确定进口关税税率为 15%。

（2）根据填发税款缴款书当日的外汇牌价，将货价折算为以人民币计价。

当天外汇汇价为：

外汇买卖中间价 100 美元 = （620.65 + 623.35）÷ 2 = 622（元人民币）

即 1 美元 = 6.22 元人民币

完税价格 = 600 × 10 000 × 6.22 = 37 320 000（元人民币）

（3）关税税款 = 37 320 000 × 15% = 5 598 000（元人民币）

2. FOB 和 CFR 条件成交的进口货物，在计算税款时应先把进口货物的申报价格折算成 CIF 价，然后再按上述程序计算税款。

【例 6-2】　我国某企业从国外进口一批中厚钢板共计 400 000 公斤，成交价格为 FOB 纽约 2.5 英镑/公斤，已知单位运费为 0.5 英镑，保险费率为 0.25%。求应征关税税款是多少？

已知海关填发税款缴款书之日的外汇牌价：

$$1 \text{ 英镑} = 9.294 \text{ 元人民币（买入价）}$$
$$1 \text{ 英镑} = 9.663 \text{ 元人民币（卖出价）}$$

已知中厚钢板原产于日本，我国对其进口适用最惠国税率 10%。

答案：（1）根据填发税款缴款书日的外汇牌价，将货价折算为以人民币计价。

当天外汇汇价为：

外汇买卖中间价 = （9.294 + 9.663）÷ 2 = 9.479（元人民币）

即 1 英镑 = 9.479 元人民币

完税价格 = （FOB 价 + 运费）×（1 + 保险费率）

$$= (2.5 + 0.5) \times (1 + 0.25\%)$$
$$= 3.0075 （英镑）$$
$$完税价格 = 3.0075 \times 9.479 = 28.51 （元人民币）$$

（2）该批货物进口关税税款 = 28.51 × 400 000 × 10%=1 140 400（元人民币）

（二）从量税应纳税额的计算

关税税额 = 应税进（出）口货物数量 × 单位货物税额

【例 6-3】 某公司进口美国产"百威"牌啤酒 1 000 箱，每箱 24 瓶，每瓶容积 500 毫升，价格为 CIF 3 000 美元。计算应纳关税（征税日美元与人民币的外汇折算率为 1：6.22，适用优惠税率为 3 元人民币/升）。

答案：应纳关税税额 = 1 000 × 24 × 500/1 000 × 3 = 36 000（元人民币）

（三）复合税应纳税额的计算

我国目前实行的复合税都是先计征从量税，再计征从价税。

关税税额 = 应税进（出）口货物数量 × 单位货物税额 + 应税进（出）口货物数量 × 单位完税价格 × 税率

【例 6-4】 某公司进口 2 台日本产电视摄像机，价格为 CIF 上海 15 000 美元，计算应纳关税（已知征税日美元与人民币的外汇折算率为 1：6.25，适用优惠税率为：每台完税价格高于 5 000 美元的，从量税为每台 13 280 元人民币，再征从价税 3%）。

答案：应纳关税税额 = 2 × 13 280 + 15 000 × 6.25 × 3% = 29 372.5（元人民币）

第六节　关税的税收优惠

关税的税收优惠是指在关税法定的基础上，基于法律的特别规定或政策的特殊考量，或者是由于某些特殊的其他原因，对本应依法征收的关税予以减免的规定。具体关税减免分为法定减免、特定减免、临时减免三种类型。

一、法定减免税

法定减免税是税法中明确列出的减税或免税。符合税法规定可予以减免税的进出口货物，纳税义务人无须提出申请，海关可按规定直接予以减免税。海关对法定减免税货物一般不进行后续管理。

根据《进出口关税条例》第 45 条规定，下列进出口货物免征关税：

（1）关税税额在人民币 50 元以下的一票货物。

（2）无商业价值的广告品和货样。

（3）外国政府、国际组织无偿赠送的物资。

（4）在海关放行前损失的货物》。

（5）进出境运输工具装载的途中必需的燃料、物料和饮食用品。

二、特定减免税

特定减免税也称政策性减免税。在法定减免税之外，国家按照国际通行规则和我国实际情况，制定发布的有关进出口货物减免关税的政策，称为特定或政策性减免税。包括科教用品、残疾人专用品、边境贸易进口物资、保税区进出口货物、出口加工区进出口货物等。特定减免税具体如下：

（一）科教用品

为了鼓励科学研究和技术开发，促进科技进步，规范科技开发用品的免税进口行为，财政部、海关总署、国家税务总局发布第44号令（《科技开发用品免征进口税收暂行规定》），自2007年2月1日起施行。免税进口科技开发用品范围，按照《免税进口科技开发用品清单》执行。其中包括：①研究开发、科学试验用的分析、测量、检查、计量、观测、发生信号的仪器、仪表及其附件；②为科学研究和教学提供必要条件的科研实验用设备（用于中试和生产的设备除外）；③计算机工作站，中型、大型计算机；④在海关监管期内用于维修依照本规定已免税进口的仪器、仪表和设备或者用于改进、扩充该仪器、仪表和设备的功能而单独进口的专用零部件及配件；⑤各种载体形式的图书、报刊、讲稿、计算机软件。

免税进口的科技开发用品，应当直接用于本单位的科学研究和技术开发，不得擅自转让、移作他用或者进行其他处置。

（二）扶贫、慈善性捐赠物资

为促进公益事业的健康发展，经国务院批准，财政部、国家税务总局、海关总署发布了《扶贫、慈善性捐赠物资免征进口税收的暂行办法》。对境外自然人、法人或者其他组织等境外捐赠人，无偿向经国务院主管部门依法批准成立的、以人道救助和发展扶贫、慈善事业为宗旨的社会团体以及国务院有关部门和各省、自治区、直辖市人民政府捐赠的，直接用于扶贫、慈善事业的物资，免征进口关税和进口环节增值税。扶贫、慈善事业是指非营利性的扶贫济困、慈善救助等社会慈善和福利事业。该办法对可以免税的捐赠物资种类和品名作了明确规定。

（三）残疾人专用品

为支持残疾人的康复事业，经国务院批准，海关总署发布了《残疾人专用品免征进口税收暂行规定》。进口规定残疾人专用品，免征进口关税和进口环节增值税、消费税；有关单位进口的国内不能生产的规定残疾人专用品，按隶属关系经民政部或者中国残疾人联合会批准，并报海关总署审核后，免征进口关税和进口环节增值税、消费税。该规定对免税的残疾人专用品种类和品名作了明确的规定。

（四）边境贸易进口物资

为了鼓励我国边境地区积极发展与我国毗邻国家间的边境贸易与经济合作，国家制定了有关扶持、鼓励边境贸易和边境地区发展对外经济合作的政策措施。边境贸易有边民互市贸易和边境小额贸易两种形式。边民互市贸易是指边境地区边民在边境线20公里以内、经政府批准的开放点或指定的集市上进行的商品交换活动。边境小额贸易是指沿陆地边境线经国家批准对外开放的边境县（旗）、边境城市辖区内经批准有边境小额贸易经营权的企业，通过国家指定的陆地边境口岸，与毗邻国家边境地区的企业或其他贸易机构之间进行的贸易活动。其中，边民通过互市贸易进口的商品，每人每日价值在8 000元以下的，免征进口关税和进口环节增值税。

（五）出口加工区进出口货物

为加强与完善加工贸易管理，严格控制加工贸易产品内销，保护国内相关产业，并为出口加工企业提供更宽松的经营环境，带动国产原材料、零配件的出口，国家设立了出口加工区。

出口加工区的主要税收优惠政策有：从境外进入区内生产性的基础设施建设项目所需的机器、设备和建设生产厂房、仓储设施所需的基建物资，区内企业生产所需的机器、设备、模具及其维修用零配件，区内企业和行政管理机构自用合理数量的办公用品，予以免除进口关税和进口环节税；区内企业为加工出口产品所需的原材料、零部件、元器件、包装物料及消耗性材料，予以保税；对加工区运往区外的货物，海关按照对进口货物的有关规定办理报关手续，并按照制成品征税；对从区外进入加工区的货物视同出口，可按规定办理出口退税。

（六）保税区进出口货物

为了创造完善的投资、运营环境，开展为出口贸易服务的加工整理、包装、运输、仓储、商品展出和转口贸易，国家在境内设立了保税区，即与外界隔离的全封闭方式，在海关临近管理下进行存放和加工保税货物的特定区域。保税区的主要税收优惠政策有：进口供保税区使用的机器、设备、基建物资、生产用车辆，为加工出口产品进口的原材料、零部件、元器件、包装物料，供储存的转口货物以及在保税区内加工运输出境的产品免征进口关税和进口环节税；保税区内企业进口专为生产加工出口产品所需的原材料、零部件、包装物料以及转口货物予以保税；从保税区运往境外的货物，一般免征出口关税。

（七）进口设备

为了扩大对外资的利用，引进国外先进技术和设备，促进产业结构的调整和技术进步，保持国民经济持续、快速、健康发展，国务院决定自1998年1月1日起，对国家鼓励发展的国内投资项目和外商投资项目进口设备，在规定范围内免征进口关税和进口环节增值税。2009年11月1日起，调整为恢复征收进口环节增值税，继续免征关税。具体为：对符合《外商投资产业指导目录》，并转让技术的外商投资项目，在投资总额内进口的自用设备，以及外国政府贷款和国际金融组织贷款项目进口的自用设备，除《外商投资项目不予免税的进口商品目录》所列商品外，免征进口关税；对符合《产业结构调整指导目录》的国内投资项目，在投资总额内进口的自用设备，除《国内投资项目不予免税的进口商品目录》所列商品外，免征进口关税；对符合上述规定的项目，按照合同随设备进口的技术及配套件、备件，也免征进口关税。

（八）特定行业或用途的减免税政策

为鼓励、支持部分行业或特定产品的发展，国家制定了部分特定行业或用途的减免税政策，这类政策一般对可以减免税的商品列有具体清单。例如，为支持我国海洋和陆上特定地区石油、天然气开采作业，对相关项目进口国内不能生产或性能不能满足要求的，直接用于开采作业的设备、仪器、零附件、专用工具，免征进口关税和进口环节增值税；为支持纺织品出口，经国务院批准，决定自2005年8月1日起对17种8位税目项下的纺织品（税号61021000的毛制针织女式大衣、防风衣等）停止征收出口关税。

（九）特定地区的减免税政策

为了体现大陆对台湾同胞，尤其是台湾果农的关心，经国务院批准，自2005年8月1日起对原产于台湾地区的15种进口鲜水果实施零关税。海关凭借海关总署认可的台湾地区签发水果产地证明文件的有关机构和民间组织于2005年8月1日后签发的、能够证明水果原产于台湾地区的产地证明文件，办理享受零关税水果的征税验放手续。原产于台湾地区水果的原产地标准为在台湾地区完全获得，即在台湾地区收获、采摘或采集。

三、临时减免税

临时减免税是指以上法定和特定减免税以外的其他减免税，即由国务院根据《海关法》对某个单位、某类商品、某个项目或某批进出口货物的特殊情况，给予特别照顾，一案一批，专文下达的减免税。一般有单位、品种、期限、金额或数量等限制，不能比照执行。

由于我国已经加入 WTO，基于统一、规范、公平、公开的原则，从有利于统一税法、公平税负、平等竞争的角度，我国严格控制减免税范围，一般不办理个案临时性减免税。

四、个人邮寄物品的减免税

自 2010 年 9 月 1 日起，个人邮寄物品，应征进口税额在人民币 50 元（含 50 元）以下的，海关予以免征。

第七节 关税的征收管理

一、关税缴纳

进口货物自运输工具申报进境之日起 14 日内，出口货物在货物运抵海关监管区后装货的 24 小时以前，应由进出口货物的纳税义务人向货物进（出）境地的海关申报，海关根据税则归类和完税价格计算应缴纳的关税和进口环节代征税，并填发税款缴款书。

关税纳税人应当自海关填发税款缴款书（见表 6-1）之日起 15 日内，向指定银行缴纳税款。如果关税缴纳期限的最后 1 日是周末或法定节假日，则关税缴纳期限顺延至周末或法定节假日过后的第 1 个工作日。为方便纳税义务人，经申请且海关同意，进（出）口货物的纳税义务人可以在设有海关的指运地（启运地）办理海关申报、纳税手续。

纳税人因不可抗力或在国家税收政策调整的情形下，不能按期缴纳税款的，经海关总署批准，可以延期缴纳税款，但最长不得超过 6 个月。

为了方便纳税人及时申报缴纳关税，2006 年 9 月 1 日起我国开始实施跨关区"属地申报，口岸验放"通关模式。"属地申报，口岸验放"是指符合海关规定条件的企业进出口货物时，可自主选择向属地海关任一海关单位申报，在货物实际进出境地的口岸海关办理货物验放手续的一种通关方式。自 2013 年 11 月 1 日起，实行"属地申报、属地放行"。"属地申报、属地放行"是"属地申报、口岸验放"通关模式的一种方式，是指收发货人为 AA 类且报关企业为 B 类（含 B 类）以上企业进出口货物时，可自主选择向属地海关申报，并在属地海关办理货物放行手续。

二、关税保全措施

根据《海关法》的规定，进出口货物的纳税人在海关依法责令其提供纳税担保时不能提供的，经直属海关关长或其授权的隶属海关关长批准，海关可以采取下列税收保全措施：一是书面通知纳税义务人开户银行或其他金融机构暂停支付纳税义务人相当于应纳税款的存款；二是扣留纳税义务人价值相当于应纳税款的货物或其他财产。

纳税人在规定的纳税期限内缴纳税款的，海关必须立即解除税收保全措施；期限届满仍未缴纳税款的，经直属海关关长或其授权的隶属海关关长批准，海关可以书面通知纳税人开户银行或其他金融机构从其暂停支付的存款中扣缴税款，或依法变卖所扣留的货物或其他财产，以变卖所得抵缴税款。

采取税收保全措施不当，或纳税人在规定期限内已缴纳税款，海关未立即解除税收保全措施，致使纳税人的合法权益受到损失的，海关应当依法承担赔偿责任。

三、关税强制执行

进出口货物的纳税人，应当自海关填发税款缴款书之日起 15 日内缴纳税款；逾期缴纳而又未经批准缓缴的，由海关征收日万分之五的滞纳金。

关税滞纳金的计算原理：自缴纳期限期满之日的次日起，至缴清税款之日止，按日征收所欠税款的万分之五。其计算公式为：

关税滞纳金 = 应纳税额 × 滞纳金征收比率 × 滞纳天数（当税款分期缴清时，则分期计算应纳税款和滞纳天数）

纳税义务人、担保人超过 3 个月仍未缴纳的，经直属海关关长或其授权的隶属海关关长批准，海关可以采取下列强制措施：一是书面通知其开户银行或其他金融机构从其存款内扣缴税款；二是将应税货物依法变卖，以变卖所得抵缴税款；三是扣留并依法变卖其价值相当于应纳税款的货物或其他财产，以变卖所得抵缴税款。海关采取强制措施时，对纳税人、担保人未缴纳的滞纳金同时强制执行。

四、关税退还

退还是关税纳税人按海关核定的税额缴纳关税后，因某种原因的出现，海关将已缴税款的部分或全部退还给关税纳税义务人的一种规定。

《进出口关税条例》规定，有下列情形之一的，进出口货物纳税人可以自缴纳税款之日起 1 年内，书面声明理由，连同原纳税凭证向海关申请退税，逾期不予受理：

（1）因海关误征，多纳税款的。

（2）海关核准免验进口的货物，在完税后发现有短缺情况，经海关审查认可的。

（3）已征出口关税的货物，因故未装运出口申报退关，经海关查验属实的。

五、关税补征和追征

根据《海关法》规定，进出境货物和物品放行后，海关发现少征或漏征税款，应当自缴纳税款或货物放行之日起 1 年内，向纳税人补征；因纳税人违反规定造成少征或漏征的税款，海关在 3 年内可以追征，并从缴纳税款之日起按日加收少征或漏征税款万分之五的滞纳金。

六、关税纳税争议

为保护纳税人合法权益，我国《海关法》和《进出口关税条例》都规定了纳税义务人对海关确定的进出口货物的征税、减税、补税或退税等有异议时，有提出申诉的权利。纳税争议的内容一般为进出境货物和物品的纳税义务人对海关在原产地认定，税则归类，税率或汇率适用，完税价格确定，关税减征、免征、追征、补征和退还等征税行为是否合法或适当，是否侵害了纳税义务人的合法权益，表示异议。在纳税义务人同海关发生纳税争议时，可以向海关申请复议，但同时应当在规定期限内按海关核定的税额缴纳关税，逾期则构成滞纳，海关有权按规定采取强制执行措施。

纳税争议的申诉程序：纳税义务人自海关填发税款缴款书之日起 30 日内，向原征税海关的上一级海关书面申请复议。逾期申请复议的，海关不予受理。海关应当自收到复议申请之日起 60 日内做出复议决定，并以复议决定书的形式正式答复纳税义务人；纳税义务人对海关复议决定仍然不服的，可以自收到复议决定书之日起 15 日内，向人民法院提起诉讼。

表 6-1 为海关专用缴款书。

表 6-1　海关专用缴款书

收入系统			填发日期：　年　月　日					号码 No:	
收款单位	收入机关					缴款单位	名　称		
	科目		预算级次				账　号		
	收款国库						开户银行		
税号	货物名称		数量	单位	完税价格（¥）		税率/%	税款金额（¥）	
金额人民币（大写）								合计/¥	
申请单位编号			报关单编号			填制单位：制单人：复核人：		收款国库（银行）	
合同（批文）号			运输工具（号）						
缴款期限	年 月 日前		提/装货单号						
备									

从填发缴款书之日起限 15 日缴纳（期末遇法定节假日顺延），逾期按日征收税款总额万分之五的滞纳金。

练　习　题

1. 某公司 2014 年 10 月进口一批货物，CIF 到岸进口价为 400 万美元，进口关税税率为10%；出口货物一批，离岸价格为 750 万美元，出口关税税率为 15%，请问该公司应纳的关税为多少？

已知征税日美元与人民币的外汇折算率为 1∶6.25。

2. 某公司进口 5 台德国产电视摄像机，价格为 CIF 广州 20 000 美元，计算应纳关税（已知征税日美元与人民币的外汇折算率为 1∶6.25，适用优惠税率为：每台完税价格高于 5 000美元的，从量税为每台 13 280 元人民币，再征从价税 3%），请问该公司应纳的进口关税额为多少？

第七章 企业所得税法

第一节 企业所得税概述

一、企业所得税的概念

企业所得税是对我国境内的企业和其他取得收入组织的生产经营所得和其他所得征收的一种税。较之其他国家的公司所得税，我国企业所得税纳税人的范围更广。企业所得税以应纳税所得额为计税依据，是国家参与企业利润分配的法定形式。企业所得税的大小，直接影响每个企业的税后利润，进而影响其再投资的规模。虽然我国不是以所得税为主的国家，但是近年来企业所得税占税收收入的比重不断提高（见表 7-1），已成为我国第二大主体税种。《中共中央关于全面深化改革若干重大问题的决定》明确提出："逐步提高直接税比重"。

表 7-1 我国企业所得税占税收收入比重（2010～2013 年）

年　　度	税收收入/亿元	企业所得税/亿元	税收占财政收入比重/%
2010	73 210.79	12 843.54	17.54
2011	89 738.39	16 769.64	18.69
2012	100 614.28	19 654.53	19.53
2013	110 530.70	22 427.20	20.29

（数据来源：国家统计局年度数据，比重为计算而得。）

二、企业所得税的发展

1909 年，英国开始正式征收公司所得税，随后各国相继开征，之后大多数国家都开征了该税种。截至 2010 年上半年，普遍征收公司所得税的国家和地区有 203 个，没有开征公司所得税或者对普通企业征收所得税时适用 0%税率的国家和地区只有 17 个。[①]

1950 年政务院发布《全国税政实施要则》，规定了属于所得税性质的工商业税中的所得税、存款利息所得税与薪金报酬所得税共三种税收。1958 年实行工商税制改革时，所得税从工商业税中分离出来，定名为工商所得税。

1980 年 9 月，我国颁布了《中华人民共和国中外合资经营企业所得税法》，这是我国第一部企业所得税法。其中，规定了税率为 30%，另按应纳所得税税额附征 10%的地方所得税。1981 年 12 月又通过了《中华人民共和国外国企业所得税法》，实行 20%～40%的 5 级超额累进税率，另按应纳税的所得额附征 10%的地方所得税。1991 年 4 月，通过《中华人民共和国外商投资企业和外国企业所得税法》，同年 7 月 1 日开始施行。外商投资企业的企业所得税和外国企业就其

---

① 龚辉文. 全球公司所得税税率呈下降趋势[N]. 中国财经报，2010-9-21（6）。

在中国境内设立的从事生产、经营的机构、场所的所得应纳的企业所得税，按应纳税的所得额计算，税率为30%；地方所得税，按应纳税的所得额计算，税率为3%。

1984年9月，国务院发布了《中华人民共和国国营企业所得税条例（草案）》和《国营企业调节税征收办法》。国营企业所得税的纳税人为实行独立经济核算的国营企业，大中型企业实行55%的比例税率，小型企业等适用10%～55%的8级超额累进税率。1985年4月，国务院发布了《中华人民共和国集体企业所得税暂行条例》，实行10%～55%的8级超额累进税率。1988年6月，国务院发布了《私营企业所得税暂行条例》，实行35%的比例税率。1993年12月，国务院发布了《中华人民共和国企业所得税暂行条例》，将原来的国营企业所得税、集体企业所得税、私营企业所得税合并，统一了内资企业所得税制度，规定纳税人应纳税额按应纳税所得额计算，税率为33%，从1994年1月1日起施行。

第十届全国人民代表大会第五次会议于2007年3月16日通过了《中华人民共和国企业所得税法》（以下简称《企业所得税法》），自2008年1月1日起施行，《中华人民共和国企业所得税法实施条例》（以下简称《企业所得税法实施条例》）同日起施行。至此，内外资企业所得税合二为一，我国终于步入了用一个税种调整所有企业应纳税所得额的时代。

三、企业所得税的特点

（一）征税范围广泛

企业所得税是对我国境内企业的生产经营所得和其他所得征收的税种。涉及到每一个参与生产经营取得收入的纳税人：既包括我国企业，也包括取得相应收入的外国企业；既包括各种所有制形式的内资企业，也包括中外合资经营企业、中外合作经营企业、外商投资企业等三资企业；既包括经常参与各种生产经营的企业性单位，也包括取得收入的非企业性组织。企业所得税的征税范围广泛不同于增值税，增值税的征税广泛主要体现在征税遍布生产经营各个环节。单就潜在纳税人的范围，企业所得税的征税范围比增值税的征税范围更广，毕竟营业税的存在，使得一部分行业不被纳入增值税的征税范围。[①] 企业所得税的广泛性还体现在征税对象方面，企业所得包括企业从事产品生产、交通运输、商品流通、劳务服务和其他经营活动取得的生产经营所得、利息股息红利所得、租金所得、财产转让所得、特许权使用费等各类所得。除了规定的免税项目，企业的各类所得都在企业所得税的征税范围。企业所得税征税范围的广泛，不仅使其成为国家取得财政收入的主要税种，更是体现国家经济产业政策的重要税种。

（二）税负公平

企业所得税税负公平的特点体现在两个方面：一方面，企业所得税对各类企业，不分企业资本的来源，不分所有制形式，不分地区行业，实行统一的比例税率，用一个标准调整所有企业的盈利水平，企业所得税使各类企业税负水平相当，有利于促进各类企业的公平竞争；另一方面，企业所得税是对企业的各类所得征收的，即从企业的收入中扣减必要的成本费用之后的净收入，因而企业一般都有缴税能力。所得多的多纳税，所得少的少纳税，无所得的不纳税，即纳税人的纳税多少与其缴税能力成正比。因此，企业所得税是能够充分体现税负公平的一个税种。

---

① 即使随着"营改增"试点的推进，增值税的范围越来越广泛，但是只要营业税还存在，就会有部分行业的流转额不被纳入增值税的征税范围。

（三）计税依据是应纳税所得额

企业所得税的计税依据是应纳税所得额，即纳税人每个纳税年度的收入总额减去准予扣除项目金额之后的余额。应纳税所得额并不等同于企业的实际所得，而是根据企业所得税法的规定核算各类收入以及成本费用后计算而得的法定所得。较之其他税种，所得税的计税涉及纳税人财务会计核算的各个方面，与企业会计核算关系密切，并且对纳税人的会计核算能力提出更高要求。纳税人在计算应纳税额时，必须按照企业所得税法的规定确认每笔收入，核算每笔成本、费用、税金、损失等各项支出；否则，税务机关可以做必要的纳税调整。如果纳税人的行为已触犯行政法律、刑事法律的，还要承担相应的行政责任甚至刑事责任。较之其他税种，企业所得税的计税依据具有更鲜明的法定性。

（四）属于典型的直接税

企业所得税属于典型的直接税，即企业所得税的纳税人和负税人是同一个人。按照纳税顺序，企业所得税按年计征，属于纳税人最终缴纳的税种，纳税人一般不易将所缴税款转嫁给他人，而由纳税人自己负担。更重要的是，企业所得税法不允许计算税款时将企业所得税税款作为税金从应纳税所得额中扣除，表明了"不允许所得税发生转嫁"的态度，即企业所得税是一种法定的直接税。

第二节　企业所得税的纳税义务人、征税对象及税率

一、纳税义务人

根据《企业所得税法》第1条的规定，企业所得税的纳税人是在中华人民共和国境内的企业和其他取得收入的组织（以下统称企业），但不包括个人独资企业、合伙企业。[①]

企业分为居民企业和非居民企业，即居民纳税人和非居民纳税人。国家对两者征税依据的管辖权不同：对于居民企业征税，依据的是属人管辖权，即纳税人属于本国居民身份的事实；对于非居民企业征税，依据的是属地管辖权，即纳税人虽不是本国居民却有来源于本国境内的所得；两者的纳税义务不同，居民企业承担全面纳税义务，应就来源于中国境内外的所得缴纳所得税，非居民企业承担有限纳税义务，仅就来源于中国境内的所得缴纳所得税。

（一）居民企业

居民企业是指依法在中国境内成立，或者依照外国（地区）法律成立但实际管理机构在中国境内的企业。

（1）依法在中国境内成立的中国企业，包括依照中国法律、行政法规在中国境内成立的企业、事业单位、社会团体以及其他取得收入的组织，既有国有企业、股份制企业等，也有中外合资经营企业、中外合作经营企业等外资企业。

（2）依照外国（地区）法律成立但实际管理机构在中国境内的外国企业。实际管理机构是指对企业的生产经营、人员、账务、财产等实施实质性全面管理和控制的机构。

（二）非居民企业

非居民企业是指依照外国（地区）法律成立且实际管理机构不在中国境内，但在中国

---

① 个人独资企业、合伙企业属于个人性质的企业，其收入缴纳的是个人所得税。

境内设立机构、场所的，或者在中国境内未设立机构、场所，但有来源于中国境内所得的企业。

（1）在中国境内设立机构、场所的非居民企业。

机构、场所是指在中国境内从事生产经营活动的机构、场所，包括：

1）管理机构、营业机构、办事机构。

2）工厂、农场、开采自然资源的场所》。

3）提供劳务的场所。

4）从事建筑、安装、装配、修理、勘探等工程作业的场所。

5）其他从事生产经营活动的机构、场所。

非居民企业委托营业代理人在中国境内从事生产经营活动的，包括委托单位或者个人经常代其签订合同，或者储存、交付货物等，该营业代理人视为非居民企业在中国境内设立的机构、场所。

（2）未设立机构、场所，但有来源于中国境内所得的非居民企业。

二、征税对象

企业所得税的征税对象是企业的生产经营所得和其他所得，具体包括销售货物所得、提供劳务所得、转让财产所得、股息红利等权益性投资所得、利息所得、租金所得、特许权使用费所得、接受捐赠所得和其他所得。

（一）居民企业的征税对象

居民企业应当就其来源于中国境内、境外的上述各类所得缴纳企业所得税。

（二）非居民企业的征税对象

非居民企业在中国境内设立机构、场所的，应当就其所设机构、场所取得的来源于中国境内的所得，以及发生在中国境外但与其所设机构、场所有实际联系的所得，缴纳企业所得税。非居民企业在中国境内未设立机构、场所的，或者虽设立机构、场所但取得的所得与其所设机构、场所没有实际联系的，应当就其来源于中国境内的所得缴纳企业所得税。

（三）所得来源地的确定

来源于中国境内、境外的所得，按照以下原则确定：

（1）销售货物所得，按照交易活动发生地确定。

（2）提供劳务所得，按照劳务发生地确定。

（3）转让财产所得，不动产转让所得按照不动产所在地确定，动产转让所得按照转让动产的企业或者机构、场所所在地确定，权益性投资资产转让所得按照被投资企业所在地确定。

（4）股息、红利等权益性投资所得，按照分配所得的企业所在地确定。

（5）利息所得、租金所得、特许权使用费所得，按照负担、支付所得的企业或者机构、场所所在地确定，或者按照负担、支付所得的个人的住所地确定。

（6）其他所得，由国务院财政、税务主管部门确定。

三、税率

企业所得税调控的是企业的盈利水平，直接影响企业的再投资资金的积累，且税率的设计关系到国家、企业、个人三方的利益，因而是企业所得税的核心要素。我国同世界各国一样，企业所得税实行简单的比例税率，采用这种透明度高的税率形式，可以促进企业的公平竞争，提高企业生产经营的效率。

（一）基本税率

根据《企业所得税法》第4条的规定：企业所得税的税率为25%，适用于居民企业，以及在中国境内设有机构、场所且所得与机构、场所有实际联系的非居民企业。

（二）低税率

企业所得税还设有一档20%的低税率，适用于在中国境内未设立机构、场所的，或者虽设立机构、场所但取得的所得与其所设机构、场所没有实际联系的非居民企业。此类非居民企业在中国境内获取的所得，之所以适用企业所得税低税率，是为了减轻因各国税收管辖权积极冲突导致的重复征税给纳税人带来的过重的税收负担。

第三节　应纳税所得额的计算

一、应纳税所得额计算的基本公式和原则

企业所得税的计税依据是应纳税所得额，根据《企业所得税法》第5条的规定：企业每一纳税年度的收入总额，减除不征税收入、免税收入、各项扣除以及允许弥补的以前年度亏损后的余额，为应纳税所得额。故计算的基本公式如下：

应纳税所得额=收入总额 − 不征税收入 − 免税收入 − 各项扣除 − 允许弥补的以前年度亏损

应纳税所得额的计算以权责发生制为原则，属于当期的收入和费用，不论款项是否收付，均作为当期的收入和费用；不属于当期的收入和费用，即使款项已经在当期收付，均不作为当期的收入和费用。《企业所得税法实施条例》和国务院财政、税务主管部门另有规定的除外。

二、收入总额

收入总额是指纳税人当期发生的，以货币形式和非货币形式从各种来源取得的收入，包括销售货物收入，提供劳务收入，转让财产收入，股息、红利等权益性投资收益，利息收入，租金收入，特许权使用费收入，接受捐赠收入，其他收入。

企业取得收入的货币形式，包括现金、存款、应收账款、应收票据、准备持有至到期的债券投资以及债务的豁免等。企业取得收入的非货币形式，包括固定资产、生物资产、无形资产、股权投资、存货、不准备持有至到期的债券投资、劳务以及有关权益等。企业以非货币形式取得的收入，应当按照公允价值①确定收入额。

收入总额的确定主要分为一般收入的确认、特殊收入的确认、处置资产收入的确认、相关收入实现的确认几个部分。

（一）一般收入的确认

（1）销售货物收入。它是指企业销售商品、产品、原材料、包装物、低值易耗品以及其他存货取得的收入。

---

① 公允价值是指按照市场价格确定的价值。

（2）提供劳务收入。它是指企业从事建筑安装、修理修配、交通运输、仓储租赁、金融保险、邮电通信、咨询经纪、文化体育、科学研究、技术服务、教育培训、餐饮住宿、中介代理、卫生保健、社区服务、旅游、娱乐、加工以及其他劳务服务活动取得的收入。

（3）转让财产收入。它是指企业转让固定资产、生物资产、无形资产、股权、债权等财产取得的收入。

（4）股息、红利等权益性投资收益。它是指企业因权益性投资从被投资方取得的收入。股息、红利等权益性投资收益，除国务院财政、税务主管部门另有规定外，按照被投资方作出利润分配决定的日期确认收入的实现。

（5）利息收入。它是指企业将资金提供他人使用但不构成权益性投资，或者因他人占用本企业资金取得的收入，包括存款利息、贷款利息、债券利息、欠款利息等收入。利息收入按照合同约定的债务人应付利息的日期确认收入的实现。

（6）租金收入。它是指企业提供固定资产、包装物或者其他有形资产的使用权取得的收入。租金收入按照合同约定的承租人应付租金的日期确认收入的实现。

（7）特许权使用费收入。它是指企业提供专利权、非专利技术、商标权、著作权以及其他特许权的使用权取得的收入。特许权使用费收入按照合同约定的特许权使用人应付特许权使用费的日期确认收入的实现。

（8）接受捐赠收入。它是指企业接受的来自其他企业、组织或者个人无偿给予的货币性资产、非货币性资产。接受捐赠收入按照实际收到捐赠资产的日期确认收入的实现。

（9）其他收入。它是指企业取得的除上述规定的收入外的其他收入，包括企业资产溢余收入、逾期未退包装物押金收入、确实无法偿付的应付款项、已作坏账损失处理后又收回的应收款项、债务重组收入、补贴收入、违约金收入、汇兑收益等。

（二）特殊收入的确认

（1）以分期收款方式销售货物的，按照合同约定的收款日期确认收入的实现。

（2）企业受托加工制造大型机械设备、船舶、飞机，以及从事建筑、安装、装配工程业务或者提供其他劳务等，持续时间超过 12 个月的，按照纳税年度内完工进度或者完成的工作量确认收入的实现。

（3）采取产品分成方式取得收入的，按照企业分得产品的日期确认收入的实现，其收入额按照产品的公允价值确定。

（4）企业发生非货币性资产交换，以及将货物、财产、劳务用于捐赠、偿债、赞助、集资、广告、样品、职工福利或者利润分配等用途的，应当视同销售货物、转让财产或者提供劳务，但国务院财政、税务主管部门另有规定的除外。

（三）处置资产收入的确认

《企业所得税法实施条例》第 25 条的规定：企业发生非货币性资产交换，以及将货物、财产、劳务用于捐赠、偿债、赞助、集资、广告、样品、职工福利或者利润分配等用途的，应当视同销售货物、转让财产或者提供劳务，但国务院财政、税务主管部门另有规定的除外。为进一步落实该条规定，2008 年 1 月 1 日开始执行《国家税务总局关于企业处置资产所得税处理问题的通知》，[①]对企业处置资产的所得税处理问题规定如下：

---

① 对 2008 年 1 月 1 日以前发生的处置资产，2008 年 1 月 1 日以后尚未进行税务处理的，亦按该通知规定执行。

（1）企业发生下列情形的处置资产，除将资产转移至境外以外，由于资产所有权属在形式和实质上均不发生改变，可作为内部处置资产，不视同销售确认收入，相关资产的计税基础延续计算。

1）将资产用于生产、制造、加工另一产品。

2）改变资产形状、结构或性能。

3）改变资产用途（例如，自建商品房转为自用或经营）。

4）将资产在总机构及其分支机构之间转移。

5）上述两种或两种以上情形的混合。

6）其他不改变资产所有权属的用途。

（2）企业将资产移送他人的下列情形，因资产所有权属已发生改变而不属于内部处置资产，应按规定视同销售确定收入。

1）用于市场推广或销售。

2）用于交际应酬。

3）用于职工奖励或福利。

4）用于股息分配。

5）用于对外捐赠。

6）其他改变资产所有权属的用途。

企业发生上述视同销售规定情形时，属于企业自制的资产，应按企业同类资产同期对外销售价格确定销售收入；属于外购的资产，可按购入时的价格确定销售收入。

（四）相关收入实现的确认

除另有规定外，企业销售收入的确认，必须遵循权责发生制原则和实质重于形式原则。

（1）企业销售商品同时满足下列条件的，应确认收入的实现：

1）商品销售合同已经签订，企业已将商品所有权相关的主要风险和报酬转移给购货方。

2）企业对已售出的商品既没有保留通常与所有权相联系的继续管理权，也没有实施有效控制。

3）收入的金额能够可靠地计量。

4）已发生或将发生的销售方的成本能够可靠地核算。

（2）符合上款收入确认条件，采取下列商品销售方式的，应按以下规定确认收入的实现时间：

1）销售商品采用托收承付方式的，在办妥托收手续时确认收入。

2）销售商品采取预收款方式的，在发出商品时确认收入。

3）销售商品需要安装和检验的，在购买方接受商品以及安装和检验完毕时确认收入。如果安装程序比较简单，可在发出商品时确认收入。

4）销售商品采用支付手续费方式委托代销的，在收到代销清单时确认收入。

（3）采用售后回购方式销售商品的，销售的商品按售价确认收入，回购的商品作为购进商品处理。有证据表明，不符合销售收入确认条件的，如以销售商品方式进行融资、收到的款项应确认为负债、回购价格大于原售价的，差额应在回购期间确认为利息费用。

（4）销售商品以旧换新的，销售商品应当按照销售商品收入确认条件确认收入，回收的商品作为购进商品处理。

（5）企业为促进商品销售而在商品价格上给予的价格扣除属于商业折扣，商品销售涉及商业折扣的，应当按照扣除商业折扣后的金额确定销售商品收入金额。

债权人为鼓励债务人在规定的期限内付款而向债务人提供的债务扣除属于现金折扣，销售商品涉及现金折扣的，应当按扣除现金折扣前的金额确定销售商品收入金额，现金折扣在实际发生时作为财务费用扣除。

企业因售出商品的质量不合格等原因而在售价上给予的减让属于销售折让；企业因售出商品质量、品种不符合要求等原因而发生的退货属于销售退回。企业已经确认销售收入的售出商品发生销售折让和销售退回，应当在发生当期冲减当期销售商品收入。

（6）企业在各个纳税期末，提供劳务交易的结果能够可靠估计的，应采用完工进度（完工百分比）法确认提供劳务收入。

1）提供劳务交易的结果能够可靠估计，是指同时满足下列条件：①收入的金额能够可靠地计量；②交易的完工进度能够可靠地确定；③交易中已发生和将发生的成本能够可靠地核算。

2）企业提供劳务完工进度的确定，可选用下列方法：已完工作的测量；已提供劳务占劳务总量的比例；发生成本占总成本的比例。

3）企业应按照从接受劳务方已收或应收的合同或协议价款确定劳务收入总额，根据纳税期末提供劳务收入总额乘以完工进度扣除以前纳税年度累计已确认提供劳务收入后的金额，确认为当期劳务收入；同时，按照提供劳务估计总成本乘以完工进度扣除以前纳税期间累计已确认劳务成本后的金额，结转为当期劳务成本。

4）下列提供劳务满足收入确认条件的，应按规定确认收入：

①　安装费。应根据安装完工进度确认收入。安装工作是商品销售附带条件的，安装费在确认商品销售实现时确认收入。

②　宣传媒介的收费。应在相关的广告或商业行为出现于公众面前时确认收入。广告的制作费，应根据制作广告的完工进度确认收入。

③　软件费。为特定客户开发软件的收费，应根据开发的完工进度确认收入。

④　服务费。包含在商品售价内可区分的服务费，在提供服务的期间分期确认收入。

⑤　艺术表演、招待宴会和其他特殊活动的收费。在相关活动发生时确认收入。收费涉及几项活动的，预收的款项应合理分配给每项活动，分别确认收入。

⑥　会员费。申请入会或加入会员，只允许取得会籍，所有其他服务或商品都要另行收费的，在取得该会员费时确认收入。申请入会或加入会员后，会员在会员期内不再付费就可得到各种服务或商品，或者以低于非会员的价格销售商品或提供服务的，该会员费应在整个受益期内分期确认收入。

⑦　特许权费。属于提供设备和其他有形资产的特许权费，在交付资产或转移资产所有权时确认收入；属于提供初始及后续服务的特许权费，在提供服务时确认收入。

⑧　劳务费。长期为客户提供重复的劳务收取的劳务费，在相关劳务活动发生时确认收入。

（7）企业以买一赠一等方式组合销售本企业商品的，不属于捐赠，应将总的销售金额按各项商品的公允价值的比例来分摊确认各项的销售收入。

（8）企业取得财产（包括各类资产、股权、债权等）转让收入、债务重组收入、接受捐赠收入、无法偿付的应付款收入等，不论是以货币形式、还是非货币形式体现，除另有规定外，均应一次性计入确认收入的年度计算缴纳企业所得税。

三、不征税收入和免税收入

（一）不征税收入

《企业所得税法》首次在我国法律上确立了"不征税收入"概念。[①] 如果一项收入具有非盈利性或公益性，就不应该对其征税，否则就会违背效率原则。准确来讲，不征税收入本身不属于应税收入。《企业所得税法》第 7 条规定，收入总额中的下列收入为不征税收入：

（1）财政拨款。财政拨款是指各级人民政府对纳入预算管理的事业单位、社会团体等组织拨付的财政资金，但国务院和国务院财政、税务主管部门另有规定的除外。

（2）依法收取并纳入财政管理的行政事业性收费、政府性基金。行政事业性收费是指依照法律法规等有关规定，按照国务院规定程序批准，在实施社会公共管理，以及在向公民、法人或者其他组织提供特定公共服务过程中，向特定对象收取并纳入财政管理的费用。政府性基金是指企业依照法律、行政法规等有关规定，代政府收取的具有专项用途的财政资金。根据《财政部、国家税务总局关于财政性资金、行政事业性收费、政府性基金有关企业所得税政策问题的通知》，具体规定如下：

1）企业按照规定缴纳的、由国务院或财政部批准设立的政府性基金以及由国务院和省、自治区、直辖市人民政府及其财政、价格主管部门批准设立的行政事业性收费，准予在计算应纳税所得额时扣除。

企业缴纳的不符合上述审批管理权限设立的基金、收费，不得在计算应纳税所得额时扣除。

2）企业收取的各种基金、收费，应计入企业当年收入总额。

3）对企业依照法律、法规及国务院有关规定收取并上缴财政的政府性基金和行政事业性收费，准予作为不征税收入，于上缴财政的当年在计算应纳税所得额时从收入总额中减除；未上缴财政的部分，不得从收入总额中减除。

（3）国务院规定的其他不征税收入。其他不征税收入是指企业取得的，由国务院财政、税务主管部门规定专项用途并经国务院批准的财政性资金。

财政性资金是指企业取得的来源于政府及其有关部门的财政补助、补贴、贷款贴息，以及其他各类财政专项资金，包括直接减免的增值税和即征即退、先征后退、先征后返的各种税收，但不包括企业按规定取得的出口退税款。

1）企业取得的各类财政性资金，除属于国家投资[②]和资金使用后要求归还本金的以外，均应计入企业当年收入总额。

2）对企业取得的由国务院财政、税务主管部门规定专项用途并经国务院批准的财政性资金，准予作为不征税收入，在计算应纳税所得额时从收入总额中减除。

3）纳入预算管理的事业单位、社会团体等组织按照核定的预算和经费报领关系收到的由财政部门或上级单位拨入的财政补助收入，准予作为不征税收入，在计算应纳税所得额

---

① 施正文、翁武耀. 对于新企业所得税法中"不征税收入"问题的探讨[J]. 税务研究，2007（9）：44.
② 国家投资是指国家以投资者身份投入企业，并按有关规定相应增加企业实收资本（股本）的直接投资。

时从收入总额中减除，但国务院和国务院财政、税务主管部门另有规定的除外。

（4）专项用途财政性资金企业所得税处理的规定

根据《财政部、国家税务总局关于专项用途财政性资金企业所得税处理问题的通知》，企业取得的专项用途财政性资金企业所得税处理按如下规定执行：

1）企业从县级以上各级人民政府财政部门及其他部门取得的应计入收入总额的财政性资金，凡同时符合以下条件的，可以作为不征税收入，在计算应纳税所得额时从收入总额中减除：

① 企业能够提供规定资金专项用途的资金拨付文件。

② 财政部门或其他拨付资金的政府部门对该资金有专门的资金管理办法或具体管理要求。

③ 企业对该资金以及以该资金发生的支出单独进行核算。

2）上述不征税收入用于支出所形成的费用，不得在计算应纳税所得额时扣除；用于支出所形成的资产，其计算的折旧、摊销不得在计算应纳税所得额时扣除。

3）企业将符合本通知第（1）条规定条件的财政性资金作不征税收入处理后，在 5 年（60 个月）内未发生支出且未缴回财政部门或其他拨付资金的政府部门的部分，应计入取得该资金第六年的应税收入总额；计入应税收入总额的财政性资金发生的支出，允许在计算应纳税所得额时扣除。

（二）免税收入

免税收入虽同不征税收入一样，都不具有可税性，但本质上属于对特定纳税人和征税对象的税收优惠，免税收入本身已构成应税收入但因税收优惠政策而予以免除。《企业所得税法》第 26 条规定，企业的下列收入为免税收入：

（1）国债利息收入，即企业持有国务院财政部门发行的国债取得的利息收入。

（2）符合条件的居民企业之间的股息、红利等权益性投资收益。权益性投资收益是指居民企业直接投资于其他居民企业取得的投资收益，该收益不包括连续持有居民企业公开发行并上市流通的股票不足 12 个月取得的投资收益。

（3）在中国境内设立机构、场所的非居民企业从居民企业取得与该机构、场所有实际联系的股息、红利等权益性投资收益，该收益不包括连续持有居民企业公开发行并上市流通的股票不足 12 个月取得的投资收益。

（4）符合条件的非营利组织的收入。符合条件的非营利组织是指同时符合下列条件的组织：

1）依法履行非营利组织登记手续。

2）从事公益性或者非营利性活动。

3）取得的收入除用于与该组织有关的、合理的支出外，全部用于登记核定或者章程规定的公益性或者非营利性事业。

4）财产及其孳息不用于分配。

5）按照登记核定或者章程规定，该组织注销后的剩余财产用于公益性或者非营利性目的，或者由登记管理机关转赠给与该组织性质、宗旨相同的组织，并向社会公告。

6）投入人对投入该组织的财产不保留或者享有任何财产权利。

7）工作人员工资福利开支控制在规定的比例内，不变相分配该组织的财产。

符合条件的非营利组织的收入，不包括非营利组织从事营利性活动取得的收入，但国务院财政、税务主管部门另有规定的除外。

四、扣除项目的范围及其扣除标准

（一）扣除项目的范围

《企业所得税法》第8条规定，企业实际发生的与取得收入有关的、合理的支出，包括成本、费用、税金、损失和其他支出，准予在计算应纳税所得额时扣除。有关的支出是指与取得收入直接相关的支出。合理的支出是指符合生产经营活动常规，应当计入当期损益或者有关资产成本的必要和正常的支出。[①]

《企业所得税法实施条例》特别指出，在计算应纳税所得额时，扣除项目应注意以下三点：①企业发生的收益性支出在发生当期直接扣除，资本性支出应当分期扣除或者计入有关资产成本，不得在发生当期直接扣除；②企业的不征税收入用于支出所形成的费用或者财产，不得扣除或者计算对应的折旧、摊销扣除；③除《企业所得税法》和实施条例另有规定外，企业实际发生的成本、费用、税金、损失和其他支出，不得重复扣除。

（1）成本。成本是指企业在生产经营活动中发生的销售成本、销货成本、业务支出以及其他耗费。

（2）费用。费用是指企业在生产经营活动中发生的销售费用、管理费用和财务费用，已经计入成本的有关费用除外。

（3）税金。税金是指企业发生的除企业所得税和允许抵扣的增值税以外的各项税金及其附加。

（4）损失。损失是指企业在生产经营活动中发生的固定资产和存货的盘亏、毁损、报废损失，转让财产损失，呆账损失，坏账损失，自然灾害等不可抗力因素造成的损失以及其他损失。企业发生的损失，减除责任人赔偿和保险赔款后的余额，依照国务院财政、税务主管部门的规定扣除。企业已经作为损失处理的资产，在以后纳税年度又全部收回或者部分收回时，应当计入当期收入。

（5）其他支出。其他支出是指除成本、费用、税金、损失外，企业在生产经营活动中发生的与生产经营活动有关的、合理的支出。

（二）具体的扣除项目及其扣除标准

1. 工资、薪金支出

企业发生的合理的工资、薪金支出，准予扣除。

工资、薪金是指企业每一纳税年度支付给在本企业任职或者受雇的员工的所有现金形式或者非现金形式的劳动报酬，包括基本工资、奖金、津贴、补贴、年终加薪、加班工资，以及与员工任职或者受雇有关的其他支出。根据《国家税务总局关于企业工资薪金及职工福利费扣除问题的通知》，合理工资薪金是指企业按照股东大会、董事会、薪酬委员会或相关管理机构制定的工资薪金制度规定实际发放给员工的工资薪金。税务机关在对工资薪金进行合理性确认时，可按以下原则掌握：

---

① 因《企业所得税税前扣除办法》（国税发[2000]84号）已失效，企业所得税税前扣除政策有待国家税务总局未来出台的新办法给予明确规定。

（1）企业制定了较为规范的员工工资薪金制度；

（2）企业所制定的工资薪金制度符合行业及地区水平；

（3）企业在一定时期所发放的工资薪金是相对固定的，工资薪金的调整是有序进行的；

（4）企业对实际发放的工资薪金，已依法履行了代扣代缴个人所得税义务；

（5）有关工资薪金的安排，不以减少或逃避税款为目的。

2．社会保险费和住房公积金

（1）企业依照国务院有关主管部门或者省级人民政府规定的范围和标准为职工缴纳的基本养老保险费、基本医疗保险费、失业保险费、工伤保险费、生育保险费等基本社会保险费和住房公积金，准予扣除。

（2）企业为投资者或者职工支付的补充养老保险费、补充医疗保险费，在国务院财政、税务主管部门规定的范围和标准内，准予扣除。

3．借款费用

（1）企业在生产经营活动中发生的合理的不需要资本化的借款费用，准予扣除。

（2）企业为购置、建造固定资产、无形资产和经过 12 个月以上的建造才能达到预定可销售状态的存货发生借款的，在有关资产购置、建造期间发生的合理的借款费用，应当作为资本性支出计入有关资产的成本，并予以扣除；有关资产交付使用后发生的借款利息支出，则是在发生当期扣除。

4．利息支出

企业在生产经营活动中发生的下列利息支出，按以下规定扣除：

（1）非金融企业向金融企业借款的利息支出、金融企业的各项存款利息支出和同业拆借利息支出、企业经批准发行债券的利息支出，准予扣除；

（2）非金融企业向非金融企业借款的利息支出，不超过按照金融企业同期同类贷款利率计算的数额的部分准予扣除。

（3）在计算应纳税所得额时，企业实际支付给关联方的利息支出，不超过以下规定比例和税法及其实施条例有关规定计算的部分，准予扣除，超过的部分不得在发生当期和以后年度扣除。

1）企业实际支付给关联方的利息支出，除符合第②条规定外，其接受关联方债权性投资与其权益性投资比例未超过：金融企业为 5∶1；其他企业为 2∶1。

2）企业如果能够按照税法及其实施条例的有关规定提供相关资料，并证明相关交易活动符合独立交易原则的；或者该企业的实际税负不高于境内关联方的，其实际支付给境内关联方的利息支出，在计算应纳税所得额时准予扣除。

3）企业同时从事金融业务和非金融业务，其实际支付给关联方的利息支出，应按照合理方法分开计算；没有按照合理方法分开计算的，一律按第①条有关其他企业的比例计算准予税前扣除的利息支出。

（4）企业向自然人借款的利息支出，企业所得税税前扣除规定如下：

1）企业向股东或其他与企业有关联关系的自然人借款的利息支出，应根据《企业所得税法》第 46 条及《财政部、国家税务总局关于企业关联方利息支出税前扣除标准有关税收政策问题的通知》规定的条件，计算企业所得税扣除额。

2）企业向除第①条规定以外的内部职工或其他人员借款的利息支出，其借款情况同时符合以下两个条件的，其利息支出在不超过按照金融企业同期同类贷款利率计算的数额的部分，准予扣除。条件一：企业与个人之间的借贷是真实、合法、有效的，并且不具有非法集资目的或其他违反法律、法规的行为；条件二：企业与个人之间签订了借款合同。

5. 汇兑损失

企业在货币交易中，以及纳税年度终了时将人民币以外的货币性资产、负债按照期末即期人民币汇率中间价折算为人民币时产生的汇兑损失，除已经计入有关资产成本以及与向所有者进行利润分配相关的部分外，准予扣除。

6. 职工福利费、工会经费、职工教育经费

《企业所得税法实施条例》规定了企业发生的职工福利费、工会经费、职工教育经费准予扣除的最高标准，未超过标准的按实际发生数扣除，超过标准的只能按标准扣除，具体标准如下：

（1）企业发生的职工福利费支出，不超过工资、薪金总额14%的部分，准予扣除。

企业职工福利费，包括以下内容：

1）尚未实行分离办社会职能的企业，其内设福利部门所发生的设备、设施和人员费用，包括职工食堂、职工浴室、理发室、医务所、托儿所、疗养院等集体福利部门的设备、设施及维修保养费用和福利部门工作人员的工资薪金、社会保险费、住房公积金、劳务费等。

2）为职工卫生保健、生活、住房、交通等所发放的各项补贴和非货币性福利，包括企业向职工发放的因公外地就医费用、未实行医疗统筹企业职工医疗费用、职工供养直系亲属医疗补贴、供暖费补贴、职工防暑降温费、职工困难补贴、救济费、职工食堂经费补贴、职工交通补贴等。

3）按照其他规定发生的其他职工福利费，包括丧葬补助费、抚恤费、安家费、探亲假路费等。

（2）企业拨缴的工会经费，不超过工资、薪金总额2%的部分，准予扣除。

（3）除国务院财政、税务主管部门另有规定外，企业发生的职工教育经费支出，不超过工资、薪金总额2.5%的部分，准予扣除；超过部分，准予在以后纳税年度结转扣除。

上述标准中的"工资薪金总额"是指企业实际发放的工资薪金总和，不包括企业的职工福利费、职工教育经费、工会经费以及养老保险费、医疗保险费、失业保险费、工伤保险费、生育保险费等社会保险费和住房公积金。属于国有性质的企业，其工资薪金，不得超过政府有关部门给予的限定数额；超过部分，不得计入企业工资薪金总额，也不得在计算企业应纳税所得额时扣除。

7. 业务招待费

企业发生的与生产经营活动有关的业务招待费支出，按照发生额的60%扣除，但最高不得超过当年销售（营业）收入的5‰。

8. 广告费和业务宣传费

企业发生的符合条件的广告费和业务宣传费支出，除国务院财政、税务主管部门另有规定外，不超过当年销售（营业）收入15%的部分，准予扣除；超过部分，准予在以后纳税年度结转扣除。

9. 环保专项资金

企业依照法律、行政法规有关规定提取的用于环境保护、生态恢复等方面的专项资金，

准予扣除。上述专项资金提取后改变用途的，不得扣除。

10．商业保险费

（1）企业参加财产保险，按照规定缴纳的保险费，准予扣除。

（2）除企业依照国家有关规定为特殊工种职工支付的人身安全保险费和国务院财政、税务主管部门规定可以扣除的其他商业保险费外，企业为投资者或者职工支付的商业保险费，不得扣除。

11．租赁费

企业根据生产经营活动的需要租入固定资产支付的租赁费，按照以下方法扣除：

（1）以经营租赁方式租入固定资产发生的租赁费支出，按照租赁期限均匀扣除；

（2）以融资租赁方式租入固定资产发生的租赁费支出，按照规定构成融资租入固定资产价值的部分应当提取折旧费用，分期扣除。

12．劳动保护支出

企业发生的合理的劳动保护支出，准予扣除。

劳动保护支出的范围包括：工作服、手套、洗衣粉等劳保用品，解毒剂等安全保护用品，清凉饮料等防暑降温用品，以及按照原劳动部等部门规定的范围对接触有毒物质、矽尘作业、放射线作业和潜水、沉箱作业、高温作业等5类工种所享受的由劳动保护费开支的保健食品待遇。企业以上支出可以计入劳动保护支出，在税前扣除。

13．总机构分摊的费用

非居民企业在中国境内设立的机构、场所，就其中国境外总机构发生的与该机构、场所生产经营有关的费用，能够提供总机构出具的费用汇集范围、定额、分配依据和方法等证明文件，并合理分摊的，准予扣除。

14．公益性捐赠支出

企业发生的公益性捐赠支出，不超过年度利润总额12%的部分，准予扣除。年度利润总额是指企业依照国家统一会计制度的规定计算的年度会计利润。

公益性捐赠是指企业通过公益性社会团体或者县级以上人民政府及其部门，用于《公益事业捐赠法》规定的公益事业的捐赠。其中，公益性社会团体是指同时符合下列条件的基金会、慈善组织等社会团体：

（1）依法登记，具有法人资格。

（2）以发展公益事业为宗旨，且不以营利为目的。

（3）全部资产及其增值为该法人所有。

（4）收益和营运结余主要用于符合该法人设立目的的事业。

（5）终止后的剩余财产不归属任何个人或者营利组织。

（6）不经营与其设立目的无关的业务。

（7）有健全的财务会计制度。

（8）捐赠者不以任何形式参与社会团体财产的分配。

（9）国务院财政、税务主管部门会同国务院民政部门等登记管理部门规定的其他条件。

15．有关资产的费用

企业转让各类固定资产发生的费用，准予扣除；企业按规定计算的固定资产折旧费、无形资产和长期待摊费用的摊销费，准予扣除。

16. 资产损失

企业当期发生的固定资产和流动资产盘亏、毁损净损失，由其提供清查盘存资料经主管税务机关审核后，准予扣除；企业因存货盘亏、毁损、报废等原因不得从销项税金中抵扣的进项税金，应视同企业财产损失，准予与存货损失一起在所得税前按规定扣除。

17. 依照法律法规规定准予扣除的其他项目

上述具体的扣除项目及其扣除标准，主要是《企业所得税法》及《企业所得税法实施条例》的规定，相关的法律法规，特别是国家税务总局的通知、办法，会不定期地发布各种具体的扣除项目及其扣除标准。企业应及时掌握其中的规定，防止不必要的纳税风险的发生。

（三）不得扣除的项目

根据《企业所得税法》第 10 条以及《企业所得税法实施条例》第 49 条等的规定，在计算应纳税所得额时，下列支出不得扣除：

（1）向投资者支付的股息、红利等权益性投资收益款项。

（2）企业所得税税款。

（3）税收滞纳金。

（4）罚金、罚款和被没收财物的损失。

（5）公益性捐赠以外的捐赠支出。

（6）助支出，即企业发生的与生产经营活动无关的各种非广告性质的支出。

（7）未经核定的准备金支出，即不符合国务院财政、税务主管部门规定的各项资产减值准备、风险准备等准备金支出。

（8）企业之间支付的管理费、企业内营业机构之间支付的租金和特许权使用费，以及非银行企业内营业机构之间支付的利息。

（9）与取得收入无关的其他支出。

五、亏损弥补

亏损是指企业依法将每一纳税年度的收入总额减除不征税收入、免税收入和各项扣除后小于零的数额。企业纳税年度发生的亏损，准予向以后年度结转，用以后年度的所得弥补，但结转年限最长不得超过 5 年。

【例 7-1】某企业申报 2014 年度企业所得税时，以前年度未弥补的亏损如下：

2008 年	2009 年	2010 年	2011 年	2012 年	2013 年
亏 60 万	0	0	0	亏 30 万	亏 20 万

该企业 2014 未弥补亏损的所得额为 320 万，根据资料计算弥补亏损后应纳的企业所得税。

答案：弥补亏损后应纳企业所得税 ＝（320 － 30 － 20）× 25% ＝ 67.5（万元）

2008 年亏损的 60 万元因结转年限超过 5 年，不得从 2014 年度的应纳税所得额中减掉。

此外，企业在汇总计算缴纳企业所得税时，其境外营业机构的亏损不得抵减境内营业机构的盈利。

第四节　资产的税务处理

资产是由于企业过去经营交易或各项事项形成的财产。在计算应纳税所得额时，各类资产都应经过税务处理。其中，固定资产、生物资产、无形资产等的支出费用，并不是为了某一特定纳税年度的收入而列支的，因此不允许作为成本、费用从纳税人的收入总额中一次性扣除，只能采用分次计提折旧或者分次摊销的方式予以扣除。

一、固定资产的税务处理

（一）固定资产的概念

固定资产是指企业为生产产品、提供劳务、出租或者经营管理而持有的、使用时间超过12个月的非货币性资产，包括房屋、建筑物、机器、机械、运输工具以及其他与生产经营活动有关的设备、器具、工具等。

（二）固定资产的计税基础

（1）外购的固定资产，以购买价款和支付的相关税费以及直接归属于使该资产达到预定用途发生的其他支出为计税基础。

（2）自行建造的固定资产，以竣工结算前发生的支出为计税基础。

（3）融资租入的固定资产，以租赁合同约定的付款总额和承租人在签订租赁合同过程中发生的相关费用为计税基础，租赁合同未约定付款总额的，以该资产的公允价值和承租人在签订租赁合同过程中发生的相关费用为计税基础。

（4）盘盈的固定资产，以同类固定资产的重置完全价值为计税基础。

（5）通过捐赠、投资、非货币性资产交换、债务重组等方式取得的固定资产，以该资产的公允价值和支付的相关税费为计税基础。

（6）改建的固定资产，除已足额提取折旧的固定资产的改建支出和租入固定资产的改建支出外，以改建过程中发生的改建支出增加计税基础。

（三）固定资产折旧的范围

在计算应纳税所得额时，企业按照规定计算的固定资产折旧，准予扣除。下列固定资产不得计算折旧扣除：

（1）房屋、建筑物以外未投入使用的固定资产。

（2）以经营租赁方式租入的固定资产。

（3）以融资租赁方式租出的固定资产。

（4）已足额提取折旧仍继续使用的固定资产。

（5）与经营活动无关的固定资产。

（6）单独估价作为固定资产入账的土地。

（7）其他不得计算折旧扣除的固定资产。

（四）固定资产折旧的方法

固定资产按照直线法计提的折旧，准予扣除。具体方法如下：

（1）企业应当自固定资产投入使用月份的次月起计算折旧；停止使用的固定资产，应当自停止使用月份的次月起停止计算折旧。

（2）企业应当根据固定资产的性质和使用情况，合理确定固定资产的预计净残值。固定资产的预计净残值一经确定，不得变更。

（3）企业对房屋、建筑物固定资产在未足额提取折旧前进行改扩建的，如果属于推倒重置的，则该资产原值减除提取折旧后的净值，应并入重置后的固定资产计税成本，并在该固定资产投入使用后的次月起，按照税法规定的折旧年限，一并计提折旧；如果属于提升功能、增加面积的，则该固定资产的改扩建支出，并入该固定资产计税基础，并从改扩建完工投入使用后的次月起，重新按税法规定的该固定资产折旧年限计提折旧，如该改扩建后的固定资产尚可使用的年限低于税法规定的最低年限的，可以按尚可使用的年限计提折旧。

（五）固定资产折旧的年限

除国务院财政、税务主管部门另有规定外，固定资产计算折旧的最低年限如下：

（1）房屋、建筑物，为20年。

（2）飞机、火车、轮船、机器、机械和其他生产设备，为10年。

（3）与生产经营活动有关的器具、工具、家具等，为5年。

（4）飞机、火车、轮船以外的运输工具，为4年。

（5）电子设备，为3年。

从事开采石油、天然气等矿产资源的企业，在开始商业性生产前发生的费用和有关固定资产的折耗、折旧方法，由国务院财政、税务主管部门另行规定。

二、生物资产的税务处理

（一）生物资产的概念

根据《企业会计准则》，生物资产是指有生命的动物和植物，分为消耗性生物资产、生产性生物资产和公益性生物资产。

消耗性生物资产是指为出售而持有的、或在将来收获为农产品的生物资产，包括生长中的大田作物、蔬菜、用材林以及存栏待售的牲畜等。对于消耗性生物资产，应当在收获或出售时，按照其账面价值结转成本，不存在提取折旧的问题。

生产性生物资产是指为产出农产品、提供劳务或出租等目的而持有的生物资产，包括经济林、薪炭林、产畜和役畜等。生产性生物资产需要计提折旧。

公益性生物资产是指以防护、环境保护为主要目的的生物资产，包括防风固沙林、水土保持林和水源涵养林等。由于其具有公益目的，虽然会计上将其确认为企业资产，但实际上它属于无法兑现的资产，因公益性资产而发生的支出，在计算企业所得税时已经作为费用直接在税前扣除，也不需要提取折旧。

（二）生产性生物资产的计税基础

生产性生物资产按照以下方法确定计税基础：

（1）外购的生产性生物资产，以购买价款和支付的相关税费为计税基础。

（2）通过捐赠、投资、非货币性资产交换、债务重组等方式取得的生产性生物资产，以该资产的公允价值和支付的相关税费为计税基础。

（三）生物资产的折旧方法和折旧年限

生产性生物资产按照直线法计算的折旧，准予扣除。企业应当自生产性生物资产投入使用月份的次月起计算折旧；停止使用的生产性生物资产，应当自停止使用月份的次月起停止计算折旧。

企业应当根据生产性生物资产的性质和使用情况，合理确定生产性生物资产的预计净残值。生产性生物资产的预计净残值一经确定，不得变更。

生产性生物资产计算折旧的最低年限如下：

（1）林木类生产性生物资产，为 10 年。

（2）畜类生产性生物资产，为 3 年。

三、无形资产的税务处理

（一）无形资产的概念

无形资产是指企业为生产商品、提供劳务、出租给他人，或为管理目的而持有的、没有实物形态的非货币性长期资产。无形资产可分为可辨认无形资产和不可辨认无形资产。可辨认无形资产包括专利权、非专利技术、商标权、著作权、土地使用权、特许权等；不可辨认无形资产是指商誉。

（二）无形资产的计税基础

无形资产按照以下方法确定计税基础：

（1）外购的无形资产，以购买价款和支付的相关税费以及直接归属于使该资产达到预定用途发生的其他支出为计税基础。

（2）自行开发的无形资产，以开发过程中该资产符合资本化条件后至达到预定用途前发生的支出为计税基础。

（3）通过捐赠、投资、非货币性资产交换、债务重组等方式取得的无形资产，以该资产的公允价值和支付的相关税费为计税基础。

（三）无形资产的摊销范围

在计算应纳税所得额时，企业按照规定计算的无形资产摊销费用，准予扣除。但下列无形资产不得计算摊销费用扣除：

（1）自行开发的支出已在计算应纳税所得额时扣除的无形资产。

（2）自创商誉。

（3）与经营活动无关的无形资产。

（4）其他不得计算摊销费用扣除的无形资产。

（四）无形资产的摊销方法及年限

无形资产按照直线法计算的摊销费用，准予扣除。无形资产的摊销年限不得低于 10 年。

作为投资或者受让的无形资产，有关法律规定或者合同约定了使用年限的，可以按照规定或者约定的使用年限分期摊销。例如《财政部、国家税务总局关于进一步鼓励软件产业和集成电路产业发展企业所得税政策的通知》中规定：企业外购的软件，凡符合固定资产或无形资产确认条件的，可以按照固定资产或无形资产进行核算，其折旧或摊销年限可以适当缩短，最短可为 2 年（含）。

外购商誉的支出，在企业整体转让或者清算时，准予扣除。

四、长期待摊费用的税务处理

（一）长期待摊费用的概念和范围

长期待摊费用是指企业已经支出，应在两个或两个以上年度摊销的费用。在计算应纳税所得额时，企业发生的下列支出作为长期待摊费用，按照规定摊销的，准予扣除：

（1）已足额提取折旧的固定资产的改建支出。

（2）租入固定资产的改建支出。

（3）固定资产的大修理支出。

（4）其他应当作为长期待摊费用的支出。

（二）长期待摊费用的摊销方法及年限

（1）固定资产的改建支出是指改变房屋或者建筑物结构、延长使用年限等发生的支出。已足额提取折旧的固定资产的改建支出，按照固定资产预计尚可使用年限分期摊销；租入固定资产的改建支出，按照合同约定的剩余租赁期限分期摊销；改建的固定资产延长使用年限的，除已足额提取折旧的固定资产的改建支出、租入固定资产的改建支出外，应当适当延长固定资产的折旧年限。

（2）固定资产的大修理支出是指同时符合下列条件的支出：

1）修理支出达到取得固定资产时的计税基础50%以上。

2）修理后固定资产的使用年限延长2年以上。

固定资产的大修理支出，按照固定资产尚可使用年限分期摊销。企业固定资产的修理支出不属于大修理支出的，应在当期予以扣除。

（3）其他应当作为长期待摊费用的支出，自支出发生月份的次月起，分期摊销，摊销年限不得低于3年。

（4）根据《国家税务总局关于企业所得税若干税务事项衔接问题的通知》，新《企业所得税法》中开（筹）办费①未明确列作长期待摊费用，企业可以在开始经营之日的当年一次性扣除，也可以按照新《企业所得税法》有关长期待摊费用的处理规定处理，但一经选定，不得改变。

五、投资资产的税务处理

投资资产是指企业对外进行权益性投资和债权性投资形成的资产。企业在转让或者处置投资资产时，投资资产的成本，准予扣除；对外投资期间，投资资产的成本在计算应纳税所得额时不得扣除。

投资资产按照以下方法确定成本：

（1）通过支付现金的方式取得的投资资产，以购买价款为成本。

（2）通过支付现金以外的方式取得的投资资产，以该资产的公允价值和支付的相关税费为成本。

六、存货的税务处理

存货是指企业持有以备出售的产品或者商品、处在生产过程中的在产品、在生产或者提供劳务过程中耗用的材料和物料等。企业使用或者销售存货，按照规定计算的存货成本，准予在计算应纳税所得额时扣除。

---

① 开办费是指企业在企业批准筹建之日起，到开始生产、经营（包括试生产、试营业）之日止的期间发生的费用支出。包括筹建人员工资、办公费、培训费、差旅费、印刷费、注册登记费以及不计入固定资产和无形资产购建成本的汇兑损益和利息支出。

存货按照以下方法确定成本：

（1）通过支付现金的方式取得的存货，以购买价款和支付的相关税费为成本。

（2）通过支付现金以外的方式取得的存货，以该存货的公允价值和支付的相关税费为成本。

（3）生产性生物资产收获的农产品，以产出或者采收过程中发生的材料费、人工费和分摊的间接费用等必要支出为成本。

企业使用或者销售的存货的成本计算方法，可以在先进先出法、加权平均法、个别计价法中选用一种。计价方法一经选用，不得随意变更。

第五节　企业所得税的税收优惠

税收优惠是国家通过税收法律法规对特定纳税人和征税对象给予减轻或免除税收负担的措施，是一种直接体现税收经济杠杆功能的措施。我国企业所得税税收优惠的主旨是：国家对重点扶持和鼓励发展的产业和项目，给予企业所得税优惠。除之前提及的免税收入外，税收优惠具体的方式还包括有免征减征优惠、加计扣除优惠、加速折旧优惠、减计收入优惠等。

一、免征减征优惠

企业的下列所得，可以免征、减征企业所得税：

（一）从事农、林、牧、渔业项目的所得

1. 企业从事下列项目的所得，免征企业所得税：

（1）蔬菜、谷物、薯类、油料、豆类、棉花、麻类、糖料、水果、坚果的种植。

（2）农作物新品种的选育。

（3）中药材的种植。

（4）林木的培育和种植。

（5）牲畜、家禽的饲养。

（6）林产品的采集。

（7）灌溉、农产品初加工、兽医、农技推广、农机作业和维修等农、林、牧、渔服务业项目。

（8）远洋捕捞。

2. 企业从事下列项目的所得，减半征收企业所得税：

（1）花卉、茶以及其他饮料作物和香料作物的种植。

（2）海水养殖、内陆养殖。

企业从事国家限制和禁止发展的项目，不得享受以上规定的免征减征优惠。

（二）从事国家重点扶持的公共基础设施项目投资经营的所得

这里所称"国家重点扶持的公共基础设施项目"是指《公共基础设施项目企业所得税优惠目录》规定的港口码头、机场、铁路、公路、城市公共交通、电力、水利等项目。

企业从事国家重点扶持的公共基础设施项目的投资经营的所得，自项目取得第一笔生产经营收入所属纳税年度起，第 1 年至第 3 年免征企业所得税，第 4 年至第 6 年减半征收企业所得税。

企业承包经营、承包建设和内部自建自用上述规定的公共基础设施项目，不得享受 3 免 3 减半的企业所得税优惠。在减免税期限内转让的，受让方自受让之日起，可以在剩余期限内享受规定的减免税优惠；减免税期限届满后转让的，受让方不得就该项目重复享受减免税优惠。

（三）从事符合条件的环境保护、节能节水项目的所得

这里所称"符合条件的环境保护、节能节水项目"，包括公共污水处理、公共垃圾处理、沼气综合开发利用、节能减排技术改造、海水淡化等。项目的具体条件和范围由国务院财政、税务主管部门商国务院有关部门制定，报国务院批准后公布施行。

企业从事符合条件的环境保护、节能节水项目的所得，自项目取得第一笔生产经营收入所属纳税年度起，第 1 年至第 3 年免征企业所得税，第 4 年至第 6 年减半征收企业所得税。在减免税期限内转让的，受让方自受让之日起，可以在剩余期限内享受规定的减免税优惠；减免税期限届满后转让的，受让方不得就该项目重复享受减免税优惠。

（四）符合条件的技术转让所得

这里所称"符合条件的技术转让所得"免征、减征企业所得税，是指一个纳税年度内，居民企业技术转让所得不超过 500 万元的部分，免征企业所得税；超过 500 万元的部分，减半征收企业所得税。

（五）非居民企业的间接所得

非居民企业的间接所得是指非居民企业在中国境内未设立机构、场所的，或者虽设立机构、场所但取得的所得与其所设机构、场所没有实际联系的，应当就其来源于中国境内的所得缴纳企业所得税。

非居民企业的间接所得，减按 10%的税率征收企业所得税。下列所得可以免征企业所得税：

（1）外国政府向中国政府提供贷款取得的利息所得；

（2）国际金融组织向中国政府和居民企业提供优惠贷款取得的利息所得；

（3）经国务院批准的其他所得。

（六）小型微利企业的所得

符合条件的小型微利企业，减按20%的税率征收企业所得税。符合条件的小型微利企业是指从事国家非限制和禁止行业，并符合下列条件的企业：

（1）工业企业。年度应纳税所得额不超过 30 万元，从业人数不超过 100 人，资产总额不超过 3 000 万元。

（2）其他企业。年度应纳税所得额不超过 30 万元，从业人数不超过 80 人，资产总额不超过 1 000 万元。

从业人数，包括与企业建立劳动关系的职工人数和企业接受的劳务派遣用工人数。

从业人数和资产总额指标，应按企业全年的季度平均值确定。具体计算公式如下：

$$季度平均值 = （季初值 + 季末值）÷2$$
$$全年季度平均值 = 全年各季度平均值之和÷4$$

年度中间开业或者终止经营活动的，以其实际经营期作为一个纳税年度确定上述相关指标。

根据《财政部、国家税务总局关于小型微利企业所得税优惠政策的通知》，自 2015 年 1 月 1 日至 2017 年 12 月 31 日，对年应纳税所得额低于 20 万元(含 20 万元)的小型微利企业，其所得减按 50%计入应纳税所得额，按 20%的税率缴纳企业所得税。

（七）高新技术企业的所得

国家需要重点扶持的高新技术企业，减按 15%的税率征收企业所得税。国家需要重点扶持的高新技术企业是指拥有核心自主知识产权，并同时符合下列条件的企业：

（1）产品（服务）属于《国家重点支持的高新技术领域》规定的范围；

（2）研究开发费用占销售收入的比例不低于规定比例；

（3）高新技术产品（服务）收入占企业总收入的比例不低于规定比例；

（4）科技人员占企业职工总数的比例不低于规定比例；

（5）高新技术企业认定管理办法规定的其他条件。

《国家重点支持的高新技术领域》和高新技术企业认定管理办法由国务院科技、财政、税务主管部门商国务院有关部门制定，报国务院批准后公布施行。

（八）民族自治地方企业的所得

民族自治地方的自治机关对本民族自治地方的企业应缴纳的企业所得税中属于地方分享的部分，可以决定减征或者免征。自治州、自治县决定减征或者免征的，须报省、自治区、直辖市人民政府批准。

民族自治地方是指依照《中华人民共和国民族区域自治法》的规定，实行民族区域自治的自治区、自治州、自治县。

对民族自治地方内国家限制和禁止行业的企业，不得减征或者免征企业所得税。

二、加计扣除优惠

企业的下列支出，可以在计算应纳税所得额时加计扣除：

（一）开发新技术、新产品、新工艺发生的研究开发费用

研究开发费用的加计扣除是指企业为开发新技术、新产品、新工艺发生的研究开发费用，未形成无形资产计入当期损益的，在按照规定据实扣除的基础上，按照研究开发费用的 50%加计扣除；形成无形资产的，按照无形资产成本的 150%摊销。

（二）安置残疾人员及国家鼓励安置的其他就业人员所支付的工资

企业安置残疾人员所支付的工资的加计扣除，是指企业安置残疾人员的，在按照支付给残疾职工工资据实扣除的基础上，按照支付给残疾职工工资的 100%加计扣除。残疾人员的范围适用《中华人民共和国残疾人保障法》的有关规定。

企业安置国家鼓励安置的其他就业人员所支付的工资的加计扣除办法，由国务院另行规定。

三、抵扣应纳税所得额

创业投资企业采取股权投资方式投资于未上市的中小高新技术企业 2 年以上的，可以按照其投资额的 70%在股权持有满 2 年的当年抵扣该创业投资企业的应纳税所得额；当年不足抵扣的，可以在以后纳税年度结转抵扣。

四、加速折旧优惠

企业的固定资产由于技术进步等原因，确需加速折旧的，可以缩短折旧年限或者采取加速折旧的方法。

可以采取缩短折旧年限或者采取加速折旧的方法的固定资产，包括：

（1）由于技术进步，产品更新换代较快的固定资产。

（2）常年处于强震动、高腐蚀状态的固定资产。

采取缩短折旧年限方法的，最低折旧年限不得低于《企业所得税法实施条例》第60条规定折旧年限的60%；采取加速折旧方法的，可以采取双倍余额递减法或者年数总和法。

五、减计收入优惠

企业以《资源综合利用企业所得税优惠目录》规定的资源作为主要原材料，生产国家非限制和禁止并符合国家和行业相关标准的产品取得的收入，减按90%计入收入总额。前述所称原材料占生产产品材料的比例不得低于《资源综合利用企业所得税优惠目录》规定的标准。

自2014年1月1日至2016年12月31日，对金融机构农户小额贷款的利息收入和保险公司为种植业、养殖业提供保险业务取得的保费收入，在计算应纳税所得额时，按90%计入收入总额。小额贷款是指单笔且该户贷款余额总额在10万元（含）以下贷款；保费收入是指原保险保费收入加上分保费收入减去分出保费后的余额。

六、税额抵免优惠

企业购置并实际使用《环境保护专用设备企业所得税优惠目录》《节能节水专用设备企业所得税优惠目录》和《安全生产专用设备企业所得税优惠目录》规定的环境保护、节能节水、安全生产等专用设备的，该专用设备的投资额的10%可以从企业当年的应纳税额中抵免；当年不足抵免的，可以在以后5个纳税年度结转抵免。

享受上述优惠的企业，应当实际购置并自身实际投入使用规定的专用设备；企业购置上述专用设备在5年内转让、出租的，应当停止享受企业所得税优惠，并补缴已经抵免的企业所得税税款。

七、国务院制定的企业所得税专项优惠政策

根据国民经济和社会发展的需要，或者由于突发事件等原因对企业经营活动产生重大影响的，国务院可以制定企业所得税专项优惠政策，报全国人民代表大会常务委员会备案，如对西部地区企业的税收优惠。

根据《关于深入实施西部大开发战略有关税收政策问题的通知》，自2011年1月1日至2020年12月31日，对设在西部地区的鼓励类产业企业减按15%的税率征收企业所得税。上述鼓励类产业企业是指以《西部地区鼓励类产业目录》中规定的产业项目为主营业务，且其主营业务收入占企业收入总额70%以上的企业。

以上的税收优惠只是法律法规中的一部分，因篇幅所限本书并没有穷尽。每个企业都应当全面及时掌握本企业可以享受的各项税收优惠，且需要注意的是：企业同时从事适用不同企业所得税待遇项目的，其优惠项目应当单独计算所得，并合理分摊企业的期间费用；没有

单独计算的，不得享受企业所得税优惠。

第六节　企业所得税应纳税额的计算

一、居民企业应纳税额的计算

居民企业的应纳税额为应纳税所得额乘以适用税率，减除依照《企业所得税法》关于税收优惠的规定减免和抵免的税额后的余额，用公式表示为：

$$应纳税额 = 应纳税所得额 × 适用税率 - 减免税额 - 抵免税额$$

应纳税所得额的计算一般采用两种方法：直接计算法和间接计算法。

（一）直接计算法

应纳税所得额 = 收入总额 - 不征税收入 - 免税收入 - 各项扣除金额 - 弥补亏损

（二）间接计算法

应纳税所得额 = 会计利润总额 ± 纳税调整项目金额

1. 会计利润总额的计算

会计利润总额 = 营业利润 + 投资净收益 + 营业外收入 - 营业外支出

营业利润 = 主营业务利润 + 其他业务利润

主营业务利润 = 主营业务收入 - 主营业务成本 - 期间费用 - 营业税金

其他业务利润 = 其他业务收入 - 其他业务成本 - 营业税金

2. 纳税调整项目金额包括两项：一是企业的财务会计处理和税收规定不一致的应予以调整的金额；二是企业按税法规定准予扣除的税收金额。

【例 7-2】某照明公司为居民企业，2013 年度应纳税所得额为 -37 万元，2014 年度经营业务如下：

（1）取得产品销售收入 5 000 万元；

（2）发生销售成本 3 100 万元；

（3）发生销售费用 1 090 万元（其中广告费 890 万元）；管理费用 690 万元（其中业务招待费 40 万元）；财务费用 84 万元；

（4）销售税金 180 万元（含增值税 150 万元）；

（5）营业外收入 150 万元，营业外支出 100 万元（含通过中国红十字会向震区捐款 60 万元，支付税收滞纳金和罚款 16 万元）；

（6）计入成本、费用中的实发工资总额为 320 万元，职工工会经费列支 9 万元，发生职工福利费 53 万元，发生职工教育经费 11 万元。

根据以上资料计算该公司 2014 年度实际应缴纳的企业所得税。

答案：（1）企业利润总额 = 5 000 - 3 100 - 1 090 - 690 - 84 - 30 + 150 - 100 = 56（万元）

（2）广告费应调增所得额 = 890 - 5 000 × 15% = 140（万元）

（3）业务招待费应调增所得额 = 40 - 40 × 60% = 16（万元）

5 000 × 5‰ = 25（万元）＞40 × 60% = 24（万元），即没有超过全年销售收入的 5‰。

（4）捐赠支出应调增所得额 = 60 - 56 × 12% = 53.28（万元）

（5）职工工会经费应调增所得额 = 9 − 320 × 2% = 2.6（万元）

（6）职工福利费应调增所得额 = 53 − 320 × 14% = 8.2（万元）

（7）职工教育经费应调增所得额 = 11 − 320 × 2.5% = 3（万元）

（8）应纳税所得额 = 56 + 140 + 16 + 53.28 + 16 + 2.6 + 8.2 + 3 − 37 = 258.08（万元）

（9）2014 年度实际应缴纳企业所得税 = 258.08 × 25% = 64.52（万元）

二、境外已纳税额的抵免

《企业所得税》第 23 条规定：企业取得的规定所得已在境外缴纳的所得税税额，可以从其当期应纳税额中抵免。已在境外缴纳的所得税税额是指企业来源于中国境外的所得依照中国境外税收法律以及相关规定应当缴纳并已经实际缴纳的企业所得税性质的税款。抵免企业所得税税额时，应当提供中国境外税务机关出具的税款所属年度的有关纳税凭证。企业境外已纳税额的抵免，是避免国际重复征税[①]的最主要的一种方法。

（一）抵免适用情况

1. 直接抵免

直接抵免是对企业境外生产经营所得已纳税款的抵免，这部分已纳税款的实际纳税人是企业自身，包括两种情况：

（1）居民企业来源于中国境外的应税所得已在境外缴纳的所得税税额，可以从其当期应纳税额中抵免。

（2）非居民企业在中国境内设立机构、场所，取得发生在中国境外但与该机构、场所有实际联系的应税所得，若已在境外缴纳的所得税税额，可以从其当期应纳税额中抵免。

2. 间接抵免

间接抵免是对企业境外投资所得已纳税款的抵免。这部分已纳税款的实际纳税人是外国企业（企业是其股东之一）。

居民企业从其直接或者间接控制的外国企业分得的来源于中国境外的股息、红利等权益性投资收益，外国企业在境外实际缴纳的所得税税额中属于该项所得负担的部分，可以作为该居民企业的可抵免境外所得税税额。

直接控制是指居民企业直接持有外国企业 20%以上股份。间接控制是指居民企业以间接持股方式持有外国企业 20%以上股份，具体认定办法由国务院财政、税务主管部门另行制定。

（二）抵免限额的规定

境外已纳税额的抵免是有限额的，抵免限额为企业来源于中国境外的所得，依照企业所得税法及实施条例的规定计算的应纳税额。除国务院财政、税务主管部门另有规定外，该抵免限额应当分国（地区）不分项计算，计算公式如下：

抵免限额 = 中国境内、境外所得依照企业所得税法及实施条例的规定计算的应纳税总额 × 来源于某国（地区）的应纳税所得额 ÷ 中国境内、境外应纳税所得总额

[①] 国际重复征税是指两个或两个以上国家或地区对同一跨国纳税人就同一征税对象按同一或类似税种在同一时期同时征税。国际重复征税的产生是因为居民税收管辖权和所得来源地税收管辖权之间的冲突。虽然针对同一所得，纳税人的居民国和所得来源国均可以行使征税权，但是征税也有一定的先后。由于所得来源国征税在先，国际上广泛承认所得来源地管辖权优先原则。当所得来源国已征税的情况下，居民国就应当采取一定的方法避免国际重复征税。

企业已在境外缴纳的所得税税额等于或者小于抵免限额的，可以从其当期应纳税额中抵免；企业已在境外缴纳的所得税税额超过抵免限额的部分，不得从其当期应纳税额中抵免。

（三）超过抵免限额的处理

超过抵免限额的部分，可以在以后 5 个年度内，用每年度抵免限额抵免当年应抵税额后的余额进行抵补。5 个年度是指从企业取得的来源于中国境外的所得，已经在中国境外缴纳的企业所得税性质的税额超过抵免限额当年的次年起连续 5 个纳税年度。

【例 7-3】 某企业适用 25% 的企业所得税税率，2014 年度取得境内应纳税所得额 200 万元。境外所得部分：其在甲、乙两国各有一家分支机构，甲国分支机构的应纳税所得额为 40 万元，甲国公司所得税率为 20%，乙国分支机构的应纳税所得额为 40 万元，乙国公司所得税率为 30%。假设：中国与甲、乙两国已分别缔结避免双重征税协定；三个国家计算的应纳税所得额一致；并且两家分支机构均已按适用税率实际纳税，甲国分支结构纳税 8 万元（40 万元 × 20%），乙国分支结构纳税 12 万元（40 万元 × 30%）。

根据以上资料计算该企业抵免境外已缴税款后的应纳税额。

答案：（1）未抵免前的应纳税额 =（200 + 40 + 40）× 25% = 70（万元）

（2）甲国已纳税款的抵免限额 = 70 ×[40 ÷（200 + 40 + 40）]= 10（万元）

（3）乙国已纳税款的抵免限额 = 70 ×[40 ÷（200 + 40 + 40）]= 10（万元）

（4）抵免境外已缴税款后的应纳税额 = 70 - 8 - 10 = 52（万元）

该企业抵免境外已缴税款后的应纳税额是 52 万元。甲国已纳税款是 8 万元，抵免限额为 10 万元，已纳税额可以得到全额抵免，并有 2 万元抵免余额。如果该企业 2009 年度到 2013 年度有来自甲国超过抵免限额未抵免的所得税税额部分，可以用 2 万元进行抵补。乙国已纳税款是 12 万元，抵免限额为 10 万元，已纳税额超过抵免限额的部分 2 万元不能在 2014 年度抵免，但是可以在该企业 2015 年度到 2019 年度来自乙国的所得税税款有抵免余额时进行抵补。

三、居民企业核定征收应纳税额的计算

对于无法准确计算应纳税所得额的居民企业，国家采用核定征收方法来计算其应纳税款，以保障国家税款及时足额入库，并维护纳税人合法权益。根据 2008 年 1 月 1 日开始执行的《企业所得税核定征收办法》（试行）的规定，核定征收企业所得税的规定如下：

（一）核定征收的范围

纳税人具有下列情形之一的，核定征收企业所得税：

（1）依照法律、行政法规的规定可以不设置账簿的。

（2）依照法律、行政法规的规定应当设置但未设置账簿的。

（3）擅自销毁账簿或者拒不提供纳税资料的。

（4）虽设置账簿，但账目混乱或者成本资料、收入凭证、费用凭证残缺不全，难以查账的。

（5）发生纳税义务，未按照规定的期限办理纳税申报，经税务机关责令限期申报，逾期仍不申报的。

（6）申报的计税依据明显偏低，又无正当理由的。

特殊行业、特殊类型的纳税人和一定规模以上的纳税人不适用核定征税。不适用的特定纳税人由国家税务总局另行明确。

（二）核定征收的方法

税务机关应根据纳税人具体情况，对核定征收企业所得税的纳税人，核定应税所得率（见表 7-2）或者核定应纳所得税额。

表 7-2 应税所得率的幅度标准

行 业	应税所得率/%
农、林、牧、渔业	3～10
制造业	5～15
批发和零售贸易业	4～15
交通运输业	7～15
建筑业	8～20
饮食业	8～25
娱乐业	15～30
其他行业	10～30

1. 具有下列情形之一的，核定其应税所得率：

（1）能正确核算（查实）收入总额，但不能正确核算（查实）成本费用总额的。

（2）能正确核算（查实）成本费用总额，但不能正确核算（查实）收入总额的。

（3）通过合理方法，能计算和推定纳税人收入总额或成本费用总额的。

纳税人不属于以上情形的，核定其应纳所得税额。

2. 税务机关采用下列方法核定征收企业所得税：

（1）参照当地同类行业或者类似行业中经营规模和收入水平相近的纳税人的税负水平核定。

（2）按照应税收入额或成本费用支出额定率核定。

（3）按照耗用的原材料、燃料、动力等推算或测算核定。

（4）按照其他合理方法核定。

采用其中一种方法不足以正确核定应纳税所得额或应纳税额的，可以同时采用两种以上的方法核定。采用两种以上方法测算的应纳税额不一致时，可按测算的应纳税额从高核定。

3. 采用应税所得率方式核定征收企业所得税的，应纳所得税额计算公式如下：

应纳所得税额 = 应纳税所得额 × 适用税率

（1）应纳税所得额 = 应税收入额 × 应税所得率

（2）应纳税所得额 = 成本（费用）支出额/（1 - 应税所得率）× 应税所得率

4. 实行应税所得率方式核定征收企业所得税的纳税人，经营多业的，无论其经营项目是否单独核算，均由税务机关根据其主营项目确定适用的应税所得率。主营项目应为纳税人所有经营项目中，收入总额或者成本（费用）支出额或者耗用原材料、燃料、动力数量所占比重最大的项目。

纳税人的生产经营范围、主营业务发生重大变化，或者应纳税所得额或应纳税额增减变化达到 20% 的，应及时向税务机关申报调整已确定的应纳税额或应税所得率。

（三）核定征收的程序

1.核定征税的鉴定

主管税务机关应及时向纳税人送达《企业所得税核定征收鉴定表》（见表7-3），及时完成对其核定征收企业所得税的鉴定工作。具体程序如下：

表7-3　企业所得税核定征收鉴定表

纳税人编码：　　　　　　　　　鉴定期：年度金额　　　　　　　　　单位：元

申报单位			
地址			
经济性质		行业类别	
开户银行		账号	
邮政编码		联系电话	
上年收入总额		上年成本费用额	
上年注册资本		上年原材料耗费量（额）	
上年职工人数		上年燃料、动力耗费量（额）	
上年固定资产原值		上年商品销售量（额）	
上年所得税额		上年征收方式	

行次	项　目	纳税人自报情况	主管税务机关审核意见
1	账簿设置情况		
2	收入核算情况		
3	成本费用核算情况		
4	纳税申报情况		
5	履行纳税义务情况		
6	其他情况		

纳税人对征收方式的意见： 经办人签章：（公章） 　　　　　　　年　月　日	主管税务机关意见： 经办人签章：（公章） 　　　　　　　年　月　日

县级税务机关审核意见：

经办人签章：（公章）

　　　　　　　　　　　　　　　　　　　　　　　　　年　月　日

（1）纳税人应在收到《企业所得税核定征收鉴定表》后10个工作日内，填好该表并报送主管税务机关。《企业所得税核定征收鉴定表》一式三联，主管税务机关和县税务机关各执一联，另一联送达纳税人执行。主管税务机关还可根据实际工作需要，适当增加联次备用。

（2）主管税务机关应在受理《企业所得税核定征收鉴定表》后20个工作日内，分类逐户审查核实，提出鉴定意见，并报县税务机关复核、认定。

（3）县税务机关应在收到《企业所得税核定征收鉴定表》后30个工作日内，完成复核、认定工作。

纳税人收到《企业所得税核定征收鉴定表》后，未在规定期限内填列、报送的，税务机关视同纳税人已经报送，按上述程序进行复核认定。

税务机关应在每年6月底前对上年度实行核定征收企业所得税的纳税人进行重新鉴定。重新鉴定工作完成前，纳税人可暂按上年度的核定征收方式预缴企业所得税；重新鉴定工作完成后，按重新鉴定的结果进行调整。

2．核定结果的公示

主管税务机关应当分类逐户公示核定的应纳所得税额或应税所得率。主管税务机关应当按照便于纳税人及社会各界了解、监督的原则确定公示地点、方式。

纳税人对税务机关确定的企业所得税征收方式、核定的应纳所得税额或应税所得率有异议的，应当提供合法、有效的相关证据，税务机关经核实认定后调整有异议的事项。

3．定律核定的纳税申报

纳税人实行核定应税所得率方式的，按下列规定申报纳税：

（1）主管税务机关根据纳税人应纳税额的大小确定纳税人按月或者按季预缴，年终汇算清缴。预缴方法一经确定，一个纳税年度内不得改变。

（2）纳税人应依照确定的应税所得率计算纳税期间实际应缴纳的税额，进行预缴。按实际数额预缴有困难的，经主管税务机关同意，可按上一年度应纳税额的1/12或1/4预缴，或者按经主管税务机关认可的其他方法预缴。

（3）纳税人预缴税款或年终进行汇算清缴时，应按规定填写《中华人民共和国企业所得税月（季）度预缴纳税申报表（B类）》，在规定的纳税申报时限内报送主管税务机关。

4．定额核定的纳税申报

纳税人实行核定应纳所得税额方式的，按下列规定申报纳税：

（1）纳税人在应纳所得税额尚未确定之前，可暂按上年度应纳所得税额的1/12或1/4预缴，或者按经主管税务机关认可的其他方法，按月或按季分期预缴。

（2）在应纳所得税额确定以后，减除当年已预缴的所得税额，余额按剩余月份或季度均分，以此确定以后各月或各季的应纳税额，由纳税人按月或按季填写《中华人民共和国企业所得税月（季）度预缴纳税申报表（B类）》，在规定的纳税申报期限内进行纳税申报。

（3）纳税人年度终了后，在规定的时限内按照实际经营额或实际应纳税额向税务机关申报纳税。申报额超过核定经营额或应纳税额的，按申报额缴纳税款；申报额低于核定经营额或应纳税额的，按核定经营额或应纳税额缴纳税款。

【例7-4】 2014年度某居民企业向主管税务机关申报收入总额150万元，成本费用支出总额170万元，亏损20万元。经税务机关审查，成本费用支出核算正确，但是收入总额无法确定。税务机关对该企业采取核定征收企业所得税的办法，应税所得率为15%。

根据以上材料计算该企业2014年度应纳的企业所得税。

答案：该企业应纳税所得额 = 170 ÷ （1 - 15%）× 15% = 30（万元）

应纳企业所得税 = 30 × 25% = 7.5（万元）

四、非居民企业应纳税额的计算

非居民企业在中国境内未设立机构、场所的，或者虽设立机构、场所但取得的所得与其所设机构、场所没有实际联系的，应当就其来源于中国境内的所得缴纳企业所得税。

其应纳税所得额按照下列方法计算：

（1）股息、红利等权益性投资收益和利息、租金、特许权使用费所得，以收入全额为应纳税所得额。

（2）转让财产所得，以收入全额[①]减除财产净值[②]后的余额为应纳税所得额。

（3）其他所得，参照前两项规定的方法计算应纳税所得额。

对非居民企业应纳税额的征收实行源泉扣缴，以依照有关法律规定或者合同约定对非居民企业直接负有支付相关款项义务的单位或者个人为扣缴义务人。具体规定见下一节"源泉扣缴"。

【例7-5】　一家德国银行未在中国设立分支机构，因提供5 000万元的贷款给中国某电子企业，2014年6月获得利息收入400万元。试计算德国银行应纳的中国企业所得税。（注：适用10%的税率）

答案：德国银行应纳企业所得税＝400×10%＝40（万元）

40万元的企业所得税采用源泉扣缴方法，由中国电子企业代扣代缴。

第七节　源泉扣缴

一、扣缴义务人

（1）对非居民企业在中国境内未设立机构、场所的，或者虽设立机构、场所但取得的所得与其所设机构、场所没有实际联系的所得应缴纳的所得税，实行源泉扣缴，以支付人为扣缴义务人。税款由扣缴义务人在每次支付或者到期应支付时，从支付或者到期应支付的款项中扣缴。

支付人是指依照有关法律规定或者合同约定对非居民企业直接负有支付相关款项义务的单位或者个人。

支付，包括现金支付、汇拨支付、转账支付和权益兑价支付等货币支付和非货币支付。

到期应支付的款项是指支付人按照权责发生制原则应当计入相关成本、费用的应付款项。

（2）对非居民企业在中国境内取得工程作业和劳务所得应缴纳的所得税，税务机关可以指定工程价款或者劳务费的支付人为扣缴义务人。可以指定扣缴义务人的具体情形包括：

1）预计工程作业或者提供劳务期限不足一个纳税年度，且有证据表明不履行纳税义务的。

2）没有办理税务登记或者临时税务登记，且未委托中国境内的代理人履行纳税义务的。

---

① 收入全额是指非居民企业向支付人收取的全部价款和价外费用。

② 财产净值是指有关资产、财产的计税基础减除已经按照规定扣除的折旧、折耗、摊销、准备金等后的余额。

3）未按照规定期限办理企业所得税纳税申报或者预缴申报的。

二、扣缴方法

（1）对非居民企业直接负有支付相关款项义务的扣缴义务人，应从支付或者到期应支付的款项中扣缴企业所得税。

（2）扣缴义务人每次代扣的税款，应当自代扣之日起 7 日内缴入国库，并向所在地的税务机关报送《扣缴企业所得税报告表》（见表 7-4）。

表 7-4　中华人民共和国扣缴企业所得税报告表

税款所属期间：　　年　月　日至　　年　月　日

金额单位：人民币元（列至角分）

扣缴义务人基本信息				
纳税人识别号			经济类型代码及名称	
名称	中：		经济行业分类代码及名称	
	英：		联系人	
地址	中：		联系电话	
	英：		邮政编码	

纳税人基本信息				
在其居民国纳税识别号			在中国境内的名称	中：
居民国（地区）名称及代码				英：
在其居民国名称	中：		在其居民国地址	中：
	英：			英：
申报所得类型及代码			本次申报所得取得日期	
合同名称			合同编号	
合同执行起始时间		合同执行终止时间	合同总金额	

以下内容适用于法定源泉扣缴情况填写：

行次	项目			依法申报数据
1	本次申报收入	人民币金额		
2		外币	名称	
3			金额	
4			汇率	
5			折算人民币金额　5=3×4	
6		人民币金额合计　6=1+5		

（续）

行次	项目		依法申报数据
7	应纳税所得额的计算	扣除额	
8		应纳税所得额 8=6-7	
9	应纳企业所得税额的计算	适用税率（10%）	
10		应缴纳的企业所得税额 10=8×9	
11		实际征收率（%）	
12		实际应缴纳的企业所得税额	
13		减免企业所得税额 13=10-12	

以下内容适用于主管税务机关指定扣缴情况填写：

行次	项目	依法申报数据
14	本次申报的收入总额	
15	税务机关核定的利润率（%）	
16	应纳税所得额 16=14×15	
17	适用税率（%）	
18	应纳企业所得税额 18=16×17	

谨声明：此扣缴所得税报告是根据《中华人民共和国企业所得税法》及其实施条例和相关税收协定和国家有关税收规定填报的，是真实的、可靠的、完整的。

声明人签字： 年 月 日

扣缴义务人（纳税人）公章：	代理申报中介机构公章：	主管税务机关受理专用章：	
经办人：	经办人及其执业证件号码：	受理人：	
申报日期： 年 月 日	代理申报日期： 年 月 日	受理日期： 年 月 日	

（3）扣缴义务人未依法扣缴或者无法履行扣缴义务的，由纳税人在所得发生地缴纳。纳税人未依法缴纳的，税务机关可以从该纳税人在中国境内其他收入项目的支付人应付的款项中，追缴该纳税人的应纳税款。在中国境内存在多处所得发生地的，由纳税人选择其中之一申报缴纳企业所得税。税务机关在追缴该纳税人应纳税款时，应当将追缴理由、追缴数额、缴纳期限和缴纳方式等告知该纳税人。

三、源泉扣缴管理办法

（一）税源管理

（1）扣缴义务人与非居民企业首次签订与应税所得有关的业务合同或协议的，扣缴义务人应当自合同签订之日起30日内，向其主管税务机关申报办理扣缴税款登记。

（2）扣缴义务人每次与非居民企业签订应税所得有关的业务合同时，应当自签订合同（包括修改、补充、延期合同）之日起30日内，向其主管税务机关报送《扣缴企业所得税合同备案登记表》、合同复印件及相关资料。文本为外文的应同时附送中文译本。

股权转让交易双方均为非居民企业且在境外交易的，被转让股权的境内企业在依法变更税务登记时，应将股权转让合同复印件报送主管税务机关。

（3）扣缴义务人应当设立代扣代缴税款账簿和合同资料档案，准确记录企业所得税的扣缴情况，并接受税务机关的检查。

（二）征收管理的主要内容

（1）计算公式：扣缴企业所得税应纳税额 = 应纳税所得额 × 实际征收率

公式中应纳税所得额的计算，上节课已作介绍，不再赘述。实际征收率是指企业所得税法及其实施条例等相关法律法规规定的税率，或者税收协定规定的更低的税率。

扣缴义务人与非居民企业签订有关的业务合同时，凡合同中约定由扣缴义务人负担应纳税款的，应将非居民企业取得的不含税所得换算为含税所得后计算征税。

（2）扣缴义务人对外支付或者到期应支付的款项为人民币以外货币的，在申报扣缴企业所得税时，应当按照扣缴当日国家公布的人民币汇率中间价，折合成人民币计算应纳税所得额。

（3）按照企业所得税法及其实施条例和相关税收法规规定，给予非居民企业减免税优惠的，应按相关税收减免管理办法和行政审批程序的规定办理。对未经审批或者减免税申请未得到批准之前，扣缴义务人发生支付款项的，应按规定代扣代缴企业所得税。

（4）非居民企业可以适用的税收协定与征收办法有不同规定的，可申请执行税收协定规定；非居民企业未提出执行税收协定规定申请的，按国内税收法律法规的有关规定执行。

（5）非居民企业已按国内税收法律法规的有关规定征税后，提出享受减免税或税收协定待遇申请的，主管税务机关经审核确认应享受减免税或税收协定待遇的，对多缴纳的税款应依据税收征管法及其实施细则的有关规定予以退税。

（6）因非居民企业拒绝代扣税款的，扣缴义务人应当暂停支付相当于非居民企业应纳税款的款项，并在1日之内向其主管税务机关报告，并报送书面情况说明。

（7）扣缴义务人未依法扣缴或者无法履行扣缴义务的，非居民企业应于扣缴义务人支付或者到期应支付之日起7日内，到所得发生地主管税务机关申报缴纳企业所得税。

股权转让交易双方为非居民企业且在境外交易的，由取得所得的非居民企业自行或委托代理人向被转让股权的境内企业所在地主管税务机关申报纳税。被转让股权的境内企业应协助税务机关向非居民企业征缴税款。

（8）非居民企业未依照上一项的规定申报缴纳企业所得税，由申报纳税所在地主管税务机关责令限期缴纳，逾期仍未缴纳的，申报纳税所在地主管税务机关可以收集、查实该非居民企业在中国境内其他收入项目及其支付人的相关信息，并向其他支付人发出《税务事项通知书》，从其他支付人应付的款项中，追缴该非居民企业的应纳税款和滞纳金。

（9）对多次付款的合同项目，扣缴义务人应当在履行合同最后一次付款前15日内，向主管税务机关报送合同全部付款明细、前期扣缴表和完税凭证等资料，办理扣缴税款清算手续。

第八节　特别纳税调整

《企业所得税法》通过"特别纳税调整"制度，开始明确我国的反避税措施，通过《企业所得税法》及《企业所得税法实施条例》《特别纳税调整实施办法（试行）》以及《一般反避税管理办法（试行）》等法律法规，使我国的反避税制度日趋完备。税务机关在强化关联申报、同期资料管理的基础上，对企业的转让定价、预约定价安排、成本分摊协议、受控外国企业、资本弱化以及一般反避税等事项实施特别纳税调整。

一、关联申报

（一）关联关系

关联关系主要是指企业与其他企业、组织或个人具有下列之一关系：

（1）一方直接或间接持有另一方的股份总和达到 25%以上，或者双方直接或间接同为第三方所持有的股份达到 25%以上。若一方通过中间方对另一方间接持有股份，只要一方对中间方持股比例达到 25%以上，则一方对另一方的持股比例按照中间方对另一方的持股比例计算。

（2）一方与另一方（独立金融机构除外）之间借贷资金占一方实收资本50%以上，或者一方借贷资金总额的 10%以上是由另一方（独立金融机构除外）担保。

（3）一方半数以上的高级管理人员（包括董事会成员和经理）或至少一名可以控制董事会的董事会高级成员是由另一方委派，或者双方半数以上的高级管理人员（包括董事会成员和经理）或至少一名可以控制董事会的董事会高级成员同为第三方委派。

（4）一方半数以上的高级管理人员（包括董事会成员和经理）同时担任另一方的高级管理人员（包括董事会成员和经理），或者一方至少一名可以控制董事会的董事会高级成员同时担任另一方的董事会高级成员。

（5）一方的生产经营活动必须由另一方提供的工业产权、专有技术等特许权才能正常进行。

（6）一方的购买或销售活动主要由另一方控制。

（7）一方接受或提供劳务主要由另一方控制。

（8）一方对另一方的生产经营、交易具有实质控制，或者双方在利益上具有相关联的其他关系，包括虽未达到本条第 1 项持股比例，但一方与另一方的主要持股方享受基本相同的经济利益，以及家族、亲属关系等。

（二）关联交易的类型

关联交易主要包括以下类型：

（1）有形资产的购销、转让和使用，包括房屋建筑物、交通工具、机器设备、工具、商品、产品等有形资产的购销、转让和租赁业务。

（2）无形资产的转让和使用，包括土地使用权、版权（著作权）、专利、商标、客户名单、营销渠道、牌号、商业秘密和专有技术等特许权，以及工业品外观设计或实用新型等工业产权的所有权转让和使用权的提供业务。

（3）融通资金，包括各类长短期资金拆借和担保以及各类计息预付款和延期付款等业务。

（4）提供劳务，包括市场调查、行销、管理、行政事务、技术服务、维修、设计、咨询、代理、科研、法律、会计事务等服务的提供。

（三）关联申报

实行查账征收的居民企业和在中国境内设立机构、场所并据实申报缴纳企业所得税的非居民企业向税务机关报送年度企业所得税纳税申报表时，应附送《中华人民共和国企业年度关联业务往来报告表》，包括《关联关系表》《关联交易汇总表》《购销表》《劳务表》《无形资产表》《固定资产表》《融通资金表》《对外投资情况表》和《对外支付款项情况表》。

二、同期资料管理

（一）企业提供同期资料的义务

企业应按纳税年度准备、保存、并按税务机关要求提供其关联交易的同期资料。资料具体包括：

（1）与关联业务往来有关的价格、费用的制定标准、计算方法和说明等同期资料。

（2）关联业务往来所涉及的财产、财产使用权、劳务等的再销售（转让）价格或者最终销售（转让）价格的相关资料。

（3）与关联业务调查有关的其他企业应当提供的与被调查企业可比的产品价格、定价方式以及利润水平等资料。

（4）其他与关联业务往来有关的资料。

企业应在关联交易发生年度的次年5月31日之前准备完毕该年度同期资料，并自税务机关要求之日起 20 日内提供。企业因不可抗力无法按期提供同期资料的，应在不可抗力消除后 20 日内提供同期资料。

（二）同期资料提供义务的免除

属于下列情形之一的企业，可免于准备同期资料：

（1）年度发生的关联购销金额（来料加工业务按年度进出口报关价格计算）在 2 亿元人民币以下且其他关联交易金额（关联融通资金按利息收付金额计算）在 4000 万元人民币以下，上述金额不包括企业在年度内执行成本分摊协议或预约定价安排所涉及的关联交易金额；

（2）关联交易属于执行预约定价安排所涉及的范围；

（3）外资股份低于50%且仅与境内关联方发生关联交易。

（三）同期资料的保存

（1）企业因合并、分立等原因变更或注销税务登记的，应由合并、分立后的企业保存同期资料。

（2）同期资料应自企业关联交易发生年度的次年 6 月 1 日起保存 10 年。

三、对转让定价的纳税调整

（一）转让定价的含义

转让定价是指关联企业之间在销售货物、提供劳务、转让无形资产、融通资金等时，为减少应税收入或者所得额，不按独立交易原则[①]制定的价格。转让定价已成为企业避税的主要方式，其通常做法是：关联企业之间交易时，高税率企业向低税率企业销售货物、提供劳务、转让无形资产时制定低于市场的价格；低税率企业向高税率企业销售货物、提供劳务、转让无形资产时制定高于市场的价格。促使利润从高税率企业转移到低税率企业，从而达到关联企业整体最大限度税负减轻的目的。

【例 7-6】　A、B 两家公司为关联企业，2013 年度 A 公司适用企业所得税税率为 25%，

---

① 独立交易原则是指没有关联关系的交易各方，按照公平成交价格和营业常规进行业务往来遵循的原则。

B 公司适用企业所得税税率为 15%，A 公司出售一批货物给 B 公司定价为 150 万元（假设市场定价为 200 万元），于是转让定价使关联企业整体的税负水平减少了（200 − 150）×（25% − 15%）= 5（万元）。

可见，大量转让定价的出现将会严重损害国家的税收权益，对转让定价的纳税调整，就成为特别纳税调整中的重要组成部分。

（二）对转让定价纳税调整的方法

企业与其关联方之间的业务往来，不符合独立交易原则而减少企业或者其关联方应纳税收入或者所得额的，税务机关有权按照合理方法调整。所称的合理方法，包括：

（1）可比非受控价格法。它是指按照没有关联关系的交易各方进行相同或者类似业务往来的价格进行定价的方法。可比性分析因素主要包括以下五个方面：

1）交易资产或劳务特性，主要包括：有形资产的物理特性、质量、数量等，劳务的性质和范围，无形资产的类型、交易形式、期限、范围、预期收益等。

2）交易各方的功能和风险，功能主要包括：研发、设计，采购，加工、装配、制造，存货管理、分销、售后服务、广告，运输、仓储，融资，财务、会计、法律及人力资源管理等，在比较功能时，应关注企业为发挥功能所使用资产的相似程度；风险主要包括：研发风险，采购风险，生产风险，分销风险，市场推广风险，管理及财务风险等。

3）合同条款，主要包括：交易标的，交易数量、价格，收付款方式和条件，交货条件，售后服务范围和条件，提供附加劳务的约定，变更、修改合同内容的权利，合同有效期，终止或续签合同的权利。

4）经济环境，主要包括：行业概况、地理区域、市场规模、市场层级、市场占有率、市场竞争程度、消费者购买力、商品或劳务可替代性、生产要素价格、运输成本、政府管制等。

5）经营策略，主要包括：创新和开发策略、多元化经营策略、风险规避策略、市场占有策略等。

可比非受控价格法以非关联方之间进行的与关联交易相同或类似业务活动所收取的价格作为关联交易的公平成交价格。可比非受控价格法适用于所有类型的关联交易。

（2）再销售价格法。它是指以关联方购进商品再销售给非关联方的价格减去可比非关联交易毛利后的金额作为关联方购进商品的公平成交价格的方法。其计算公式如下：

公平成交价格 = 再销售给非关联方的价格 ×（1 − 可比非关联交易毛利率）

可比非关联交易毛利率 = 可比非关联交易毛利/可比非关联交易收入净额 × 100%

再销售价格法通常适用于再销售者未对商品进行改变外型、性能、结构或更换商标等实质性增值加工的简单加工或单纯购销业务。

（3）成本加成法。它是指按照成本加合理的费用和利润进行定价的方法，以关联交易发生的合理成本加上可比非关联交易毛利作为关联交易的公平成交价格。其计算公式如下：

公平成交价格 = 关联交易的合理成本 ×（1 + 可比非关联交易成本加成率）

可比非关联交易成本加成率 = 可比非关联交易毛利/可比非关联交易成本 × 100%

成本加成法通常适用于有形资产的购销、转让和使用，劳务提供或资金融通的关联交易。

（4）交易净利润法。它是指按照没有关联关系的交易各方进行相同或者类似业务往来取得的净利润水平确定利润的方法，以可比非关联交易的利润率指标确定关联交易的净利润。利润率指标包括资产收益率、销售利润率、完全成本加成率、贝里比率①等。

交易净利润法通常适用于有形资产的购销、转让和使用，无形资产的转让和使用以及劳务提供等关联交易。

（5）利润分割法。它是指将企业与其关联方的合并利润或者亏损在各方之间采用合理标准进行分配的方法，根据企业与其关联方对关联交易合并利润的贡献计算各自应该分配的利润额。

利润分割法分为一般利润分割法和剩余利润分割法。一般利润分割法根据关联交易各参与方所执行的功能、承担的风险以及使用的资产，确定各自应取得的利润。剩余利润分割法将关联交易各参与方的合并利润减去分配给各方的常规利润的余额作为剩余利润，再根据各方对剩余利润的贡献程度进行分配。

利润分割法通常适用于各参与方关联交易高度整合且难以单独评估各方交易结果的情况。

（6）其他符合独立交易原则的方法。

（三）转让定价调查及调整

税务机关有权依据《税收征管法》及其实施细则有关税务检查的规定，确定调查企业，进行转让定价调查、调整。被调查企业必须据实报告其关联交易情况，并提供相关资料，不得拒绝或隐瞒。

（1）转让定价调查应重点选择以下企业：

1）关联交易数额较大或类型较多的企业。

2）长期亏损、微利或跳跃性盈利的企业。

3）低于同行业利润水平的企业。

4）利润水平与其所承担的功能风险明显不相匹配的企业。

5）与避税港关联方发生业务往来的企业。

6）未按规定进行关联申报或准备同期资料的企业。

7）其他明显违背独立交易原则的企业。

实际税负相同的境内关联方之间的交易，只要该交易没有直接或间接导致国家总体税收收入的减少，原则上不做转让定价调查、调整。

（2）经调查，企业关联交易符合独立交易原则的，税务机关应作出转让定价调查结论，并向企业送达《特别纳税调查结论通知书》。经调查，企业关联交易不符合独立交易原则而减少其应纳税收入或者所得额的，税务机关应按以下程序实施转让定价纳税调整：

1）在测算、论证和可比性分析的基础上，拟订特别纳税调查初步调整方案。

2）根据初步调整方案与企业协商谈判，税企双方均应指定主谈人，调查人员应做好《协商内容记录》，并由双方主谈人签字确认，若企业拒签，可由2名以上调查人员签认备案。

3）企业对初步调整方案有异议的，应在税务机关规定的期限内进一步提供相关资料，税务机关收到资料后，应认真审核，并及时作出审议决定。

4）根据审议决定，向企业送达《特别纳税调查初步调整通知书》，企业对初步调整意见

---

① 贝里比率＝边际毛利/营运开支。

有异议的，应自收到通知书之日起 7 日内书面提出，税务机关收到企业意见后，应再次协商审议；企业逾期未提出异议的，视为同意初步调整意见。

5）确定最终调整方案，向企业送达《特别纳税调查调整通知书》。

（3）企业收到《特别纳税调查调整通知书》后，应按规定期限缴纳税款及利息。

四、预约定价安排管理

（一）预约定价安排的概念

预约定价安排是指企业就其未来年度关联交易的定价原则和计算方法，向税务机关提出申请，与税务机关按照独立交易原则协商、确认后达成的协议。预约定价安排的目的是将税务机关对企业关联交易的事后审计变成事先审计，避免事后的纳税调整给税务机关带来管理负担，并造成纳税企业税收结果的不确定。

预约定价安排的谈签与执行通常经过预备会谈、正式申请、审核评估、磋商、签订安排和监控执行 6 个阶段。预约定价安排包括单边、双边和多边 3 种类型。

（二）预约定价安排的参与人

（1）预约定价安排应由设区的市、自治州以上的税务机关受理。

（2）预约定价安排一般适用于同时满足以下条件的企业：

1）年度发生的关联交易金额在 4000 万元人民币以上。

2）依法履行关联申报义务。

3）按规定准备、保存和提供同期资料。

预约定价安排适用于自企业提交正式书面申请年度的次年起 3～5 个连续年度的关联交易。

（三）预约定价安排的程序

1. 预备会谈

企业正式申请谈签预约定价安排前，应向税务机关书面提出谈签意向，税务机关可以根据企业的书面要求，与企业就预约定价安排的相关内容及达成预约定价安排的可行性开展预备会谈，并填制《预约定价安排会谈记录》。预备会谈可以采用匿名的方式。

预备会谈达成一致意见的，税务机关应自达成一致意见之日起 15 日内书面通知企业，可以就预约定价安排相关事宜进行正式谈判，并向企业送达《预约定价安排正式会谈通知书》；预备会谈不能达成一致意见的，税务机关应自最后一次预备会谈结束之日起 15 日内书面通知企业，向企业送达《拒绝企业申请预约定价安排通知书》，拒绝企业申请预约定价安排，并说明理由。

2. 申请

企业应在接到税务机关正式会谈通知之日起 3 个月内，向税务机关提出预约定价安排书面申请报告，并报送《预约定价安排正式申请书》。企业申请双边或多边预约定价安排的，应将《预约定价安排正式申请书》和《启动相互协商程序申请书》同时报送国家税务总局和主管税务机关。

3. 审核评估

税务机关应自收到企业提交的预约定价安排正式书面申请及所需文件、资料之日起 5 个月内，进行审核和评估。根据审核和评估的具体情况可要求企业补充提供有关资料，形成审核评估结论。因特殊情况，需要延长审核评估时间的，税务机关应及时书面通知企业，并向企业送达《预约定价安排审核评估延期通知书》，延长期限不得超过 3 个月。

4. 磋商

税务机关应自单边预约定价安排形成审核评估结论之日起 30 日内，与企业进行预约定价安排磋商，磋商达成一致的，应将预约定价安排草案和审核评估报告一并层报国家税务总局审定。

国家税务总局与税收协定缔约对方税务主管当局开展双边或多边预约定价安排的磋商，磋商达成一致的，根据磋商备忘录拟订预约定价安排草案。

5. 签订安排

税务机关与企业就单边预约定价安排草案内容达成一致后，双方的法定代表人或法定代表人授权的代表正式签订单边预约定价安排。国家税务总局与税收协定缔约对方税务主管当局就双边或多边预约定价安排草案内容达成一致后，双方或多方税务主管当局授权的代表正式签订双边或多边预约定价安排。主管税务机关根据双边或多边预约定价安排与企业签订《双边（多边）预约定价安排执行协议书》。

在预约定价安排正式谈判后和预约定价安排签订前，税务机关和企业均可暂停、终止谈判。涉及双边或多边预约定价安排的，经缔约各方税务主管当局协商，可暂停、终止谈判。终止谈判的，双方应将谈判中相互提供的全部资料退还给对方。

6. 监控执行

（1）在预约定价安排执行期内，企业应完整保存与安排有关的文件和资料（包括账簿和有关记录等），不得丢失、销毁和转移；并在纳税年度终了后 5 个月内，向税务机关报送执行预约定价安排情况的年度报告。年度报告应说明报告期内经营情况以及企业遵守预约定价安排的情况，包括预约定价安排要求的所有事项，以及是否有修订或实质上终止该预约定价安排的要求。如有未决问题或将要发生的问题，企业应在年度报告中予以说明，以便与税务机关协商是否修订或终止安排。

（2）在预约定价安排执行期内，税务机关应定期（一般为半年）检查企业履行安排的情况。检查内容主要包括：企业是否遵守了安排条款及要求；为谈签安排而提供的资料和年度报告是否反映了企业的实际经营情况；转让定价方法所依据的资料和计算方法是否正确；安排所描述的假设条件是否仍然有效；企业对转让定价方法的运用是否与假设条件相一致等。税务机关如发现企业有违反安排的一般情况，可视情况进行处理，直至终止安排；如发现企业存在隐瞒或拒不执行安排的情况，税务机关应认定预约定价安排自始无效。

（3）在预约定价安排执行期内，如果企业发生实际经营结果不在安排所预期的价格或利润区间之内的情况，税务机关应在报经上一级税务机关核准后，将实际经营结果调整到安排所确定的价格或利润区间内。涉及双边或多边预约定价安排的，应当层报国家税务总局核准。

（4）在预约定价安排执行期内，企业发生影响预约定价安排的实质性变化，应在发生变化后 30 日内向税务机关书面报告，详细说明该变化对预约定价安排执行的影响，并附相关资料。由于非主观原因而无法按期报告的，可以延期报告，但延长期不得超过 30 日。税务机关应在收到企业书面报告之日起 60 日内，予以审核和处理，包括审查企业变化情况、与企业协商修订预约定价安排条款和相关条件，或根据实质性变化对预约定价安排的影响程度采取修订或终止安排等措施。原预约定价安排终止执行后，税务机关可以和企业按照本章规定的程序和要求，重新谈签新的预约定价安排。

（5）国家税务局和地方税务局与企业共同签订的预约定价安排，在执行期内，企业应分别向国家税务局和地方税务局报送执行预约定价安排情况的年度报告和实质性变化报告。国家税务局和地方税务局应对企业执行安排的情况，实行联合检查和审核。

7. 失效和续签

预约定价安排期满后自动失效。如企业需要续签的，应在预约定价安排执行期满前 90 日内向税务机关提出续签申请，报送《预约定价安排续签申请书》，并提供可靠的证明材料，说明现行预约定价安排所述事实和相关环境没有发生实质性变化，并且一直遵守该预约定价安排中的各项条款和约定。税务机关应自收到企业续签申请之日起 15 日内作出是否受理的书面答复，向企业送达《预约定价安排申请续签答复书》。税务机关应审核、评估企业的续签申请资料，与企业协商拟订预约定价安排草案，并按双方商定的续签时间、地点等相关事宜，与企业完成续签工作。

五、成本分摊协议管理

（一）成本分摊协议的概念

成本分摊协议是企业之间签订的，用以确定各企业在共同开发、受让无形资产，或者共同提供、接受劳务方面承担的成本和风险。如果没有必要的管理，成本分摊协议很可能就成为关联企业的"避税协议"，由高税率的企业承担更多的成本费用，使利润向低税率企业转移，以实现关联企业整体税后利益的最大化。因而，对成本分摊协议的管理也成为特别纳税调整的重要内容。

（二）对成本分摊协议的要求

（1）企业与其关联方共同开发、受让无形资产，或者共同提供、接受劳务发生的成本，在计算应纳税所得额时应当按照独立交易原则进行分摊，达成成本分摊协议。企业与其关联方分摊成本时，应当按照成本与预期收益相配比的原则进行分摊，并在税务机关规定的期限内，按照税务机关的要求报送有关资料。违反上述规定，其自行分摊的成本不得在计算应纳税所得额时扣除。

（2）企业应自成本分摊协议达成之日起 30 日内，层报国家税务总局备案。税务机关判定成本分摊协议是否符合独立交易原则需层报国家税务总局审核。

（3）企业执行成本分摊协议期间，无论成本分摊协议是否采取预约定价安排的方式，均应在本年度的次年 6 月 20 日之前向税务机关提供成本分摊协议的同期资料。

（三）成本分摊协议的税务处理

（1）对于符合独立交易原则的成本分摊协议，有关税务处理如下：

1）企业按照协议分摊的成本，应在协议规定的各年度税前扣除。

2）涉及补偿调整的，应在补偿调整的年度计入应纳税所得额。

3）涉及无形资产的成本分摊协议，加入支付、退出补偿或终止协议时对协议成果分配的，应按资产购置或处置的有关规定处理。

（2）企业与其关联方签署成本分摊协议，有下列情形之一的，其自行分摊的成本不得税前扣除：

1）不具有合理商业目的和经济实质。

2）不符合独立交易原则。

3）没有遵循成本与收益配比原则。

4）未按《特别纳税调整实施办法（试行）》有关规定备案或准备、保存和提供有关成本分摊协议的同期资料。

5）自签署成本分摊协议之日起经营期限少于 20 年。

六、受控外国企业管理

（一）受控外国企业的概念

受控外国企业是指由居民企业，或者由居民企业和居民个人（以下统称中国居民股东，包括中国居民企业股东和中国居民个人股东）控制的设立在实际税负低于 25%基本税率 50%的国家（地区），并非出于合理经营需要对利润不作分配或减少分配的外国企业。因为受控外国企业所在地所得税税负极低或是没有，人为地减少或是不作利润分配，已达到避税的目的。[①] 税务机关需要对不合理的利润分配予以调整，以确保我国的税收权益。

以上所称的控制，是指在股份、资金、经营、购销等方面构成实质控制。其中，股份控制是指由中国居民股东在纳税年度任何一天单层直接或多层间接单一持有外国企业10%以上有表决权股份，且共同持有该外国企业 50%以上股份。

中国居民股东多层间接持有股份按各层持股比例相乘计算，中间层持有股份超过 50%的，按 100%计算。

（二）受控外国企业管理的主要内容

（1）中国居民企业股东应在年度企业所得税纳税申报时提供对外投资信息，附送《对外投资情况表》。

（2）受控外国企业并非出于合理经营需要对利润不作分配或减少分配的，利润中应归属于该居民企业的部分，应当计入该居民企业的当期收入。计入中国居民企业股东当期的视同受控外国企业股息分配的所得，应按以下公式计算：

中国居民企业股东当期所得 = 视同股息分配额×实际持股天数÷受控外国企业纳税年度天数×股东持股比例

中国居民股东多层间接持有股份的，股东持股比例按各层持股比例相乘计算。

（3）计入中国居民企业股东当期所得已在境外缴纳的企业所得税税款，可按照所得税法或税收协定的有关规定抵免。

（4）中国居民企业股东能够提供资料证明其控制的外国企业满足以下条件之一的，可免于将外国企业不作分配或减少分配的利润视同股息分配额，计入中国居民企业股东的当期所得：

1）设立在国家税务总局指定的非低税率国家（地区）。

2）主要取得积极经营活动所得。

3）年度利润总额低于 500 万元人民币。

---

① 英属维尔京群岛、开曼群岛等都是具有代表性的没有税负的地区，因而汇集了众多的跨国公司。

七、资本弱化管理

（一）资本弱化的概念

资本弱化是指企业增加债权性投资（借贷款）而减少权益性投资（股权投资）比例的方式增加税前扣除，从而达到避税目的的一种方式。借贷款支付的利息，作为财务费用一般可以税前扣除，而为股份资本支付的股息一般不得税前扣除，因而部分企业为了加大税前扣除，在融资时多采用借贷款而不是募集股份的方式。

债权性投资是指企业直接或者间接从关联方获得的，需要偿还本金和支付利息或者需要以其他具有支付利息性质的方式予以补偿的融资。企业间接从关联方获得的债权性投资，包括：

1）关联方通过无关联第三方提供的债权性投资。

2）无关联第三方提供的、由关联方担保且负有连带责任的债权性投资。

3）其他间接从关联方获得的具有负债实质的债权性投资。

权益性投资是指企业接受的不需要偿还本金和支付利息，投资人对企业净资产拥有所有权的投资。

（二）资本弱化管理的主要内容

（1）企业从其关联方接受的债权性投资与权益性投资的比例超过规定标准而发生的利息支出，不得在计算应纳税所得额时扣除。不得在计算应纳税所得额时扣除的利息支出应按以下公式计算：

不得扣除利息支出＝年度实际支付的全部关联方利息×（1－标准比例/关联债资比例）

标准比例，即金融企业，为 5：1；其他企业，为 2：1。

关联债资比例＝年度各月平均关联债权投资之和/年度各月平均权益投资之和

其中：

各月平均关联债权投资＝（关联债权投资月初账面余额 ＋ 月末账面余额）/2

各月平均权益投资＝（权益投资月初账面余额 ＋ 月末账面余额）/2

（2）不得在计算应纳税所得额时扣除的利息支出，不得结转到以后纳税年度；应按照实际支付给各关联方利息占关联方利息总额的比例，在各关联方之间进行分配，其中，分配给实际税负高于企业的境内关联方的利息准予扣除；直接或间接实际支付给境外关联方的利息应视同分配的股息，按照股息和利息分别适用的所得税税率差补征企业所得税，如已扣缴的所得税税款多于按股息计算应征所得税税款，多出的部分不予退税。

八、一般反避税管理

（一）一般反避税管理的范围

企业实施其他不具有合理商业目的的安排而减少其应纳税收入或者所得额的，税务机关有权启动一般反避税调查，按照合理方法调整。不具有合理商业目的，是指以减少、免除或者推迟缴纳税款为主要目的。避税安排具有以下特征：

（1）以获取税收利益为唯一目的或者主要目的。

（2）以形式符合税法规定、但与其经济实质不符的方式获取税收利益。

（二）特别纳税调整方法

税务机关应当以具有合理商业目的和经济实质的类似安排为基准，按照实质重于形式的原则实施特别纳税调整。调整方法包括：

（1）对安排的全部或者部分交易重新定性。

（2）在税收上否定交易方的存在，或者将该交易方与其他交易方视为同一实体。

（3）对相关所得、扣除、税收优惠、境外税收抵免等重新定性或者在交易各方间重新分配。

（4）其他合理方法。

企业的安排属于转让定价、成本分摊、受控外国企业、资本弱化等其他特别纳税调整范围的，应当首先适用其他特别纳税调整相关规定。

企业的安排属于受益所有人、利益限制等税收协定执行范围的，应当首先适用税收协定执行的相关规定。

（三）一般反避税管理的程序

税务机关启动一般反避税调查时，应按照《税收征管法》及其实施细则的有关规定向企业送达《税务检查通知书》。企业应自收到通知书之日起 60 日内提供资料证明其安排具有合理的商业目的。企业因特殊情况不能按期提供的，可以向主管税务机关提交书面延期申请，经批准可以延期提供，但是最长不得超过 30 日。主管税务机关应当自收到企业延期申请之日起 15 日内书面回复。逾期未回复的，视同税务机关同意企业的延期申请。企业未在规定期限内提供资料，或提供资料不能证明安排具有合理商业目的的，税务机关可根据已掌握的信息实施纳税调整，并向企业送达《特别纳税调查调整通知书》。

具体分为立案、调查、结案、争议解决等程序，详见 2015 年 2 月 1 日起施行的《一般反避税管理办法（试行）》。

第九节　企业所得税的征收管理

一、纳税地点

（一）居民企业的纳税地点

（1）除税收法律、行政法规另有规定外，居民企业以企业登记注册地为纳税地点；但登记注册地在境外的，以实际管理机构所在地为纳税地点。企业登记注册地是指企业依照国家有关规定登记注册的住所地。

（2）居民企业在中国境内设立不具有法人资格的营业机构的，应当汇总计算并缴纳企业所得税。企业汇总计算并缴纳企业所得税时，应当统一核算应纳税所得额，具体办法由国务院财政、税务主管部门另行制定。

（二）非居民企业的纳税地点

（1）非居民企业在中国境内设立机构、场所的，应当就其所设机构、场所取得的来源于中国境内的所得，以及发生在中国境外但与其所设机构、场所有实际联系的所得，以机构、场所所在地为纳税地点。非居民企业在中国境内设立两个或者两个以上机构、场所的，经税务机关审核批准，可以选择由其主要机构、场所汇总缴纳企业所得税。

（2）非居民企业在中国境内未设立机构、场所的，或者虽设立机构、场所但取得的所得与其所设机构、场所没有实际联系的所得，以扣缴义务人所在地为纳税地点。

二、纳税期限

企业所得税按年计征，分月或者分季预缴，年终汇算清缴，多退少补。

企业所得税按纳税年度计算。纳税年度自公历 1 月 1 日起至 12 月 31 日止。企业在一个纳税年度中间开业，或者终止经营活动，使该纳税年度的实际经营期不足 12 个月的，应当以其实际经营期为一个纳税年度。企业依法清算时，应当以清算期间作为一个纳税年度。

三、纳税申报

（一）纳税申报期限

企业应当自月份或者季度终了之日起 15 日内，向税务机关报送预缴企业所得税纳税申报表，预缴税款；自年度终了之日起 5 个月内，向税务机关报送年度企业所得税纳税申报表，并汇算清缴，结清应缴应退税款。在报送企业所得税纳税申报表时，应当按照规定附送财务会计报告和其他有关资料。企业在纳税年度内无论盈利或者亏损，都应当依照规定的期限，向税务机关报送预缴企业所得税纳税申报表、年度企业所得税纳税申报表、财务会计报告和税务机关规定应当报送的其他有关资料。

企业在年度中间终止经营活动的，应当自实际经营终止之日起 60 日内，向税务机关办理当期企业所得税汇算清缴。

企业应当在办理注销登记前，就其清算所得向税务机关申报并依法缴纳企业所得税。

（二）外币折合成人民币

企业所得以人民币以外的货币计算的，预缴企业所得税时，应当按照月度或者季度最后一日的人民币汇率中间价，折合成人民币计算应纳税所得额。年度终了汇算清缴时，对已经按照月度或者季度预缴税款的，不再重新折合计算，只就该纳税年度内未缴纳企业所得税的部分，按照纳税年度最后一日的人民币汇率中间价，折合成人民币计算应纳税所得额。

（三）纳税申报表

2014 年 11 月国家税务总局发布了《企业所得税年度纳税申报表》（A 类，2014 版），以下简称《申报表》，适用于实行查账征收企业所得税的居民纳税人填报。《申报表》共 41 张，1 张基础信息表，1 张主表，6 张收入费用明细表，15 张纳税调整表，1 张亏损弥补表，11 张税收优惠表，4 张境外所得抵免表，2 张汇总纳税表。除了基础信息表和主表是必填表外，其余为选填表。纳税人在填报申报表之前，应仔细阅读表单，并根据企业的涉税业务，选择"填报"或"不填报"。选择"填报"的，需完成该表格相关内容的填报；选择"不填报"的，可以不填报该表格。对选择"不填报"的表格，可以不上报税务机关。

表 7-5 为企业所得税年度纳税申报表填报表单（节选）。

表 7-5　企业所得税年度纳税申报表填报表单（节选）

表 单 编 号	表 单 名 称	选择填报情况	
		填 报	不填报
A000000	企业基础信息表	√	×
A100000	中华人民共和国企业所得税年度纳税申报表（A 类）	√	×

（续）

表单编号	表单名称	选择填报情况	
		填报	不填报
A101010	一般企业收入明细表	☐	☐
A101020	金融企业收入明细表	☐	☐
A102010	一般企业成本支出明细表	☐	☐
A102020	金融企业支出明细表	☐	☐
A103000	事业单位、民间非营利组织收入、支出明细表	☐	☐
A104000	期间费用明细表	☐	☐
A105000	纳税调整项目明细表	☐	☐
A105010	视同销售和房地产开发企业特定业务纳税调整明细表	☐	☐
A105020	未按权责发生制确认收入纳税调整明细表	☐	☐
A105030	投资收益纳税调整明细表	☐	☐
A105040	专项用途财政性资金纳税调整明细表	☐	☐
A105050	职工薪酬纳税调整明细表	☐	☐
A105060	广告费和业务宣传费跨年度纳税调整明细表	☐	☐
A105070	捐赠支出纳税调整明细表	☐	☐
A105080	资产折旧、摊销情况及纳税调整明细表	☐	☐
A105081	固定资产加速折旧、扣除明细表	☐	☐
A105090	资产损失税前扣除及纳税调整明细表	☐	☐
A105091	资产损失（专项申报）税前扣除及纳税调整明细表	☐	☐
A105100	企业重组纳税调整明细表	☐	☐

练 习 题

1. 某国家重点扶持的高新技术企业，2013 年度会计资料反映情况如下：

（1）销售收入 7 000 万元，销售成本 5 600 万元；

（2）增值税 484 万元，营业税金及附加 56 万元；

（3）房屋出租收入 28 万元；

（4）销售费用 260 万元（其中广告费 178 万元）；

（5）管理费用 300 万元（其中业务招待费 46 万元，研究新产品、新技术费用 38 万元）；

（6）财务费用 12 万元；

（7）营业外支出 68 万元，其中支付另一企业合同违约金 3 万元，向受灾地区汇款 10 万元。

根据上述资料计算并回答以下问题：

（1）该企业 2013 年度收入总额；

（2）计算该企业 2013 年度的应纳税所得额；

（3）计算该企业汇算清缴时全年应纳企业所得税税额。

2．某符合条件的软件生产企业于 2009 年设立，并于当年开始享受"两免三减半"的税收优惠，2012 年被认定为高新技术企业。2013 年有关经营情况如下：

（1）高新技术产品销售收入 23 000 万元，符合条件的技术转让收入 4 000 万元、所转让技术的成本为 800 万元，从其他居民企业（非上市公司）取得直接投资的股息收入 500 万元。

（2）高新技术产品销售成本 7 800 万元；非增值税销售税金及附加 47 万元；销售费用 2 000 万元，其中广告费和业务宣传费 1 700 万元、手续费和佣金 200 万元（支付对象为有合法中介资格的境内某公司，转账支付、实际支付比例为服务金额的 10%）；管理费用 3 000 万元，其中业务招待费 150 万元、符合加计扣除条件的研究开发费 1 200 万元；财务费用 480 万元。

（3）当年计入成本费用的合理的实发工资 7 500 万元，发生职工福利费支出 1 100 万元，拨缴工会经费 190 万元，发生职工教育经费支出 760 万元，其中职工培训费用支出 600 万元，计入成本和期间费用的职工薪酬比为 8：2。

2013 年度企业所得税汇算清缴时，该企业按规定履行了减免税手续。

根据上述资料计算并回答以下问题：

（1）该企业 2013 年度收入总额；

（2）计算该企业 2013 年度的应纳税所得额；

（3）计算该企业汇算清缴时全年应纳企业所得税税额。

3．某机械制造有限公司为居民企业，2012 年度应纳税所得额为-200 万元。2013 年度生产经营情况如下：

（1）销售产品取得不含税收入 11 000 万元，从事符合条件的环境保护项目的收入为 1 000 万元（第一年取得该项目收入）；

（2）产品销售成本 6 500 万元，从事符合条件的环境保护项目的成本为 500 万元；

（3）销售税金及附加 300 万元，从事符合条件的环境保护项目的税金及附加 70 万元；

（4）销售费用 2 000 万元（其中广告费 200 万元），财务费用 200 万元；

（5）"投资收益" 50 万元（投资非上市公司的股权投资按权益法确认的投资收益 40 万元，国债持有期间的利息收入 10 万元）；

（6）管理费用 1 200 万元（其中，业务招待费 85 万元，新产品研究开发费 30 万元）；

（7）营业外支出 800 万元（其中，通过省教育厅捐赠给某高校 100 万元，非广告性赞助支出 50 万元，存货盘亏损失 50 万元）；

（8）全年提取并实际支付工资支出共计 2 000 万元（其中，符合条件的环境保护项目工资 100 万元），职工工会经费、职工教育经费分别按工资总额的 2%、2.5%的比例提取。

（9）全年列支职工福利性支出 160 万元，职工教育费支出 18 万元，拨缴工会经费 30 万元。

假设：除资料所给内容外，无其他纳税调整事项；从事符合条件的环境保护项目能够单独核算；期间费用按照销售收入在化工产品和环境保护项目之间进行分配。

根据上述资料计算该公司 2013 年度应缴纳的企业所得税。

第八章　个人所得税法

第一节　个人所得税概述

一、个人所得税的概念

个人所得税是以个人取得的各项应税所得为征税对象所征收的一种税。在现代国家，开征个人所得税不仅仅是为了增加财政收入，更重要的是个人所得税的征收已成为调节个人收入分配、实现社会公平的有效手段。根据国家统计局年度数据，2013 年我国个人所得税收入总额 6 531.53 亿元，占全年税收收入 110 530.70 亿元的 5.91%。

二、个人所得税的发展

个人所得税法是调整征税机关与自然人（居民、非居民）之间在个人所得税的征纳与管理过程中所发生的社会关系的法律规范的总称。

1950 年 7 月，政务院公布的《税政实施要则》中，就曾列举对个人所得课税的税种，当时定名为"薪给报酬所得税"。但由于我国生产力和人均收入水平低，实行低工资制，虽然设立了税种，却一直没有开征。1980 年 9 月 10 日，第五届全国人民代表大会第三次会议通过并公布了《中华人民共和国个人所得税法》。我国的个人所得税制度至此方始建立。1986 年 9 月，针对我国国内个人收入发生很大变化的情况，国务院发布了《中华人民共和国个人收入调节税暂行条例》，规定对本国公民的个人收入统一征收个人收入调节税。1993 年 10 月 31 日，第八届全国人民代表大会常务委员会第四次会议通过了《关于修改<中华人民共和国个人所得税法>的决定》的修正案，规定不分内、外，所有中国居民和有来源于中国所得的非居民，均应依法缴纳个人所得税。同日发布了新修改的《中华人民共和国个人所得税法》（简称《个人所得税法》）。2011 年 6 月 30 日，十一届全国人大常委会第二十一次会议表决通过了全国人大常委会关于修改个人所得税法的决定，对个人所得税法进行了第六次修正。

三、个人所得税的特点

（一）实行分类所得税制

我国现行个人所得税将个人取得的所得分为 11 类，分别采用不同的费用减除规定、不同的税率和不同的计算方法。

（二）采用超额累进税率与比例税率两种税率形式

我国现行个人所得税对工资、薪金所得采用 7 级超额累进税率，对个体工商户生产、经营所得和对企事业单位承包经营、承租经营所得采用 5 级超额累进税率，对劳务报酬所得、稿酬所得、特许权使用费所得、利息、股息、红利所得等采用 20%的比例税率。

（三）采取源泉扣缴和自行申报两种征税方法

我国现行个人所得税，以所得人为纳税义务人，以支付所得的单位或者个人为扣缴义务人。个人所得超过国务院规定数额的，在两处以上取得工资、薪金所得或者没有扣缴义务人的，以及具有国务院规定的其他情形的，纳税义务人应当按照国家规定自行申报纳税。

第二节　个人所得税的纳税人与征税对象

一、个人所得税的纳税人

《个人所得税法》规定，中国公民、个体工商业户、个人独资企业、合伙企业个人投资者以及在中国有所得的外籍人员（包括无国籍人员，下同）和港澳台同胞，为个人所得税的纳税义务人。同时我国参照国际惯例，按照住所和居住时间两个标准，把个人所得税的纳税义务人又划分为居民纳税人和非居民纳税人。

（一）居民纳税义务人

根据《个人所得税法》规定，居民纳税义务人是指在中国境内有住所，或者无住所而在境内居住满 1 年的个人。居民纳税义务人负有无限纳税义务，其所得无论是从中国境内取得还是从境外取得，都要向中国缴纳个人所得税。

住所是指习惯性住所，在中国境内有住所的个人，是指因户籍、家庭、经济利益关系而在中国境内习惯性居住的个人。

在境内居住满 1 年是指在一个纳税年度（1 月 1 日至 12 月 31 日）中在中国境内居住 365 日。临时离境的，不扣减日数。临时离境是指在一个纳税年度中一次离境不超过 30 日或多次离境累计不超过 90 日。

【例8-1】外籍个人甲 2013 年 9 月 1 日入境，2014 年 9 月 15 日离境；在本案中，2013、2014 年度，甲在中国境内居住均未满 365 日，不属于居民纳税人。

【例8-2】　外籍个人乙 2013 年 9 月 1 日入境，2014 年 10 月 1 日回国探亲，2014 年 10 月 8 日返回中国，2015 年 2 月 1 日离境，在本案中：①2013 和 2015 年度，乙明显未在中国境内居住满 365 日，不属于居民纳税人；②2014 年度，乙一次离境未超过 30 日（10 月 1 日至 8 日），属于临时离境，不扣减其在华居住天数，满足在一个纳税年度内在中国境内居住满 365 日的要求，属于居民纳税人。

【例8-3】　外籍个人丙 2013 年 9 月 1 日入境，2014 年 5 月 1 日回国探亲 5 天，2014 年 10 月 1 日再次回国探亲 7 天，除此以外，2014 年未发生其他离境；在本案中，丙在 2014 年度多次离境，但累计天数未超过 90 日，依然满足在一个纳税年度内在中国境内居住满 365 日的要求，属于居民纳税人。

（二）非居民纳税义务人

非居民纳税义务人是指在中国境内无住所又不居住或者无住所而在境内居住不满 1 年的个人。即在一个纳税年度中，没有在中国境内居住，或者在中国境内居住不满 1 年的外籍人员、华侨或中国香港、中国澳门、中国台湾同胞。非居民纳税义务人承担有限纳税义务，仅就其来源于中国境内的所得向中国缴纳个人所得税。

二、个人所得税的征税对象

（一）征税对象

个人所得税的征税对象是个人取得的各项应税所得，包括工资、薪金所得，个体工商户的生产、经营所得，对企事业单位的承包经营、承租经营所得，劳务报酬所得，稿酬所得，特许权使用费所得，利息、股息、红利所得，财产租赁所得，财产转让所得，偶然所得以及经国务院财政部门确定征税的其他所得等 11 项所得。

个人所得的形式，包括现金、实物、有价证券和其他形式的经济利益。所得为实物的，应当按照取得的凭证上所注明的价格计算应纳税所得额；无凭证的实物或者凭证上所注明的价格明显偏低的，参照市场价格核定应纳税所得额。所得为有价证券的，根据票面价格和市场价格核定应纳税所得额。所得为其他形式的经济利益的，参照市场价格核定应纳税所得额。

居民纳税义务人应就来源于中国境内和境外的全部所得征税；非居民纳税义务人则只就来源于中国境内部分的所得征税。

（二）所得来源地

所得的来源地与所得的支付地并不是同一概念，有时两者是一致的，有时却是不相同的。个人所得的来源地具体规定如下：

（1）工资、薪金所得，以纳税义务人任职、受雇的公司、企业、事业单位、机关、团体、部队、学校等单位的所在地作为所得来源地。

（2）生产、经营所得，以生产、经营活动实现地作为所得来源地。

（3）劳动报酬所得，以纳税义务人实际提供劳务的地点，作为所得来源地。

（4）不动产转让所得，以不动产坐落地为所得来源地；动产转让所得，以实现转让的地点为所得来源地。

（5）财产租赁所得，以被租赁财产的使用地作为所得来源地。

（6）利息、股息、红利所得，以支付利息、股息、红利的企业、机构、组织的所在地作为所得来源地。

（7）特许权使用费所得，以特许权的使用地作为所得来源地。

第三节　个人所得税的税目

我国个人所得税采用分类所得税制，把个人所得税的应税所得按来源分为 11 个应税项目。

一、工资、薪金所得

工资、薪金所得是指个人因任职或者受雇而取得的工资、薪金、奖金、年终加薪、劳动分红、津贴、补贴以及任职或者受雇有关的其他所得。

一般来说，工资、薪金所得属于非独立个人劳动所得。非独立个人劳动是指个人所从事的由他人指定、安排并接受管理的劳动。通常，工作或服务于公司、工厂、行政机关、事业单位的人员（私营企业主除外）均为非独立劳动者。

除工资、薪金以外的奖金、年终加薪、劳动分红、津贴、补贴也被确定为工资、薪金范畴。其中，年终加薪、劳动分红不分种类和取得情况，一律按工资、薪金所得课税。但津贴、补贴则要区分是否属于征税范围。

税法规定对于一些不属于工资、薪金性质的补贴、津贴或者不属于纳税人本人工资、薪金所得项目的收入，不予征税。这些项目包括：①独生子女补贴；②执行公务员工资制度未纳入基本工资总额的补贴、津贴差额和家属成员的副食品补贴；③托儿补助费；④差旅费津贴、误餐补助。

另外，税法还作出了一些特殊规定：

（1）内部退养一次性收入按"工资、薪金所得"缴纳个人所得税。

（2）离退休人员按规定领取离退休工资或养老金外，另从原任职单位取得的各类补贴、奖金、实物，不属于免税项目，应按工资、薪金所得缴纳个人所得税。

（3）内部退养人员再就业、退休人员再任职取得的收入，按工资、薪金所得缴纳个人所得税。

（4）公司职工取得的用于购买该企业国有股权的劳动分红，按工资、薪金所得计征个人所得税。个人因任职、受雇上市公司取得的股票增值权、限制性股票所得，按工资、薪金所得缴纳个人所得税。

（5）出租车经营单位对出租车驾驶员采取单车承包或承租方式运营，驾驶员收入按工资、薪金所得缴纳个人所得税。

（6）个人对企事业单位承包、承租经营后，工商登记仍为企业，且承包、承租人对企业经营成果不拥有所有权，仅按合同（协议）规定取得一定所得的，应按工资、薪金所得缴纳个人所得税。

二、个体工商户的生产、经营所得

个体工商户的生产、经营所得，是指：

（1）个体工商户从事工业、手工业、建筑业、交通运输业、商业、饮食业、服务业、修理及其他行业取得的所得。

（2）个人经政府有关部门批准，取得执照，从事办学、医疗、咨询以及其他有偿服务活动取得的所得。

（3）上述个体工商户和个人取得的与生产、经营有关的各项应税所得。

（4）个人因从事彩票代销业务而取得的所得，应按照"个体工商户的生产、经营所得"项目计征个人所得税。

（5）其他个人从事个体工商业生产、经营取得的所得。

（6）个体工商户和从事生产、经营的个人，取得与生产、经营活动无关的其他各项应税所得，应分别按照其他应税项目的有关规定，计算征收个人所得税。如对外投资取得的股息所得，应按"股息、利息、红利"税目的规定单独计征个人所得税。

（7）个人独资企业、合伙企业的个人投资者以企业资金为本人、家庭成员及其相关人员支付与企业生产经营无关的消费性支出及购买汽车、住房等财产性支出，视为企业对个人投资者利润分配，并入投资者个人的生产经营所得，依照"个体工商户的生产、经营所得"项目计征个人所得税。

三、对企事业单位的承包经营、承租经营所得

对企事业单位的承包经营、承租经营所得是指个人对企事业单位的承包经营或承租经营以及转包、转租取得的所得。包括个人按月或者按次取得的工资、薪金性质的所得。个人对企事业单位的承包经营、承租经营形式较多，分配方式也不尽相同，税法为此作出了如下具体规定。

（1）个人承包、承租后工商登记变更为个体工商户的，按"个体工商户的生产、经营所得"项目征收个人所得税，不再征收企业所得税。

（2）个人承包、承租后，工商登记仍为企业的，不论其分配方式如何，均应先按照企业所得税的有关规定缴纳企业所得税，然后就承包、承租经营者按合同（协议）规定取得的所得，依照《个人所得税法》的有关规定缴纳个人所得税，具体为：

1）承包、承租人对企业经营成果不拥有所有权，仅按合同（协议）规定取得一定所得的，应按"工资、薪金所得"项目征收个人所得税。

2）承包、承租人按合同（协议）规定只向发包方、出租人缴纳一定的费用后，企业的经营成果归承包、承租人所有的，按"对企事业单位承包、承租经营所得"项目征收个人所得税。

3）外商投资企业采取发包、出租方式经营且经营人为个人的，对经营人从外商投资企业分享的收益或取得的所得，也按照"对企事业单位的承包、承租经营所得"征收个人所得税。

表 8-1　承租、承包所得适用税目的确定

登记情况		是否交企业所得税	是否交个人所得税	税目
登记为个体工商户		×	√	按个体工商户的生产、经营所得
仍然登记为企业	承包、承租人对经营成果不拥有所有权	√	√	工资、薪金所得
	承包、承租人对经营成果拥有所有权		√	对企事业单位承包、承租经营所得

四、劳务报酬所得

劳务报酬所得指个人独立从事各种非雇用的各种劳务所取得的所得。包括：设计、装潢、安装、制图、化验、测试、医疗、法律、会计、咨询、讲学、新闻、广播、翻译、审稿、书画、雕刻、影视、录音、录像、演出、表演、广告、展览、技术服务、介绍服务、经纪服务、代办服务、其他劳务。

（1）个人担任董事职务所取得的董事费收入，属于劳务报酬性质，按"劳务报酬所得"项目征税。

（2）自 2004 年 1 月 20 日起，对商品营销活动中，企业和单位对其营销业绩突出的非雇员以培训班、研讨会、工作考察等名义组织旅游活动，通过免收差旅费、旅游费对个人实行的营销业绩奖励（包括实物、有价证券等），应根据所发生费用的全额作为该营销人员当期的劳务收入，按照"劳务报酬所得"项目征收个人所得税，并由提供上述费用的企业和单位代

扣代缴。

（3）个人兼职取得的收入，应按照"劳务报酬所得"项目缴纳个人所得税。

五、稿酬所得

稿酬所得指个人作品以图书、报刊形式出版、发表取得的所得。这里所说的作品，包括文学作品、书画作品、摄影作品以及其他作品。作者去世后，财产继承人取得的遗作稿酬也按稿酬所得征收个人所得税。这里需要注意的是，不以图书、报刊形式出版、发表的翻译、审稿、书画所得按"劳务报酬所得"征税。

表 8-2 关于报纸、杂志、出版社等单位职员在本单位刊物上发表作品的征税总结

单　　位	职　　务	适 用 税 目
报社、杂志社	记者、编辑	工资、薪金所得
	其他岗位	稿酬所得
出版社	专业作者	稿酬所得

六、特许权使用费所得

特许权使用费所得是指个人提供专利权、商标权、著作权、非专利技术以及其他特许权的使用权取得的所得。

特许权主要涉及以下 4 种权利：

（1）专利权。它是由国家专利主管机关依法授予专利申请人或其权利继承人在一定期间内实施其发明创造的专有权。

（2）商标权。它是指商标注册人依法律规定而取得的对其注册商标在核定商品上使用的独占使用权。

（3）著作权，即版权。它是指作者依法对文学、科学和艺术作品享有的专有权利。

（4）非专利技术。它是指专利技术以外的专有技术，包括技术秘密、技术诀窍等。

税法还对一些具体行为作出了明确规定：

（1）提供著作权的使用权取得的所得，不包括稿酬所得。

（2）对于作者将自己的文字作品手稿原件或复印件公开拍卖（竞价）取得的所得，属于提供著作权的使用而取得的所得，故应按"特许权使用费所得"项目征收个人所得税。

（3）个人取得特许权的经济赔偿收入，应按"特许权使用费所得"应税项目缴纳个人所得税，税款由支付赔款的单位或个人代扣代缴。

（4）编剧从电视剧的制作单位取得的剧本使用费，不再区分剧本的使用方是否为其任职单位，统一按"特许权使用费所得"项目计征个人所得税。

七、利息、股息、红利所得

利息、股息、红利所得是指个人拥有债权、股权而取得的利息、股息、红利所得。自 2008 年 10 月 9 日起，储蓄存款利息所得暂免征收个人所得税。

八、财产租赁所得

财产租赁所得是指个人出租建筑物、土地使用权、机器设备、车船以及其他财产取得的所得。

个人取得的财产转租收入，属于"财产租赁所得"的征税范围，由财产转租人缴纳个人所得税。

九、财产转让所得

财产转让所得是指个人转让有价证券、股权、建筑物、土地使用权、机器设备、车船以及其他财产取得的所得。个人进行的财产转让主要是个人财产所有权的转让。对于个人取得的各项财产转让所得，除股票转让所得外，都要征收个人所得税。此外，关于财产转让所得的政策有：

（1）集体所有制企业在改制为股份合作制企业时，对职工个人以股份形式取得的拥有所有权的企业量化资产，暂缓征收个人所得税；待个人将股份转让时，就其转让收入额，减除个人取得该股份时实际支付的费用和合理转让费用后的余额，按"财产转让所得"项目计征个人所得税。

（2）个人出售自有住房取得的所得应按照"财产转让所得"项目的有关规定确定；对个人转让自用 5 年以上并且是家庭唯一生活用房取得的所得，继续免征个人所得税。

十、偶然所得

偶然所得是指个人得奖、中奖、中彩以及其他偶然性质所得。个人因参加企业的有奖销售活动而取得的赠品所得，应按"偶然所得"项目计征个人所得税。偶然所得应缴纳的个人所得税税款，一律由发奖单位或机构代扣代缴。

偶然所得的暂免征收规定有：

（1）彩票。一次中奖收入在 1 万元以下的暂免征收个人所得税；超过 1 万元的，全额按照个人所得税法规定的"偶然所得"税目征收个人所得税。

（2）个人取得单张有奖发票奖金所得不超过 800 元（含 800 元）的，暂免征收个人所得税；个人取得单张有奖发票奖金所得超过 800 元的，应全额按照个人所得税法规定的"偶然所得"税目征收个人所得税。

十一、其他所得

其他所得是指除上述列举的各项个人应税所得外，其他确有必要征税以及难以界定应税项目的个人所得。个人取得所得，难以界定应纳税所得项目的，应由主管税务机关确定。

第四节　个人所得税的税率与应纳税所得额的确定

一、个人所得税的税率

（一）工资、薪金所得

工资、薪金所得，适用 3%～45%的 7 级超额累进税率，见表 8-3。

表8-3　工资、薪金所得个人所得税税率表

级数	全月应纳税所得额		税率/%	速算扣除数
	含税级距	不含税级距		
1	不超过1 500元的	不超过1 455元的	3	0
2	超过1 500元至4 500元的部分	超过1 455元至4 155元的部分	10	105
3	超过4 500元至9 000元的部分	超过4 155元至7 755元的部分	20	555
4	超过9 000元至35 000元的部分	超过7 755元至27 255元的部分	25	1 005
5	超过35 000元至55 000元的部分	超过27 255元至41 255元的部分	30	2 755
6	超过55 000元至80 000元的部分	超过41 255元至57 505元的部分	35	5 505
7	超过80 000元的部分	超过57 505元的部分	45	13 505

（注：本表所称全月应纳税所得额是指依照《个人所得税法》第6条的规定，以每月收入额减除费用3 500元以及附加减除费用后的余额。）

（二）个体工商户的生产、经营所得和对企业事业单位的承包经营、承租经营所得

个体工商户的生产、经营所得，对企业事业单位的承包经营、承租经营所得，个人独资企业和合伙企业的生产经营所得适用5%～35%的5级超额累进税率，见表8-4。

表8-4　个体工商户的生产、经营所得，对企业事业单位的承包经营、承租经营所得个人所得税税率表

级数	全年应纳税所得额		税率/%	速算扣除数
	含税级距	不含税级距		
1	不超过15 000元的	不超过14 250元的	5	0
2	超过15 000元至30 000元的部分	超过14 250元至27 750元的部分	10	750
3	超过30 000元至60 000元的部分	超过27 750元至51 750元的部分	20	3 750
4	超过60 000元至100 000元的部分	超过51 750元至79 750元的部分	30	9 750
5	超过100 000元的部分	超过79 750元的部分	35	14 750

（注：本表所称全年应纳税所得额是指依照《个人所得税法》第6条的规定，以每一纳税年度的收入总额减除成本、费用以及损失后的余额。）

（三）劳务报酬所得

劳务报酬所得适用20%的比例税率。对劳务报酬所得一次收入畸高的，实行加成征收。所谓"一次收入畸高的"是指个人一次取得劳务报酬，其应纳税所得额超过20 000元。对应纳税所得额超过20 000～50 000元的部分，依照税法规定计算应纳税额后再按照应纳税额加征五成；超过50 000元的部分，加征十成。具体适用税率见表8-5。

表8-5　劳务报酬所得个人所得税税率表

级数	每次应纳税所得额		税率/%	速算扣除数
	（含税级距）	不含税级距		
1	不超过20 000元的	不超过16 000元的	20	0
2	超过20 000～50 000元的部分	超过16 000元至37 000元的部分	30	2 000
3	超过50 000元的部分	超过37 000元的部分	40	7 000

（四）稿酬所得

稿酬所得适用 20% 的比例税率，并按应纳税额减征 30%，即实际税率为 14%。

（五）特许权使用费所得，利息、股息、红利所得，财产租赁所得，财产转让所得，偶然所得和其他所得

特许权使用费所得，利息、股息、红利所得，财产租赁所得，财产转让所得，偶然所得和其他所得，适用比例税率，税率为 20%。

为了支持房屋租赁市场的健康发展，从 2008 年 3 月 1 日起，对个人出租住房取得的所得暂减按 10% 的税率征收个人所得税。

二、个人所得税应纳税所得额的确定

（一）应纳税所得额的一般规定

个人所得税的计税依据是应纳税所得额，即个人取得的各项收入减去税法规定的扣除项目或扣除金额之后的余额。

1. 收入的形式

个人取得收入的形式包括现金、实物、有价证券和其他形式的经济利益。收入为实物的，应当按照所取得的凭证上注明的价格计算应纳税所得额；无凭证的事物或者凭证上所注明的价格明显偏低的，参照市场价格核定应纳税所得额；收入为有价证券的，根据票面价格和市场价格核定应纳税所得额；收入为其他形式的经济利益的，参照市场价格核定应纳税所得额。

2. 费用扣除的方法

在计算应纳税所得额时，除特殊项目外，允许从个人的应税收入中减去税法规定的扣除项目或扣除金额，包括为取得收入所指出的必要的成本或费用。我国现行的个人所得税采取分类扣除的方法，具体有以下四种：

（1）工资、薪金所得，每月定额扣除 3 500 元。以下人员每月定额扣除 3 500 元以及附加减除费用 1 300 元。

1）在中国境内的外商投资企业和外国企业中工作的外籍人员。

2）应聘在中国境内的企业、事业单位、社会团体、国家机关中工作的外籍专家。

3）在中国境内有住所而在中国境外任职或者受雇取得工资、薪金所得的个人。

4）国务院财政、税务主管部门确定的其他人员。

（2）劳务报酬所得、稿酬所得、特许权使用费所得和财产租赁所得，每次收入在 4 000 元以下的，定额扣除 800 元，每次收入在 4 000 以上的，定率扣除收入额的 20%。

（3）财产转让所得，扣除财产原值以及其他费用。

（4）利息、股息、红利所得、偶然所得和其他所得，无费用扣除。

3. 其他费用扣除规定

（1）个人将其所得通过中国境内的社会团体、国家机关向教育或其他社会公益事业，或者遭受严重自然灾害地区、贫困地区的捐赠，捐赠额未超过纳税人申报的应纳税所得额 30% 的部分，可以从其应纳税所得额中扣除。

（2）个人通过非盈利的社会团体、国家机关向红十字事业、农村义务教育、公益性青少年活动场所的捐赠，准予在缴纳个人所得税前的所得额中全额扣除。

（3）对个人通过公益性社会团体、县级以上人民政府及其部门向汶川大地震受灾地区的捐赠，允许在缴纳个人所得税前全额扣除。

（4）个人的所得（不含偶然所得和经国务院财政部门确定征税的其他所得）用于对非关联的科研机构和高等学校研究开发新产品、新技术、新工艺所发生的研究开发经费的资助，可以全额在下月（工资、薪金所得）或下次（按次计征的所得）或当年（按年计征的所得）计征个人所得税时，从应纳税所得额中扣除，不足抵扣的，不得结转抵扣。

（二）计征方法

（1）工资、薪金所得，按月征收。

（2）个体工商户的生产、经营所得和对企事业单位的承包、承租经营所得，按年征收。

（3）劳务报酬所得、稿酬所得、特许权使用费所得、财产租赁所得、财产转让所得、偶然所得以及利息、股息、红利所得，按次征收。

1）劳务报酬所得，只有一次性收入的，以取得该项收入为一次；属于同一事项连续取得收入的，以一个月内取得的收入为一次。

2）稿酬所得，以每次出版、发表取得的收入为一次。具体可分为：

① 同一作品再版取得的所得，应视为另一次稿酬所得计征个人所得税。

② 同一作品先在报刊上连载，然后再出版，或者先出版，再在报刊上连载的，应视为两次稿酬所得征税，即连载作为一次，出版作为另一次。

③ 同一作品在报刊上连载取得收入的，以连载完成后取得的所有收入合并为一次，计征个人所得税。

④ 同一作品在出版和发表时，以预付稿酬或分次支付稿酬等形式取得的稿酬收入，应合并计算为一次。

⑤ 同一作品出版、发表后，因添加印数而追加稿酬的，应与以前出版、发表时取得的稿酬合并计算为一次，计征个人所得税。

3）特许权使用费所得，以某项使用权的一次转让所取得的收入为一次。

4）财产租赁所得，以一个月内取得的收入为一次。

5）利息、股息、红利所得、偶然所得、其他所得，每次取得收入为一次。

第五节　个人所得税应纳税额的计算

我国个人所得税采取分项确定、分类扣除的计税方法，其中工资、薪金所得，个体工商户的生产、经营所得和对企事业单位的承包经营、承租经营所得为按期计征，其他各项所得为按次计征。

一、工资、薪金所得应纳税额的计算

（一）应纳税所得额

工资、薪金所得实行按月计征的办法。因此，工资、薪金所得以每月收入额减除费用3 500 元后的余额为应纳税所得额。适用附加减除费用的纳税人，确定每月再附加减除费用1 300 元，即减除费用4 800 元。

（二）应纳税额的计算

1．一般计算

应纳税额 =（每月收入 − 3 500 或 4 800）× 适用税率 − 速算扣除数

【例 8-4】 刘某 2014 年 10 月取得工资收入 8 500 元，计算刘某当月应纳的个人所得税税额。

答案：刘某当月工资薪金所得应纳税所得额 = 8 500 − 3 500 = 5 000（元）

应纳个人所得税税额 = 5 000 × 20% − 555 = 445（元）

【例 8-5】 某外商投资企业的外籍员工 2014 年 5 月取得工资 18 000 元，计算该员工当月应纳的个人所得税税额。

答案：当月应纳税所得额 = 18 000 − 4 800 = 13 200（元）

当月应纳个人所得税 = 13 200 × 25% − 1 005 = 2 295（元）

2．全年一次性奖金

根据《国家税务总局关于调整个人取得全年一次性奖金等计算征收个人所得税方法问题的通知》：纳税人取得全年一次性奖金，单独作为一个月工资、薪金所得计算纳税，并按以下计税办法，由扣缴义务人发放时代扣代缴。

（1）工资薪金所得高于（或等于）税法规定的费用扣除额

即当月工资够缴税标准：工资、奖金分别计算。步骤为：

1）找税率：全年一次性奖金/12→查表；

2）算税额：全年一次性奖金 × 税率 − 速算扣除数。

【例 8-6】 杨某 2014 年 12 月取得全年一次性奖金 60 000 元，当月工资为 5 800 元，计算杨某应纳的个人所得税税额。

答案：当月工资 5 800 元应纳个人所得税 =（5 800 − 3 500）× 10% − 105 = 125（元）；

取得全年一次性奖金，单独作为一个月的工资处理，但不能扣除 3 500 元的费用；

将全年一次性奖金（60 000 元）除以 12 个月，按其商数（5 000 元）确定适用税率（20%）和速算扣除数（555 元）；

全年一次性奖金 60 000 元应纳个人所得税 = 60 000 × 20% − 555 = 11 445（元）；

杨某应纳的个人所得税税额 = 125 + 11 445 = 11 570（元）。

（2）工资薪金所得低于税法规定的费用扣除额

即当月工资不够缴税标准：工资、奖金合并计算。步骤为：

1）找税率：（全年一次性奖金 + 当月工资 − 3 500）/12→查表；

2）算税额：（全年一次性奖金 + 当月工资 − 3 500）× 税率 − 速算扣除数。

【例 8-7】 马某 2014 年 12 月取得全年一次性奖金 8 300 元，当月工资为 3 000 元，计算马某当月应纳的个人所得税税额。

答案：如果在发放全年一次性奖金的当月，雇员当月工资、薪金低于费用扣除额的，应将全年一次性奖金减除"雇员当月工资薪金所得与费用扣除额 3 500 元的差额"后的余额，即 8 300 −（3 500 − 3 000）= 7 800 元，再除以 12 个月等于 650 元，按照 650 元确定适用的税率为 3%，马某应纳个人所得税 = 7 800 × 3% = 234（元）。

3．其他各种名目奖金

如半年奖、季度奖、加班奖、先进奖、考勤奖等，一律与当月工资、薪金收入合并，按

税法规定缴纳个人所得税

【例 8-8】　周某 2015 年 4 月工资为 3 800 元，取得季度奖 2 000 元，计算周某当月应纳的个人所得税税额。

答案：周某当月应纳个人所得税 ＝（3 800 ＋ 2 000 － 3 500）× 10% － 105 ＝ 125（元）。

二、个体工商户的生产、经营所得应纳税额的计算

（一）应纳税所得额

个体工商户的生产、经营所得实行按年计征的办法，其应纳税所得额是每一纳税年度的收入总额，减除成本、费用以及损失后的余额。计算公式为：

$$应纳税所得额 ＝ 收入总额 －（成本 ＋ 费用 ＋ 损失 ＋ 准予扣除的税金）$$

1．收入总额

个体工商户的收入总额是指个体工商户从事生产、经营以及与生产、经营有关的活动所取得的各项收入，包括商品（产品）销售收入、营运收入、劳务服务收入、工程价款收入、财产出租或转让收入、利息收入、其他收入和营业外收入。

2．准予扣除的项目

在计算应纳税所得额时，准予从收入总额中扣除的项目包括成本、费用、损失和准予扣除的税金。

（1）成本、费用。成本、费用是指个体工商户从事生产、经营所发生的各项直接支出和分配计入成本的间接费用以及销售费用、管理费用、财务费用。

（2）损失。损失是指个体工商户在生产、经营过程中发生的各项营业外支出。包括：固定资产盘亏、报废、毁损和出售的净损失、自然灾害或意外事故损失、公益救济性捐赠、赔偿金、违约金等。

（3）税金。税金是指个体工商户按规定缴纳的消费税、营业税、城市维护建设税、资源税、城镇土地使用税、土地增值税、房产税、车船税、印花税、耕地占用税，以及教育费附加。

（二）应纳税额的计算

个体工商户的生产、经营所得适用 5 级超额累进税率，以其应纳税所得额按适用税率计算应纳税额。其计算公式为：

$$应纳税额 ＝ 应纳税所得额 × 适用税率 － 速算扣除数$$

【例 8-9】　某个体工商户 2014 年应纳税所得额为 85 000 元，计算该个体工商户当年应纳的个人所得税税额。

答案：该个体工商户应纳个人所得税 ＝ 85 000 × 30% － 9 750 ＝ 15 750（元）

三、对企事业单位承包经营、承租经营所得应纳税额的计算

（一）应纳税所得额

对企事业单位承包经营、承租经营所得实行按年计征的办法。对企业事业单位承包经营、承租经营所得是以每一纳税年度的收入总额，减除必要费用后的余额，为应纳税所得额。其中，"收入总额"是指纳税人按照承包经营、承租经营合同规定分得的经营利润和工资、薪金性质的所得，即纳税年度收入总额包括承包人个人工资，但不包括上缴的承包费。

"减除必要费用"是指按月减除 3 500 元，实际减除的是相当于个人的生计费用及其他费用。其计算公式为：

$$应纳税所得额 = 个人承包、承租经营收入总额 - 3\,500 \times 12$$

如果纳税人的承包、承租期在一个纳税年度内，经营不足 12 个月，应以其实际承包、承租经营的期限为一个纳税年度计算纳税。计算公式为：

$$应纳税所得额 = 该年度承包、承租经营收入额 - （3\,500 \times 该年度实际承包、承租经营月份数）$$

（二）应纳税额的计算

对企事业单位承包经营、承租经营所得适用 5 级超额累进税率，以其应纳税所得额按适用税率计算应纳税额。计算公式为：

$$应纳税额 = 应纳税所得额 \times 适用税率 - 速算扣除数$$

【例 8-10】　吴某为中国公民，2014 年承包经营一个餐馆，全年承包所得是 90 000 元（已扣除上交的承包费），计算吴某 2014 年应缴纳的个人所得税。

答案：应纳税额 =（90 000 - 3 500 × 12）× 20% - 3 750=5 850（元）

四、劳务报酬所得应纳税额的计算

（一）应纳税所得额

劳务报酬所得实行按次计征。劳务报酬所得以个人每次取得的收入、定额或定率减除规定费用后的余额为应纳税所得额。每次收入不超过 4 000 元的，定额减除费用 800 元；每次收入在 4 000 元以上的，定率减除 20%的费用。对劳务报酬所得一次畸高的，实行加成征收。

（二）应纳税额的计算

1. 每次收入≤4 000 元：应纳税额 =（每次收入 -800）× 20%

【例 8-11】　张某 2014 年 4 月取得一笔劳务报酬 2 500 元，计算张某应纳的个人所得税税额。

答案：应缴纳个人所得税 =（2 500 - 800）× 20% = 340（元）

2. 每次收入＞4 000 元：应纳税额 = 每次收入 ×（1 - 20%）× 20%

【例 8-12】　张某 2014 年 4 月取得一笔劳务报酬 8 000 元，计算张某应纳的个人所得税税额。

答案：应缴纳个人所得税 = 8 000 ×（1 - 20%）× 20% = 1 280（元）

3. 每次应纳税所得额＞20 000 元：应纳税额 = 每次收入 ×（1 - 20%）× 适用税率 - 速算扣除数

【例 8-13】　张某 2014 年 4 月取得一笔劳务报酬 40 000 元，计算张某应纳的个人所得税税额。

答案：应缴纳个人所得税 = 40 000 ×（1 - 20%）× 30% - 2 000 = 7 600（元）

【例 8-14】　张某 2014 年 4 月取得一笔劳务报酬 80 000 元，计算张某应纳的个人所得税税额。

答案：应缴纳个人所得税 = 80 000 ×（1 - 20%）× 40% - 7 000 = 18 600（元）

五、稿酬所得应纳税额的计算

（一）应纳税所得额

稿酬所得实行按次计征。稿酬所得以个人每次取得的收入，定额或定率减除规定费用后的余额为应纳税所得额。每次收入不超过 4 000 元的，定额减除费用 800 元；每次收入在 4 000 元以上的，定率减除 20%的费用。费用扣除计算方法与劳务报酬所得相同。

（二）应纳税额的计算

1. 每次收入≤4 000 元：应纳税额 =（每次收入 − 800）× 20% ×（1 − 30%）

【例 8-15】　作家李某 2014 年 3 月取得稿酬 2 500 元，计算李某应纳的个人所得税税额。

答案：应缴纳个人所得税 =（2 500 − 800）× 20% ×（1 − 30%）= 238（元）

2. 每次收入＞4 000 元：应纳税额 = 每次收入 ×（1 − 20%）× 20% ×（1 − 30%）

【例 8-16】　作家李某 2014 年 4 月取得稿酬 20 000 元，计算李某应纳的个人所得税税额。

答案：应缴纳个人所得税 = 20 000 ×（1 − 20%）× 20% ×（1 − 30%）= 2 240（元）

【例 8-17】　作家李某 2014 年 5 月 1 日从甲出版社取得稿酬 750 元，5 月 12 日从乙出版社取得稿酬 3 000 元，计算李某应纳的个人所得税税额。

答案：由于稿酬按次征税，所以 5 月 1 日取得的稿酬因不足 800 元，不再缴纳个人所得税；5 月 12 日的稿酬应纳税额 =（3 000 − 800）× 20% ×（1 − 30%）= 308（元）。

六、特许权使用费所得应纳税额的计算

（一）应纳税所得额

特许权使用费所得实行按次计征的办法。特许权使用费所得以个人每次取得的收入、定额或定率减除规定费用后的余额为应纳税所得额。每次收入不超过 4 000 元的，定额减除费用 800 元；每次收入在 4 000 元以上的，定率减除 20%的费用。费用扣除计算方法与劳务报酬所得相同。

（二）应纳税额的计算

特许权使用费所得应纳税额的计算公式为：

1. 每次收入≤4 000 元：应纳税额 =（每次收入 − 800）× 20%

【例 8-18】　董某 2014 年 3 月取得特许权使用费所得 2 000 元，计算董某应纳的个人所得税税额。

答案：应缴纳个人所得税 =（2 000 − 800）× 20% = 240（元）

2. 每次收入＞4 000 元：应纳税额 = 每次收入 ×（1 − 20%）× 20%

【例 8-19】　董某 2014 年 3 月取得特许权使用费所得 6 000 元，计算董某应纳的个人所得税税额。

答案：应缴纳个人所得税 = 6 000 ×（1 − 20%）× 20% = 960（元）

七、财产租赁所得应纳税额的计算

（一）应纳税所得额

财产租赁所得实行按次计征的办法。财产租赁所得一般以个人每次取得的收入、定额或定率减除规定费用后的余额为应纳税所得额。每次收入不超过 4 000 元的，定额减除费用

800 元；每次收入在 4 000 元以上的，定率减除 20%的费用。财产租赁所得以 1 个月内取得的收入为 1 次。

在确定财产租赁的应纳税所得额时，纳税人在出租财产过程中缴纳的税金和教育费附加，可持完税（缴款）凭证，从其财产租赁收入中扣除。准予扣除的项目除规定费用和有关税、费外，还包括能够提供有效、准确凭证以证明由纳税人负担的因该出租财产实际开支的修缮费用。允许扣除的修缮费用，以每次 800 元为限。一次扣除不完的，准予在下一次继续扣除，直到扣完为止。

（二）应纳税额的计算

1．每次（月）收入≤4 000 元

应纳税额 = [每次（月）收入额 – 准予扣除项目 – 修缮费用（800 元为限）– 800 元] × 20%（出租住房税率为 10%）

【例 8-20】　徐某按市场价格出租住房，2014 年 3 月取得租金收入 3 500 元，当月发生的准予扣除项目金额合计为 100 元，修缮费用 200 元，均取得合法票据。计算徐某当月应纳的个人所得税税额。

答案：徐某应缴纳个人所得税 =（3 500 – 100 – 200 – 800）× 10% = 240（元）

【例 8-21】　杜某按市场价格出租住房，2014 年 3 月取得租金收入 3 500 元，当月发生的准予扣除项目金额合计为 100 元，修缮费用 1 500 元，均取得合法票据。计算杜某当月应纳的个人所得税税额。

答案：杜某当月应缴纳个人所得税 =（3 500 – 100 – 800 – 800）× 10% = 180（元）

2．每次（月）收入>4 000 元以上

应纳税额 = [每次（月）收入额 – 准予扣除项目 – 修缮费用（800 元为限）] ×（1 – 20%）× 20%（出租住房税率为 10%）

【例 8-22】　成某按市场价格出租住房，2014 年 3 月取得租金收入 6 000 元，当月发生的准予扣除项目金额合计为 300 元，修缮费用 1 500 元，均取得合法票据。计算成某当月应纳的个人所得税税额。

答案：成某当月应缴纳个人所得税 =（6 000 – 300 – 800）×（1 – 20%）× 10% = 392（元）

【例 8-23】　蔡某将其私有的一辆小汽车出租给冯某使用，2014 年 3 月取得租金收入 5 000 元，当月发生的准予扣除项目金额合计为 300 元，发生修理费用 1 500 元，均取得合法票据。计算蔡某当月应纳的个人所得税税额。

答案：蔡某应缴纳个人所得税 =（5 000 – 300 – 800）×（1 – 20%）× 20% = 624（元）

八、财产转让所得应纳税额的计算

（一）应纳税所得额

财产转让所得实行按次计征的办法。财产转让所得以个人每次转让财产取得的收入额减除财产原值和合理费用后的余额为应纳税所得额。财产转让所得中允许减除的财产原值是指：

（1）有价证券。其原值为买入价以及买入时按规定缴纳的有关费用。

（2）建筑物。其原值为建造费或者购进价格以及其他有关税费。

（3）土地使用权。其原值为取得土地使用权所支付的金额、开发土地费用以及其他有关税费。

（4）机器设备、车船。其原值为购进价格、运输费、安装费以及其他有关费用。

（5）其他财产。其原值参照以上方法确定。

（二）应纳税额的计算

应纳税额 =（收入总额 – 财产原值 – 合理费用）× 20%

【例 8-24】 郭某将 2 年前以 100 万元购入的一处房屋出售，售价为 300 万元，支付各种合理税费合计 4 万元（均取得合法票据）。计算郭某出售该房屋应缴纳的个人所得税。

答案：郭某出售该房屋应缴纳个人所得税 =（300 – 100 – 4）× 20% = 39.2（万元）

九、利息、股息、红利所得应纳税额的计算

（一）应纳税所得额

利息、股息、红利所得以个人每次取得的收入额为应纳税所得额，不扣除任何费用。

（二）应纳税额的计算

应纳税额 = 应纳税所得额 × 适用的税率 = 每次收入额 × 20%

自 2005 年 6 月 13 日起，个人从公开市场取得上市公司股票的股息红利所得，暂减按 50% 计入个人应纳税所得额，依照现行税法规定计征个人所得税。

自 2013 年 1 月 1 日起，要根据持股期限分别按全额（1 个月以内）、减按 50%（1 个月至 1 年）、减按 25%（1 年以上）计入应纳税所得额。

【例 8-25】 股民谢某在 2014 年 2 月购买某上市公司的股票 20 000 股，该上市公司 2014 年度的利润方案为每 10 股送 2 股，并于 2014 年 6 月份实施，该股票的面值为每股 1 元。计算谢某应纳的个人所得税税额。

答案：谢某应纳的个人所得税 = 20 000 ÷ 10 × 2 × 1 × 50% × 20% = 400（元）

十、偶然所得应纳税额的计算

（一）应纳税所得额

偶然所得以个人每次取得的收入额为应纳税所得额，不扣除任何费用。

（二）应纳税额的计算

应纳税额 = 应纳税所得额 × 适用的税率 = 每次收入额 × 20%

【例 8-26】 黄某在 2014 年 11 月在某公司举行的有奖销售活动中获得奖金 20 000 元，领奖时发生交通费 1 000 元（均由黄某承担）。计算黄某该项奖金应缴纳的个人所得税。

答案：黄某该项奖金应缴纳的个人所得税 = 20 000 × 20% = 4 000（元）

十一、个人所得税应纳税额的综合计算

【例 8-27】 中国公民陈某为某歌舞剧团演员，2015 年 4 月的收入情况如下：

（1）取得工资薪金收入 8 000 元，第一季度奖金 3 000 元；

（2）将自编剧本手稿原件公开拍卖取得 20 000 元；

（3）当月参加文艺演出收入 15 000 元，通过当地教育局向农村义务教育捐款 6 000 元；

（4）出版小说一部，取得稿酬 4 500 元，当月该小说再版又取得稿酬 3 500 元；

（5）将新的 1 套公寓住房出租，租期半年，一次性收取租金 4 200 元；

（6）将另外一套公寓以市场价出售，扣除购房成本及相关交易税费后所得 70 000 元。

要求：根据上述资料，计算陈某当月应缴纳的个人所得税。

答案：（1）工资薪金所得应纳税额 =（8 000 + 3 000 − 3 500）× 20% − 555 = 945（元）。

（2）特许权使用费所得应纳税额 = 20 000 ×（1 − 20%）× 20% = 3 200（元）。

（3）个人通过非营利的社会团体和国家机关向农村义务教育的捐赠，在计算缴纳个人所得税时，准予在税前的所得额中全额扣除。演出收入应纳税额 = [15 000 ×（1 − 20%）− 6 000] × 20% = 1 200（元）。

（4）稿酬所得应纳税额 = 4 500 ×（1 − 20%）× 20% ×（1 − 30%）+（3 500 − 800）× 20% ×（1 − 30%）= 882（元）。

（5）个人出租房屋取得收入应按财产租赁所得计征个人所得税，但本题每月的租金为 4 200÷6 = 700（元），扣除费用 800 元后小于零，所以不用计算缴纳个人所得税。

（6）出售公寓收入应纳税额 = 70 000 × 20% = 14 000（元）。

陈某当月应纳个人所得税 = 945 + 3 200 + 1 200 + 882 + 14 000 = 20 227（元）

第六节　个人所得税的税收优惠

一、免税项目

（1）省级人民政府、国务院部委和中国人民解放军军以上单位，以及外国组织、国际组织颁发的科学、教育、技术、文化、卫生、体育、环境保护等方面的奖金。

（2）国债和国家发行的金融债券利息。国债利息是指个人持有中华人民共和国财政部发行的债券而取得的利息。国家发行的金融债券利息，是指个人持有经国务院批准发行的金融债券而取得的利息。

（3）按照国家统一规定发给的补贴、津贴。按照国家统一规定发给的补贴、津贴是指按照国务院规定发给的政府特殊津贴、院士津贴、资深院士津贴，以及国务院规定免纳个人所得税的其他补贴、津贴。

（4）福利费、抚恤金、救济金。福利费是指根据国家有关规定，从企业、事业单位、国家机关、社会团体提留的福利费或者工会经费中支付给个人的生活补助费、救济金。

（5）保险赔款。

（6）军人的转业费、复员费。

（7）按照国家统一规定发给干部、职工的安家费、退职费、退休工资、离休工资、离休生活补助费。

（8）依照我国有关法律规定应予免税的各国驻华使馆、领事馆的外交代表、领事官员和其他人员的所得。

（9）中国政府参加的国际公约、签订的协议中规定免税的所得。

（10）按照国家规定，单位为个人缴付和个人缴付的基本养老保险费、基本医疗保险费、失业保险费、住房公积金，从纳税义务人的应纳税所得额中扣除。

（11）在中国境内无住所，但是在一个纳税年度中在中国境内连续或者累计居住不超过90 日的个人，其来源于中国境内的所得，由境外雇主支付并且不由该雇主在中国境内的机构、场所负担的部分，免予缴纳个人所得税。

（12）经国务院财政部门批准免税的所得。

二、减税项目

有下列情形之一的，经批准可以减征个人所得税：

（1）残疾、孤老人员和烈属的所得。

（2）因严重自然灾害造成重大损失的。

（3）其他经国务院财政部门批准减税的。

第七节 个人所得税的征收管理

一、纳税申报

个人所得税的征收方式主要有代扣代缴和自行纳税申报两种方式。

（一）代扣代缴

以支付所得的单位或者个人为扣缴义务人。

（二）自行纳税申报

纳税义务人有下列情形之一的，应当按照规定到主管税务机关办理纳税申报：

（1）年所得 12 万元以上的。

（2）从中国境内两处或者两处以上取得工资、薪金所得的。

（3）从中国境外取得所得的。

（4）取得应纳税所得，没有扣缴义务人的。

（5）国务院规定的其他情形。

二、纳税期限

（一）代扣代缴期限

扣缴义务人每月所扣的税款，应当在次月 15 日内缴入国库，并向主管税务机关报送《扣缴个人所得税报告表》，见表 8-6。

（二）自行纳税申报的纳税期限

1．年所得 12 万元以上的纳税人，在纳税年度终了后 3 个月内向主管税务机关办理纳税申报，申报表内容见表 8-7。

2．个体工商户和个人独资、合伙企业投资者取得的生产、经营所得应纳的税款，分月预缴的，纳税人在每月终了后 15 日内办理纳税申报；分季预缴的，纳税人在每个季度终了后 15 日内办理纳税申报；纳税年度终了后，纳税人在 3 个月内进行汇算清缴。

三、纳税地点

（1）个人所得税自行申报的，其申报地点一般应为收入来源地的主管税务机关。

（2）纳税人从两处或两处以上取得工资、薪金的，可选择并固定在其中一地税务机关申报纳税。

税款所属期：
扣缴义务人名称：
扣缴义务人编码：□□□□□□□□□□□□□□□□

年　月　日　至　年　月　日

表8-6 扣缴个人所得税报告表

扣缴义务人所属行业：□一般行业 □特定行业月份申报

金额单位：人民币元（列至角分）

序号	姓名	身份证件类型	身份证件号码	所得项目	所得期间	收入额	免税所得	税前扣除项目								减除费用	准予扣除的捐赠额	应纳税所得额	税率%	速算扣除数	应纳税额	减免税额	应扣缴税额	已扣缴税额	应补(退)税额	备注
								基本养老保险费	基本医疗保险费	失业保险费	住房公积金	财产原值	允许扣除的税费	其他	合计											
1	2	3	4	5	6	7	8	9	10	11	12	13	14	15	16	17	18	19	20	21	22	23	24	25	26	27
合计																										

谨声明：此扣缴报告表是根据《中华人民共和国个人所得税法》及其实施条例和国家有关税收法律规规规定填写的，是真实的、完整的、可靠的。

扣缴义务人公章：
经办人：
填表日期：　年　月　日

代理机构（人）鉴章：
经办人：
经办人执业证件号码：
代理申报日期：　年　月　日

法定代表人（负责人）签字：

主管税务机关受理专用章：
受理人：
受理日期：　年　月　日

国家税务总局监制

表8-7　个人所得税自行纳税申报表

税款所属期：自 年 月 日 至 年 月 日　　　　　　　金额单位：人民币元（列至角分）

姓名		国籍（地区）		身份证件类型		身份证件号码	

自行申报情形：　□从中国境内两处或者两处以上取得工资、薪金所得　□没有扣缴义务人　□其他情形

任职受雇单位名称	所得期间	所得项目	收入额	免税所得	税前扣除项目								减除费用	准予扣除的捐赠额	应纳税所得额	税率/%	速算扣除数	应纳税额	减免税额	已缴税额	应补（退）税额
					基本养老保险费	基本医疗保险费	失业保险费	住房公积金	财产原值	允许扣除的税费	其他	合计									
1	2	3	4	5	6	7	8	9	10	11	12	13	14	15	16	17	18	19	20	21	22

谨声明：此表是根据《中华人民共和国个人所得税法》及其实施条例和国家相关法律法规规定填写的，是真实的、完整的、可靠的。

纳税人签字：

代理机构（人）公章：	主管税务机关受理专用章：
经办人：	受理人：
经办人执业证件号码：	受理日期：　　　年 月 日
代理申报日期：　　　年 月 日	

国家税务总局监制

练　习　题

1. 王某投资开办了一家餐馆，餐厅性质属于个人独资企业，其自行核算的 2014 年度销售收入为 1 000 000 元，各项支出合计为 800 000 元，应纳税所得额为 200 000 元。2015 年 3 月，经会计师事务所审计，发现有以下几项支出未按税法规定处理：

（1）王某的工资费用 60 000 元全部在税前扣除；

（2）广告费 140 000 元、业务宣传费 80 000 元，全部计入销售费用在税前扣除；

（3）业务招待费 50 000 元，全部计入管理费用在税前扣除；

（4）计提了 10 000 元的坏账准备金在税前扣除。

要求：计算王某 2014 年应纳的个人所得税。

2. 某出版社的沈编辑，2015 年 3 月取得如下收入：

（1）工资 5 200 元，一季度奖金 3 000 元；

（2）在本出版社出版个人摄影专集，取得报酬 18 000 元；

（3）取得单张有奖发票奖金 800 元；

（4）在当地晚报上刊登摄影作品，取得报酬 500 元；

（5）业余时间为其他单位审稿，取得报酬 2 000 元。

要求：计算沈编辑当月应缴纳的个人所得税。

第九章　资源税法与土地增值税法

第一节　资源税法

自然资源的永续利用和良好的生态环境是一国经济和社会可持续发展的基础。我们在充分满足现代人生存与发展需求的同时又不能以损害子孙后代的需求为代价。当前，我国以牺牲环境、过度消耗资源为代价的粗放型经济增长模式已经带来了日益严重的问题，低效率的过度资源消耗，已使我国本就不甚丰富的自然资源更显短缺。采用税收政策调整资源利用与经济增长模式，以促进资源得到合理配置和利用，已成为当前我国税法的重要内容之一。

一、资源税概述

（一）资源税的含义

1. 资源的含义

资源是指一国或一定地区内拥有的物力、财力、人力等各种物质要素的总称。分为自然资源和社会资源两大类。前者如阳光、空气、水、土地、森林、草原、动物、矿藏等；后者包括人力资源、信息资源以及经过劳动创造的各种物质财富等。本节资源税法中所涉资源专指自然资源。

2. 资源税的含义

资源税是指对开发和利用各种自然资源的单位和个人征收的一种税。具体到我国而言，资源税是指对在中国领域及管辖海域开采或生产矿产品、盐的单位和个人，就其销售额或销售数量征收的一种税。

3. 资源税法的含义

资源税法是用以调整国家与纳税人之间关于资源税征收与缴纳的权利与义务关系的法律规范。它的基本法律依据是 2011 年 9 月国务院修改的《中华人民共和国资源税暂行条例》和 2011 年 10 月财政部、国家税务总局制定的《中华人民共和国资源税暂行条例实施细则》，以及 2011 年 11 月国家税务总局印发的《资源税若干问题的规定》等。

（二）资源税的发展

我国对资源征税有着悠久的历史。春秋时期的"官山海"，就是以专卖之名，行征税之实。以后各个朝代甚至直到国民党统治时期，都以盐资源的专卖收入或征税收入作为主要财政收入之一。

新中国成立后，政务院于 1950 年发布的《全国税政实施要则》中，明确将盐税列为全国统一开征的 14 种税中的一个税种。1958 年以前，盐税由盐务部门负责征收管理，1958 年改由税务机关负责征收管理。1973 年将盐税并入工商税，1984 年又分离出来，成为独立税种，1994 年部分并入资源税。1984 年 9 月 18 日，国务院发布《中华人民共和国资源税条例（草案）》，只对原油、天然气、煤炭三种资源开征了资源税，自 1984 年 10 月 1 日起实行。

1993 年 12 月 25 日，国务院重新发布《中华人民共和国资源税暂行条例》（以下简称《资源税暂行条例》），除在原资源税征收范围上，从 1994 年 1 月 1 日起对其他非金属矿原矿、黑色金属矿原矿、有色金属矿原矿和盐四种资源也相继开征资源税，进一步扩大了征收范围。2011 年 9 月 30 日，国务院发布《关于修改<中华人民共和国资源税暂行条例>的决定》，自 2011 年 11 月 1 日起施行。

（三）**资源税的特点**

1．征税范围的有限性

从理论上讲，资源税的征税范围应包括一切可以开发和利用的国有资源，但我国资源税征税范围较窄，仅选择了部分级差收入差异较大，资源较为普遍，易于征收管理的矿产品和盐列为征税范围。

2．纳税环节的一次性

资源税以开采者取得的原料产品级差收入为征税对象，不包括经过加工的产品，因而具有一次课征的特点。我国对资源税实行源泉课征，不论采掘或生产单位是否属于独立核算，资源税均规定在采掘或生产地源泉控制征收，这样既照顾了采掘地的利益，又避免了税款的流失。这与其他税种由独立核算的单位统一缴纳不同。

3．计税方法的复合性

资源税的应纳税额，按照从价定率或从量定额的办法，分别以应税产品的销售额乘以纳税人具体适用的比例税率或以应税产品的销售数量乘以纳税人具体适用的定额税率计算。

4．具有级差收入税的特点

各种自然资源在客观上都存在着好坏、贫富、储存状况、开采条件、选矿条件、地理位置等种种差异。由于这些客观因素的影响，必然导致各资源开发者和使用者在资源丰瘠和收益多少上存在较大悬殊。一些占用和开发优质资源的企业和经营者，因资源条件的优越可以获得平均利润以外的级差收入；而开发和占用劣质资源的企业和经营者，则不能获得级差收入。我国资源税通过对同一资源实行高低不同的差别税率，可以直接调节因资源条件不同而产生的级差收入。故而，资源税实际上是一种级差收入税。

（四）**资源税的作用**

（1）有利于促进国有资源合理开采、节约使用和有效配置。长期以来，我国由于没有开征资源税或者税率偏低，出现了一些企业采富弃贫、采易弃难、采大弃小、乱采滥挖等破坏和浪费国有资源的现象。开征资源税，可根据资源的开发条件和优劣，确定不同的税率，一方面有利于加强国家对自然资源的保护和管理，防止经营者乱占滥采资源，减少资源的损失和浪费；另一方面有利于经营者为了自己的利益，提高资源的开发利用率，最大限度合理、有效、节约地开发利用国有资源，并将税收优惠政策的重点由鼓励资源开采转为鼓励资源节约和资源综合利用方面，保护资源，以缓解经济发展带来的日益突出的资源供需矛盾。

（2）有利于合理调节由于资源条件差异而形成的资源级差收入，促使企业在同一起跑线上公平竞争。我国地域辽阔，各地资源结构和开发条件存在着很大差异。资源储存条件好、品位高、开采条件优越的企业成本低，利润水平高；反之，利润水平就低。由此不能反映企业的真实成果，在利润分配上失去了合理的基础，形成企业间的苦乐不均。而征收级差资源税是国家对开发利用自然资源者由于自然条件的差别所取得的级差收入课征的一种税。它与一般资源税虽然很难截然划分，但其侧重点有所不同：从征税目的来看，一般资源税主要是体现为有偿占用的原则，以加强对资源的管理和合理利用；级差资源税主要是调节资源使用者因资源条件不同所取得的级差收益，其实质就是对级差地租的征收。现今各国征收的资源税大多属于级差资源税。我国资源税税额长期偏低和税负持续下降的状况，已不能有效发挥资源税调节资源级差收入的功能，也很难促进资源的合理有效利用。改革完善资源税，就能够把由于自然条件优越而形成的级差收入收归国家所有，排除了资源因素造成的分配上的不合理，使企业在较为合理的利润水平上开展竞争。

（3）有利于正确处理国家与企业、集体和个人之间的分配关系，并为国家增加一定的财政收入。多年的实践表明，我国资源富集区往往是经济发展比较慢的地区，因而资源税的完善应当进一步重视资源所在地的利益。中央应尽可能多地让利于地方，特别是西部地区，这不仅是让地方在资源开发利用中得到应得的利益，支持地方经济的发展，而且由于资源开发过程中，往往伴随着对土地和环境的严重破坏，而资源税的合理分配，可以为地方政府恢复生态、治理环境，解决资金不足的问题。比如，受益于 2011 年 11 月资源税改革的全面推开，资源税收入实现较快增长。2012 年资源税收入 904.37 亿元，占全国税收收入（100614.28 亿元）的 0.90%，同比增长 51%，其中多个省份资源税实现 1 倍以上的增长，如黑龙江增长 1.89 倍、广东增长 1.57 倍、吉林增长 1.52 倍和山东增长 1.38 倍等。[①]

（4）有利于促进地方经济的发展，将资源优势转化为经济优势。我国现行资源税的征收范围虽然有限，但因各种应税资源的开采量比较大，而且随着社会经济的进一步发展，资源税的征收范围必将进一步扩大。因此，通过资源税的合理分成，不但有利于促进地方经济的发展，将资源优势转化为经济优势，增加财政收入，而且有利于调动中央和地方两方面的积极性，从而实现双赢。

二、资源税的征税范围、纳税人、税目与税率

（一）资源税的征税范围

理论上讲，资源税的征税范围应当包括一切可以开发和利用的国有自然资源，但因开征资源税缺乏经验或条件不成熟，因而我国只将矿产品和盐列入其征税范围。其主要包括以下 7 类：

（1）原油。原油是指开采的天然原油，不包括人造石油。

（2）天然气。天然气是指专门开采或与原油同时开采的天然气。

（3）煤炭。煤炭是指原煤，不包括洗煤、选煤及其他煤炭制品。

（4）其他非金属矿原矿。其他非金属矿原矿是指除原油、天然气、煤炭和井矿盐以外的非金属矿原矿。

（5）黑色金属矿原矿。黑色金属矿原矿是指纳税人开采后自用、销售，用于直接入炉冶炼或作为主产品先入选精矿、制造人工矿，再最终入炉冶炼的黑色金属矿石原矿，包括铁矿石、锰矿石和铬矿石。

（6）有色金属矿原矿。有色金属矿原矿主要包括铜矿石、铅锌矿石、铝土矿石、钨矿石、锡矿石、锑矿石、铝矿石、镍矿石、黄金矿石和钒矿石（含石煤钒）等。

（7）盐。盐包括固体盐和液体盐。其中固体盐是指海盐原盐、湖盐原盐和井矿盐；液体盐是指卤水，即氯化钠含量达到一定浓度的溶液，是用于生产碱和其他产品的原料。

---

① 王曙光. 税法［M］. 大连：东北财经大学出版社，2014：187。

（二）资源税的纳税人与扣缴义务人

1. 纳税人

在中国领域及管辖海域开采或生产应纳资源税产品的单位和个人，为资源税的纳税人。具体包括企业、行政单位、事业单位、军事单位、社会团体及其他单位，以及个体工商户和其他个人。

2. 扣缴义务人

为加强对资源税零散税源的控管，节约征、纳成本，保证税款及时、安全入库，现行资源税规定以收购未税矿产品的独立矿山、联合企业以及其他单位作为资源税的扣缴义务人。扣缴义务人主要是对那些税源小、零散、不定期开采，税务机关难以控制，没有缴税的矿产品，在收购其矿产品时负有代扣代缴资源税的法定义务。

其中，独立矿山是指只有采矿或只有采矿和选矿并实行独立核算、自负盈亏的单位。作为独立矿山，其生产的原矿和精矿主要用于对外销售。联合企业是指采矿、选矿、冶炼（或加工）连续生产的企业或采矿、冶炼（或加工）连续生产的企业，其采矿单位一般是该企业的二级或二级以下的核算单位。其他收购未税矿产品的单位包括收购未税矿产品的非矿山企业、单位和个体户等。未税矿产品是指资源税纳税人在销售其矿产品时不能向扣缴义务人提供资源税管理证明的矿产品。

（三）资源税的税目与税率

根据《税法》规定，资源税按照应税资源的地理位置、开采条件、资源优劣等情况，采取从价定率或从量定额的办法计征。其税目税额见表9-1。

表9-1　资源税税目税率表

税　目		税　率
一、原油		销售额的 5%～10%
二、天然气		销售额的 5%～10%
三、煤炭	焦煤	每吨 8～20 元
	其他煤炭	每吨 0.3～5 元
四、其他非金属矿原矿	普通非金属矿原矿	每吨或者每立方米 0.5～20 元
	贵重非金属矿原矿	每千克或者每克拉 0.5～20 元
五、黑色金属矿原矿		每吨 2～30 元
六、有色金属矿原矿	稀土矿	每吨 0.4～60 元
	其他有色金属矿原矿	每吨 0.4～30 元
七、盐	固体盐	每吨 10～60 元
	液体盐	每吨 2～10 元

上述税率幅度中，纳税人适用的具体税率，以《资源税税目税率明细表》为准。

三、资源税的税额计算

（一）计算公式

资源税应纳税额按照从价定率或从量定额的办法，分别以应税产品的销售额乘以适用的比例税率或以应税产品的销售数量乘以适用的定额税率计算。其计算公式为：

从价定率应纳税额 = 销售额 × 比例税率

从量定额应纳税额 = 销售数量 × 定额税率

（二）销售额的计税规定

1. 销售额的一般规定

销售额为纳税人销售应税产品向购买方收取的全部价款和价外费用，但不包括收取的增值税销项税额。向购买方收取的各种价外费用包括：手续费、补贴、基金、集资费、返还利润、奖励费、违约金、滞纳金、延期付款利息、赔偿金、代收款项、代垫款项、包装费、包装物租金、储备费、优质费、运输装卸费和其他各种性质的价外收费。但下列项目不包括在内：

（1）同时符合以下条件的代垫运输费用：①承运部门的运输费用发票开具给购买方的；②纳税人将该项发票转交给购买方的。

（2）同时符合以下条件代为收取的政府性基金或行政事业性收费：①由国务院或财政部批准设立的政府性基金，由国务院或省级人民政府及其财政、价格主管部门批准设立的行政事业性收费；②收取时开具省级以上财政部门印制的财政票据；③所收款项全额上缴财政。

2. 销售额的特殊规定

（1）纳税人以人民币以外的货币结算销售额的，应当折合成人民币计算。其销售额的人民币折合率可以选择销售额发生的当天或当月1日的人民币汇率中间价。纳税人应在事先确定采用何种折合率计算方法，确定后1年内不得变更。

（2）纳税人开采或生产不同税目应税产品的，应当分别核算不同税目应税产品的销售额；未分别核算或不能准确提供不同税目应税产品销售额的，从高适用税率。

3. 核定销售额的方法

纳税人申报的应税产品销售额明显偏低且无正当理由的、有视同销售应税产品行为而无销售额的，除财政部、国家税务总局另有规定外，按下列顺序确定销售额：

（1）按纳税人最近时期同类产品的平均销售价格确定。

（2）按其他纳税人最近时期同类产品的平均销售价格确定。

（3）按组成计税价格确定。组成计税价格的公式为：

组成计税价格 = 成本 × （1 + 成本利润率）÷ （1 − 税率）

公式中的成本是指应税产品的实际生产成本；成本利润率由省、自治区、直辖市税务机关确定。

（三）销售数量的规定

（1）计征资源税的销售数量包括纳税人开采或生产应税产品的实际销售数量和视同销售的自用数量。

（2）纳税人不能准确提供应税产品销售数量的，以应税产品的产量或主管税务机关确定的折算比换算成的数量，为计征资源税的销售数量。

（3）纳税人开采或生产不同税目应税产品的，应当分别核算不同税目应税产品的销售数量；未分别核算或不能准确提供不同税目应税产品销售数量的，从高适用税率。

（4）对于连续加工前无法正确计算原煤移送使用量的煤炭，可按加工产品的综合回收率，将加工产品实际销量和自用量折算成原煤数量，以此作为课税数量。

（5）金属和非金属矿产品原矿因无法准确掌握纳税人移送使用原矿数量的，可将其精矿按选矿比折算成原矿数量，以此作为课税数量。

（6）纳税人以自产的液体盐加工固体盐，按固体盐税额征税，以加工的固体盐数量为课税数量。纳税人以外购的液体盐加工成固体盐，其加工固体盐所耗用液体盐的已纳税额准予抵扣。

（四）代扣代缴计税规定

目前，资源税代扣代缴的适用范围是指收购的除原油、天然气、煤炭以外的资源税未税矿产品。

（1）独立矿山、联合企业收购与本单位矿种相同的未缴税矿产品，按照本单位相同矿种应税产品的单位税额，依据收购数量代扣代缴资源税。

（2）独立矿山、联合企业收购与本单位矿种不同的未缴税矿产品，以及其他收购单位收购的未缴税矿产品，按照收购地相应矿种规定的单位税额，依据收购数量代扣代缴资源税。

（3）收购地没有相同品种矿产品的，按收购地主管税务机关核定的单位税额，依据收购数量代扣代缴资源税。

（4）其他收购单位收购的未缴税矿产品，按主管税务机关核定的应税产品税额（率）标准，依据收购的数量（金额），代扣代缴资源税。

【例 9-1】 滨海油田某采油厂 2014 年 10 月对外销售原油 450 万吨，收取不含税价款 2 250 000 万元，工业锅炉烧用为 5 万吨；对外销售天然气为 2 000km³，共收取不含税价款 500 万元。该油田原油和天然气适用税率均为 5%。计算该采油厂当月应纳的资源税。

答案：应纳税额 =（2 250 000 + 2 250 000÷450 × 5）× 5% + 500 × 5% = 113 775（万元）

【例 9-2】 某盐厂当月自产原盐 2 500 吨，生产出再制盐 2 000 吨，资源税适用税额准为每吨 25 元，计算该盐厂应纳资源税额。

答案：应纳税额 = 2 500 × 25 = 62 500（元）

四、资源税的征收管理

（一）纳税义务发生时间

根据纳税人的生产经营、货款结算方式和资源税征收的几种情况，资源税的纳税义务发生时间可分以下几种情况：

（1）纳税人采取分期收款结算方式销售应税产品的，其纳税义务发生时间为销售合同规定的收款日期的当天。

（2）纳税人采取预收货款结算方式销售应税产品的，其纳税义务发生时间为发出应税产品的当天。

（3）纳税人采取除分期收款和预收货款以外的其他结算方式销售应税产品的，其纳税义务发生时间为收讫销售款或者取得索取销售款凭证的当天。

（4）纳税人自产自用应税产品的，其纳税义务发生时间为移送使用应税产品的当天。

（5）扣缴义务人代扣代缴税款的，其纳税义务发生时间为支付首笔货款或首次开具支付货款凭据的当天。

（二）纳税地点

纳税人应纳的资源税，应当向应税产品的开采或者生产所在地主管税务机关缴纳。纳税人在本省、自治区、直辖市范围内开采或者生产应税产品，其纳税地点需要调整的，由省、自治区、直辖市税务机关决定。

纳税人跨省开采资源税应税产品，其下属生产单位与核算单位不在同一省、自治区、直辖市的，对其开采或者生产的应税产品，一律在开采地或者生产地纳税，其应纳税款由独立核算的单位，按照每个开采地或者生产地的销售量及适用税率计算划拨；实行从价计征的应税产品，其应纳税款一律由独立核算的单位按照每个开采地或者生产地的销售数量、单位销售价格及适用税率计算划拨。

扣缴义务人代扣代缴的资源税，应当向收购地主管税务机关缴纳。

（三）纳税期限

资源税的纳税期限由主管税务机关根据纳税人应纳税额的多少，分别核定为 1 日、3 日、5 日、10 日、15 日或 1 个月。一般情况是应纳税数额越大，纳税期限越短；反之，则纳税期限越长。不能按照固定期限计算纳税的，如不定期开采矿产品的纳税人，可以按次计算缴纳资源税。对资源税的报税期限规定为以 1 个月为一期纳税的，自期满之日起 10 日内申报纳税；以 1 日、3 日、5 日、10 日或 15 日为一期纳税的，自期满之日起 5 日内预缴税款，于次月 1 日起 10 日内申报纳税并结清上月税款。

第二节　土地增值税

一、土地增值税概述

（一）土地增值税的概念

土地增值税是对有偿转让国有土地使用权及地上建筑物和其他附着物产权的单位和个人，就其前述有偿转让所取得增值性收入所征收的一种税。土地增值税法是用以调整国家与纳税人之间有关土地增值税征收和缴纳的权利及义务关系的法律规范。

（二）土地增值税的发展

土地属于不动产，对土地课税是一种古老的税收形式，也是各国普遍征收的一种财产税。西方国家较为提倡对土地增值课税，其依据是：①土地的自然增值应归社会全体所有，而不能仅为土地所有者独占；②对土地的增值部分征税，可打击与限制人为居奇抬高和投机；③对土地增值税可为财政提供一个可靠的收入来源。因此，目前世界上有 60 多个国家和地区直接对土地（有的连同地上建筑物）转让收入课税。与西方不同，我国历史上也曾开征过田赋和地亩税等传统的土地税，但这类土地税属于原始的直接税或财产税，尚未发展到按土地增值额征税的阶段。

新中国成立以来，虽然先后开征过契税、城市房地产税、房产税、城镇土地使用税等税种，但这些税种大多属于传统的土地税，有的还带有行为税的特点，调节房地产市场的力度很有限。国务院于 1993 年 12 月 13 日发布了《中华人民共和国土地增值税暂行条例》（以下简称《土地增值税暂行条例》），财政部于 1995 年 1 月 27 日颁布了《中华人民共和国土地增值税暂行条例实施细则》（以下简称《土地增值税暂行条例实施细则》），决定自 1994 年 1 月 1 日起在全国开征土地增值税，这是我国（除台湾地区外）第一个专门对土地增值额或土地收益额征税的税种。

（三）土地增值税的特点

1．以转让房地产取得的增值额为征税对象

我国的土地增值税属于"土地转移增值税"的类型，将土地、房屋的转让收入合并征收。作为征税对象的增值额，是纳税人转让房地产的收入减除税法规定准予扣除项目金额后的余额。

2．征税范围比较广

凡在我国境内转让房地产并取得增值收入的单位和个人，除税法规定免税的外，均应依照税法规定缴纳土地增值税。换言之，凡发生应税行为的单位和个人，不论其经济性质，也不分内、外资企业或中、外籍人员，无论专营或兼营房地产业务，均有缴纳土地增值税的义务。

3．采用扣除法和评估法计算增值额

土地增值税在计算方法上考虑我国实际情况，以纳税人转让房地产取得的收入，减除法定扣除项目金额后的余额作为计税依据。对旧房及建筑物的转让，以及对纳税人转让房地产申报不实、成交价格偏低的，采用评估价格法确定增值额，计征土地增值税。

4．实行超率累进税率

土地增值税的税率是以转让房地产的增值率高低为依据，按照累进原则设计的，实行分级计税。增值率高的，适用的税率高；增值率低的，适用的税率低。

5．实行按次征收

土地增值税发生在房地产转让环节，实行按次征收，每发生一次转让行为，就应根据每次取得的增值额征一次税。其纳税时间和缴纳方法根据房地产转让情况而定。

（四）土地增值税的作用

1．加强国家对房地产开发与交易的宏观调控

改革开放前，我国土地使用制度一直采取行政划拨的方式，土地实行无偿、无限期使用，不允许土地进行买卖，既没有土地交易行为，更不存在土地交易市场，影响了土地资源的使用效益。改革开放后，我国对土地使用制度逐步进行改革，改变了土地无偿使用、不准买卖的传统规定，确立了有偿使用、允许转让土地使用权的政策和制度。但是，由于有关土地管理的各项制度不健全、不配套，炒买炒卖房地产的投机行为盛行。房地产市场投入资金规模过大，价格上涨过猛，土地资源浪费严重，国有土地资源收益流失过多，冲击和危害了国民经济的健康、协调发展，而且也造成了社会分配不公。

开征土地增值税，利用税收杠杆对房地产的开发、经营和房地产市场进行适当调控，可以有力地保护房地产业和房地产市场的健康发展，控制房地产的投机行为，促进土地资源的合理利用，调节部分单位和个人通过房地产交易取得的过高收入。

2．抑制土地炒买炒卖，保障国家的土地权益

土地增值主要基于两个方面的原因：一是自然增值，即土地资源是有限的，随着经济建设的发展，生产和生活建设用地扩大，土地资源相对发生紧缺，导致土地价格上升；二是投资增值，即投入资金开发建造，把"生地"变为"熟地"，建成各种生产、生活、商业设施，改善了生产和生活环境而形成土地增值。在我国，土地资源属国家所有，国家为整治和开发土地投入巨额资金，应参与土地增值收益分配，并取得较大份额。另一方面，鉴于许多地区地方政府或是为了拉高地方经济的 GDP 增速，或是为了招商引资或急于求成搞建设而盲目进行土地开发，导致土地炒买炒卖现象严重。通过土地增值税的征收，可以抑制土地炒买炒卖，避免国家土地增值收益的流失。

3．规范国家参与土地增值收益的分配方式，增加财政收入

目前，我国涉及房地产交易市场的税收，主要有营业税、企业所得税、个人所得税、契税等。这些税种对转让房地产收益只具有一般的调节力度，对房地产转让所获得的过高收入起不到特殊的调节作用。对土地增值收益征税，可以为国家财政开辟新的财源。近年来土地增值税收入稳定增长，根据财政部税政司最新公布的数据：2014 年 1～3 季度，土地增值税收入 2991.87 亿元，同比增长 20.3%，占全国税收收入（90695.17 亿元）的 3.3%。

二、土地增值税法的构成要素

（一）土地增值税的征税范围

按现行税法规定，土地增值税以有偿转让的国有土地使用权、地上建筑物及其附着物（简称土地权属）为征税范围。"地上建筑物及其附着物"是指建于土地上的一切建筑物、地上地下的各种附属设施，以及附着于该土地上的不能移动、一经移动即遭损坏的物品。

1．征税范围的一般判定标准

（1）土地增值税只对转让国有土地使用权的行为课税，转让非国有土地和出让国有土地的行为均不征税。

所谓国有土地使用权，是指土地使用人根据国家法律、合同等的规定，对国家所有的土地享有的使用权利。土地增值税只对企业、单位和个人等经济主体转让国有土地使用权的行为课税。对属于集体所有的土地，按现行规定须先由国家征用后才能转让。根据《中华人民共和国土地管理法》，国家为了公共利益，可以依照法律规定征用集体土地，依法被征用后的土地属于国家所有。未经国家征用的集体土地不得转让。自行转让集体土地是一种违法行为，应由有关部门依照相关法律来处理，而不应纳入土地增值税的征税范围。

国有土地出让是指国家以土地所有者的身份将土地使用权在一定年限内让与土地使用者，并由土地使用者向国家支付土地出让金的行为。由于土地使用权的出让方是国家，出让收入在性质上属于政府凭借所有权在土地一级市场上收取的租金，所以，政府出让土地的行为及取得的收入也不在土地增值税的征税之列。

（2）土地增值税既对转让土地使用权课税，也对转让地上建筑物和其他附着物的产权征税。

地上建筑物是指建于土地上的一切建筑物，包括地上地下的各种附属设施。如厂房、仓库、商店、医院、住宅、地下室、围墙、烟囱、电梯、中央空调、管道等。附着物是指附着于土地上、不能移动，一经移动即遭损坏的种植物、养殖物及其他物品。上述建筑物和附着物的所有者对自己的财产依法享有占有、使用、收益和处置的权利，即拥有排他性的全部产权。

税法规定，纳税人转让地上建筑物和其他附着物的产权转让，取得的增值性收入，也应计算缴纳土地增值税。换言之，纳入土地增值税课征范围的增值额，是纳税人转让房地产所取得的全部增值额，而非仅仅是土地使用权转让的收入。

（3）土地增值税只对有偿转让的房地产征税，对以继承、赠与等方式无偿转让的房地产，不予征税。

房地产的继承是指房产的原产权所有人、依照法律规定取得土地使用权的土地使用人死亡以后，由其继承人依法承受死者房产产权和土地使用权的民事法律行为。这种行为虽然发生了房地产的权属变更，但作为房产产权、土地使用权的原所有人（即被继承人）并没有因为权属变更而取得任何收入。因此，这种房地产的继承不属于土地增值税的征税范围。

房地产的赠与是指房产所有人、土地使用权所有人将自己所拥有的房地产无偿地交给其他单位与个人的行为。房地产的赠与虽发生了房地产的权属变更，但作为房产所有人、土地使用权的所有人并没有因为权属的转让而取得任何收入。因此，房地产的赠与不属于土地增值税的征税范围，但是为了避免有人钻所谓"赠与"的法律空子，"赠与"应至少符合以下两个条件方不用纳入征税范围：

1）房产所有人、土地使用权所有人将房屋产权、土地使用权赠与直系亲属或承担直接赡养义务人的行为。

2）房产所有人、土地使用权所有人通过中国境内非营利的社会团体、国家机关将房屋产权、土地使用权赠与教育、民政和其他社会福利、公益事业的行为。其中，社会团体是指中国青少年发展基金会、希望工程基金会、宋庆龄基金会、减灾委员会、中国红十字会、中国残疾人联合会、全国老年基金会、老区促进会，以及经民政部门批准成立的其他非营利的公益性组织。[①]

2. 征税范围的具体规定

根据上述土地增值税征税范围的判定标准，可对以下若干具体情况是否属于土地增值税的征税范围进行界定。

（1）房地产的交换。房地产交换是指一方以房地产与另一方的房地产进行交换的行为。房地产交换即发生了房产产权、土地使用权的转移，交换双方又取得了实物形态的收入，因此房地产交换属于土地增值税的征税范围。但对个人之间互换自有居住用房地产的，经当地税务机关核实，可以免征土地增值税。

（2）房地产的抵押。房地产抵押是指房地产的产权所有人、依法取得土地使用权的土地使用人作为债务人或第三人向债权人提供不动产作为清偿债务的担保而不转移权属的法律行为。对房地产在抵押期间不征收土地增值税，待抵押期满后视该房地产是否转移占有而确定是否征收土地增值税。对以房地产抵债而发生房地产权属转让的，应列入土地增值税的征税范围。

（3）房地产的出租。房地产出租是指房产的产权所有人和依法取得土地使用权的土地使用人，将房产、土地使用权租赁给承租人使用，由承租人向出租人支付租金的行为。房地产的出租人虽取得了收入，但没有发生房产、土地使用权的转让，故而其不属于土地增值税的征税范围。

（4）房地产的投资、联营。对于以房地产进行投资、联营的，如果投资、联营的一方以土地（房地产）作价入股进行投资或作为联营条件，暂免征收土地增值税。但对以房地产作价入股，凡所投资、联营的企业从事房地产开发的，或者房地产开发企业以其建造的商品房进行投资和联营的，或是投资、联营企业将上述房地产再转让的，则属于征收土地增值税的范围。

---

① 全国注册税务师执业资格编写组：《税法（Ⅱ）》，中国税务出版社 2014 年版，第 264 页。

（5）房地产的合建。房地产的合建是指一方出地，另一方出资金，双方合作建房，建成后按比例分房自用的行为。自用的合作建房暂免征收土地增值税；建成后转让的，应征收土地增值税。

（6）房地产的代建。房地产代建是指房地产开发公司代客户进行房地产开发，开发完成后向客户收取代建房收入的行为。房地产开发公司虽取得收入，但没有发生房地产权属的转移，其收入属于劳务收入性质，因而对房地产开发公司的代建行为不征收土地增值税。

（7）房地产的征用。房地产征用是指因国家收回土地权属而使房地产权属发生转让的行为。原房产所有人、土地使用权人虽因国家征用取得了一定的收入，但其收入属于补偿性质，因此可免征土地增值税。对因城市实施规划、国家建设的需要而搬迁，由纳税人自行转让原房地产的，也可免征土地增值税。

（8）房地产的兼并。按照税法规定，对被兼并企业将房地产转让到兼并企业中的房地产，暂免征收土地增值税。

（9）房地产的评估。国有企业在清产核资、重新评估后升值的房地产，因没有发生房地产权属的转移，房产产权、土地使用权人也未取得收入，所以评估增值的房地产不属于土地增值税的征税范围。

（二）土地增值税的纳税人

土地增值税以有偿转让国有土地使用权、地上建筑物及其附着物并取得收入的单位和个人为纳税人，其中，单位包括各类企事业单位、国家机关和社会团体及其组织。简而言之，无论是自然人、法人还是其他经济组织，不论是国企、民企还是外资企业，只要有偿转让房地产，都是土地增值税的纳税人。

（三）土地增值税的税率

土地增值税实行4级超率累进税率，具体规定见表9-2。

表9-2　土地增值税税率表

档次	级　距	税率	速算扣除系数	税额计算公式	说　明
1	增值额未超过扣除项目金额50%的部分	30%	0	增值额×30%	扣除项目指取得土地使用权所支付的金额；开发土地的成本、费用；新建房及配套设施的成本、费用或旧房及建筑物的评估价格；与转让房地产有关的税金；财政部规定的其他扣除项目
2	增值额超过扣除项目金额50%，未超过100%的部分	40%	5%	增值额×40% - 扣除项目金额×5%	
3	增值额超过扣除项目金额100%，未超过200%的部分	50%	15%	增值额×50% - 扣除项目金额×15%	
4	增值额超过扣除项目金额200%的部分	60%	35%	增值额×60% - 扣除项目金额×35%	

（四）土地增值税的优惠政策

1. 土地增值税的减免优惠。其主要规定如下：

（1）纳税人建造普通标准住宅出售，其增值额未超过扣除项目金额20%的，免征土地增值税。普通标准住宅是指按所在地一般民用住宅标准建造的居住用住宅，但高级公寓、别墅及度假村等不属于普通标准住宅。

（2）因国家建设需要依法征用、收回的房地产免税。依法征用、收回的房地产是指因城市实施规划、国家建设的需要而被政府批准征用的房产或收回的土地使用权。

（3）个人因工作调动或改善居住条件而转让原自用的住房，经其向税务机关申报核准，凡居住满 5 年或 5 年以上的予以免税；居住满 3 年未满 5 年的减半征税；居住未满 3 年的，应按规定计征土地增值税。

2．土地增值税的其他征免。在前述的土地增值税征税范围外，现有税法法规还规定了其他征免项目，包括：

（1）对中国信达、华融、长城和东方 4 家资产管理公司及其分支机构，自成立之日起，公司处置不良资产，转让房地产取得的收入，免征土地增值税。

（2）从《金融机构撤销条例》生效之日起，对被撤销的金融机构及其分支机构（不包括所属企业）财产用于清偿债务时，免征其转让货物、不动产、无形资产、有价证券、票据等应缴纳的土地增值税。

（3）对中国东方资产管理公司接收港澳国际（集团）有限公司的资产以及利用该资产从事融资租赁业务应缴纳土地增值税，予以免征。对港澳国际（集团）有限公司及其内地公司和香港 8 家子公司在中国境内的资产，在清理和被处置时，免征应缴纳的土地增值税。

三、土地增值税的税额计算

土地增值税应纳税额的计算，可以通过利用速算扣除率，按照简易办法计算。其计算公式为：

应纳土地增值税 = 土地增值额 × 适用税率 − 准予扣除项目金额 × 速算扣除率

土地增值额 = 应税收入 − 准予扣除项目金额

（一）确定应税收入

按照税法规定，纳税人转让房地产取得的应税收入应包括转让房地产的全部价款及有关的经济收入，包括货币收入、实物收入和其他(无形资产收入或具有财产价值的权利)收入。

（二）扣除项目金额，其主要规定包括：

1．转让新开发房地产的扣除项目金额。其内容主要包括：

（1）取得土地使用权所支付的金额。即指纳税人为取得土地使用权所支付的地价款和按国家统一规定缴纳的有关费用。其中，有关费用是指按国家统一规定缴纳的有关登记费及过户手续费等。

（2）房地产开发成本。即指纳税人房地产开发项目实际发生的成本（以下简称房地产开发成本），包括土地征用费、拆迁补偿费、前期工程费、建筑安装工程费、基础设施费、公共配套设施费和开发间接费。房地产开发企业销售已装修的房屋，其装修费用可以计入房地产开发成本。

（3）房地产开发费用。即指与房地产开发项目有关的销售费用、管理费用和财务费用。对财务费用中的利息支出，凡能够按转让房地产项目计算分摊并能提供金融机构证明的，允许据实扣除，但最高不能超过按商业银行同类同期贷款利率计算的金额，其他房地产开发费用按上述两项，即（1）和（2）规定计算的金额之和的 5%以内部分；凡不能按转让房地产项目计算分摊利息支出或不能提供金融机构证明的，房地产开发费用按上述两项规定计算的金额之和的 10%以内计算扣除。

（4）与转让房地产有关的税金。即指在转让房地产时缴纳的营业税、城市维护建设税、印花税及教育费附加。房地产开发企业不得扣除印花税，其他纳税人可按产权转移书所载金额的 0.5‰扣除印花税。

（5）加计扣除。对从事房地产开发的纳税人，允许按取得土地使用权时所支付的金额和房地产开发成本之和，加计 20%的扣除。

2. 转让旧房地产的扣除项目金额

转让旧房地产的扣除项目的内容主要包括：

（1）房屋及建筑物的评估价格。即在转让已使用的房屋及建筑物时，由政府批准设立的房地产评估机构评定的重置成本乘以成新度折扣率后的价格。评估价格需经当地税务机关确认。

房地产的评估价格是由政府批准设立的房地产评估机构根据相同地段、同类房地产进行综合评定的，并经当地税务机关确认的价格；重置成本是指对旧房及建筑物，按转让时的建材价格及人工费用计算建造同样面积、同样楼层、同样结构、同样建设标准的新房及建筑物所需花费的成本费用；成新度折扣率是指按旧房的新旧程度作一定比例的折扣。

（2）取得土地使用权所支付的地价款和按规定交纳的有关费用。对取得土地使用权时未支付地价或不能提供已支付的地价款凭据的，在计征土地增值税时不允许扣除。

（3）在转让环节缴纳的税金。其包括营业税、城市维护建设税、教育费附加和印花税。

（三）确定土地增值额

土地增值额为纳税人的应纳税收入与扣除项目金额的差额。其计算公式如下：

土地增值额 = 应纳税收入 – 扣除项目金额

（四）土地增值额占扣除项目金额的比率

土地增值额占扣除项目金额比率的计算公式为：

土地增值额占扣除项目金额的比率 = 土地增值额÷扣除项目金额×100%。

纳税人应依据上述比例确定税率和速算扣除率，按公式计算应纳土地增值税额。

【例 9-3】　某房地产开发公司 2014 年 10 月转让一幢写字楼取得收入 5 300 万元，公司按规定缴纳了有关税金。该公司为取得土地使用权而支付的地价款和有关费用为 530 万元，投入的房地产开发成本为 1 750 万元；房地产开发费用中的利息支出为 120 万元（能按房地产项目分摊，并提供金融机构证明），比按工商银行同类同期贷款利率计算的利息多出 10 万元。公司所在地政府规定的其他房地产开发费用的计算扣除比例为 5%，营业税税率为 5%，城建税税率为 7%，教育费附加征收率为 3%，印花税税率为 0.5‰。计算该公司应纳的土地增值税。

答案：房地产开发费用 =（120 – 10）+（530 + 1 750）× 5% = 224（万元）

与转让房地产有关的税金 = 5 300 × 5% ×（1 + 7% + 3%）= 291.50（万元）

签订转让房地产合同应缴纳印花税 = 5 300 × 0.5‰ = 2.65（万元）

加计扣除 =（530 + 1 750）× 20% = 456（万元）

扣除项目金额合计 = 530 + 1 750 + 224 + 291.50 + 456 + 2.65 = 3 254.15（万元）

土地增值额 = 5 300 – 3 254.15 = 2 045.85（万元）

土地增值额占扣除项目比例 = 2045.85÷3254.15×100% = 63%

（查找税率表，适用税率为 40%，速算扣除率为 5%。）

应纳土地增值税额 = 2045.85 × 40% – 3254.15 × 5% = 655.63（万元）

（注：结果保留小数点后两位）

四、土地增值税的征收管理

土地增值税征收管理的主要规定如下：

（1）纳税人应于转让房地产合同签订之日起7日内向房地产所在地主管税务机关办理纳税申报，同时提交土地使用权、房屋及建筑物产权证书，土地转让、房产买卖合同，房地产评估报告及其他与转让房地产有关的资料。纳税人因经常发生房地产转让而难以在每次转让后申报的，经税务机关批准并规定具体期限可定期进行纳税申报。

（2）纳税人在项目全部竣工结算前转让房地产取得的收入，由于涉及成本确定及其他原因而无法据以计算土地增值税的，可以预征土地增值税，待该项目全部竣工、办理结算后再进行清算，多退少补。具体办法，由各省、市、自治区地方税务局根据当地情况割定。

（3）土地增值税的征税机关。土地增值税由土地所在地地方税务机关负责征收。房地产管理部门应向当地主管税务机关提供有关房屋及建筑物产权、土地使用权、土地出让金数额、土地基准地价、房地产市场交易价格及产权变更等方面的资料，并协助税务机关做好征收管理工作。纳税人未按规定缴纳土地增值税的，土地、房产管理部门不得办理有关的权属变更手续。

土地增值税的纳税申报表见表9-3和表9-4。

表9-3　土地增值税纳税申报表（从事房地产开发的纳税人适用）

税款所属时间：　年　月　日至　年　月　日　　　　　　填表日期：　年　月　日
纳税人编码：　　　　　　　　　　金额单位：人民币元　　　面积单位：平方米

纳税人名称		项目名称			项目地址		
业　别		经济性质		纳税人地址		邮政编码	
开户银行		银行账号	-	主管部门		电　话	

项　目	行　次	金　额
一、转让房地产收入总额 1=2+3	1	
其中　货币收入	2	
实物收入及其他收入	3	
二、扣除项目金额合计 4=5+6+13+16+20	4	
1. 取得土地使用权所支付的金额	5	
2. 房地产开发成本 6=7+8+9+10+11+12	6	
其中　土地征用及拆迁补偿费	7	
前期工程费	8	
建筑安装工程费	9	
基础设施费	10	
公共配套设施费	11	
开发间接费用	12	

（续）

项　目	行　次	金　额
3．房地产开发费用 13=14+15	13	
其中　利息支出	14	
其中　其他房地产开发费用	15	
4．与转让房地产有关的税金等 16=17+18+19	16	
其中　营业税	17	
其中　城市维护建设税	18	
其中　教育费附加及其他	19	
5．财政部规定的其他扣除项目	20	
三、增值额 21=1－4	21	
四、增值税与扣除项目金额之比（%）22=21÷4	22	
五、适用税率（%）	23	
六、速算扣除系数（%）	24	
七、应缴土地增值税税额 25=21×23－4×24	25	
八、已缴土地增值税税额	26	
九、应补（退）土地增值税税额 27=25－26	27	

授权代理人	（如果你已委托代理申报人，请填写下列资料）为代理一切税务事宜，现授权_____（地址）_____为本纳税人的代理申报人，任何与本报表有关的来往文件都可寄于此人。授权人签字：_____	声明	我声明：此纳税申报表是根据《中华人民共和国土地增值税暂行条例》及其《实施细则》的规定填报的。我确信它是真实的、可靠的、完整的。声明人签字：_____	
纳税人签章	法定代表人签章	经办人员（代理申报人）签章	备注	

（以下部分由主管税务机关负责填写）

主管税务收到日期		接收人		审核日期		税务审核人员签章
审核记录						主管税务机关盖章

表9-4 土地增值税纳税申报表（非从事房地产开发人适用）

税务登记证号码：
（居民身份证号码）：

税款所属时间： 年 月 日 至 年 月 日

填表日期： 年 月 日

税务计算机代码：

缴款书号码： -

金额单位：元（人民币）

纳税人名称		纳税人地址	
经济类型		行 业	
开户银行		账 号	
转让房地产详细座落地址			

项 目	行次	纳税人申报金额
一、转让房地产收入总额 1=2+3	1	
其中 转让土地收入	2	
转让地上建筑物及其附着物收入	3	
二、扣除项目金额合计 ①4＝5+6+10+16+17 或②4＝5+7+10+15+16+17	4	
1. 取得土地使用权所支付的金额	5	
2. 取得房产所支付的金额	6	
3. 旧房及建筑物的评估价格 7＝8×9	7	
其中 旧房及建筑物的重置成本价	8	
成新度折扣率%	9	

联系人、电话
直接主管部门
邮政编码

携带资料：
1. 房地产价格评估报告及与转让房地产有关的资料。证、房产买卖合同、委托书、公证书等有关资料。
2. 与转让房地产有关的税费缴纳资料：营业税、城市维护费、教育费附加、印花税、交易手续费、评估费、城市建设费等凭证。
3. 其他

个人自用住房居住起迄期：

（续）

4. 与转让房地产有关的税金	10＝11+12+13+14	10	
其中	营业税	11	
	城市维护建设税	12	
	教育费附加	13	
	印花税	14	
5. 价格评估费用		15	
6. 交易手续费用		16	
7. 财政部规定的其他扣除项目金额		17	
三、增值额	18＝1-4	18	
四、增值额与扣除项目金额之比（%）	19＝18÷4	19	
五、适用税率（%）		20	
六、速算扣除系数（%）		21	
七、应缴土地增值税税额	22＝18×20-4×21	22	

备注：

由纳税人填写本表未尽事宜

	年 月 日至 年 月 日

如纳税人填报，由纳税人填写以下各栏　如委托代理人填报，由代理人填写以下各栏

经办人	纳税人	代理人名称	代理人
		地 址	
		经 办 人	
（签章）	（签章）	电 话	（签章）

以下由税务机关填写

会计主管	接 收 人	审核人（签章）
（签章）		

税务机关审核意见：

收到申报表日期

1．某盐厂当月自产原盐 3 500 吨，生产出再制盐 2 800 吨，资源税适用税额作准为每吨 25 元，该盐厂应纳资源税额多少？

2．2014 年 1 月 1 日，某单位转让旧房一栋，取得转让收入 1 300 万元，其未能取得评估资格，但是提供了当时的购房发票，即 2010 年购房时支付的房款金额为 500 万元，并缴纳了 20 万元的契税（有完税凭证）。请计算该单位转让行为应纳的土地增值税有多少？

3．2009 年 7 月某房产开发公司转让 5 年前购入的一块土地，取得转让收入 1 800 万元，该土地购进价 1 200 万元，取得土地使用权时缴纳相关税费 40 万元，转让该土地时缴纳相关税费 35 万元。该公司转让土地使用权应缴纳多少土地增值税？

第十章　城镇土地使用税法与耕地占用税法

第一节　城镇土地使用税法

城镇土地使用税是以国有土地为征税对象，对拥有土地使用权的单位和个人征收的一种税。

一、城镇土地使用税的纳税义务人

在城市、县城、建制镇、工矿区范围内使用土地的单位和个人，为城镇土地使用税的纳税人，其中所称单位，包括国有企业、集体企业、私营企业、股份制企业、外商投资企业、外国企业以及其他企业和事业单位、社会团体、国家机关、军队以及其他单位；所称个人，包括个体工商户以及其他个人。

纳税人通常包括以下几类：

（1）拥有土地使用权的单位和个人。

（2）拥有土地使用权的单位和个人不在土地所在地的，其土地的实际使用人和代管人为纳税人。

（3）土地使用权未确定或权属纠纷未解决的，其实际使用人为纳税人。

（4）土地使用权共有的，共有各方都是纳税人，由共有各方分别纳税。

二、城镇土地使用税的征税范围

凡是城市、县城、建制镇和工矿区范围内的土地，不论是国家所有的土地，还是集体所有的土地，都是城镇土地使用税的征税范围。

（1）建制镇的征税范围为镇人民政府所在地的地区，但不包括镇政府所在地所辖行政村，即征税范围不包括农村土地。

（2）建立在城市、县城、建制镇和工矿区以外的工矿企业则不需缴纳城镇土地使用税。

（3）自 2009 年 1 月 1 日起，公园、名胜古迹内的索道公司经营用地，应按规定缴纳城镇土地使用税。

三、城镇土地使用税的税率

城镇土地使用税采用幅度定额税率。土地使用税每平方米年税额如下：

（1）大城市 1.5 元至 30 元。

（2）中等城市 1.2 元至 24 元。

（3）小城市 0.9 元至 18 元。

（4）县城、建制镇、工矿区 0.6 元至 12 元。

城镇土地使用税单位税额有较大差别，最高与最低税额之间相差 50 倍，同一地区最高与最低税额之间相差 20 倍。经济落后地区，税额可适当降低，但降低额不得超过税率表中规定的最低税额 30%。经济发达地区的适用税额可适当提高，但需报财政部批准。

四、城镇土地使用税的计税依据

城镇土地使用税以纳税人实际占用的土地面积为计税依据，依照规定税额计算征收。

纳税人实际占用的土地面积按下列办法确定：

（1）由省级人民政府确定的单位组织测定土地面积的，以测定的土地面积为准。

（2）尚未组织测定，但纳税人持有政府部门核发的土地使用权证书的，以证书确定的土地面积为准。

（3）尚未核发土地使用权证书的，应当由纳税人据实申报土地面积，待核发土地使用权证书后再作调整。

五、城镇土地使用税应纳税额计算

年应纳税额 = 实际占用应税土地面积（平方米）× 适用税额

【例 10-1】　某城市的一家公司，实际占地 20 000m²。由于经营规模扩大，年初该公司又受让了一块尚未办理土地使用证的土地 5 000 m²，公司按其当年开发使用的 3 000m² 土地面积进行申报纳税，以上土地均适用 2 元/m² 的城镇土地使用税税额。计算该公司当年应缴纳城镇土地使用税。

答案：应纳税额 =（20 000 + 3 000）× 2 = 46 000（元）

六、城镇土地使用税的税收优惠

（一）《暂行条例》或其他法规中规定的统一免税项目

（1）国家机关、人民团体、军队自用的土地。

（2）由国家财政部门拨付事业经费的单位自用的土地。

（3）宗教寺庙、公园、名胜古迹自用的土地。

（4）市政街道、广场、绿化地带等公共用地。

（5）直接用于农、林、牧、渔业的生产用地。

（6）经批准开山填海整治的土地和改造的废弃土地，从使用的月份起免缴土地使用税5～10 年。

（7）对非营利性医疗机构、疾病控制机构和妇幼保健机构等卫生机构自用的土地，免征城镇土地使用税。

（8）企业办的学校、医院、托儿所、幼儿园，其用地能与企业其他用地明确区分的，免征城镇土地使用税。

（9）免税单位无偿使用纳税单位的土地（如公安、海关等单位使用铁路、民航等单位的土地），免征城镇土地使用税。纳税单位无偿使用免税单位的土地，纳税单位应照章缴纳城镇土地使用税。纳税单位与免税单位共同使用、共有使用权土地上的多层建筑，对纳税单位可按其占用的建筑面积占建筑总面积的比例计征城镇土地使用税。

（10）对行使国家行政管理职能的中国人民银行总行（含国家外汇管理局）所属分支机构自用的土地，免征城镇土地使用税。

（11）为了体现国家的产业政策，支持重点产业的发展，对石油、电力、煤炭等能源用地，民用港口、铁路等交通用地和水利设施用地，三线调整企业、盐业、采石场、邮电等一些特殊用地划分了征免税界限和给予政策性减免税照顾。

【例 10-2】　某盐场 2014 年度占地 200 000m²，其中办公楼占地 20 000m²，盐场内部绿化占地 50 000m²，盐场附属幼儿园占地 10 000m²，盐滩占地 120 000m²。盐场所在地城镇土地使用税单位税额 0.7 元/m²。计算该盐场 2014 年应缴纳的城镇土地使用税。

答案：企业内部的幼儿园和盐场的盐滩占地免征城镇土地使用税，因此，应缴纳的城镇土地使用税 =（200 000 - 10 000 - 120 000）× 0.7 = 49 000（元）

（二）由省、自治区、直辖市地方税务局确定的减免税项目

（1）个人所有的居住房屋及院落用地。

（2）房产管理部门在房租调整改革前经租的居民住房用地。

（3）免税单位职工家属的宿舍用地。

（4）民政部门举办的安置残疾人占一定比例的福利工厂用地。

（5）集体和个人办的各类学校、医院、托儿所、幼儿园用地。

（6）房地产开发公司建造商品房的用地，原则上应按规定计征城镇土地使用税。但在商品房出售之前纳税确有困难的，其用地是否给予缓征或减征、免征照顾，可由各省、自治区、直辖市地方税务局根据从严的原则结合具体情况确定。

（7）向居民供热并向居民收取采暖费的供热企业暂免征收土地使用税。对既向居民供热，又向非居民供热的企业，可按向居民供热收取的收入占其总供热收入的比例划分征免税界限；对于兼营供热的企业，可按向居民供热收取的收入占其生产经营总收入的比例划分征免税界限。

七、城镇土地使用税的征收管理

（一）纳税义务发生时间

（1）纳税人购置新建商品房，自房屋交付使用之次月起，缴纳城镇土地使用税。

（2）纳税人购置存量房，自办理房屋权属转移、变更登记手续，房地产权属登记机关签发房屋权属证书之次月起，缴纳城镇土地使用税。

（3）纳税人出租、出借房产，自交付出租、出借房产之次月起，缴纳城镇土地使用税。

（4）以出让或转让方式有偿取得土地使用权的，应由受让方从合同约定交付土地时间的次月起缴纳城镇土地使用税；合同未约定交付土地时间的，由受让方从合同签订的次月起缴纳城镇土地使用税。

（5）纳税人新征用的耕地，自批准征用之日起满 1 年时开始缴纳土地使用税。

（6）纳税人新征用的非耕地，自批准征用次月起缴纳城镇土地使用税。

（7）纳税人因土地的权利发生变化而依法终止城镇土地使用税纳税义务的，其应纳税款的计算应截止到土地权利发生变化的当月末。

（二）纳税期限

城镇土地使用税实行按年计算、分期缴纳的征收方法，具体纳税期限由省、自治区、直辖市人民政府确定。

（三）纳税地点和征收机构

城镇土地使用税由土地所在地的税务机关征收。土地管理机关应当向土地所在地的税务机关提供土地使用权属资料。

纳税人使用的土地不属于统一省、自治区、直辖市管辖的，由纳税人分别向土地所在地的税务机关缴纳土地使用税；在同一省、自治区、直辖市管辖范围内，纳税人跨地区使用的土地，其纳税地点有各省、自治区、直辖市地方税务局确定。

表 10-1 为城镇土地使用税纳税申报表。

表 10-1　城镇土地使用税纳税申报

税款所属期：　　　年　　月　　日至　　年　　月　　日

纳税人识别号：　　　　　　　　　　　纳税人名称：　　　　　　　面积单位：平方米　金额单位：元（列至角分）

序号	土地使用证号	座落地点	本期实际占地面积	法定免税面积	应税面积	土地等级	适用税额	今年应缴税额	缴纳次数	本期		
										应纳税额	已纳税额	应补退税额
	(1)	(2)	(3)	(4)	(5) = (3)−(4)	(6)	(7)	(8)	(9)	(10) = (8)×(9)÷12	(11)	(12) = (10)−(11)
1												
合计	--	--			--				--			

第二节　耕地占用税法

耕地占用税是对占用耕地建房或从事其他非农业建设的单位和个人，就其实际占用的耕地面积征收的一种税，它属于对特定土地资源占用课税。

一、耕地占用税的纳税义务人

耕地占用税的纳税义务人是占用耕地建房或从事非农业建设的单位和个人。

二、耕地占用税的征税范围

耕地占用税的征税范围包括建房或从事其他非农业建设而占用的国家所有和集体所有的耕地。

耕地是指种植农业作物的土地，包括菜地、园地。其中，园地包括花圃、苗圃、茶园、果园、桑园和其他种植经济林木的土地。

占用鱼塘及其他农用土地建房或从事其他非农业建设，也视同占用耕地，必须依法征收耕地占用税。

建设直接为农业生产服务的生产设施占用前款规定的农用土地的，不征收耕地占用税。

三、耕地占用税税率

耕地占用税实行地区差别定额税率。

（1）人均耕地不超过 1 亩的地区（以县级行政区域为单位，下同），每平方米为 10 元至 50 元。

（2）人均耕地超过 1 亩但不超过 2 亩的地区，每平方米为 8 元至 40 元。

（3）人均耕地超过 2 亩但不超过 3 亩的地区，每平方米为 6 元至 30 元。

（4）人均耕地超过 3 亩的地区，每平方米为 5 元至 25 元。

国务院财政、税务主管部门根据人均耕地面积和经济发展情况确定各省、自治区、直辖市的平均税额，具体见表 10-2。

表 10-2　各省、自治区、直辖市耕地占用税平均税额

地　区	每平方米平均税额/元
上海	45
北京	40
天津	35
江苏、浙江、福建、广东	30
辽宁、湖北、湖南	25
河北、安徽、江西、山东、河南、四川、重庆	22.5
广西、海南、贵州、云南、陕西	20
山西、吉林、黑龙江	17.5
内蒙古、西藏、甘肃、青海、宁夏、新疆	12.5

各地适用税额，由省、自治区、直辖市人民政府在规定的税额幅度内，根据本地区情况核定。各省、自治区、直辖市人民政府核定的适用税额的平均水平，不得低于国务院财政、税务主管部门确定的平均税额。

经济特区、经济技术开发区和经济发达且人均耕地特别少的地区，适用税额可以适当提高，但是提高的部分最高不得超过当地适用税额的 50%。

占用基本农田的，适用税额应当在当地适用税额的基础上提高 50%。

四、耕地占用税计税依据

耕地占用税以纳税人实际占用的耕地面积为计税依据，按照规定的适用税额一次性征收。

五、耕地占用税应纳税额的计算

应纳税额 = 实际占用耕地面积（m^2）× 适用定额税率

【例 10-3】　某县房地产开发公司经批准占用耕地 10 000 m^2 用于住宅小区建设，已知该县耕地占用税适用税额为 22 元/m^2。计算该房地产开发公司应纳的耕地占用税。

答案：该公司应纳的耕地占用税 = 10 000 × 22 = 220 000（元）

六、耕地占用税税收优惠

（一）免征项目

（1）军事设施占用耕地。

（2）学校、幼儿园、养老院、医院占用耕地。

（二）减征项目

（1）铁路线路、公路线路、飞机场跑道、停机坪、港口、航道占用耕地，减按每平方米2元的税额征收耕地占用税。

（2）农村居民占用耕地新建住宅，按照当地适用税额减半征收耕地占用税。

七、耕地占用税征收管理

（1）耕地占用税由地方税务机关负责征收。

（2）获准占用耕地的单位或者个人应当在收到土地管理部门的通知之日起30日内缴纳耕地占用税。

（3）纳税人临时占用耕地，应当依照规定缴纳耕地占用税。纳税人在批准临时占用耕地的期限内恢复所占用耕地原状的，全额退还已经缴纳的耕地占用税。

表10-3为北京市地方税务局耕地占用税纳税申报表。

表 10-3　北京市地方税务局耕地占用税纳税申报表

申报时间：　　年　月　日

单位：元（列至角、分）、平方米（保留到小数点后两位）

纳税人全称		税务计算机代码			
详细地址		联系电话			
开户银行		银行账号			
建设项目名称					
批准占地文号		批准占地日期			
占地位置		批准占地面积			
计税面积（m²）	适用税额	计征税额	减免面积（m²）	减免税额	应纳税额

纳税人签章：　　　　　　　　法人代表签章：　　　　　　　　税务机关同意受理盖章：

年　　月　　日

练 习 题

1．某市一家企业新占用 62 500m² 耕地用于工业建设，所占耕地适用的定额税率为 18 元/m²，计算该企业应纳的耕地占用税。

2．某企业临时占用耕地 3 500m² 堆放原材料，所占耕地适用的定额税率为 38 元/m²，该企业是否缴纳耕地占用税？

第十一章 房产税法与契税法

第一节 房产税

一、房产税法概述

（一）房产税的概念

房产税是以房屋为征税对象，以房屋的计税余值或租金收入为计税依据，向房屋产权所有人征收的一种财产税。其内涵如下：

（1）房产税的征税对象是房屋。

（2）房产税征收的计税依据是房屋的计税余值或租金收入。其中的计税余值是在考虑了房屋的自身建设的情况下，为房产原值一次减去10%～30%后的余值。

（3）房产税的纳税主体是房屋产权的所有人。

（4）房产税是一种财产税。

（二）房产税的发展

房产税是为中外各国政府广为开征的古老的税种。欧洲中世纪时，房产税就成为封建君主敛财的一项重要手段，且名目繁多，如"窗户税""灶税""烟囱税"等，这类房产税大多以房屋的某种外部标志作为确定负担的标准。而对我国而言，对房屋征税自古就有。中国古籍《周礼》上所称"廛布"即为最初的房产税。唐朝的"间架税"，清朝初期的"市廛输钞""计檩输钞"，清末和民国时期的"房捐"等，都是对房屋征收的税。

新中国成立后，中央人民政府政务院于1951年8月颁布了《城市房地产税暂行条例》，规定对城市中的房屋及占地合并征收房产税和地产税，称为城市房地产税。1973年简化税制，把对企业征收的这个税种并入了工商税。对房地产管理部门和个人的房屋，以及外资企业，中外合资、合作经营企业的房屋，继续保留征收房地产税。直到1984年10月，国务院决定在推行第二步利改税和改革工商税制时，对国内企业单位恢复征收单独的房产税。当时考虑土地归国家所有，不允许买卖，原房地产税的税名与征收对象内涵已名不符实，故将城市房地产税分为房产税和城镇土地使用税。1986年9月15日，国务院发布了《中华人民共和国房产税暂行条例》（以下简称《房产税暂行条例》），从当年10月1日开始施行。各省、自治区、直辖市政府根据条例规定，先后制定了施行细则。2008年12月31日国务院发布第546号令，自2009年1月1日起废止《城市房地产税暂行条例》，外商投资企业、外国企业和组织以及外籍个人依照《房产税暂行条例》缴纳房产税。至此，在全国范围内实行内外统一的房产税。

实践中，鉴于房产税全国推行难度较大，先从个别城市开始试点。2011年1月28日，上海、重庆开始试点房产税，2011年1月，重庆首笔个人住房房产税在当地申报入库，其税款为6154.83元。2012年8月12日，30余省市地税部门为开征存量房房产税做准备。2013

年5月24日，房产税试点扩容被证实，将增加房产税改革试点城市，专家称直指一二线高房价城市，房产税确定向增量开刀。

（三）房产税的特点

1. 房产税属于财产税中的个别财产税

理论上按征税对象的范围不同，财产税可以分为一般财产税与个别财产税。一般财产税也称"综合财产税"，是对纳税人拥有的各类财产实行综合课征的税收。个别财产税也称"单项财产税"，是对纳税人拥有的土地、房屋、资本和其他财产分别课征的税收。房产税属于个别财产税，其征税对象只是房屋。

2. 限于征税范围内的经营性房屋

为了体现国家调节收入分配的政策目标，房产税在城市、县城、建制镇和工矿区范围内征收，不涉及农村。农村的房屋，大部分是农民居住用房，为了不增加农民负担，对坐落在农村的房屋没有纳入征税范围。另外，对某些拥有房屋，但自身没有纳税能力的单位，如国家拨付行政经费、事业经费和国防经费的单位自用的房屋，也通过免税的方式排除在征税范围之外。

3. 按照房屋的经营使用方式规定不同的计税依据

拥有房屋的单位和个人，既可以将房屋用于经营自用和出典，又可以把房屋用于出租。房产税根据纳税人经营形式的不同，对前一类房屋按房产计税余值征收，对后一类房屋按租金收入计税。

（四）房产税的作用

1. 筹集地方财政收入

在分税制体制下，财产税是各级地方财政的主体税。我国的房产税属于地方税，征收房产税可以为地方财政筹集一部分市政建设资金，缓解地方财力不足的矛盾。征收房产税可以使地方政府拥有可靠的收入来源。

2. 调节财富分配

房屋是法人和个人拥有财富的主要形式。如今，由于经济的持续增长导致城市土地资源的日益稀缺，再加上城市人民生活水平的提高所带来的刚性住房需求的增长等因素，使得近年来城市房产价格飞涨。这已构成我国贫富差距（尤其是城市有房居民与无房居民，一线城市与其他城市之间贫富差距）拉大的核心原因之一。房价上涨也大大增加城市新增劳动力的生存成本，不利于我国社会的持久和谐稳定。在其他导致房产涨价原因还一时难以克服的情况下，对房产征税，尤其是对个人拥有的经营性房屋征收房产税，可以有利地打击炒房者，在调节财富分配方面可以发挥积极的作用。

3. 有利于加强房产管理，配合城市住房制度的改革

对房屋拥有者征收房产税，不仅可以调节单位、居民之间的财富分配，还有利于加强对房屋的管理，提高房屋的使用效益，同时配合城市住房制度改革。

二、房产税的征税范围、纳税人与税率

（一）房产税的征税范围

《房产税暂行条例》规定，房产税在城市、县城、建制镇和工矿区征收。其中：城市是指经国务院批准设立的市，其征税范围按市行政区域（含郊区）的区域范围，包括市区、郊区

和市辖县县城，不包括农村。县城是指县人民政府所在地，其征税范围按县城镇行政区域（含镇郊）的区域范围。建制镇是指经省、自治区、直辖市人民政府批准设立的建制镇。建制镇的征税范围为镇人民政府所在地，不包括所辖的行政村。工矿区指大中型工矿企业所在地非农业人口达 2 000 人以上，工商业比较发达的工矿区。开征房产税的工矿区须经省税务局批准。

（二）房产税的纳税人

房产税以在征税范围内的房屋产权所有人为纳税人，包括：产权所有人、经营管理单位、承典人、房产代管人或者使用人等。具体而言：

（1）产权属国家所有的，由经营管理单位纳税；产权属集体和个人所有的，由集体单位和个人纳税。

（2）产权出典的，由承典人纳税。产权出典是指承典人支付房屋典价而占有、使用出典人的房屋，出典人于典期届满时，返还典价赎回房屋或者不回赎而丧失房屋所有权的法律制度。产权出典大多发生于出典人急需用款，但又想保留产权回赎权的情况。承典人向出典人交付一定的典价之后，在质典期内即获抵押物品的支配权，并可转典。产权的典价一般要低于卖价。出典在规定期间内需归还典价的本金和利息，方可赎回出典房屋的产权。由于在房屋出典期间，产权所有人已无权支配房屋，因此，税法规定由对房屋具有支配权的承典人为纳税人。

（3）产权所有人、承典人不在房屋所在地的，由房产代管人或者使用人纳税。

（4）产权未确定及租典纠纷未解决的，亦由房产代管人或者使用人纳税。租典纠纷是指产权所有人在房产出典和租赁关系上，与承典人、租赁人发生各种争议。对租典纠纷尚未解决的房产，规定由代管人或使用人为纳税人，主要目的在于加强征收管理，保证房产税及时入库。

（5）无租使用其他房产的问题。纳税单位和个人无租使用房产管理部门、免税单位及纳税单位的房产，应由使用人代为缴纳房产税。

（三）房产税的税率

房产税采用比例税率，因计税依据的不同分为两种：依据房产计税余值计税的，税率为 1.2%；依据房产租金收入计税的，税率为 12%。从 2001 年 1 月 1 日起，对个人居住用房出租仍用于居住的，其应缴纳的房产税暂减按 4% 的税率征收；2008 年 3 月 1 日起，对个人出租住房，不区分实际用途，均按 4% 的税率征收房产税。对企事业单位、社会团体以及其他组织按市场价格向个人出租用于居住的住房，减按 4% 的税率征收房产税。

三、房产税的计税依据与应纳税额的计算

（一）房产税的计税依据

房产税的计税依据分为从价计征和从租计征两种。其中，按房产余值计税的属于从价计征，而按租金收入计税的属于从租计征。

1. 对经营自用的房屋，以房产的计税余值作为计税依据

计税余值是指依照税法规定按房产原值一次减除 10%～30% 的损耗价值以后的余额，扣除比例由省、自治区、直辖市人民政府在税法规定的减除幅度内自行确定。这样规定，既有利于各地区根据本地情况，因地制宜地确定计税余值，又有利于平衡各地税收负担，简化计

税　法

算手续，提高征管效率。计算房产原值时，应注意以下几点：

（1）房产原值应包括与房屋不可分割的各种附属设备或一般不单独计算价值的配套设施。主要有：暖气、卫生、通风、照明、煤气等设备；各种管线，如蒸汽、压缩空气、石油、给水排水等管道及电力、电信、电缆导线；电梯、升降机、过道、晒台等。属于房屋附属设备的水管、下水道、暖气管、煤气管等应从最近的探视井或三通管起，计算原值；电灯网、照明线从进线盒联结管起，计算原值等。

（2）纳税人对原有房屋进行改建、扩建的，要相应增加房屋的原值。

（3）对于更换房屋附属设备和配套设施的，在将其价值计入房产原值时，可扣减原来相应设备和设施的价值；对附属设备和配套设施中易损坏，需要经常更换的零配件，更新后不再计入房产原值，原零配件的原值也不扣除。

（4）自2006年1月1日起，凡在房产税征收范围内的具备房屋功能的地下建筑，包括与地上房屋相连的地下建筑以及完全建在地面以下的建筑、地下人防设施等，均应当依照有关规定征收房产税。

（5）对出租房产，租赁双方签订的租赁合同约定有免收租金期限的，免收租金期间由产权所有人按照房产原值缴纳房产税。

（6）对按照房产原值计税的房产，无论会计上如何核算，房产原值均应包含地价，包括为取得土地使用权支付的价款、开发土地发生的成本费用等。容积率低于0.5的，按房产建筑面积的2倍计算土地面积并据此确定计入房产原值的地价。

如果纳税人未按会计制度规定记载原值，在计征房产税时，应按规定调整房产原值；对房产原值明显不合理的，应重新予以评估；对没有房产原值的，应由房屋所在地的税务机关参考同类房屋的价值核定。在原值确定后，再根据当地所适用的扣除比例，计算确定房产余值。

2．对于出租的房屋，以租金收入为计税依据

房屋的租金收入是房屋产权所有人出租房屋占有与使用权所取得的报酬，包括货币收入和实物收入。对以劳务或其他形式作为报酬抵付房租收入的，应根据当地同类房屋的租金水平，确定租金标准，依率计征。

如果纳税人对个人出租房屋的租金收入申报不实或申报数与同一地段同类房屋的租金收入相比明显不合理，税务部门可以按照《税收征管法》的有关规定，采取科学合理的方法核定其应纳税款。具体办法由各省级地方税务机关结合当地实际情况制定。

3．投资联营及融资租赁房产的计税依据

（1）对投资联营的房产，在计征房产税时应予以区别对待。对于以房产投资联营，投资者参与投资利润分红，共担风险的，按房产的计税余值作为计税依据计征房产税；而对于以房产投资，收取固定收入，不承担联营风险的所谓投资联营，由于其名为联营，实为租赁，是以联营名义取得房产租金，故应根据《房产税暂行条例》的有关规定，由出租方按租金收入计算缴纳房产税。

（2）融资租赁的房产，由承租人自融资租赁合同约定开始日的次月起依照房产余值缴纳房产税。合同未约定开始日的，由承租人自合同签订的次月起依照房产余值缴纳房产税。融资租赁是指出租人根据承租人对待租房产的特定要求和对房地产开发商的选择，出资向开发商购买该房产，并租给承租人使用，承租人则分期向出租人支付租金，在租赁期内该房产的

· 222 ·

所有权属于出租人所有，承租人拥有租赁物件的使用权。租赁费包括购进房屋的价款、手续费、借款利息等，且租赁期满后，当承租方偿还最后一笔租赁费时，房屋产权一般都转移到承租方，实际上是一种变相的分期付款购买房产的形式，因此在计征房产税时应按房产余值计算征收。

4. 居民住宅区内业主共有的经营性房产的计税依据

对居民住宅区内业主共有的经营性房产，由实际经营（包括自营和出租）的代管人或使用人缴纳房产税。其中自营的，依照房产原值减除 10%～30% 后的余值计征，没有房产原值或不能将共有住房划分开的，由房产所在地地方税务机关参照同类房产核定房产原值；出租的，依照租金计征。

（二）房产税应纳税额的计算

1. 从价计征

从价计征是按房产的原值减除一定比例后的余值计征，其公式为：

应纳税额＝应税房产原值×（1－扣除比例）×1.2%

2. 从租计征

从租计征是按房产的租金收入计征，其公式为：

应纳税额＝租金收入×12%

3. 个人出租住房的租金收入计征

个人出租住房的租金收入计征，其公式为：

应纳税额＝房产租金收入×4%

【例 11-1】　某省一企业 2014 年度自有房屋 10 栋，其中 8 栋用于经营生产，房产原值 1500 万元、不包括冷暖通风设备 60 万元；2 栋房屋租给某公司作经营用房，年租金收入 50 万元。试计算该企业当年应纳的房产税（注：该省规定按房产原值一次扣除 20% 后的余值计税）。

答案：自用房产应纳税额＝[(1 500 + 60)×(1－20%)]×1.2%＝14.976（万元）

租金收入应纳税额＝50×12%＝6（万元）

全年应纳房产税额＝14.976 + 6＝20.976（万元）

四、房产税的减免税优惠

（一）减免税的基本规定

依据《房产税暂行条例》及有关规定，下列房产免征房产税：

1. 国家机关、人民团体、军队自用的房产

国家机关、人民团体、军队自用的房产是指这些单位本身的办公用房和公务用房。由于国家机关、人民团体和军队均不是以营利为目的的单位，其本身也大都无经营性收入，其本身经费又来源于国家财政拨付，故而从征收房产税的目标出发，对其应予免征。

2. 国家财政部门拨付事业经费单位自用的房产

事业单位自用的房产是指这些单位本身的业务用房。与前述理由相同，事业单位即使是实行差额预算管理的事业单位，虽然有一定的收入，但其收入不够本身经费开支的部分，还要由国家财政部门拨付经费补助。因此，实行差额预算管理的事业单位，也属于由国家财政部门拨付事业经费的单位，对其本身自用的房产免征房产税。

应当注意的是，由国家财政部门拨付事业经费的单位，其经费来源实行自收自支后，应征收房产税。但为了鼓励事业单位经济自立，由国家财政部门拨付事业经费的单位，1990年以前经费来源实行自收自支后，从事业单位经费实行自收自支的年度起，免征房产税 3年。1990 年 1 月 1 日后，对经费来源实行自收自支的事业单位，不再享受 3 年免税照顾，应照章征收房产税。

3. 宗教寺庙、公园、名胜古迹自用的房产

宗教寺庙自用的房产是指举行宗教仪式等的房屋和宗教人员使用的生活用房屋。公园、名胜古迹自用的房产是指供公共参观游览的房屋及其管理单位的办公用房屋。对于前述这类主要承担历史文化传承功能场所的房产，只要其经费来源是由国家财政拨款，本身没有纳税能力，就应当免征房产税。

但同样需指出的是，公园、名胜古迹中附设的营业单位，如游乐场、影剧院、饮食部、茶社、照相馆等所使用的房产及出租的房产，应征收房产税。对于这些单位非自用的房产，如出租或营业用的，因为已有收入来源和纳税能力，所以应按照规定征收房产税。

4. 个人拥有的非营业用的房产

对个人所有的非营业用房产给予免税，当时主要是为了照顾我国城镇居民住房的实际状况，鼓励个人改善居住条件，配合城市住房制度的改革。但是，对个人所有的营业用房或出租等非自用的房产，应按照规定征收房产税。

5. 经财政部批准免税的其他房产

这是为避免因伴随着社会发展出现新情况，导致法律漏洞产生而制定的兜底条款，以避免法律因朝令夕改而缺乏权威性。

（二）减免税特殊规定

经财政部和国家税务总局批准，下列房产可免征房产税：

（1）企业办的各类学校、医院、托儿所、幼儿园自用的房产，免征房产税。

（2）经有关部门鉴定，对毁损不堪居住的房屋和危险房屋，在停止使用后，可免征房产税。

（3）自 2004 年 8 月 1 日起，对军队空余房产租赁收入暂免征收房产税；此前已征税款不予退还，未征税款不再补征。暂免征收房产税的军队空余房产，在出租时必须悬挂《军队房地产租赁许可证》，以备查验。

（4）凡是在基建工地为基建工地服务的各种工棚、材料棚、休息棚和办公室、食堂、茶炉房、汽车房等临时性房屋，不论是施工企业自行建造还是由基建单位出资建造，交施工企业使用的，在施工期间，一律免征房产税。但是，如果在基建工程结束以后，施工企业将这种临时性房屋交还或者估价转让给基建单位的，应当从基建单位接收的次月起，依照规定征收房产税。

（5）自 2004 年 7 月 1 日起，纳税人因房屋大修导致连续停用半年以上的，在房屋大修期间免征房产税，免征税额由纳税人在申报缴纳房产税时自行计算扣除，并在申报表附表或备注栏中作相应说明。

纳税人房屋大修停用半年以上需要免征房产税的，应在房屋大修前向主管税务机关报送相关的证明材料，包括大修房屋的名称、坐落地点、产权证编号、房产原值、用途、房屋大修的原因、大修合同及大修的起止时间等信息和资料，以备税务机关查验。具体报送材料由各省、自治区、直辖市和计划单列市地方税务局确定，并告知房产税的纳税人。

税务机关应对报告大修的房屋加强跟踪管理和检查，如发现虚假情况，按《税收征管法》的有关规定处理。

（6）纳税单位与免税单位共同使用的房屋，按各自使用的部分划分，分别征收或免征房产税。

（7）老年服务机构自用的房产暂免征收房产税。老年服务机构是指专门为老年人提供生活照料、文化、护理、健身等多方面服务的福利性、非营利性的机构，主要包括：老年社会福利院、敬老院（养老院）、老年服务中心、老年公寓（含老年护理院、康复中心、托老所）等。

（8）从2001年1月1日起，对按政府规定价格出租的公有住房和廉租住房，包括企业和自收自支事业单位向职工出租的单位自有住房；房管部门向居民出租的公有住房；落实私房政策中带户发还产权并以政府规定租金标准向居民出租的私有住房等，暂免征收房产税。

（9）对邮政部门坐落在城市、县城、建制镇、工矿区范围内的房产，应当依法征收房产税；对坐落在城市、县城、建制镇、工矿区范围以外、尚在县邮政局内核算的房产，在单位财务账中划分清楚的，从2001年1月1日起不再征收房产税。

（10）对房地产开发企业建造的商品房，在出售前不征收房产税。但对出售前房地产开发企业已使用或出租、出借的商品房应按规定征收房产税。

（11）铁道部（现为中国铁路总公司）所属铁路运输企业自用的房产，继续免征房产税。铁道部（现为中国铁路总公司）所属铁路运输企业的范围包括：铁路局、铁路分局（包括客货站、编组站、车务、机务、工务、电务、水电、车辆、供电、列车、客运段）、中铁集装箱运输有限责任公司、中铁特货运输有限责任公司、中铁行包快递有限责任公司、中铁快运有限公司。地方铁路运输企业自用的房产，应缴纳的房产税比照铁道部（现为中国铁路总公司）所属铁路运输企业的政策执行。

（12）对行使国家行政管理职能的中国人民银行总行（含国家外汇管理局）所属分支机构自用的房产，免征房产税。

对其他专业银行等金融机构（包括信托投资公司、城乡信用合作社，以及经中国人民银行批准设立的其他金融组织）和保险公司的房产，均应按规定征收房产税。

（13）天然林保护工程相关房产免税。

自2004年1月1日至2010年12月31日，对长江上游、黄河中上游地区，东北、内蒙古等国有林区天然林资源保护工程实施企业和单位用于天然林保护工程的房产，免征房产税。对上述企业和单位用于天然林资源保护工程以外其他生产经营活动的房产，仍按规定征收房产税。对由于国家实行天然林资源保护工程造成森工企业的房产闲置1年以上不用的，暂免征收房产税；闲置房产用于出租或企业重新用于天然林资源保护工程之外的其他生产经营的，应依照规定征收房产税和城镇土地使用税。用于国家天然林资源保护工程的免税房产应单独划分，与其他应税房产划分不清的，应按规定征税。2011年1月1日至2020年12月31日，对天然林资源保护工程的房产继续免征房产税。

（14）对经营公租房所取得的租金收入，免征房产税。公租房租金收入与其他住房经营收入应单独核算，未单独核算的，不得享受免征房产税优惠政策。

（15）为支持农村饮水安全工程的建设、运营，对为农村居民提供生活用水而建设的供水工程运营管理单位的生产、办公用房产、土地，从2011年1月1日至2015年12月31日，免征房产税。既向城镇居民供水，又向农村居民供水的饮水工程运营管理单位，依据向农村居民供水量占总供水量的比例免征房产税。

（16）为支持农产品流通体系建设，减轻农产品批发市场、农贸市场经营负担，自 2013 年 1 月 1 日至 2015 年 12 月 31 日，对专门经营农产品的农产品批发市场、农贸市场使用的房产、土地免征房产税。对同时经营其他产品的农产品批发市场和农贸市场使用的房产、土地，按其他产品与农产品交易场地面积的比例确定征免房产税。

（17）对商品储备管理公司及其直属库承担商品储备业务自用的房产、土地，免征房产税。[①]

五、房产税的征收管理

（一）纳税时间

（1）纳税人将原有房产用于生产经营，从生产经营之月起，缴纳房产税。

（2）纳税人自行新建房屋用于生产经营，从建成之次月起，缴纳房产税。

（3）纳税人委托施工企业建设的房屋，从办理验收手续之次月起，缴纳房产税。

（4）纳税人购置新建商品房，自房屋交付使用之次月起，缴纳房产税。

（5）纳税人购置存量房，自办理房屋权属转移、变更登记手续，房地产权属登记机关签发房屋权属证书之次月起，缴纳房产税。

（6）纳税人出租、出借房产，自交付出租、出借房产之次月起，缴纳房产税。

（7）房地产开发企业自用、出租、出借该企业建造的商品房，自房屋使用或交付之次月起，缴纳房产税。

（二）纳税期限

房产税实行按年征收，分期缴纳。纳税期限由省、自治区、直辖市人民政府规定。各地一般按季或半年征收。

（三）纳税地点

房产税在房产所在地缴纳。房产不在同一地方的纳税人，应按房产的坐落地点分别向房产所在地的税务机关缴纳。

（四）纳税申报

房产税的纳税申报是房屋产权所有人或纳税人缴纳房产税必须履行的法定手续。纳税义务人应根据税法要求，将现有房屋的坐落地点、结构、面积、原值、出租收入等情况，据实向当地税务机关办理纳税申报，并按规定纳税。如果纳税人住址发生变更、产权发生转移，以及出现新建、改建、扩建、拆除房屋等情况，而引起房产原值发生变化或者租金收入变化的，都要按规定及时向税务机关办理变更登记。

第二节　契　税　法

一、契税法概述

（一）契税的概念

契税是以所有权发生转移的不动产为征税对象，向产权承受人征收的一种财产税。具体

---

① 全国注册税务师执业资格编写组. 税法（Ⅱ）[M]. 北京：中国税务出版社，2014：302—303.

来说，契税是以在中国境内转让、出让、买卖、赠与、交换发生所有权转移的土地、房屋等不动产为征税对象而征收的一种税。

（二）契税的发展

契税是一个古老的税种，最早起源于东晋的"估税"，至今已有 1600 多年的历史。当时规定，凡买卖田宅、奴婢、牛马，立有契据者，每一万钱交易额官府征收四百钱即税率为 4%，其中卖方缴纳 3%，买方缴纳 1%。南朝的宋、齐、梁、陈均将其作为定制。至北宋时，开始征收印契钱，开始以保障产权为由征收契税。以后历代封建王朝对土地、房屋的买卖、典当等产权变动都征收契税，但税率和征收范围不完全相同。

新中国成立以后颁布的第一个税收法规就是《契税暂行条例》。这个条例对旧中国的契税进行了改革，明确规定：凡土地、房屋之买卖、典当、赠与和交换，均应凭土地、房屋的产权证明，在当事人双方订立契约时，由产权承受人缴纳契税。1954 年，财政部对《契税暂行条例》进行了修改，指出：对公有制单位的买卖、典当、承受赠与和交换土地、房屋的行为，免征契税。社会主义"三大改造"完成后，国家禁止土地买卖和转让，征收土地契税自然停止，契税的征税范围只限于非公有制单位的房屋产权转移行为，故而收入很少，文革时甚至根本停止。1978 年新宪法公布后，逐步落实了房产政策，随着改革开放的不断深入，城乡房屋买卖又重新活跃起来。为此，财政部于 1981 年和 1990 年分别发出了《关于改进和加如强契税征收管理工作的通知》和《关于加强契税工作的通知》，开始对契税征收工作的全面恢复。至 1997 年 7 月 7 日，针对新时期的社会经济发展状况，我国重新颁布了《中华人民共和国契税暂行条例》（以下简称《契税暂行条例》），并自 1997 年 10 月 1 日起施行。

（三）契税的特点

1. 契税属于财产转移税

契税以发生转移的不动产，即土地和房屋为征税对象，以发生财产转移为征税界限，具有财产转移课税性质。土地、房屋产权未发生转移的，不征契税。

2. 契税由财产承受人缴纳

一般税种都确定销售者为纳税人，即卖方纳税。契税则属于土地、房屋产权发生交易过程中的财产税，由承受人纳税，即买方纳税。对买方征税的主要目的，在于承认不动产转移生效，承受人纳税以后，便可拥有转移过来的不动产产权或使用权，法律保护纳税人的合法权益。

（四）契税的作用

1. 税源充足，可增加地方的财政收入

契税的征税对象是土地和房屋，其本身价值较大，而契税按财产转移价值征税，使税源较为充足，从而可以弥补其他财产税的不足。扩大契税的征税范围，能够为地方政府增加一部分财政收入。

2. 保护合法产权，避免产权纠纷

不动产所有权和使用权的转移是涉及转让者和承受者双方利益的大事。由于产权转移形式多种多样，如果契税所涉产权转让的合法性得不到确认，事后必然会出现产权纠纷。契税规定对承受人征税是以法律的形式对相关产权转让加以确定，有利于维护公民合法权益，避免产权纠纷。

3. 调节财富分配，体现社会公平

土地、房屋交易本身就意味着财富的流动或分配。在土地、房屋的交易环节征收契税，可以适当调节财产取得者的收入，缓解社会分配不公的矛盾。尤其是针对前一个时期炒房者恶意抬高房价的状况，契税的征收可以在一定程度上加大抄房者的经营成本，影响其交易收益，进而调节财富分配，体现社会公平。

二、契税的征税范围、纳税人与税率

（一）契税的征税范围

契税的征税对象是发生土地使用权和房屋所有权权属转移的土地和房屋。具体征税范围包括：国有土地使用权出让；土地使用权转让，包括出售、赠与和交换；房屋买卖等。

1. 国有土地使用权出让

国有土地使用权出让是指土地使用者向国家交付土地使用权出让费用，国家将国有土地使用权在一定年限内让予土地使用者的行为。国有土地使用权出让可以使用拍卖、招标、双方协议的方式。

2. 土地使用权转让

土地使用权转让是指土地使用者以出售、赠与、交换或者其他方式将土地使用权转移给其他单位和个人的行为。土地使用权转让，不包括农村集体土地承包经营权的转移。

（1）土地使用权出售是指土地使用者以土地使用权作为交易条件，取得货币、实物、无形资产或者其他经济利益的行为。

（2）土地使用权赠与是指土地使用者将其土地使用权无偿转让给受赠者的行为。

（3）土地使用权交换是指土地使用者之间相互交换土地使用权的行为。

3. 房屋买卖

（1）以房产抵债或实物交换房屋。经当地政府和有关部门批准，以房抵债和实物交换房屋，均视同房屋买卖，应由产权承受人按房屋现值缴纳契税。

（2）以房产作投资或作股权转让。这种交易业务属房屋产权转移，应根据国家房地产管理的有关规定，办理房屋产权交易和产权变更登记手续，视同房屋买卖，由产权承受方按投资房产价值或房产买价缴纳契税。

【例 11-2】　A 以自有房产，投资于 B 企业。因其房屋产权变为 B 企业所有，故产权所有人发生变化，因此，B 企业在办理产权登记手续后，按 A 入股房产现值（国有企事业房产须经国有资产管理部门评估核价）缴纳契税。

以自有房产作股投入本人经营企业，免纳契税。因其房屋产权所有人和土地使用权人未发生变化，无需办理房产变更手续，也就不用办理契税手续。

（3）买房拆料或翻建新房，应照章征收契税。其中，先买房后拆料，属于房屋买卖行为，应按成交价格缴纳契税。买房后未缴契税即将房屋翻建的，应按购买房屋的成交价格缴纳契税。

4. 房屋赠与

房屋赠与是指房屋产权所有人将房屋无偿转让给他人所有。其中，转交自己的房屋给他人的法人和自然人，称作房屋赠与人，接受他人房屋的法人和自然人，称为受赠人。由于房屋是不动产，价值较大，而赠与从法律性质上讲又往往是单务和无偿的，故法律要求赠与房屋应有书面合同，并到房地产管理机关或农村基层政权机关办理登记过户手续，才能生效。

如果房屋赠与行为涉及涉外关系，还需到公证处证明和外事部门认证，才能有效。房屋的受赠人要按规定缴纳契税。以获奖方式取得房屋产权的，实质仍是接受赠与房产，故而仍需照章缴纳契税。

5．房屋交换

房屋交换是指房屋住户、用户、所有人为了生活工作方便，相互之间交换房屋的使用权或所有权的行为。在房屋交换行为中，其主体包括公民、法人、其他组织以及房地产管理机关、其他机关团体等。交换的标的性质有公房（包括直管房和自管房）、私房等。房屋交换包括房屋使用权交换和房屋所有权交换。无论是房屋使用权还是房屋所有权相互交换，双方交换价值相等，免纳契税，办理免征契税手续；交换价值不相等的，按超出部分由支付差价方缴纳契税。

6．企业事业单位改制重组的契税政策

为了支持企业、事业单位改革，促进国民经济持续、健康发展，自 2012 年 1 月 1 日至 2014 年 12 月 31 日，企业、事业单位改制重组等涉及的契税政策规定如下：

（1）企业公司制改造。

1）非公司制企业，按照《公司法》的规定，整体改建为有限责任公司（含国有独资公司）或股份有限公司，有限责任公司整体改建为股份有限公司，股份有限公司整体改建为有限责任公司的，对改建后的公司承受原企业土地、房屋权属，免征契税。上述所称整体改建是指不改变原企业的投资主体，并承继原企业权利、义务的行为。

2）非公司制国有独资企业或国有独资有限责任公司，以其部分资产与他人组建新公司，且该国有独资企业（公司）在新设公司中所占股份超过50%的，对新设公司承受该国有独资企业（公司）的土地、房屋权属，免征契税。

3）国有控股公司以部分资产投资组建新公司，且该国有控股公司占新公司股份超过85%的，对新公司承受该国有控股公司土地、房屋权属，免征契税。上述所称国有控股公司是指国家出资额占有限责任公司资本总额超过 50%，或国有股份占股份有限公司股本总额超过50%的公司。

（2）公司股权（股份）转让。在股权（股份）转让中，单位、个人承受公司股权（股份），公司土地、房屋权属不发生转移，不征收契税。

（3）公司合并。两个或两个以上的公司，依据法律规定、合同约定，合并为一个公司，且原投资主体存续的，对其合并后的公司承受原合并各方的土地、房屋权属，免征契税。

（4）公司分立。公司依照法律规定、合同约定分设为两个或两个以上与原公司投资主体相同的公司，对派生方、新设方承受原企业土地、房屋权属，免征契税。

（5）企业出售。国有、集体企业整体出售，被出售企业法人予以注销，并且买受人按照《劳动法》等国家有关法律法规政策妥善安置原企业全部职工，与原企业全部职工签订服务年限不少于 3 年的劳动用工合同的，对其承受所购企业的土地、房屋权属，免征契税；与原企业超过 30%的职工签订服务年限不少于 3 年的劳动用工合同的，减半征收契税。

（6）企业破产。企业依照有关法律、法规规定实施破产，债权人（包括破产企业职工）承受破产企业抵偿债务的土地、房屋权属，免征契税；对非债权人承受破产企业土地、房屋权属，凡按照《劳动法》等国家有关法律法规政策妥善安置原企业全部职工，与原企业全部职工签订服务年限不少于 3 年劳动用工合同的，对其承受所购企业的土地、房屋权属，免征契税；与原企业超过 30%的职工签订服务年限不少于 3 年的劳动用工合同的，减半征收契税。

（7）债权转股权。经国务院批准实施债权转股权的企业，对债权转股权后新设立的公司承受原企业的土地、房屋权属，免征契税。

（8）资产划转。对承受县级以上人民政府或国有资产管理部门按规定进行行政性调整、划转国有土地、房屋权属的单位，免征契税。同一投资主体内部所属企业之间土地、房屋权属的划转，包括母公司与其全资子公司之间，同一公司所属全资子公司之间，同一自然人与其设立的个人独资企业、一人有限公司之间土地、房屋权属的划转，免征契税。

（9）事业单位改制。事业单位按照国家有关规定改制企业的过程中，投资主体没有发生变化的，对改制后的企业承受原事业单位土地、房屋权属，免征契税。投资主体发生变化的，改制后的企业按照《劳动法》等有关法律法规妥善安置原事业单位全部职工，与原事业单位全部职工签订服务年限不少于 3 年劳动用工合同的，对其承受原事业单位的土地、房屋权属，免征契税；与原事业单位超过 30%的职工签订服务年限不少于 3 年劳动用工合同的，减半征收契税。

（10）其他相关规定。以出让方式或国家作价出资（入股）方式承受原改制重组企业、事业单位划拨用地的，不属于上述规定的免税范围，对承受方应按规定征收契税。

上述企业、公司是指依照中华人民共和国有关法律法规设立并在中国境内注册的企业、公司。

7. 房屋附属设施有关契税政策

（1）采取分期付款方式购买房屋附属设施土地使用权、房屋所有权的，应按合同规定的总价款计征契税。

（2）承受的房屋附属设施权属如为单独计价的，按照当地确定的适用税率征收契税；如与房屋统一计价的，适用与房屋相同的契税税率。

（二）契税的纳税人

在中华人民共和国境内转移土地、房屋权属，承受的单位和个人为契税的纳税人。土地、房屋权属是指土地使用权和房屋所有权。单位是指企业单位、事业单位、国家机关、军事单位和社会团体以及其他组织。个人是指个体经营者及其他个人，包括中国公民和外籍人员。为了体现公平税负，增加财政收入，1997 年 7 月 7 日修订的《契税暂行条例》把国有经济单位也归入纳税人。

（三）契税的税率

契税实行幅度比例税率，税率幅度为 3%～5%。具体执行税率，由各省、自治区、直辖市人民政府在规定的幅度内，根据本地区的实际情况确定。

根据《财政部、国家税务总局、住房和城乡建设部关于调整房地产交易环节契税个人所得税优惠政策的通知》规定，从 2010 年 10 月 1 日起，对个人购买普通住房，且该住房属于家庭（成员范围包括购房人、配偶以及未成年子女，下同）唯一住房的，减半征收契税（1.5%）。对个人购买 90m^2 及以下普通住房，且该住房属于家庭唯一住房的，减按 1%税率征收契税。

三、契税的计税依据与应纳税额的计算

（一）契税的计税依据

契税的计税依据按照土地、房屋交易的不同情况确定：

（1）土地使用权出让、出售以及房屋买卖，其计税依据为成交价格。成交价格经双方敲定，形成合同，税务机关以此为据，直接计税。这样规定的好处：一是与城市房地产管理法和有关房地产法规规定的价格申报制度相一致；二是在现阶段有利于契税的征收管理。

（2）土地使用权赠与、房屋赠与，其计税依据由征收机关参照土地使用权出售、房屋买卖的市场价格核定。其起因是因为土地使用权赠与、房屋赠与属于特殊的转移形式，无货币支付，且土地、房屋价格，绝不是一成不变的。例如，北京成为 2008 年奥运会主办城市后，奥运村地价立即飙升。该地段土地使用权赠送、房屋赠送时，定价依据只能参照市场上同类土地、房屋价格计算应纳税额，而不是土地或房屋原值。

（3）土地使用权交换、房屋交换，其计税依据是所交换的土地使用权、房屋的价格差额。即倘若 A 房价格 30 万元，B 房价格 40 万元，A、B 两房交换，契税的计税依据是两房差额，即 10 万元。同理，土地使用权交换也要依据差额计税。等额交换时，差额为零，意味着交换双方均免缴契税。对于成交价格明显低于市场价格且无正当理由的，或者所交换的土地使用权、房屋的价格差额明显不合理且无正当理由的，由征收机关参照市场价格核定。其目的是为了防止纳税人隐瞒、虚报成交价格。

（4）出让国有土地使用权的，其契税计税价格为承受人为取得该土地使用权而支付的全部经济利益。具体内容如下：

1）以协议方式出让的，其契税计税价格为成交价格。成交价格包括土地出让金、土地补偿费、安置补助费、地上附着物和青苗补偿费、拆迁补偿费、市政建设配套费等承受者应支付的货币、实物、无形资产及其他经济利益。

没有成交价格或者成交价格明显偏低的，征收机关可依次按下列两种方式确定：

① 评估价格：由政府批准设立的房地产评估机构根据相同地段、同类房地产进行综合评定，并经当地税务机关确认的价格。

② 土地基准地价：由县以上人民政府公示的土地基准地价。

2）以竞价方式出让的，其契税计税价格，一般应确定为竞价的成交价格，土地出让金、市政建设配套费以及各种补偿费用应包括在内。

3）先以划拨方式取得土地使用权，后经批准改为出让方式取得该土地使用权的，应依法缴纳契税，其计税依据为应补缴的土地出让金和其他出让费用。

4）已购公有住房经补缴土地出让金和其他出让费用成为完全产权住房的，免征土地权属转移的契税。

（5）房屋买卖的契税计税价格为房屋买卖合同的总价款，买卖装修的房屋，装修费用应包括在内。

（二）契税应纳税额的计算

契税应纳税额的计算公式为：

应纳税额 = 计税依据 × 税率

应纳税额以人民币计算。转移土地、房屋权属以外汇结算的，按照纳税义务发生之日中

国人民银行公布的人民币市场汇率中间价，折合成人民币计算。

【例 11-3】 居民甲有两套住房，将一套出售给居民乙，成交价格为 1 000 000 元；将另一套两室住房与居民丙交换成两处一室住房，并支付换房差价款 400 000 元。试计算甲、乙、丙相关行为应缴纳的契税（假定税率为 5%）。

答案：甲应缴纳契税 = 400 000 × 5% = 20 000（元）

乙应缴纳契税 = 1 000 000 × 5% = 50 000（元）

丙不缴纳契税。

四、契税的减免税优惠

（一）减免税优惠的一般规定

（1）国家机关、事业单位、社会团体、军事单位承受土地、房屋用于办公、教学、医疗、科研和军事设施的，免征契税。

（2）城镇职工按规定第一次购买公有住房的，免征契税。

（3）因不可抗力丧失住房而重新购买住房的，酌情准予减征或者免征契税。

（4）土地、房屋被县级以上人民政府征用、占用后，重新承受土地、房屋权属的，由省级人民政府确定是否减免。

（5）承受荒山、荒沟、荒丘、荒滩土地使用权，并用于农、林、牧、渔业生产的，免征契税。

（6）经外交部确认，依照我国有关法律规定以及我国缔结或参加的双边和多边条约或协定，应当予以免税的外国驻华使馆、领事馆、联合国驻华机构及其外交代表、领事官员和其他外交人员承受土地、房屋权属的，免征契税。

（二）减免税优惠的特殊规定

（1）对金融租赁公司开展售后回租业务，承受承租人房屋、土地权属的，照章征税。对售后回租合同期满，承租人回购原房屋、土地权属的，免征契税。

（2）对国家石油储备基地第一期项目建设过程中涉及的契税予以免征。

（3）自 2011 年 8 月 31 日起，婚姻关系存续期间，房屋、土地权属原归夫妻一方所有，变更为夫妻双方共有的，免征契税。

（4）对已缴纳契税的购房单位和个人，在未办理房屋权属变更登记前退房的，退还已纳契税；在办理房屋权属变更登记后退房的，不予退还已纳契税。

（5）对公租房经营管理单位购买住房作为公租房，免征契税。

五、契税的征收管理

（一）纳税义务发生时间

契税的纳税义务发生时间是纳税人签订土地、房屋权属转移合同的当天，或者纳税人取得其他具有土地、房屋权属转移合同性质凭证的当天。

（二）纳税期限

纳税人应当自纳税义务发生之日起 10 日内，向土地、房屋所在地的契税征收机关办理纳税申报，并在契税征收机关核定的期限内缴纳税款。

（三）纳税地点

契税在土地、房屋所在地的征收机关缴纳。

纳税人办理纳税事宜后，征收机关应向纳税人开具契税完税凭证。纳税人持契税完税凭证和其他规定的文件材料，依法向房地产管理部门办理有关土地、房屋的权属变更登记手续。房地产管理部门应向契税征收机关提供有关资料，并协助契税征收机关依法征收契税。

练　习　题

1. 某企业 2014 年 10 月 1 日的房产原值为 3 000 万元，2014 年 12 月 1 日，该企业将其中原值为 1 000 万元的临街房出租给某连锁卖场，月租金 10 万元。当地政府规定允许以房产原值减除 20%后的余值计税。问该企业当年应缴纳多少房产税？

2. 某企业 2012 年房产原值共计 8 000 万元，其中该企业所附属的幼儿园和子弟学校用房原值分别为 300 万元和 900 万元，当地政府确定计算房产税余值的扣除比例为 25%。问该企业 2012 年应缴纳的房产税是多少元？

3. 某企业破产清算时，将其所属的价值 2 500 万元的房地产实行拍卖，取得收入 2 300 万元；将价值 4 500 万元的房地产抵偿债务，债务总额为 3 500 万元。请问：以上经济事项应缴纳契税多少元？

4. 甲乙两单位互换经营性住房，甲换入的房屋价格为 500 万元，乙换入的房屋价格为 650 万元，当地契税税率为 3%，则双方谁应缴纳契税？缴纳多少？

第十二章 车辆购置税法、车船税法
与印花税法

第一节 车辆购置税法

车辆购置税是以在中国境内购置规定车辆为课税对象、在特定的环节向车辆购置者征收的一种税。就其性质而言，属于直接税的范畴。

现行车辆购置税法的基本规范，是从 2001 年 1 月 1 日起实施的《中华人民共和国车辆购置税暂行条例》。2014 年 11 月 25 日国家税务总局第 3 次局务会议审议通过《车辆购置税征收管理办法》，自 2015 年 2 月 1 日起施行。

一、车辆购置税的纳税义务人

车辆购置税的纳税人是指在我国境内购置应税车辆的单位和个人。所称购置，包括购买、进口、自产、受赠、获奖或者以其他方式取得并自用应税车辆的行为。

二、车辆购置税的征税范围

车辆购置税以列举的车辆作为征税对象，未列举的车辆不纳税。其征税范围包括汽车、摩托车、电车、挂车、农用运输车。

三、车辆购置税的税率与计税依据

（一）税率
车辆购置税实行从价定率的办法计算应纳税额，税率为 10%。

（二）计税依据
车辆购置税的计税依据是纳税人所购置的应税车辆的价格。计税价格根据不同情况，按照下列规定确定：

（1）纳税人购买自用的应税车辆的计税价格，为纳税人购买应税车辆而支付给销售者的全部价款和价外费用，不包括增值税税款。价外费用是指销售方价外向购买方收取的基金、集资费、违约金（延期付款利息）和手续费、包装费、储存费、优质费、运输装卸费、保管费以及其他各种性质的价外收费，但不包括销售方代办保险等而向购买方收取的保险费，以及向购买方收取的代购买方缴纳的车辆购置税、车辆牌照费。

（2）纳税人进口自用的应税车辆的计税价格的计算公式为：

$$计税价格 = 关税完税价格 + 关税 + 消费税$$

（3）纳税人自产、受赠、获奖或者以其他方式取得并自用的应税车辆的计税价格，由主管税务机关参照国家税务总局规定的各类车辆的最低计税价格核定。这里所说的最低价格是指国家税务总局参照应税车辆市场平均交易价格，规定不同类型应税车辆的最低计税价格。

纳税人购买自用或者进口自用应税车辆，申报的计税价格低于同类型应税车辆的最低计税价格，又无正当理由的，按照最低计税价格征收车辆购置税。

四、车辆购置税应纳税额的计算

车辆购置税应纳税额的计算公式为：

应纳税额 = 计税价格 × 税率

【例 12-1】　王某 2015 年 1 月份，从某汽车有限公司购买一辆小汽车供自己使用，支付了含增值税税款在内的款项 585 000 元，另支付代收临时牌照费 360 元、代收保险费 3 000 元，支付工具件和零配件价款 5 000 元，车辆装饰费 1 170 元。所支付的款项均由该汽车有限公司开具"机动车销售统一发票"和有关票据。请计算王某应缴纳的车辆购置税。

答案：计税依据 = (585 000 + 360 + 3 000 + 6 000 + 1 170) ÷ (1 + 17%) = 509 000（元）

应纳税额 = 509 000 × 10% = 50 900（元）

五、车辆购置税的税收优惠

（一）法定减免

（1）外国驻华使馆、领事馆和国际组织驻华机构及其外交人员自用车辆免税。

（2）中国人民解放军和中国人民武装警察部队列入军队武器装备订货计划的车辆免税。

（3）设有固定装置的非运输车辆免税。

（4）国务院规定予以免税或者减税的其他情形，按照规定免税或减税。

1）防汛部门和森林消防部门用于指挥、检查、调度、报汛（警）、联络的设有固定装置的指定型号的车辆。

2）回国服务的留学人员用现汇购买 1 辆自用国产小汽车。

3）长期来华定居专家 1 辆自用小汽车。

（二）退税

已缴纳车辆购置税的车辆，发生下列情形之一的，准予纳税人申请退税：

（1）车辆退回生产企业或者经销商的。

（2）符合免税条件的设有固定装置的非运输车辆但已征税的。

（3）其他依据法律法规规定应予退税的情形。

六、车辆购置税的征收管理

（一）纳税环节

纳税人应当在向公安机关等车辆管理机构办理车辆登记注册手续前，缴纳车辆购置税，即最终消费环节缴纳。

（二）纳税期限

（1）购买自用的应税车辆，自购买之日（即购车发票上注明的销售日期）起 60 日内申报纳税。

（2）进口自用的应税车辆，应当自进口之日（报关进口的当天）起 60 日内申报纳税。

（3）自产、受赠、获奖和以其他方式取得并自用的应税车辆，应当自取得之日起 60 日内申报纳税。

（三）纳税地点

纳税人购置应税车辆，应当向车辆登记注册地的主管国家税务机关申报纳税；购置不需办理车辆登记注册手续的应税车辆，应当向纳税人所在地主管国家税务机关申报纳税。车辆登记注册地是指车辆的上牌落籍地或落户地。

表 12-1 为车辆购置税纳税申报表。

表 12-1　车辆购置税纳税申报表

填表日期：　　年　　月　　日　　　　　　行业代码：　　　　　　　注册类型代码：

纳税人名称：　　　　　　　　　　　　　金额单位：　元

纳税人证件名称				证件号码	
联系电话		邮政编码		地　址	
车　辆　基　本　情　况					
车　辆　类　别		1. 汽车 2. 摩摩托车 3. 电车 4. 挂车 5. 农用运输车			
生产企业名称			机动车销售统一发票（或有效凭证）价格		
厂　牌　型　号			关税完税价格		
发　动　机　号　码			关税		
车辆识别代号（车架号码）			消费税		
购　置　日　期			免（减）税条件		

申报计税价格	计税价格	税　率	免税、减税额	应纳税额
（1）	（2）	（3）	（4）=（2）×（3）	（5）=（1）×（3）或（2）×（3）
		10%		

申　报　人　声　明	授　权　声　明
此纳税申报表是根据《中华人民共和国车辆购置税暂行条例》的规定填报的，我相信它是真实的、可靠的、完整的。 声明人签字：	如果你已委托代理人申报，请填写以下资料： 为代理一切税务事宜，现授权＿＿＿＿＿＿， 地址：＿＿＿＿＿＿＿ 为纳税人的代理申报人，任何与本申报表有关的往来文件，都可寄予此人。 授权人签字：

纳税人签名或盖章	如委托代理人的，代理人应填写以下各栏		
	代理人名称		代理人（章）
	地　址		
	经　办　人		
	电　话		

接收人：　　　　　　　　　　　　　　　主管税务机关（章）：

接收日期：

第二节　车　船　税　法

车船税是指对在中华人民共和国境内车船管理部门登记的车辆、船舶依法征收的一种税。

2011 年 2 月 25 日中华人民共和国第十一届全国人民代表大会常务委员会第十九次会议通过了《中华人民共和国车船税法》，自 2012 年 1 月 1 日起施行。2011 年 11 月 23 日国务院公布了《中华人民共和国车船税法实施条例》。

一、车船税的纳税义务人

在中华人民共和国境内，车辆、船舶（以下简称车船）的所有人或者管理人，为车船税的纳税人。

从事机动车交通事故责任强制保险业务的保险机构为扣缴义务人。

外商投资企业和外国企业以及外籍人员适用车船税的规定。

二、车船税的征收范围

车船税的征收范围是指依法在中华人民共和国境内车船管理部门登记的车辆、船舶，具体包括：

（1）依法应当在车船管理部门登记的机动车辆和船舶。

（2）依法不需要在车船管理部门登记、在单位内部场所行驶或者作业的机动车辆和船舶。

三、车船税的税目与税率

车船税实行定额税率，税目税率见表 12-2。

表 12-2　车船税税目税率表

名　　称	计 税 单 位	年基准税额/元	备　　注
乘用车按发动机气缸容量（排气量分档）	每辆	60～5 400	核定载客人数 9 人（含）以下
商用车	每辆	480～1 440	核定载客人数 9 人（包括电车）
	整备质量每吨	16～120	1. 包括半挂牵引车、挂车、客货两用汽车、三轮汽车和低速载货汽车等 2. 挂车按照货车税额的 50% 计算
其他车辆	整备质量每吨	16～120	不包括拖拉机
摩托车	每辆	36～180	
船舶	净吨位每吨	3～6	拖船、非机动驳船分别按机动船舶税额 50% 计算
游艇	艇身长度每米	600～2 000	

四、车船税应纳税额的计算

（1）车船税各税目的计算公式为：

乘用车、商用客车和摩托车的应纳税额＝辆数×适用年税额

商用货车、专用作业车和轮式专用机械车的应纳税额＝整备质量吨位数×适用年税额

机动船舶、非机动驳船、拖船的应纳税额＝净吨位数×适用年税额

游艇的应纳税额＝艇身长度×适用年税额

【例 12-2】 风驰运输公司拥有载货汽车 20 辆（货车载重净吨位全部为 15 吨）；载人大客车 25 辆；载人小客车 12 辆。计算该公司应纳车船税。（注：载货汽车每吨年税额 80 元，载人大客车每辆年税额 500 元，载人小客车每辆年税额 400 元。）

答案：载货汽车应纳税额 ＝ 20 × 15 × 80 ＝ 24 000（元）

载人汽车应纳税额 ＝ 25 × 500 + 12 × 400 ＝ 17 300（元）

全年应纳车船税额 ＝ 24 000 + 17 300 ＝ 41 300（元）

【例 12-3】 长城航运公司拥有机动船 40 艘（其中净吨位为 600 吨的 15 艘，2 000 吨的 5 艘，5 000 吨的 20 艘），600 吨的单位税额 3 元、2 000 吨的单位税额 4 元、5 000 吨的单位税额 5 元。请计算该航运公司年应纳车船税税额。

答案：该公司年应纳车船税税额 ＝ 15 × 600 × 3 + 5 × 2 000 × 4 + 20 × 5 000 × 5 ＝ 567 000（元）

（2）购置的新车船，购置当年的应纳税额自纳税义务发生的当月起按月计算。计算公式为：

应纳税额 ＝（年应纳税额÷12）× 应纳税月份数

【例 12-4】 张某 2015 年 4 月 15 日购买 1 辆发动机气缸容量为 1.6L 的乘用车，已知适用年基准税额 480 元。计算张某应缴纳车船税税额。

答案：张某应缴纳车船税 ＝ 480 × 9 ÷ 12 ＝ 360（元）。

（3）一个纳税年度内，纳税人在非车辆登记地由保险机构代收代缴机动车车船税，且能够提供合法有效完税证明的，纳税人不再向车辆登记地的地方税务机关缴纳车辆车船税。

（4）已缴纳车船税的车船在同一纳税年度内办理转让过户的，不另纳税，也不退税。

五、车船税税收优惠

（一）法定减免

（1）捕捞、养殖渔船。

（2）军队、武警专用的车船。

（3）警用车船。它是指公安机关、国家安全机关、监狱、劳动教养管理机关和人民法院、人民检察院领取警用牌照的车辆和执行警务的专用船舶。

（4）依照我国有关法律和我国缔结或者参加的国际条约的规定应当予以免税的外国驻华使馆、领事馆和国际组织驻华机构及其有关人员的车船。

（5）对节约能源、使用新能源的车船减征或者免征车船税；对受严重自然灾害影响纳税困难以及有其他特殊原因确需减税、免税的，可以减征或者免征车船税。

（6）省、自治区、直辖市人民政府根据当地实际情况，可以对公共交通车船，农村居民拥有并主要在农村地区使用的摩托车、三轮汽车和低速载货汽车定期减征或者免征车船税。

表 12-3 为车船税纳税申报表。

表12-3 **车船税纳税申报表**

税款所属期限：自2014年1月1日日至2014年12月31日　　　　填表日期：2014年1月1日　　　　金额单位：元至角分

纳税人识别号 | 4 | 6 | × | × | × | × | × | × | × | × | × | × | × | × | × | × | × | × | ×

纳税人名称	×××							纳税人身份证类型	身份证
纳税人身份证证码	460×××××××××××××							×××××××	
联系人			法人名称		×××			联系方式	139×××××××××
							居住（单位）地址	×××××××××

序号	（车辆）号牌号码/（船舶）登记号号码	车船识别代码（车架号/船舶识别号）	征收品目	计税单位	计税单位的数量	单位税额	年应缴税额	本年减免税额	减免性质代码	减免税证明号	当年应缴税额	本年已缴税额	本期年应补（退）税额
	(1)	(2)	(3)	(4)	(5)	(6)	(7)=(5)×(6)	(8)	(9)	(10)	(11)=(7)-(8)	(12)	(13)=(11)-(12)
琼A×××××	××××××××	2.0升乘用车	辆	1	360	360	0	0	—	360	0	360
合计	—	—	—	—	1	—	—	—	—	—	—	—	—

申报车辆总数（辆） | 1 | | | | | 申报船舶总数（艘） | — |

以下由申报人填写：

纳税人声明	此纳税申报表是根据《中华人民共和国车船税法》和国家有关税收规定填报的，是真实的、可靠的、完整的。		
纳税人签章	盖"海口×××公司"章	代理人签章	陈×××	代理人身份证号码	4601×××××××××××××××××

以下由税务机关填写：

受理人	黄×	受理日期	×年×月×日	受理税务机关签章	××大厅签章

本表一式两份，一份纳税人留存，一份税务机关留存。

（二）特定减免

（1）经批准临时入境的外国车船和香港特别行政区、澳门特别行政区、台湾地区的车船，不征收车船税。

（2）按照规定缴纳船舶吨税的机动船舶，自车船税法实施之日起5年内免征车船税。

（3）机场、港口内部行驶或作业的车船，自车船税法实施之日起5年内免征车船税。

六、车船税征收管理

（一）纳税期限

（1）车船税纳税义务发生时间为取得车船所有权或者管理权的当月。以购买车船的发票或其他证明文件所载日期的当月为准。即车船税的纳税义务发生时间，为车船管理部门核发的车船登记证书或者行驶证书所记载日期的当月。

（2）纳税人未按照规定到车船管理部门办理应税车船登记手续的，以车船购置发票所载开具时间的当月作为车船税的纳税义务发生时间。对未办理车船登记手续且无法提供车船购置发票的，由主管地方税务机关核定纳税义务发生的时间。

（二）纳税地点

（1）车船税的纳税地点为车船的登记地或者车船税扣缴义务人所在地。依法不需要办理登记的车船，车船税的纳税地点为车船的所有人或者管理人所在地。

（2）扣缴义务人代收代缴车船税的，纳税地点为扣缴义务人所在地。

（三）纳税申报

车船税按年申报，分月计算，一次性缴纳。具体申报纳税期限由省、自治区、直辖市人民政府规定。

第三节 印 花 税

印花税是对经济活动和经济交往中书立、领受、使用的应税经济凭证征收的一种税。印花税因其采用在应税凭证上粘贴印花税票的方法缴纳税款而得名。

一、印花税的纳税义务人

印花税的纳税人是在中国境内书立、领受、使用印花税法所列举凭证的单位和个人。这里所说的单位和个人是指国内各类企业、事业、机关、团体、部队以及中外合资企业、合作企业、外资企业、外国公司企业和其他经济组织及其在华机构等单位和个人。

印花税的纳税人，按照所书立、使用、领受的应税凭证不同，又可分为立合同人、立据人、立账簿人、领受人、使用人等。

（1）立合同人。立合同人是指对凭证有直接权利义务关系的单位和个人，不包括保人、证人、鉴定人。

（2）立据人。立据人是指书立产权转移书据的单位和个人。

（3）立账簿人。立账簿人是指开立并使用营业账簿的单位和个人。

（4）领受人。领受人是指领取并持有权利、许可证照的单位和个人。

（5）使用人。使用人是指在国外书立、领受，但在国内使用应税凭证的单位和个人。

（6）各类电子应税凭证的签订人。

需要注意的是，对应税凭证，凡由两方或两方以上当事人共同书立应税凭证的，当事人各方都是印花税的纳税人，应各就其所持凭证的计税金额履行纳税义务。

二、印花税的征税范围

现行印花税只对《印花税暂行条例》列举的凭证征收，没有列举的凭证不征税。正式列举的凭证分为五类，即经济合同，产权转移书据，营业账簿，权利、许可证照和经财政部门确认的其他凭证。具体征税范围如下：

（一）经济合同

税目税率表中共列举了 10 大类合同。包括：

（1）购销合同。包括供应、预购、采购、购销结合及协作、调剂、补偿、易货等合同；还包括各出版单位与发行单位（不包括订阅单位和个人）之间订立的图书、报刊、音像征订凭证。

对于工业、商业、物资、外贸等部门经销和调拨商品、物资供应的调拨单（或其他名称的单、卡、书、表等），应当区分其性质和用途，即看其是作为部门内执行计划使用的，还是代替合同使用的，以确定是否贴花。凡属于明确双方供需关系，据以供货和结算，具有合同性质的凭证，应按规定缴纳印花税。

对纳税人以电子形式签订的各类应税凭证按规定征收印花税。

对发电厂与电网之间、电网与电网之间（国家电网公司系统、南方电网公司系统内部各级电网互供电量除外）签订的购售电合同，按购销合同征收印花税。电网与用户之间签订的供用电合同不征收印花税。

（2）加工承揽合同。包括加工、定做、修缮、修理、印刷、广告、测绘、测试等合同。

（3）建设工程勘察设计合同。包括勘察、设计合同的总包合同、分包合同和转包合同。

（4）建筑安装工程承包合同。包括建筑、安装工程承包合同的总包合同、分包合同和转包合同。

（5）财产租赁合同。包括租赁房屋、船舶、飞机、机动车辆、机械、器具、设备等合同；还包括企业、个人出租门店、柜台等所签订的合同，但不包括企业与主管部门签订的租赁承包合同。

（6）货物运输合同。包括民用航空运输、铁路运输、海上运输、内河运输、公路运输和联运合同。

（7）仓储保管合同。包括仓储、保管合同或作为合同使用的仓单、栈单（或称入库单）。对某些使用不规范的凭证不便计税的，可就其结算单据作为计税贴花的凭证。

（8）借款合同。包括银行及其他金融组织和借款人（不包括银行同业拆借）所签订的借款合同。

（9）财产保险合同。包括财产、责任、保证、信用等保险合同。

（10）技术合同。包括技术开发、转让、咨询、服务等合同。其中：

技术转让合同包括专利申请转让、非专利技术转让所书立的合同，但不包括专利权转让、专利实施许可所书立的合同。后者适用于"产权转移书据"合同。

技术咨询合同是合同当事人就有关项目的分析、论证、评价、预测和调查订立的技术合同，而一般的法律、会计、审计等方面的咨询不属于技术咨询，其所立合同不贴印花。

技术服务合同的征税范围包括技术服务合同、技术培训合同和技术中介合同。

（二）产权转移书据

产权转移即财产权利关系的变更行为，表现为产权主体发生变更。产权转移书据是在产权的买卖、交换、继承、赠与、分割等产权主体变更过程中，由产权出让人与受让人之间所订立的民事法律文书。

我国印花税税目中的产权转移书据包括财产所有权、版权、商标专用权、专利权、专有技术使用权共 5 项产权的转移书据。其中，财产所有权转移书据是指经政府管理机关登记注册的不动产、动产的所有权转移所书立的书据，包括股份制企业向社会公开发行的股票，因购买、继承、赠与所书立的产权转移书据。其他4项则属于无形资产的产权转移书据。

另外，土地使用权出让合同、土地使用权转让合同、商品房销售合同按照产权转移书据征收印花税。

（三）营业账簿

印花税税目中的营业账簿归属于财务会计账簿，是按照财务会计制度的要求设置的，反映生产经营活动的账册。按照营业账簿反映的内容不同，在税目中分为记载资金的账簿（简称资金账簿）和其他营业账簿两类，以便于分别采用按金额计税和按件计税两种计税方法。

（1）资金账簿。资金账簿反映生产经营单位"实收资本"和"资本公积"金额增减变化的账簿。

（2）其他营业账簿。其他营业账簿反映除资金、资产以外的其他生产经营活动内容的账簿，即除资金账簿以外的，归属于财务会计体系的生产经营用账册。

（四）权利、许可证照

权利、许可证照是政府授予单位、个人某种法定权利和准予从事特定经济活动的各种证照的统称。权利、许可证照仅包括政府部门发给的房屋产权证、工商营业执照、商标注册证、专利证、土地使用证等。

（五）经财政部门确认的其他凭证

此类凭证属于兜底性规定，以确保财政部门享有决定经济活动中税法未列明凭证是否征税的权利。这样规定，一方面能有效保障国家对各类凭证的征税权，防止一些凭证固未被列入征税范围而导致国家税收利益受损；另一方面体现了税法的灵活性，赋予财政部门决定征税凭证的自由裁量权。

三、印花税的税率

印花税的税率有比例税率和定额税率两种形式。

（一）比例税率

比例税率适用于记载有金额的应税凭证。

（二）定额税率

定额税率适用于无法记载金额或虽载有金额，但作为计税依据明显不合理的应税凭证，固定税额为每件应税凭证5元。适用于：其他营业账簿和权利、许可证照。

印花税具体的数目税率见表12-4。

表 12-4　印花税税目税率表

税　目	范　围	税　率	纳税人	说　明
1. 购销合同	包括供应、预购、采购、购销结合及协作、调剂、补偿、易货等合同	按购销金额 3‰贴花	立合同人	
2. 加工承揽合同	包括加工、定做、修缮、修理、印刷、广告、测绘、测试等合同	按加工或承揽收入 5‰贴花	立合同人	
3. 建设工程勘察设计合同	包括勘察、设计合同	按收取费用 5‰贴花	立合同人	
4. 建筑安装工程承包合同	包括建筑、安装工程承包合同	按承包金额 3‰贴花	立合同人	
5. 财产租赁合同	包括租赁房屋、船舶、飞机、机动车辆、机械、器具、设备等	按租赁金额 1‰贴花。税额不足 1 元的按 1 元贴花	立合同人	
6. 货物运输合同	包括民用航空、铁路运输、海上运输、内河运输、公路运输和联运合同	按运输收取的费用 5‰贴花	立合同人	单据作为合同使用的，按合同贴花
7. 仓储保管合同	包括仓储、保管合同	按仓储收取的保管费 1‰贴花	立合同人	仓单或栈单作为合同使用的，按合同贴花
8. 借款合同	银行及其他金融组织和借款人（不括银行同业拆借）所签订的借款合同	按借款金额 0.5‰贴花	立合同人	单据作为合同使用的，按合同贴花
9. 财产保险合同	包括财产、责任、保证、信用等保险合同	按保险费收入 1‰贴花	立合同人	单据作为合同使用的，按合同贴花
10. 技术合同	包括技术开发、转让、咨询、服务等合同	按所载金额 3‰贴花	立合同人	
11. 产权转移书据	包括财产所有权和版权、商标专用权、专利权、专有技术使用权等转移书据	按所载金额 5‰贴花	立据人	
12. 营业账簿	生产经营用账册	记载资金的账簿，按实收资本和资本公积合计金额 5‰贴花。其他账簿按件贴花 5 元	立账簿人	
13. 权利、许可证照	包括政府部门发给的房屋产权证、工商营业执照、商标注册证、专利证、土地使用证	按件贴花 5 元	领受人	

四、印花税应纳税额的计算

（一）计税依据

1. 合同或具有合同性质的凭证，以凭证所载金额为计税依据

具体包括购销合同的购销金额、加工承揽合同的加工或承揽收入、建设工程勘察设计合同收取的费用（即勘察、设计收入）、建筑安装工程承包合同的承包金额、财产租赁合同的租赁金额（即租金收入）、货物运输合同的运输费金额（即运费收入）、仓储保管合同的仓储保管的费用（即保管费收入）、借款合同的借款金额（即借款本金）、财产保险合同的保险费、技术合同的价款、报酬或使用费等。

上述凭证以"金额"、"收入"、"费用"等作为计税依据的，应当全额计税，不得作任何扣除。

同一凭证，载有两个或两个以上经济事项而适用不同税目税率，分别记载金额的，分别计算，未分别记载金额的，按税率高的计税。

2. 产权转移书据，以书据中所载的金额为计税依据

3．营业账簿

（1）记载资金的营业账簿，以实收资本和资本公积的两项合计金额为计税依据。

凡"资金账簿"在次年度的实收资本和资本公积未增加的，对其不再计算贴花。

（2）其他营业账簿，以应税凭证件数为计税依据。

4．权利、许可证照

权利、许可证照以应税凭证件数为计税依据，每件 5 元。

（二）应纳税额的计算方法

（1）适用比例税率的应税凭证，以凭证上所记载的金额为计税依据，计税公式为：

$$应纳税额 = 计税金额 × 比例税率$$

【例 12-5】 东方公司与某货运公司签订运输合同，载明运输费用 10 万元（其中含装卸费 1 万元），计算该货运合同应纳的印花税。

答案：货运合同应纳的印花税 = （100 000 − 10 000）× 0.5‰ = 45（元）

【例 12-6】 东方公司 2014 年实收资本为 800 万元，资本公积为 200 万元。该企业 2013 年资金账簿上已按规定贴印花 3 000 元。计算该公司 2014 年应纳印花税税额。

答案：该公司 2014 年应纳印花税 = （8 000 000 + 2 000 000）× 0.5‰ − 3 000 = 2 000（元）

（2）适用定额税率的应税凭证，以凭证件数为计税依据，计税公式为：

$$应纳税额 = 凭证件数 × 固定税额（5 元）$$

【例 12-7】 长城公司 2015 年 2 月开业，领受房屋产权证、工商营业执照、土地使用证各 1 件；使用其他营业账簿 10 本。计算该公司应缴纳的印花税税额。

答案：领受权利、许可证照应纳税额 = 3 × 5 = 15（元）

其他营业账簿应纳税额 = 10 × 5 = 50（元）

该公司应纳印花税税额 = 15 + 50 = 65（元）

五、印花税的税收优惠

下列凭证免征印花税：

（1）已缴纳印花税的凭证的副本或者抄本；但以副本或者抄本视同正本使用的，则应另贴印花。

（2）财产所有人将财产赠给政府、社会福利单位、学校所立的书据。

（3）国家指定的收购部门与村民委员会、农民个人书立的农副产品收购合同。

（4）无息、贴息贷款合同。

（5）外国政府或者国际金融组织向我国政府及国家金融机构提供优惠贷款所书立的合同。

（6）房地产管理部门与个人签订的用于生活居住的租赁合同。

（7）农牧业保险合同。

（8）特殊货运合同。

六、印花税的征收管理

（一）纳税义务发生时间

印花税应当于书立或者领受时贴花。具体是指在合同的签订时、书据的立据时、账簿的启用时和证照的领受时贴花。如果合同在国外签订的，应在国内使用时贴花。

表 12-5 为北京市地方税务局印花税年度纳税申报表。

表号：SB1601

表12-5　北京市地方税务局印花税年度纳税申报表

税款所属日期：　　年　　月　　日—　　年　　月　　日

单位：元（列至角分）

税务计算机代码		单位名称（公章）		联系电话	
税目	份数	计税金额	税率	已纳税额	
购销合同			0.3‰		
加工承揽合同			0.5‰		
建设工程勘察设计合同			0.5‰		
建筑安装工程承包合同			0.3‰		
财产租赁合同			1‰		
货物运输合同			0.5‰		
仓储保管合同			1‰		
借款合同			0.05‰		
财产保险合同			1‰		
技术合同			0.3‰		
产权转移书据			0.5‰		
账簿　资金账簿			0.5‰		
账簿　其他账簿	件		5元		
权利许可证照	件		5元		
其他					
合计					

注：表中应填写已完税的各印花税应税凭证份数、所载计税的金额、已完税的税额。大额缴款、财花完税均应填写本表

办税人员（签章）：　　　　　　　　　　　　　财务负责人（签章）：

填表日期：　　年　　月　　日

（二）纳税地点

印花税一般实行就地纳税。

（三）纳税方法

1. 自行贴花

纳税人发生应税行为，应自行计算应纳税额，自行购买印花税票，自行一次贴足印花税票并加以注销或划销，纳税义务才算全部履行完毕。

对于已贴花的凭证，修改后所载金额增加的，其增加部分应当补贴印花税票，但多贴印花税票者，不得申请退税或者抵用。

2. 汇贴汇缴

当一份凭证应纳税额超过 500 元时，应向税务机关申请填写缴款书或者完税凭证。

如果同一种类应税凭证需要频繁贴花的，应向当地税务机关申请按期汇总缴纳印花税。获准汇总缴纳印花税的纳税人，应持有税务机关发给的汇缴许可证。汇总缴纳的期限，由当地税务机关确定，但最长不得超过 1 个月。

3. 委托代征

印花税票可以委托单位或个人代售，并由税务机关付给代售金额 5%的手续费。支付来源从实征印花税款中提取。

练 习 题

1. 某高新技术企业与广告公司签订广告制作合同 1 份，分别记载加工费 3 万元，广告公司提供的原材料 7 万元，计算高新技术企业应当缴纳的印花税。

2. 某企业与货运公司签订运输合同，载明运输费用 8 万元（其中含装卸费 0.5 万元），货运合同应纳印花税为多少？

3. 某交通运输企业 12 月签订以下合同：

（1）与某银行签订融资租赁合同购置新车 15 辆，合同载明租赁期限为 3 年，每年支付租金 100 万元。

（2）与某客户签订货物运输合同，合同载明货物价值 500 万元，运输费用 65 万元（含装卸费 5 万元，货物保险费 10 万元）。

（3）与某运输企业签订租赁合同，合同载明将本企业闲置的总价值 300 万元的 10 辆货车出租，每辆车月租金 4 000 元，租期未定。

（4）与某保险公司签订保险合同，合同载明为本企业的 50 辆车上第三方责任险，每辆车每年支付保险费 4 000 元。

计算该企业当月应缴纳的印花税。

第十三章 税收征收管理法

第一节 税收征收管理法概述

一、税收征收管理法的概念

（一）税收征收管理法概况

税收征收管理是指依据我国现行的税收法律及法规的规定，由国家和相关税务机关按照统一的标准，依照法定的程序对纳税人应纳税额进行征收并组织入库，以及由此而开展的组织管理和监督检查等各项活动的总称（以下简称税收征管）。

广义的税收征收管理法是调整在税收征纳及其管理过程中发生的社会关系的法律规范的总称，包括相关的法律、行政法规甚至地方性法规等。而狭义的税收征收管理法是指 1992 年 9 月 4 日通过，并于 1993 年 1 月 1 日起施行的《中华人民共和国税收征收管理法》（简称《税收征管法》）。该法于 1995 年 2 月、2001 年 4 月、2013 年 6 月先后三次做过修订。

（二）税收征收管理的内涵

（1）税收征管的主体是国家及税务机关，包括国务院以及各级税务总局、税务分局、税务所，以及各地国税、地税等专门税务机关。

（2）税收征管的客体是纳税人。

（3）税收征管的内容涉及税款征收入库、税收组织管理以及税收监督检查等三方面。

（三）税收征管法的目标

《税收征管法》第 1 条明确指出：税收征收管理的目标是为了加强税收征收管理，规范税收征收和缴纳行为，保障国家税收收入，保护纳税人的合法权益，促进经济和社会发展。具体包括：

（1）加强税收的征收管理。其内容是指提高税款征收的质量与效率，按照执法规范、征收率高、成本降低、社会满意的要求，全面提高税源管理和各税种管理水平，完善税收征管质量和效率考核评价体系。

（2）规范税收征缴的行为。其内容涵盖权利主体、义务主体以及责任主体，使权有所出，责有所负；明确税款征收的依据、范围、数额、时间、地点以及程序，不仅有法可依，而且有法必依。

（3）保障国家税收收入。其内容包括强化税源管理、突出税源监控、堵塞征管漏洞、挖掘税源增长潜力，确保国家税收的稳定与增长。

（4）保护纳税人的合法权益。新的税收征管法为了保护纳税人的合法权益，授予纳税人无偿享有税务机关的税收宣传权，税法知悉权，保密权，申请减、免、退权，陈诉、申辩及提起行政复议及诉讼权等一系列权利，以免其受到不法侵害。

（5）促进经济和社会发展。其是指发挥税收调节国民收入的第二次分配，促进社会公平等方面的作用，以促进我国经济和社会的持久、稳定发展。

二、税收征收管理法的内容

在前述我国狭义的《税收征管法》中，主要规定了税务管理制度、税款征收制度和税务检查制度等三大方面的制度，而税款征收制度是上述三大制度的核心，因为我国税收征管的目标就是加强税收征收管理，规范税收征收和缴纳行为，保障国家税收收入，保护纳税人的合法权益，促进经济和社会发展。前列三大制度再加上相应的法律责任制度，就构成了狭义税收征管法的主要内容。具体而言，税收征管法涉及以下方面的内容。

（一）税务管理制度

税务管理是税务机关在税收征收管理中对征纳过程实施的基础性管理制度和管理行为，包括税务登记、税款管理、发票管理和纳税申报等内容。它是整个税收征管工作的基础环节，是做好税款征收和税务检查的前提工作。

（二）税款征收制度

税款征收是指国家税务机关依照税收法律、行政法规的规定，将纳税人应缴纳的税款组织征收入库等一系列活动的总称。它既是纳税人依法履行纳税义务的重要体现，也是税收征管工作的目的和归宿。税款征收的方式主要包括查账征收、核定征收、代理征收、委托代征和汇算清缴等五种。

（三）税务检查制度

税务检查是指税务机关根据税收法律、行政法规的规定对纳税人履行纳税义务情况进行监督、审查和处理的总称。税务检查的种类包括：重点检查、专项检查、分类检查、集中检查以及临时检查五种。

（四）税收征管的法律责任制度

税务法律责任是对征纳双方违反税法等法律制度时给予的惩处，即违法的税务机关或纳税人承担相应的行政责任甚至刑事责任。

三、税收征收管理法在我国的发展

（一）我国税收征管模式的发展

我国传统税收征管模式经历了两个阶段。先是 20 世纪 50 年代实行的征管专集于一身的税式，也就是专户管理税式，其以专管员为核心，实行"一人进厂，各税统管，征、管、查合一"的税收管理模式。这种专户管理的税收征管模式一直实施到 20 世纪 80 年代。1988～1994 年国家税务局进行了以建立征、管、查分离模式为核心内容的税收征管改革，在税务机关内部划分了征收、管理和检查的职能部门，实行征管权力的分离和制约，同时实行专业化管理，以提高征管效率。1994 年又在一些地方试行"纳税申报、纳税代理、税务稽查"三位一体的税收征管模式。该模式意在取消专管员固定管理制度，把纳税申报、中介机构的税务代理和税务机关的税务征管有机结合起来，形成一个相互依存、相互制约的整体。1996年，新的税收征管改革任务是：建立以申报纳税和优化服务为基础，以计算机网络为依托，集中征收，重点稽查的新的征管模式，力求实现由过去的分散型、粗放型管理到向集约型、规范型的管理转变；由传统的手工操作方式向现代化的科学征管方式转变；由上门收税向纳税人自行申报纳税转变；由专管员管户的"保姆式"、包办式管理向专业化管理转变，其中核心是管理机制的转变。

（二）我国税收征管法的发展

如果说税收征收管理是保障税收的重要基础，而税收征收管理的法律就是保证依法征税、依法治税的前提。从广义的角度上来讲，我国的税收征收管理法包括《税收征管法》及其实施细则和《发票管理办法》等法律文件，以及《刑法》中有关涉税犯罪等规定，其核心内容是《税收征管法》。《税收征管法》于 1992 年 9 月第七届全国人大常委会第 27 次会议通过，并于 1995 年 2 月和 2001 年 4 月经全国人大常委会两次修正，为了适应新经济形式下我国税务征管新需求，2013 年 6 月 29 日再次作出了修改。2002 年国务院又修订颁布了《中华人民共和国税收征收管理法实施细则》（简称《征管法实施细则》）。《税收征管法》的颁布与实施，是"依法行政、依法治税"思想在社会主义市场经济条件下的新发展，对打击税收违法行为，规范市场经济秩序，进一步保护纳税人合法权益，规范税务机关执法行为，促进经济发展和社会进步等具有重要的现实意义。

第二节 税 务 管 理

税务管理是指税务机关在税收征收管理过程中对税收征纳过程所实施的基础性的管理制度和管理行为的总和，税务管理是做好税款征收和税务检查的前提，也是整个税收征管工作的基础环节。税务管理的内容一般包括税务登记、账证管理、发票管理和纳税申报四个方面。

一、税务登记

（一）税务登记概述

1. 税务登记的概念

税务登记是税务机关对纳税人的生产、经营活动进行登记管理的一项法定制度，也是纳税人依法履行纳税义务的法定手续。它是税务管理工作的首要环节，也是一切后续税务征收管理的基础环节。

2. 税务登记的法律依据

在我国，它同账簿凭证管理制度、纳税申报管理制度一样，都比较集中地规定在《税收征管法》中。同时，为了规范税务登记管理，加强税源监控，根据《税收征管法》及其实施细则的规定，国家税务总局制定和发布了《税务登记管理办法》，自 2004 年 2 月 1 日起施行，由此确立了较为完备的税务登记制度。2014 年 12 月 19 日国家税务总局 2014 年第 4 次局务会议审议通过《国家税务总局关于修改〈税务登记管理办法〉的决定》，修订后的《税务登记管理办法》自 2015 年 3 月 1 日起施行。

3. 税务登记的意义

税务登记是税务管理工作的首要环节，其存在的意义在于：首先，税务登记有利于税务机关了解纳税人的基本情况，掌握税源，加强征收与管理，防止漏管漏征，保障国家税款及时、足额收缴入库；其次，税务登记也有利于增强纳税人依法纳税的观念，保护纳税人的合法权益；最后，通过税务登记建立税务机关与纳税人之间正常的工作联系，有利于强化税务机关对税收政策和法规的宣传，增强纳税人的依法纳税意识。

（二）税务登记的范围

1. 设立登记

（1）企业。企业在外地设立的分支机构和从事生产、经营的场所，个体工商户和从事生产、经营的事业单位（以下统称从事生产、经营的纳税人），向生产、经营所在地税务机关申报办理税务登记：

1）从事生产、经营的纳税人领取工商营业执照的，应当自领取工商营业执照之日起30日内申报办理税务登记，税务机关发放税务登记证及副本。

2）从事生产、经营的纳税人未办理工商营业执照但经有关部门批准设立的，应当自有关部门批准设立之日起30日内申报办理税务登记，税务机关发放税务登记证及副本。

3）从事生产、经营的纳税人未办理工商营业执照也未经有关部门批准设立的，应当自纳税义务发生之日起30日内申报办理税务登记，税务机关发放临时税务登记证及副本。

4）有独立的生产经营权、在财务上独立核算并定期向发包人或者出租人上交承包费或租金的承包承租人，应当自承包承租合同签订之日起30日内，向其承包承租业务发生地税务机关申报办理税务登记，税务机关发放临时税务登记证及副本。

5）境外企业在中国境内承包建筑、安装、装配、勘探工程和提供劳务的，应当自项目合同或协议签订之日起30日内，向项目所在地税务机关申报办理税务登记，税务机关发放临时税务登记证及副本。

（2）上述规定以外的其他纳税人。除国家机关、个人和无固定生产、经营场所的流动性农村小商贩外，均应当自纳税义务发生之日起30日内，向纳税义务发生地税务机关申报办理税务登记，税务机关发放税务登记证及副本。

（3）已办理税务登记的扣缴义务人应当自扣缴义务发生之日起30日内，向税务登记地税务机关申报办理扣缴税款登记。税务机关在其税务登记证件上登记扣缴税款事项，税务机关不再发放扣缴税款登记证件。根据税收法律、行政法规的规定可不办理税务登记的扣缴义务人，应当自扣缴义务发生之日起30日内，向机构所在地税务机关申报办理扣缴税款登记；税务机关发放扣缴税款登记证件。

2. 变更登记

（1）纳税人已在工商行政管理机关办理变更登记的，应当自工商行政管理机关变更登记之日起30日内，向原税务登记机关如实提供下列证件、资料，申报办理变更税务登记：

1）工商登记变更表及工商营业执照；

2）纳税人变更登记内容的有关证明文件；

3）税务机关发放的原税务登记证件（登记证正、副本和登记表等）；

4）其他有关资料。

（2）纳税人按照规定不需要在工商行政管理机关办理变更登记，或者其变更登记的内容与工商登记内容无关的，应当自税务登记内容实际发生变化之日起30日内，或者自有关机关批准或者宣布变更之日起30日内，持下列证件到原税务登记机关申报办理变更税务登记：

1）纳税人变更登记内容的有关证明文件；

2）税务机关发放的原税务登记证件（登记证正、副本和税务登记表等）；

3）其他有关资料。

3. 停业、复业登记

（1）停业登记。实行定期定额征收方式的个体工商户需要停业的，应当在停业前向税务机关申报办理停业登记。纳税人的停业期限不得超过 1 年。

纳税人在申报办理停业登记时，应如实填写停业复业报告书，说明停业理由、停业期限、停业前的纳税情况和发票的领、用、存情况，并结清应纳税款、滞纳金、罚款。税务机关应收存其税务登记证件及副本、发票领购簿、未使用完的发票和其他税务证件。

（2）复业登记。纳税人应当于恢复生产经营之前，向税务机关申报办理复业登记，如实填写《停业复业报告书》（见表 13-1），领回并启用税务登记证件、发票领购簿及其停业前领购的发票。

表 13-1　停业、复业（提前复业）报告书

填表日期：　　年　月　日

纳税人基本情况	纳税人名称			纳税人识别号			经营地点		
停业期限				复业时间					
缴回发票情况	种类	号码	本数	领回发票情况	种类	号码		本数	
缴存税务资料情况	发票领购簿	税务登记证	其他资料	领用税务资料情况	发票领购簿		税务登记证		其他资料
	是（否）	是（否）	是（否）		是（否）		是（否）		是（否）
结清税款情况	应纳税款	滞纳金	罚款	停业期是（否）纳税	已缴应纳税款		已缴滞纳金		已缴罚款
	是（否）	是（否）	是（否）		是（否）		是（否）		是（否）
	纳税人（签章）：								
								年　月　日	
税务机关复核	经办人：　　　　　　　　　　年　月　日				税务机关（签章）　　　　　　年　月　日				

注：1. 申请提前复业的纳税人在表头"提前复业"字样上划钩。
2. 已缴还或领用税务资料的纳税人，在"是"字上划钩，未缴还或未领用税务资料的纳税人，在"否"字上划钩。
3. 纳税人在停业期间有义务缴纳税款的，在"停业期是（否）纳税"项目的"是"字上划钩，然后填写后面内容；没有纳税义务的，在"停业期是（否）纳税"项目的"否"字上划钩，后面内容不用填写。

纳税人停业期满不能及时恢复生产经营的，应当在停业期满前到税务机关办理延长停业登记，并如实填写《停业复业报告书》。

4. 注销登记

（1）纳税人发生解散、破产、撤销以及其他情形，依法终止纳税义务的，应当在向工商行政管理机关或者其他机关办理注销登记前，持有关证件向原税务登记机关申报办理注销税务登记；按照规定不需要在工商行政管理机关或者其他机关办理注册登记的，应当自有关机关批准或者宣告终止之日起 15 日内，持有关证件向原税务登记机关申报办理注销税务登记。

（2）纳税人因住所、经营地点变动，涉及改变税务登记机关的，应当在向工商行政管理机关或者其他机关申请办理变更或者注销登记前或者住所、经营地点变动前，向原税务登记机关申报办理注销税务登记，并在 30 日内向迁达地税务机关申报办理税务登记。

（3）纳税人被工商行政管理机关吊销营业执照或者被其他机关予以撤销登记的，应当自营业执照被吊销或者被撤销登记之日起 15 日内，向原税务登记机关申报办理注销税务登记。

（4）境外企业在中国境内承包建筑、安装、装配、勘探工程和提供劳务的，应当在项目完工、离开中国前 15 日内，持有关证件和资料，向原税务登记机关申报办理注销税务登记。

5．外出经营报验登记

（1）纳税人到外县（市）临时从事生产经营活动的，应当在外出生产经营以前，持税务登记证到主管税务机关开具《外出经营活动税收管理证明》（以下简称《外管证》，见表 13-2）。

表 13-2　外出经营活动税收管理证明

税外证〔　　〕号

纳税人名称			纳税人识别号			
法定代表人（负责人）		身份证件名称		身份证件号码		
税务登记地			外出经营地			
登记注册类型			经营方式			

外出经营活动情况

应税劳务	劳务地点		有效期限		合同金额
			年　月　日至　年　月　日		
			年　月　日至　年　月　日		

货物名称	数量	销售地点	有效期限		货物总值
			年　月　日至　年　月　日		
			年　月　日至　年　月　日		
合同总金额					

税务登记地税务机关意见：

经办人：　　　　　　　　　　负责人：　　　　　　　　　　　　税务机关（签章）
年　月　日　　　　　　　　年　月　日　　　　　　　　　　　　　　年　月　日

有效日期		自　年月日起至　年月日

以下由外出经营地税务机关填写

应税劳务	营业额	缴纳税款	使用发票名称	发票份数	发票号码
合计金额		……			

（续）

货物名称	销售数量	销售额	缴纳税款	使用发票名称	发票份数	发票号码
合计金额	……		……			

外出经营地税务机关意见：

经办人：　　　　　　　　　　　负责人：　　　　　　　　　　　税务机关（签章）

年　月　日　　　　　　　　　　年　月　日　　　　　　　　　　年　月　日

税务机关按照一地一证的原则发放《外管证》，《外管证》的有效期限一般为 30 日，最长不得超过 180 天。

（2）纳税人应当在《外管证》注明地进行生产经营前向当地税务机关报验登记，并提交税务登记证件副本和《外管证》。如果纳税人在《外管证》注明地销售货物的，还应当如实填写《外出经营货物报验单》，申报查验货物。

（3）纳税人外出经营活动结束，应当向经营地税务机关填报《外出经营活动情况申报表》，并结清税款、缴销发票。纳税人应当在《外管证》有效期届满后 10 日内，持《外管证》回原税务登记地税务机关办理《外管证》缴销手续。

（三）税务登记的内容

税务登记的内容主要包括：纳税人名称，住所，经营地点，法定代表人或业主姓名及居民身份证、护照或其他合法证件的号码；登记注册类型及所属主管部门；核算方式；行业、经济性质、经营范围、经营方式；注册资金（资本）、投资总额、开户银行及账号；经营期限、从业人数、营业执照号码及其发照日期；财务负责人、办税人员、记账本位币、结算方式、会计年度及税务机关要求填写的其他有关事项。税务登记填写的内容必须全面、真实地反映纳税人的生产经营情况和其他与纳税相关的事项。

企业在外地设立的分支机构或从事生产经营的场所，还应当登记总机构的名称、地址、法定代表人、主要业务范围、财务负责人。对外商投资企业和在中国境内设立机构的外国企业，还应当登记结算方式和会计年度，以及境外机构的名称、地址、业务范围及其他事项。对纳税人税务登记的内容，凡具有保密性质的或纳税人要求保密的，税务机关应负责保密。

（四）税务登记的程序

税务登记的程序以纳税人申请设立登记最为典型，包括申请、审核与发证三个阶段：

（1）申请。申请是指纳税人按规定的期限向税务机关提出申请登记报告，如实填写税务登记表（见表 13-3），同时提交以下证件和材料：有关机关、部门批准设立的文件；有关合同、章程、协议书；银行账号证明；法定代表人和董事会成员名单；法定代表人（负责人）或业主居民身份证、护照或其他合法证件；组织机构统一代码证书；住所或经营场所证明；委托代理协议书复印件；享受税收优惠政策的企业，需要提供的相应证明和资料；税务机关要求提供的其他有关证件和资料。

表 13-3　税务登记表
（适用单位纳税人）

填表日期：

纳税人名称			纳税人识别号		
登记注册类型			批准设立机关		
组织机构代码			批准设立证明或文件号		
开业（设立）日期	生产经营期限		证照名称		证照号码
注册地址		邮政编码		联系电话	
生产经营地址		邮政编码		联系电话	
核算方式	请选择对应项目打"√"□　　独立核算 □　　非独立核算 □			从业人数	其中外籍人数
单位性质	请选择对应项目打"√"□　企业 □　事业单位□　社会团体 □　民办非企业单位□　其他				
网站网址			国标行业	□ □　　　□ □　　　□ □　　　□ □	
适用会计制度	请选择对应项目打"√" □　企业会计制度 □　小企业会计制度 □　金融企业会计制度 □　行政事业单位会计制度				

经营范围			请将法定代表人（负责人）身份证件复印件粘贴在此处		
项目 内容 联系人	姓　名	身份证件		固定电话	移动电话 电子邮箱
		种类	号码		
法定代表人（负责人）					
财务负责人					
办税人					

税务代理人名称		纳税人识别号		联系电话	电子邮箱

注册资本或投资总额	币种	金额	币种	金额	币种	金额

投资方名称	投资方经济性质	投资比例	证件种类	证件号码	国籍或地址

自然人投资比例		外资投资比例		国有投资比例	

分支机构名称	注册地址	纳税人识别号

总机构名称		纳税人识别号	
注册地址		经营范围	

（续）

法定代表人姓名		联系电话		注册地址邮政编码	
代扣代缴代收代缴 税款业务情况	代扣代缴、代收代缴税款业务内容			代扣代缴、代收代缴税种	

附报资料：

以下由税务机关填写：

纳税人所处街乡				隶属关系	
国税主管税务局		国税主管税务所（科）		是否属于国税、 地税共管户	
地税主管税务局		地税主管税务所（科）			

经办人（签章）： 国税经办人：_____ 地税经办人：_____ 受理日期： _____年___月___日	国家税务登记机关 （税务登记专用章）： 核准日期： _____年___月___日 国税主管税务机关：	地方税务登记机关 （税务登记专用章）： 核准日期： _____年___月___日 地税主管税务机关：
国税核发《税务登记证副本》数量：　本　发证日期：_____年___月___日		
地税核发《税务登记证副本》数量：　本　发证日期：_____年___月___日		

国家税务总局监制

（2）审核和发证。纳税人提交的证件和资料齐全且税务登记表的填写内容符合规定的，税务机关应当日办理并发放税务登记证件（见图 13-1）。纳税人提交的证件和资料不齐全或税务登记表的填写内容不符合规定的，税务机关应当场通知其补正或重新填报。

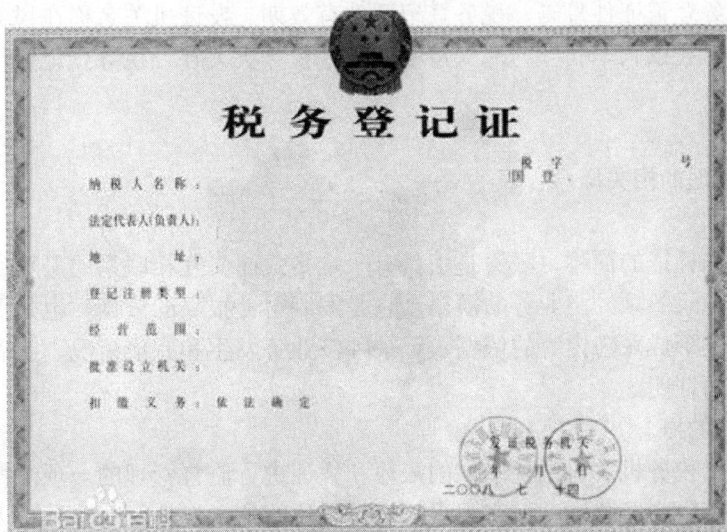

图 13-1　税务登记证图样

（六）税务登记证的管理

税务机关应当加强税务登记证件的管理，采取实地调查、上门验证等方法，或者结合税务部门和工商部门之间，以及国家税务局（分局）、地方税务局（分局）之间的信息交换比对进行税务登记证件的管理。

1. 税务登记证的使用

税务登记证的正本、副本具有同样的法律效力，正本由纳税人保存，副本供纳税人办理有关税务事宜时使用。纳税人保管和使用税务登记证，应符合以下要求：

（1）纳税人领购税务登记证应向税务机关支付工本管理费。

（2）税务登记证只限于纳税人自己使用，不得涂改、转借或转让、损毁、买卖或伪造。

（3）税务登记证应悬挂在营业场所，亮证经营，并接受税务机关的查验。

（4）纳税人遗失税务登记证后，应当及时向当地税务机关写出书面报告，说明原因，提供有关证据，申请换发。

（5）纳税人在申请减免税和退税、领购发票、办理外出经营活动税收管理证明，以及增值税一般纳税人认定及其他有关税务事项时，必须持税务登记证。

（6）纳税人遗失税务登记证件的，应在 15 日内书面报告主管税务机关，并登报声明作废等。

2. 税务登记证的检验和更换

为保证税务登记证的合法使用，税务机关对税务登记证实行定期验证和换证制度。验证时间一般为 1 年 1 次，税务机关验证后需在税务登记证（副本）及登记表中注明验证时间，加盖验讫印章。此外，税务机关定期更换税务登记证，一般 3～5 年进行 1 次，具体时间由国家税务总局统一规定。

3. 税务登记证的补办

纳税人、扣缴义务人遗失税务登记证件的，应当自遗失税务登记证件之日起 15 日内，书面报告主管税务机关，如实填写《税务登记证件遗失报告表》，并将纳税人的名称、税务登记证件名称、税务登记证件号码、税务登记证件有效期、发证机关名称在税务机关认可的报刊上作遗失声明，凭报刊上刊登的遗失声明到主管税务机关补办税务登记证件。

二、账证管理

（一）账证管理的相关概念

1. 账证的概念

账证是账簿和凭证的简称，账簿是由具有一定格式而又互相联系的账页所组成，用以全面、系统、连续记录各项经济业务的簿籍，它是编制财务报表的依据，也是保存会计资料的重要工具；凭证是形成账簿内容的依据，记录经济业务发生和完成情况，明确经济责任，作为记账依据的书面证明。

2. 账证管理的概念

账证管理是指税务机关对纳税单位的账簿和凭证进行监督管理的一项法律制度。为保证纳税人真实记录其生产经营活动，客观反映有关纳税的信息资料，防止纳税人伪造、变造、隐匿、擅自销毁账簿和记账凭证，《税收征管法》及其实施细则等均要求纳税人、扣缴义务人应当依照法律设置账簿，根据合法、有效凭证记账，并进行会计核算。

（二）账证的设置、使用与保管

1. 账簿、凭证的设置管理

根据《税收征管法》及其实施细则的有关规定，从事生产经营的纳税人、扣缴义务人应按照有关法律、行政法规和国务院财政、税务主管部门的规定设置账簿，根据合法有效凭证记账核算。

纳税人应当自领取营业执照之日起 15 日内设置账簿，包括总账、明细账、日记账和其他辅助性账簿；扣缴义务人应自扣缴义务发生之日起 10 日内设置代扣代缴、代收代缴税款账簿。

生产经营规模小又确无建账能力的纳税人，可以聘请相关专业机构或者经税务机关认可的财会人员代为建账和办理账务。聘请上述机构或人员有实际困难的，依法经县级以上税务机关批准，可以建立收支凭证粘贴簿、进货销货登记簿。

2. 账簿、凭证的使用与保存

账簿、凭证必须依据有关的法律规定进行使用和保管。因此，会计凭证等涉税资料必须真实、合法、完整。会计凭证可分为原始凭证和记账凭证两类。原始凭证是指经济业务发生时所取得或填制的凭证。例如，由税务机关监制的发票、经由财税机关认可的其他凭证等，均属于原始凭证。记账凭证是根据原始凭证加以归类整理，并据以进行会计分录和账簿登记的凭证。为了加强对凭证（尤其是其中的发票）的管理，财政部专门发布了《发票管理办法》，足见发票在整个税收征管中的重要地位。对此，在后面还将进行专门介绍。

此外，在账簿、凭证的保管方面，从事生产、经营的纳税人、扣缴义务人必须按照国务院财政、税务主管部门规定的期限（通常为 10 年）保管账簿、记账凭证、完税凭证及其他有关资料。上述需保管的资料不得伪造、变造或者擅自损毁。

（三）账证管理的其他内容

（1）计算机记账管理。纳税人和扣缴义务人采用计算机记账的，应当在使用前将其记账软件、程序和使用说明书及有关资料报送主管税务机关备案。

对会计制度健全，能够通过计算机正确、完整计算其收入或所得的，其计算机储存和输出的会计记录，可视同会计账簿，但应打印成书面记录并完整保存；否则，应建立总账及与纳税或代扣代缴、代收代缴税款有关的其他账簿。

（2）个体户建账要求。对于个体工商户确实不能设置账簿的，经税务机关核准，可不设置账簿，但应聘请注册会计师或经税务机关认可的财会人员代为建账和办理账务；聘请注册会计师或经税务机关认可的财会人员有实际困难的，报经县以上税务机关批准，可按照税务机关的规定建立收支凭证粘贴簿、进货销货登记等账簿。

（3）会计管理制度等的备案。从事生产经营的纳税人，应自领取税务登记证件之日起 15 日内，将其财务会计制度或财务会计处理办法和会计核算软件报送税务机关备案。

（4）税控装置的使用。税控装置是由国家的法定机关依法指定企业生产、安装、维修，依法实施监管，具有税收监控功能和严格的物理、电子保护的计税装置，如电子收款机、电子计程表、税控加油机等。国家根据税收征收管理的需要，积极推广使用税控装置。纳税人应当按照规定安装、使用税控装置，不得损毁或擅自改动税控装置。

三、发票管理

（一）发票管理的概念

1. 发票的概念

发票是指生产经营的单位或个人在购销商品、提供或接受劳务以及其他经营活动中，向经营活动的对方当事人开具、收取的收付款凭证。发票是确定经济收支行为发生的证明文件，也是财务收支的法定凭证和会计核算的原始凭证，还是税务稽查的重要依据。

2．发票管理的概念

发票管理是税务机关对生产经营单位和个人在经营活动中所开具的商品销售和营业收入凭证进行的管理。

（二）发票管理的依据

为了强化对发票的管理，1993 年 12 月经国务院批准，根据《税收征管法》的规定，制定了《中华人民共和国发票管理办法》（以下简称《发票办法》），国家税务总局同期制定了《中华人民共和国发票管理办法实施细则》。2010 年 12 月国务院修改通过了《中华人民共和国发票管理办法》；2011 年 1 月国家税务总局重新公布了《中华人民共和国发票管理办法实施细则》（简称《发票细则》）。这两法是我国当前发票管理的最重要依据，且均于 2011 年 2 月起开始生效施行。

（三）发票的种类与内容

1．发票的种类

发票按其使用对象和性质来看，一般分为普通发票、专用发票以及其他发票等。

（1）普通发票。普通发票是指在购销商品、提供或接受服务以及从事其他经营活动中，所开具和收取的，只开具交易的数量、金额等内容，不开具税金的商业凭证。普通发票是相对于增值税专用发票而言的。

（2）专用发票。专用发票一般特指增值税专用发票，是指由国家税务总局监制设计印制的，实行价款和税金分栏填写，由销货方开具给购货方并据此收取货款和增值税款的专用票据。其既作为纳税人反映经济活动中的重要会计凭证，又是兼记销货方纳税义务和购货方进项税额的合法证明。

（3）其他发票。其他发票是指包括定额发票、非营业性收据和特殊发票在内的其他发票。定额发票指在票面上直接标有一定数额的发票，如现行使用的饮食业和旅店业发票等（需要指出的是，为了避免税款征收中的漏洞，我国已从 2012 年中期起取消了大额手撕定额发票）。非营业性收据指由财政机关监制，供非营业性单位收取费用或款项时使用的发票。特殊发票指具有发票性质而作为专门用途的票据，如车票和机票等。

2．发票的内容

依据《发票细则》的规定，发票的基本内容包括：发票的名称、发票代码和号码、联次及用途、客户名称、开户银行及账号、商品名称或经营项目、计量单位、数量、单价、大小写金额、开票人、开票日期、开票单位（个人）名称（章）等。省以上税务机关可根据经济活动以及发票管理需要，确定发票的具体内容。

（四）发票管理的内容

1．发票的印制管理

（1）增值税专用发票由国务院税务主管部门确定的企业印制。其他发票按照国务院税务主管部门的规定，由省、自治区、直辖市税务机关确定的企业印制。禁止私自印制、伪造、变造发票。

（2）发票应当套印全国统一发票监制章。全国统一发票监制章的式样和发票版面印刷的要求，由国务院税务主管部门规定。发票监制章由省、自治区、直辖市税务机关制作。禁止伪造发票监制章。

（3）印制发票的企业按照税务机关的统一规定，建立发票印制管理制度和保管措施。发票监制章和发票防伪专用品的使用和管理实行专人负责制度。

（4）印制发票应当使用国务院税务主管部门确定的全国统一的发票防伪专用品。禁止非法制造发票防伪专用品。印制发票的企业必须按照税务机关批准的式样和数量印制发票。

2. 发票的领用管理

（1）需要领购发票的单位和个人，应当持税务登记证件、经办人身份证明、按照国务院税务主管部门规定式样制作发票专用章的印模，向主管税务机关办理发票领购手续。主管税务机关根据领购单位和个人的经营范围和规模，确认领购发票的种类、数量以及领购方式，在 5 个工作日内发给发票领购簿。

（2）需要临时使用发票的单位和个人，可以凭购销商品、提供或者接受服务以及从事其他经营活动的书面证明、经办人身份证明，直接向经营地税务机关申请代开发票。依照税收法律、行政法规规定应当缴纳税款的，税务机关应当先征收税款，再开具发票。税务机关根据发票管理的需要，可以按照国务院税务主管部门的规定委托其他单位代开发票。禁止非法代开发票。

（3）税务机关对领购发票单位和个人提供的发票专用章的印模应当留存备查。发票领购簿的内容应当包括用票单位和个人的名称、所属行业、购票方式、核准购票种类、开票限额、发票名称、领购日期、准购数量、起止号码、违章记录、领购人签字（盖章）、核发税务机关（章）等内容。

3. 发票管理

（1）销售商品、提供服务以及从事其他经营活动的单位和个人，对外发生经营业务收取款项，收款方应当向付款方开具发票；特殊情况下，由付款方向收款方开具发票。

（2）所有单位和从事生产、经营活动的个人在购买商品、接受服务以及从事其他经营活动支付款项，应当向收款方取得发票。取得发票时，不得要求变更品名和金额。

（3）任何单位和个人不得转借、转让、代开发票；未经税务机关批准，不得拆本使用发票；不得自行扩大专业发票使用范围。禁止倒买倒卖发票、发票监制章和发票防伪专用品。

（4）开具发票的单位和个人应当按照税务机关的规定存放和保管发票，不得擅自损毁。已经开具的发票存根联和发票登记簿，应当保存 5 年。保存期满，报经税务机关查验后销毁。

4. 发票检查

（1）印制、使用发票的单位和个人，必须接受税务机关依法检查，如实反映情况，提供有关资料，不得拒绝、隐瞒。税务人员进行检查时，应当出示税务检查证。

（2）税务机关需要将已开具的发票调出查验时，应当向当地被查验的单位和个人开具发票换票证。发票换票证与所调出查验的发票有同等效力。被调出查验发票的单位和个人不得拒绝接受。税务机关需要将空白发票调出查验时，应当开具收据；经查无问题的，应当及时返还。

（3）税务机关在发票检查中需要核对发票存根联与发票联填写情况时，可以向持有发票或者发票存根联的单位发出发票，填写情况核对卡，有关单位应当如实填写，按期报回。

四、纳税申报

（一）纳税申报的概念

纳税申报是指纳税人、扣缴义务人在发生法定纳税义务后，按照税法或税务机关相关行政法规所规定的内容，在申报期限内，以书面形式向主管税务机关提交有关纳税事项及应缴税款的法律行为。

（二）纳税申报的对象

1. 纳税人和扣缴义务人

依照我国《税收征管法》及其实施细则，纳税人、扣缴义务人必须依照法律、行政法规规定或税务机关依照法律、行政法规的规定确定的申报期限、申报内容，如实办理纳税申报。有纳税义务、代扣代收税款义务的单位和个人，无论本期有无应纳、应缴税款，都应按规定的期限如实向主管税务机关办理纳税申报。

2. 享受减免税的人

依照我国《税收征管法》及其实施细则，享受减免税的纳税人，也应按规定期限申报。

（三）纳税申报的内容

纳税申报报告表的主要内容包括：税种、税目，应纳税项目或者应代扣代缴、代收代缴税款项目，计税依据，扣除项目及标准，适用税率或者单位税额，应退税项目及税额、应减免税项目及税额，应纳税额或者应代扣代缴、代收代缴税额，税款所属期限、延期缴纳税款、欠税、滞纳金等。

（四）纳税申报的方式

根据《税收征管法》及相关法律规定，纳税人、扣缴义务人可直接办理纳税申报或报送代扣代缴和代收代缴税款报告表，也可按照规定采取邮寄、数据电文或其他方式办理纳税申报。整体可以分为直接申报、电文申报和特殊申报三种：

（1）直接申报。直接申报也称"上门申报"，是指纳税人或纳税人的税务代理人直接到税务机关进行申报。根据申报的地点不同，直接申报又可分为直接到办税服务厅申报、到巡回征收点申报和到代征点申报三种。

（2）电文申报。电文申报是指纳税人、扣缴义务人采用电话语音、电子数据交换和网络传输等电子方式向税务机关办理的纳税申报。数据电文是指经电子、光学手段或类似手段生成、储存或传递的信息，包括但不限于电子数据交换（EDI）、电子邮件、电报、电传或传真。

（3）特殊申报。纳税人、扣缴义务人除直接办理纳税申报外，情况特殊或经批准，可以采取下列申报方式：

（1）延期申报。它是指纳税人、扣缴义务人不能按规定的期限办理申报手续，经税务机关核准延期进行的纳税申报。纳税人和扣缴义务人因不可抗力原因或财务处理上的特殊原因（当期货币资金在扣除应付职工工资、社会保险费后不足以缴纳税款的），造成的不能按期办理纳税或扣缴税款申报的，经省级国税局、地税局批准可延期申报，但最长不得超过 3 个月。其税款应按上期或税务机关核定的税额预缴，并在核准的延期内办理税款结算。

（2）邮寄申报。它是指纳税人将纳税申报表及有关纳税资料以邮寄的方式送达税务机关。具体做法如下：纳税人自行或者委托税务代理人核算应纳税款，填写纳税申报表（对于自核自缴的纳税人还应填写缴款书并到银行缴纳税款),在法定的申报纳税期内使用国家税务总局和邮电部联合制定的专用信封将纳税申报表及有关资料送邮政部门交寄,或者由投递员上门收寄,以交寄时间为申报时间;邮政部门将邮寄申报信件以同城邮政特快的方式送交税务机关;税务机关打印完税凭证,以挂号的形式寄回纳税人(自核自缴纳税的除外)。

(3)其他申报。除上述方式外,实行定期定额缴纳税款的纳税人,可实行简易申报和简并征期等申报纳税方式。简易申报是指实行定期定额缴纳税款的纳税人在法律、行政法规规定的期限内或税务机关依据法规的规定确定的期限内缴纳税款的,税务机关可以视同申报。简并征期是指实行定期定额缴纳税款的纳税人,经税务机关批准,可以采取将纳税期限合并为按季、半年、年的方式缴纳税款。

第三节　税款征收

一、税款征收的概念与内涵

(一)税款征收的概念

税款征收是税务机关依照税收法律、法规规定将纳税人应当缴纳的税款组织征收入库的一系列活动的总称。税款征收是税收征收管理的核心内容,是税务登记、账簿票证管理、纳税申报等税务管理工作的目的和归宿。税款征收的主要内容包括税款征收的方式、程序,减免税的核报,核定税额的几种情况,税收保全措施和强制执行措施的设置与运用以及欠缴、多缴税款的处理等。

(二)税款征收的内涵

1. 税务机关是税款征收的主要主体

依照《税收征管法》及其他相关法律、法规,除税务机关、税务人员及税务机关依照法律、行政法规委托的单位和人员外,任何单位和个人不得进行税款征收活动。

2. 税款征收的依据必须是法律、法规

税务机关征税必须依照法律、行政法规的规定征收税款,不得违反法律、行政法规的规定开征、停征、多征、少征、提前征收或摊派税款。在我国,有权决定开征新税种的只有全国人大常委会以及国务院,此外,任何其他国家机关,包括各级地方政府在内均无此项权利。

3. 税款征收的主要制度内容法定

税款征收的主要内容包括税款征收的方式、程序,减免税的核报,核定税额的几种情况,税收保全措施和强制执行措施的设置与运用以及欠缴、多缴税款的处理等,其内容及制度设置都必须严格依照税收征管的相关法律、法规。

(三)税款征收制度的概念

税款征收制度是指以税款征收为核心的一系列税务法律制度的总和。具体就是税务机关按照税法规定将纳税人应纳的税款收缴入库的法定制度。它是税收征收管理的中心环节,直接关系到国家税收能及时、足额入库。

二、税款征收的方式

税款征收方式是指税务机关依照税法规定和纳税人生产经营、财务管理情况,以及方便纳税人、降低成本和保证国家税款及时足额入库的原则，而采取的具体组织税款入库的方法。税款征收方式主要有以下五种：

（一）查账征收

查帐征收是指纳税人在规定的期限内根据自己的财务报告表或经营成果，向税务机关申报应税收入或应税所得及纳税额，并向税务机关报送有关账册和资料，经税务机关审查核实后，填写纳税缴款书，由纳税人到指定的银行缴纳税款的一种征收方式。

查账征收方式适用于账簿、凭证、会计等核算制度比较健全，能够据以如实核算生产经营情况，正确计算应纳税款的纳税人。

（二）核定征收

核定征收是指税务机关对不能完整、准确提供纳税资料的纳税人采用特定方法确定其应纳税收入或应纳税额，纳税人据以缴纳税款的征收方法，具体包括：

1. 查定征收

查定征收是指由税务机关通过按期查实纳税人的生产经营情况则确定其应纳税额，分期征收税款的一种征收方式。这种征收方式主要适用于对生产经营规模小，财务会计制度不够健全、账册不够完备的小型企业和个体工商户的征税。

2. 查验征收

查验征收是指税务机关对纳税人应税商品，通过查验数量，按市场一般销售单价计算其销售收入并据以征税的一种征收方法。它适用于城乡集贸市场的临时经营和机场、码头等场外经销商品的征税。实行查验征收由征收人员依照完税证，按日编制"报（查）验征收税款日报表"。查验征收主要适用于对财务会计制度不健全和生产经营不固定的纳税人。

3. 定期定额

定期定额是指对一些营业额、所得额不能准确计算的小型工商户经自报评议，由税务机关核定一定时期的营业额和所得税附征率，实行多税种合并征收的一种征收方法。核定期内的应纳税额一般不作变动，但纳税人的实际营业额高于原定定额的20%时，纳税人应及时申报，税务机关应及时核实调整税款的定额。

（三）扣缴征收

代理征收即代扣代缴、代收代缴征收。代扣代缴是指单位和个人从持有的纳税人收入中扣缴其应纳税款并向税务机关解缴的行为；代收代缴是指与纳税人有经济往来关系的单位和个人借助经济往来关系向纳税人收取其应纳税款并向税务机关解缴的行为。

代理征收方式适用于税源零星分散、不易控管纳税人的税款征收。

（四）委托代征

委托代征是指税务机关根据有利于税收控管和方便纳税的原则，按照国家有关规定委托有关单位及人员代征零星分散和异地缴纳等难以管理的税款征收方法。

受托单位和人员按照代征证书的要求，以税务机关的名义依法征收税款，纳税人不得拒绝；纳税人拒绝的，受托代征单位和人员应当及时报告税务机关。

（五）汇算清缴

汇算清缴是指对纳税期限较长的纳税人实行按期预缴、到期计算、多退少补应纳税额的征收方法。

汇算清缴方式适用于基本建设项目期限较长的企业的营业税和企业所得税等税的应纳税

额的计算征收。例如，我国企业所得税法规定，纳税人缴纳企业所得税实行按年计算、分期（月或季）预缴、年终汇算清缴、多退少补的办法计算征收。

三、税款征缴的基本要求

（一）税款征收的基本要求

依据我国《税收征管法》第5条的规定，"国务院税务部门主管全国的税收征收管理工作。各地国家税务局和地方税务局应当按照国务院规定的税收征收管理范围分别进行征收管理"，该法第三章还对税款征收的基本要求作出了具体的规定。根据《税收征管法》及其实施细则的规定，税务机关在办理税款征收业务时，必须严格按照以下要求进行：

（1）税务机关应当依照法律、行政法规的规定征收税款，不得违反法律、行政法规的规定开征、停征、多征、少征、提前征收、延缓征收或者摊派税款。

（2）扣缴义务人依照法律、行政法规的规定履行代扣、代收税款的义务。对法律、行政法规没有规定负有代扣、代收税款义务的单位和个人，税务机关不得要求其履行代扣、代收税款义务。对依法负有代扣代缴、代收代缴义务的扣缴义务人，税务机关应按照规定付给其手续费。

（3）税务机关征收税款时，必须给纳税人开具完税凭证。扣缴义务人代扣、代缴税款时，纳税人要求扣款义务人开具代扣、代收税款凭证的，扣缴义务人应当给纳税人开具完税凭证。完税凭证的式样，由国家税务总局制定。

（4）国家税务局和地方税务局应当按照国家规定的征收管理范围和税款入库预算级次，将征收的税款缴入国库。

（二）税款缴纳的基本要求

依据我国《税收征管法》第4条的明确规定，"纳税人、扣缴义务人必须依照法律、行政法规的规定缴纳税款、代扣代缴、代收代缴税款"，该法第三章中还对税款缴纳进一步作出了详细的规定。其中最基本的要求是：

（1）纳税人、扣缴义务人应当按照法律、行政法规的规定或者税务机关依照法律、行政法规的规定确定的期限，缴纳或者解缴税款。未按规定期限缴纳税款或者解缴税款的，税务机关除责令限期缴纳外，应从滞纳税款之日起，按日加收滞纳税款万分之五的滞纳金。

（2）纳税人在合并、分立情形的，应当向税务机关报告，并依法缴清税款。纳税人合并时未缴清税款的，应当由合并后的纳税人继续履行未履行的纳税义务；纳税人分立时未缴清税款的，分立后的纳税人对未履行的纳税义务应当承担连带责任。

（3）欠缴税款数额较大的纳税人在处分其不动产或者大额资产之前，应当向税务机关报告。欠缴税款的纳税人因怠于行使到期债权，或者放弃到期债权，或者无偿转让财产，或者以明显不合理的低价转让财产而让人知道该情形，对国家税收造成损害的，税务机关可以依照《合同法》第73条、第74条的规定行使代位权、撤销权。

（4）纳税人与其关联企业之间的业务往来，应当按照独立企业之间的业务往来收取或者支付价款、费用；不按照独立企业之间的业务往来收取或者支付价款、费用，而减少其应纳税的收入或者所得额的，税务机关有权进行合理调整。

四、税款征收的措施

为了强化税款征收中的行政执法，确保税款的及时、足额入库，保障税收法纪的实现，我

国《税收征管法》及其实施细则以及其他相关法律法规规定了如下确保税款征收的措施和程序

（一）加收滞纳金

1．滞纳金的定义

滞纳金是对不按纳税期限缴纳税款的纳税人，按滞纳天数加收滞纳税款一定比例的款项，它是税务机关对逾期缴纳税款的纳税人给予经济制裁的一种措施。

2．滞纳金的特点

（1）法定性。法定性是指滞纳金是由国家法律、法规明文规定的款项，个人和其他团体都无权私自设立。

（2）强制性。强制性是指滞纳金的征收是由国家强制力保障实施的。

（3）惩罚性。惩罚性指的是滞纳金是对超过规定的期限缴款而采取的惩罚性的措施。

根据滞纳金的以上特点，滞纳金只能发生双方的法律地位不平等、国家行使公共权力的过程中，比如《税收征管法》第32条规定："纳税人未按照规定期限缴纳税款的，扣缴义务人未按照规定期限解缴税款的，税务机关除责令限期缴纳外，从滞纳税款之日起，按日加收滞纳税款万分之五的滞纳金。"

加收滞纳金起止时间的计算，从应缴税款期限届满之日的次日起到实际缴纳或解缴税款的当天。此外，纳税人和扣缴义务人偷税或抗税的，也属未按规定期限纳税，应依法加收滞纳金。

还需指出的是，自2012年8月1日起，主管税务机关开具的缴税凭证上的应纳税额和滞纳金为1元以下的，应纳税额和滞纳金为零。

（二）核定税额

1．核定税额的概念

核定税额是指由于纳税人的会计账簿不健全，资料残缺难以查账，或者其他原因难以准确确定纳税人应纳税额时，由税务机关采用合理的方法依法核定纳税人应纳税款，并且基本一年不变的一种征收方式。

2．按核定税额征收税款的情形

依据我国《税收征管法》第35条规定：纳税人有下列情形之一的，税务机关有权核定其应纳税额：

（1）依照法律、行政法规的规定可以不设置账簿的。

（2）依照法律、行政法规的规定应当设置但未设置账簿的。

（3）擅自销毁账簿或者拒不提供纳税资料的。

（4）虽设置账簿，但账目混乱或者成本资料、收入凭证、费用凭证残缺不全，难以查账的。

（5）发生纳税义务，未按照规定的期限办理纳税申报，经税务机关责令限期申报，逾期仍不申报的。

（6）纳税人申报的计税依据明显偏低，又无正当理由的。

3．核定税额的方法

税务机关有权采用下列任何一种方法核定应纳税额：

（1）参照当地同类行业或者类似行业中经营规模和收入水平相近的纳税人的税负水平核定。

（2）按照营业收入或者成本加合理的费用和利润的方法核定。

（3）按照耗用的原材料、燃料、动力等推算或者测算核定。

（4）按照其他合理方法核定。

上述所列一种方法不足以正确核定应纳税额时，可以同时采用两种以上的方法核定。

（三）纳税调整

1．纳税调整的概念

纳税调整是指当关联企业或外国企业有出现故意利用税法规则通过减少应纳税额等方式来进行利益输送，规避或减少税款缴纳时，为了避免税款流失而由国家税务机关对其应纳税额进行调整的一种措施。

关联企业指有下列关系之一的公司、企业和其他经济组织：

（1）资金、经营、购销等方面存在直接或间接的拥有或控制关系。

（2）直接或间接地同为第三者所拥有或控制。

（3）在利益上具有相关联的其他关系。

2．纳税调整的情形

纳税人与其关联企业之间的业务往来有下列情形之一的，税务机关可以调整其应纳税额：

（1）购销业务未按照独立企业之间业务往来作价。

（2）融通资金所支付或收取的利息超过或低于没有关联关系的企业之间所能同意的数额，或利率超过或低于同类业务的正常利率。

（3）提供劳务未按照独立企业之间业务往来收取或支付劳务费用。

（4）转让财产、提供财产使用权等业务往来，未按照独立企业之间业务往来作价或收取、支付费用。

（5）未按照独立企业之间业务往来作价的其他情形。

3．纳税调整的方法

纳税人有上述所列情形之一的，税务机关可按照下列方法调整计税收入额或所得额：

（1）按照独立企业之间进行相同或类似业务活动的价格。

（2）按照再销售给无关联关系的第三者的价格所应取得的收入和利润水平。

（3）按照成本加合理的费用和利润。

（4）按照其他合理的方法。

（四）纳税担保

1．纳税担保的含义

纳税担保是指经税务机关同意或确认，纳税人或其他自然人、法人、经济组织以保证、抵押、质押的方式，为纳税人应当缴纳的税款及滞纳金提供担保的行为。纳税担保是防止纳税人逃避纳税、保障税收收入的一种重要措施。

2．纳税担保的法律依据

除了我国《税收征管法》及其实施细则以外，由国务院授权，国家税务总局于2005年1月13日通过，并从2005年7月1日开始试行的《纳税担保试行办法》（以下简称《担保办法》）是纳税担保的重要法律依据。

3．纳税担保的条件

根据《担保办法》第3条规定，纳税担保的适用情形主要包括：

（1）税务机关有根据认为从事生产经营的纳税人有逃避纳税义务的行为，在规定的纳税期之前责令其限期缴纳应纳税款，在限期内发现纳税人有明显的转移、隐匿其应纳税的商品、货物和其他财产或应纳税收入的迹象，责成纳税人提供纳税担保的。

（2）欠缴税款、滞纳金的纳税人或其法定代表人需要出境的。

（3）纳税人同税务机关发生纳税争议而未缴清税款，需要申请行政复议的。

（4）税收法律法规规定可提供纳税担保的其他情形。

4. 纳税担保的范围

根据《担保办法》第5条规定，纳税担保的范围主要包括税款和滞纳金，以及抵押、质押登记费用，质押保管费用，保管、拍卖、变卖担保财产等费用支出。

该条还规定，用于纳税担保的财产、权利的价值不得低于应当缴纳的税款、滞纳金，并考虑相关的费用。纳税担保的财产价值不足以抵缴税款、滞纳金的，税务机关应当向提供担保的纳税人或纳税担保人继续追缴。

5. 纳税担保的方式

纳税担保的方式，其规定主要包括：

（1）纳税保证。纳税保证是指纳税保证人向税务机关保证，当纳税人未按照税收法律法规规定或税务机关确定的期限缴清税款、滞纳金时，由纳税保证人按照约定履行缴纳税款及滞纳金的行为。

纳税保证人是指在中国境内具有纳税担保能力的自然人、法人或其他经济组织，但国家机关、学校、幼儿园、医院等事业单位、社会团体，企业法人的职能部门和有欠税行为等情况的单位，不得作为纳税保证人。

（2）纳税抵押。纳税抵押是指纳税人或纳税担保人不转移规定所列财产的占有，将该财产作为税款及滞纳金的担保。纳税人或纳税担保人为抵押人，税务机关为抵押权人，提供担保的财产为抵押物。

纳税人逾期未缴清税款及滞纳金的，税务机关有权依法处置该财产以抵缴税款及滞纳金。纳税人提供抵押担保的，应当填写纳税担保书和纳税担保财产清单，同时须经纳税人签字盖章并经税务机关确认。

（3）纳税质押。纳税质押是指经税务机关同意，纳税人或纳税担保人将其动产或权利凭证移交税务机关占有，将该动产或权利凭证作为税款及滞纳金的担保。纳税质押主要分为动产质押和权利质押：前者包括现金和其他除不动产以外的财产提供的质押；后者包括汇票、支票、本票、债券、存款单等权利凭证。纳税人提供质押担保的，应当填写纳税担保书和纳税担保财产清单并签字盖章。

（五）税收保全

1. 税收保全的含义

税收保全是指税务机关有根据认为从事生产、经营的纳税人有逃避纳税义务行为的，可以在规定的纳税期之前，依据《税收征管法》的规定，对纳税人采取冻结存款、扣押财产等行政行为以限制纳税人处理或转移商品、货物或其他财产的措施。

2. 税收保全的程序

根据《税收征管法》第38条规定：税务机关有根据认为从事生产经营的纳税人，有逃避纳税义务行为的，应按规定顺序采取相应的措施：

（1）责令限期缴纳，即税务机关可在规定的纳税期限之前，责令纳税人在限期内缴纳应纳税款。

（2）提供纳税担保，即在限期内发现纳税人有明显的转移、隐匿其应纳税的商品、货物和其他财产或应税收入迹象的，税务机关可责成纳税人提供纳税担保。

（3）采取税收保全措施，即如果纳税人不能提供纳税担保的，经县以上税务局（分局）局长批准，税务机关可采取税收保全措施。

3．税收保全的具体措施

税收保全措施包括以下两种：

（1）冻结存款。冻结存款是书面通知纳税人开户银行或其他金融机构冻结纳税人的金额相当于应纳税款的存款，但在冻结存款期间不停止支付其应缴纳的税款、滞纳金和罚款。

（2）扣押财产。扣押财产是扣押、查封纳税人的商品、货物或其他财产，其价值以相当于纳税人应纳税款、滞纳金和扣押、查封、保管、拍卖、变卖所发生的费用为原则。

4．税收保全的范围

税收保全范围为除下列以外的财产：一是个人及其所抚养家属维持生活必需的住房和用品，但机动车辆、金银饰品、古玩字画和豪华住宅或一处以外的住房除外；二是单价在5 000元以下的其他生活用品。

5．税收保全执行

税务机关执行扣押、查封商品、货物或其他财产时，应当由2名以上税务人员执行，并通知被执行人；被执行人是自然人的，应通知被执行人本人或其成年家属到场，被执行人是法人或其他组织的，应通知其法定代表人或主要负责人到场；被执行人拒不到场的，不影响其执行。税务机关扣押商品、货物或其他财产时必须开付收据，查封商品、货物或其他财产时必须开付清单。

6．税收保全的解除

纳税人在税务机关采取税收保全后，按照税务机关规定的期限缴纳税款的，税务机关应当自收到税款或银行转回的完税凭证之日起1日内解除税收保全措施；纳税人在限期内已缴纳税款，税务机关未立即解除税收保全措施，因税务机关的责任，使纳税人、扣缴义务人或纳税担保人的合法利益遭受的直接损失，税务机关应当承担赔偿责任。

（六）强制执行

1．强制执行的含义

税收强制执行是指纳税人、扣缴义务人和纳税担保人在规定的期限内未履行法定义务，税务机关采取法定的强制手段强迫其履行纳税义务的行为。

2．强制执行的程序

从事生产经营的纳税人、扣缴义务人未按照规定的期限缴纳或解缴税款，纳税担保人未按照规定的期限缴纳所担保的税款，税务机关可按照规定的顺序采取措施：一是责令限期缴纳，即由税务机关责令限期缴纳或解缴税款，最长期限不得超过15日；二是强制执行措施，即逾期仍未缴纳的，经县以上税务局（分局）局长批准，税务机关可采取强制执行措施。

3．强制执行的方式

根据《税收征管法》第40条规定，强制执行包括两种方式：一是扣缴税款，即书面通知其开户银行或其他金融机构从其存款中扣缴税款和滞纳金；二是拍卖抵税，即扣押、查封、依法拍卖或变卖其价值相当于应纳税款的商品、货物或其他财产，以拍卖或变卖所得抵缴税款和滞纳金，以及扣押、查封、保管、拍卖、变卖所发生的费用。

4．强制执行的范围

强制执行的范围为除下列以外的财产：一是个人及其所抚养家属维持生活必需的住房和用品，但机动车辆、金银饰品、古玩字画和豪华住宅或一处以外的住房除外；二是单价在5000元以下的其他生活用品。

5．强制执行的要求

根据《税收征管法》第43条规定，实施强制执行措施，不得由法定的税务机关以外的单位和个人行使；税务机关滥用职权违法采取强制执行措施，或采取强制执行措施不当，使纳税人及扣缴义务人或纳税担保人的合法权益遭受损失的，应当依法承担赔偿责任。

（七）其他措施

1．税款入库

各级税务机关应当将各种税收的税款、滞纳金、罚款，按照国家规定的预算科目和预算级次及时缴入国库，不得占压、挪用、截留，不得缴入国库以外或国家规定的税款账户以外的任何账户。已缴入国库的税款、滞纳金和罚款，任何单位和个人不得擅自变更预算科目和预算级次。

2．减免税款

纳税人申请减免税需经法定的审查批准机关审批，地方各级人民政府及其主管部门、单位和个人违反规定擅自作出的减免税决定无效。

按照税收法律、法规规定或经法定审批机关批准减免税的纳税人，应持相关文件到主管税务机关办理减免税手续，减免税期满应当自期满次日起恢复纳税；纳税人减免税条件发生变化时应在其变化之日起15日内向税务机关报告，不再符合减免税条件的应依法纳税，未依法纳税的税务机关应当予以追缴。

3．出境清税

欠缴税款的纳税人或其法定代表人需要出境的，应在出境前向主管税务机关结清应纳的税款、滞纳金或提供纳税担保；未结清税款、滞纳金，又不提供纳税担保的，主管税务机关可通知出境管理机关阻止其出境。

4．变更缴清

纳税人有合并、分立情形的，应向税务机关报告并依法缴清税款。纳税人合并时未缴清税款的，应当由合并后的纳税人继续履行未履行的纳税义务；纳税人分立时未缴清税款的，分立后的纳税人对未履行的纳税义务应当承担连带责任。纳税人有解散、撤销、破产情形的，在清算前应当向其主管税务机关报告，未结清的税款由其主管税务机关参加清算。

5．税收优先

税务机关在税款征收过程中有优先征税的权利，即税务机关征收税款，除法律另有规定外，税收应优先于无担保债权；纳税人欠缴的税款发生在纳税人以其财产设定抵押、质押或纳税人的财产被留置之前的，税收应先于抵押权、质押权、留置权执行；纳税人欠缴税款同时又被行政机关决定处以罚款、没收违法所得的，税收优先于罚款及没收违法所得执行。

6．欠税管理

税务机关对纳税人欠缴税款行为，除在报纸、广播、期刊、网络等新闻媒体上定期公告以外；还可以向欠税人的抵押人、质押人说明情况；并要求欠缴税款5万元以上的纳税人，在处分其不动产或大额资产之前向税务机关报告；在欠缴税款人怠于行使或放弃自身到期债权，无偿转让财产、明显低价转让财产而受让人知情，对国家税收造成损害的，税务机关可依照合同法规定行使代位权、撤销权。

7. 税款追征

因税务机关或因纳税人及扣缴义务人的责任而少缴的税款，税务机关均有追征的权利，具体规定为：

（1）因税务机关适用税收法律法规不当或执法行为违法等责任，致使纳税人或扣缴义务人未缴或少缴税款的，税务机关在3年内可要求纳税人或扣缴义务人补缴税款，但不加收滞纳金。

（2）因纳税人、扣缴义务人非主观故意的计算公式运用错误以及明显笔误等而未缴或少缴税款的，税务机关在3年内可追征税款、滞纳金；纳税人或扣缴义务人因计算错误而未缴或少缴、未扣或少扣、未收或少收税款累计数额在10万元以上的，追征期可延长到5年。

（3）对偷税、抗税、骗税的，税务机关追征其未缴或少缴的税款、滞纳金或所骗取的税款，不受规定期限的限制。

（4）补缴和追征税款、滞纳金的期限，自纳税人、扣缴义务人应缴未缴或少缴税款之日起计算。

8. 税款退还

纳税人多缴的税款有申请退还的权利，具体包括以下几个方面：

（1）纳税人超过应纳税额缴纳的税款，税务机关应当自发现之日起10日内办理退还手续；纳税人发现多缴税款要求退还的，税务机关应当自接到纳税人退还申请之日起30日内查实并办理退还手续。

（2）纳税人自结算缴纳税款之日起3年内发现的，可向税务机关要求退还多缴的税款并加算银行同期存款利息，税务机关及时查实后应当立即退还。加算多缴税款退税的银行同期存款利息，按照税务机关办理退税手续当天中国人民银行规定的活期存款利率计算，但不包括依法预缴税款形成的结算退税、出口退税和各种减免退税。

（3）涉及从国库中退还税款的，依照法律法规有关国库管理的规定退还。

（4）如果纳税人既有应退税款又有欠缴税款的，税务机关可将应退税款和利息先抵扣欠缴税款；抵扣欠缴税款后有余额的，退还纳税人。

【例13-1】　某市粮油食品公司2008年11月应纳增值税1 856万元，当地国税局税务人员多次电话催缴，至2006年12月20日仍未缴纳。12月21日税务人员依法查询了该公司的银行存款账户，发现其账上刚到30余万元货款。因此，税务人员填制了"扣缴税款通知书"，经局长签字批准后，通知银行从该公司账上扣缴所欠的1 856万元税款和928元滞纳金。公司经理得知后非常生气，认为国税局不打招呼就扣钱，还扣了滞纳金，有损企业形象。经咨询后，他们认为，国税局在扣缴前未先行告诫企业，违反了《税收征管法》的有关规定。于是，该公司以违法扣缴企业存款为由，将国税局告上了法庭，请求法庭撤销国税局的强制执行行为。在法庭调查中，国税局提出，在扣缴税款前，税务人员已多次电话催缴，已履行了告诫程序，符合《税收征管法》的规定，法庭应予以维持。

答案：税务机关采取的措施是不当的。因为国税局强制扣缴粮油食品公司税款和滞纳金的行为违反了《税收征管法》的有关规定。《税收征管法》第40条规定：从事生产经营的纳税人、扣缴义务人未按照规定的期限缴纳或解缴税款，由税务机关责令限期缴纳，逾期仍未缴纳的，经县以上税务局（分局）局长批准，税务机关可采取下列强制执行措施：一是书面通知其开户银行或其他金融机构从其存款中扣缴税款；二是扣押、查封、依法拍卖或变卖其价值相当于应纳税款的商品、货物或其他财产，以拍卖或变卖所得抵缴税款。根据该规定，税务机关采取税收强制执行措施时，必须坚持告诫在先的原则，即纳税人未按照规定的期限缴纳税款的，应当发出"催缴税款通知书"，先行告诫，责令限期缴纳，在逾期仍不缴纳时，再采取强制执行措施。

从上述案例可以看出，在采取强制执行措施前，虽然税务人员电话进行了多次催缴，但这种行为并没有法律效力。国税局在扣缴粮油食品公司税款前，未以正式文书的形式告知纳税人，应属未依法履行"责令限期缴纳"法定程序的行为，违反了《税收征管法》的规定。

第四节　税　务　检　查

一、税务检查的概念和意义

税务检查制度是税务机关根据国家税法和财务会计制度的规定，对纳税人履行纳税义务的情况进行的监督、审查制度。税务检查按其检查的目的和内容，可分为重点检查、专项检查、分类检查、集中检查和临时检查。

通过税务检查，可以考核税收征收管理质量，查明和惩治各种税务违法行为，强化征管控制；对纳税人而言，可通过税务检查来检验其纳税的错漏或问题，避免税务违法尤其是犯罪行为的发生；对税务机关而言，可通过税务检查为依法处理税收违法行为提供可靠的事实依据。

二、税务检查的内容与方法

（一）税务检查的内容

税务检查的内容主要包括以下几个方面：

（1）检查纳税人执行国家税收政策和税收法规的情况。

（2）检查纳税人遵守财经纪律和财会制度的情况。

（3）检查纳税人的生产经营管理和经济核算情况。

（4）检查纳税人遵守和执行税收征收管理制度的情况。

（5）检查税务机关和税务人员执行税收征管法律制度的情况。

（二）税务检查的方法

税务机关进行税务检查，一般采用以下三种方法：

1. 税务查账

税务查账是对纳税人的会计凭证、账簿、会计报表以及银行存款账户等核算资料所反映的纳税情况所进行的检查。税务查账是税务检查中最常用的方法。税务机关既可以在纳税人、扣缴义务人的业务场所行使资料检查权，也可以在必要时，经县以上税务局（分局）局长批准，将上述纳税主体以往会计年度的账簿、记账凭证、报表和其他有关资料调回税务机关检查。

2. 实地调查

实地调查是对纳税人账外情况进行的现场调查。税务机关有权到纳税人的生产、经营场所和货物存放地实地检查纳税人应纳税的商品、货物或者其他财产，检查扣缴义务人与代扣代缴、代收代缴税款有关的经营情况。

３．税务稽查

税务稽查是税务机关代表国家依法对纳税人的纳税情况进行检查监督的一种形式，具体包括日常稽查、专项稽查和专案稽查。

日常检查是指税务机关对纳税人申报纳税向扣缴义务人扣缴税款等情况进行的常规检查。专项检查是指税务机关针对特定行业或某类纳税人进行的重点检查，如对演艺界、体育明星等高收入行业从业人员进行的检查。专案检查是指税务机关根据举报或在前两种检查中发现的重大涉嫌税收违法问题进行的个案检查。

三、税务检查中征纳双方的权利和义务

（一）税务机关的检查权利和义务

１．税务机关的检查权利

根据《税收征管法》第 54 条规定，税务机关的检查权利主要包括：

（1）检查纳税人的账簿、记账凭证、报表和有关资料，检查扣缴义务人代扣代缴、代收代缴税款账簿、记账凭证和有关资料。

（2）到纳税人的生产、经营场所和货物存放地检查纳税人应纳税的商品、货物或者其他财产，检查扣缴义务人与代扣代缴、代收代缴税款有关的经营情况。

（3）责成纳税人、扣缴义务人提供与纳税或者代扣代缴、代收代缴税款有关的文件、证明材料和有关资料。

（4）询问纳税人、扣缴义务人与纳税或者代扣代缴、代收代缴税款有关的问题和情况。

（5）到车站、码头、机场、邮政企业及其分支机构检查纳税人托运、邮寄应纳税商品、货物或者其他财产的有关单据、凭证和有关资料。

（6）经县以上税务局（分局）局长批准，凭全国统一格式的检查存款账户许可证明，查询从事生产、经营的纳税人、扣缴义务人在银行或者其他金融机构的存款账户。税务机关在调查税收违法案件时，经设区的市、自治州以上税务局（分局）局长批准，可以查询案件涉嫌人员的储蓄存款。税务机关查询所获得的资料，不得用于税收以外的用途。

（7）税务机关对从事生产、经营的纳税人以前纳税期的纳税情况依法进行税务检查时，发现纳税人有逃避纳税义务行为，并有明显的转移、隐匿其应纳税的商品、货物以及其他财产或者应纳税的收入迹象的，可以依法采取税收保全措施或者强制执行措施。

２．税务机关的检查义务

（1）税务机关在实施账证检查权时需调回账证的，应向纳税人开付清单。对于前年的会计资料应在 3 个月内归还；对于当年的会计资料应在 30 日内归还（《税收征管法》第 86 条）。

（2）税务机关进行税务检查时，应当指定专人负责，凭全国统一格式的检查存款账户许可证明进行，并有责任为被检查人保守秘密。

（3）税务机关在进行完税检查后采取税收保全措施的，其期限一般不得超过 6 个月；重大案件需要延长的，应当报国家税务总局批准。

（4）税务机关检查权的其他相关性要求，主要表现在：税务机关派出税务人员进行检查时，应当在 2 人以上；税务检查人员与被检查人有亲属、利害关系情形时，应当回避；税务机关查询所获得的资料，不得用于税收以外的用途；税务机关应建立科学的检查制度，严格控制对纳税人、扣缴义务人的检查次数等。

（二）相对人在检查中的权利和义务

税务检查中的相对人是指除税务机关以外的一切有关单位和个人，包括两类：一是被检查对象，如纳税人和扣缴义务人；二是协助查处人，如在车站、码头、机场等的有关单位和个人，以及邮政、金融、公安、审计等部门。

（1）相对人的权利主要包括：

1）有权拒绝未出示税务检查证和税务检查通知书的检查。

2）有权拒绝税务机关超出法定范围或违反法定程序的检查。

（2）相对人的主要义务包括：纳税人和扣缴义务人必须接受税务机关依法进行的检查，有关单位和个人必须予以配合、支持、协助；向税务机关如实反映情况；据实提供有关资料和证明材料等。

第五节　法律责任

法律责任是指当事人违反法律所带来的在法上所承担的不利后果。结合到税收征管当中，税收法律责任是指税收法律关系的主体因违反税收法律法规所应承担的法律后果。税收法律责任依其性质和形式的不同，主要分为行政法律责任和刑事法律责任；依承担法律责任主体的不同，主要分为纳税人、扣缴义务人的法律责任，税务机关及其工作人员的法律责任。

一、纳税人、扣缴义务人的法律责任

（一）行政法律责任

1. 违反税务管理基本规定的法律责任

（1）纳税人有下列行为之一的，由税务机关责令限期改正，可以处 2 000 元以下的罚款；情节严重的，处 2 000 元以上 1 万元以下的罚款：

1）未按照规定的期限申报办理税务登记、变更或者注销登记的。

2）未按照规定设置、保管账簿或者保管记账凭证和有关资料的。

3）未按照规定将财务、会计制度或者财务、会计处理办法和会计核算软件报送税务机关备查的。

4）未按照规定将其全部银行账号向税务机关报告的。

5）未按照规定安装、使用税控装置，或者损毁或擅自改动税控装置的。

6）纳税人未按照规定办理税务登记证件验证或者换证手续的。

（2）纳税人不办理税务登记的，税务机关应当自发现之日起 3 日内责令其限期改正；逾期不改正的，处以罚款的同时，经税务机关提请，由工商行政管理机关吊销其营业执照。

（3）纳税人通过提供虚假的证明资料等手段，骗取税务登记证的，处 2 000 元以下的罚款；情节严重的，处 2 000 元以上 10 000 元以下的罚款。纳税人涉嫌其他违法行为的，按有关法律、行政法规的规定处理。

（4）扣缴义务人未按照规定办理扣缴税款登记的，税务机关应当自发现之日起 3 日内责令其限期改正，并可处以 1 000 元以下的罚款。

（5）纳税人未按照规定使用税务登记证件，或者转借、涂改、损毁、买卖、伪造税务登记证件的，处 2 000 元以上 10 000 元以下的罚款；情节严重的，处 10 000 元以上 50 000 元以下的罚款。

2．扣缴义务人违反账簿、凭证管理的法律责任

扣缴义务人未按照规定设置、保管代扣代缴、代收代缴税款账簿或者保管代扣代缴、代收代缴税款记账凭证及有关资料的，由税务机关责令限期改正，可以处2 000元以下的罚款；情节严重的，处2 000元以上5 000元以下的罚款。

3．未按规定纳税申报的法律责任

纳税人未按照规定的期限办理纳税申报和报送纳税资料的，或者扣缴义务人未按照规定的期限向税务机关报送代扣代缴、代收代缴税款报告表和有关资料的，由税务机关责令限期改正，可以处2 000元以下的罚款；情节严重的，可以处2 000元以上10 000元以下的罚款。

4．偷税的认定及其法律责任

纳税人伪造、变造、隐匿、擅自销毁账簿、记账凭证，或者在账簿上多列支出或者不列、少列收入，或者经税务机关通知申报而拒不申报或者进行虚假的纳税申报，不缴或者少缴应纳税款的，是偷税。对纳税人偷税的，由税务机关追缴其不缴或者少缴的税款、滞纳金，并处不缴或者少缴的税款50%以上5倍以下的罚款；构成犯罪的，依法追究刑事责任。

扣缴义务人采取前款所列手段，不缴或者少缴已扣、已收税款，由税务机关追缴其不缴或者少缴的税款、滞纳金，并处不缴或者少缴的税款 50%以上 5 倍以下的罚款；构成犯罪的，依法追究刑事责任。

5．虚假申报或不申报的法律责任

纳税人、扣缴义务人编造虚假计税依据的，由税务机关责令限期改正，并处50 000元以下的罚款。

纳税人不进行纳税申报，不缴或者少缴应纳税款的，由税务机关追缴其不缴或者少缴的税款、滞纳金，并处不缴或者少缴的税款50%以上5倍以下的罚款。

6．逃避欠缴税款的法律责任

纳税人欠缴应纳税款，采取转移或者隐匿财产的手段，妨碍税务机关追缴欠缴的税款的，由税务机关追缴欠缴的税款、滞纳金，并处欠缴税款50%以上5倍以下的罚款；构成犯罪的，依法追究刑事责任。

7．骗取国家退税的法律责任

以假报出口或者其他欺骗手段，骗取国家出口退税款，由税务机关追缴其骗取的退税款，并处骗取税款1倍以上5倍以下的罚款；构成犯罪的，依法追究刑事责任。

对骗取国家出口退税款的，税务机关可以在规定期间内停止为其办理出口退税。

8．抗税的认定及其法律责任

以暴力、威胁方法拒不缴纳税款的，是抗税。除由税务机关追缴其拒缴的税款、滞纳金外，依法追究刑事责任。情节轻微，未构成犯罪的，由税务机关追缴其拒缴的税款、滞纳金，并处拒缴税款1倍以上5倍以下的罚款。

9．在规定期限内不缴或者少缴税款的法律责任

纳税人、扣缴义务人在规定期限内不缴或者少缴应纳或者应解缴的税款，经税务机关责令限期缴纳，逾期仍未缴纳的，税务机关除依法采取强制执行措施追缴其不缴或者少缴的税款外，可以处不缴或者少缴的税款50%以上5倍以下的罚款。

10．扣缴义务人不履行扣缴义务的法律责任

扣缴义务人应扣未扣、应收而不收税款的，由税务机关向纳税人追缴税款，对扣缴义务

人处应扣未扣、应收未收税款 50%以上 3 倍以下的罚款。

11．不依法接受税务检查的法律责任

纳税人、扣缴义务人逃避、拒绝或者以其他方式阻挠税务机关检查的，由税务机关责令改正，可以处 10 000 元以下的罚款；情节严重的，处 10 000 元以上 50 000 元以下的罚款。

不依法接受税务检查的具体情形有：

（1）提供虚假资料，不如实反映情况，或者拒绝提供有关资料的。

（2）拒绝或者阻止税务机关记录、录音、录像、照相和复制与案件有关的情况和资料的。

（3）在检查期间，纳税人、扣缴义务人转移、隐匿、销毁有关资料的。

（4）有不依法接受税务检查的其他情形的。

此外，纳税人、扣缴义务人违法使用发票，也应承担《发票管理办法》中的行政法律责任。

（二）罪名及其刑事法律责任

1．逃税罪①

纳税人采取欺骗、隐瞒手段进行虚假纳税申报或者不申报，逃避缴纳税款数额较大并且占应纳税额 10%以上的，处 3 年以下有期徒刑或者拘役，并处罚金；数额巨大并且占应纳税额 30%以上的，处 3 年以上 7 年以下有期徒刑，并处罚金。

扣缴义务人采取前款所列手段，不缴或者少缴已扣、已收税款，数额较大的，依照前款的规定处罚。

对多次实施前两款行为，未经处理的，按照累计数额计算。

有上述行为，经税务机关依法下达追缴通知后，补缴应纳税款，缴纳滞纳金，已受行政处罚的，不予追究刑事责任；但是，5 年内因逃避缴纳税款受过刑事处罚或者被税务机关给予 2 次以上行政处罚的除外。

2．抗税罪

以暴力、威胁方法拒不缴纳税款的，处 3 年以下有期徒刑或者拘役，并处拒缴税款 1 倍以上 5 倍以下罚金；情节严重的，处 3 年以上 7 年以下有期徒刑，并处拒缴税款 1 倍以上 5 倍以下罚金。

3．逃避追缴欠税罪

纳税人欠缴应纳税款，采取转移或者隐匿财产的手段，致使税务机关无法追缴欠缴的税款，数额在 1 万元以上不满 10 万元的，处 3 年以下有期徒刑或者拘役，并处或者单处欠缴税款 1 倍以上 5 倍以下罚金；数额在 10 万元以上的，处 3 年以上 7 年以下有期徒刑，并处欠缴税款 1 倍以上 5 倍以下罚金。

4．骗取出口退税罪

以假报出口或者其他欺骗手段，骗取国家出口退税款，数额较大的，处 5 年以下有期徒刑或者拘役，并处骗取税款 1 倍以上 5 倍以下罚金；数额巨大或者有其他严重情节的，处 5 年以上 10 年以下有期徒刑，并处骗取税款 1 倍以上 5 倍以下罚金；数额特别巨大或者有其他特别严重情节的，处 10 年以上有期徒刑或者无期徒刑，并处骗取税款 1 倍以上 5 倍以下罚金或者没收财产。

纳税人缴纳税款后，采取前款规定的欺骗方法，骗取所缴纳的税款的，依照逃税罪定罪

---

① 2009 年 2 月 28 日，第十一届全国人大常委会第七次会议审议通过了《刑法修正案（七）》。该修正案对《刑法》第 201 条偷税罪作了重大修改，罪名调整为逃税罪。

处罚；骗取税款超过所缴纳的税款部分，依照骗取出口退税罪的规定处罚。

此外，纳税人、扣缴义务人可能因违反发票管理规定而触犯《刑法》的罪名有：虚开增值税专用发票罪；虚开用于骗取出口退税、抵扣税款发票罪；伪造增值税专用发票罪；出售伪造的增值税专用发票罪；非法出售增值税专用发票罪；非法购买增值税专用发票罪；购买伪造的增值税专用发票罪；非法制造用于骗取出口退税、抵扣税款发票罪；出售非法制造的用于骗取出口退税、抵扣税款发票罪；非法制造发票罪；出售非法制造的发票罪；非法出售用于骗取出口退税、抵扣税款发票罪；非法出售发票罪等。

二、税务机关及其工作人员的法律责任

（一）行政法律责任

1. 擅自改变税收征收管理范围和税款入库预算级次的法律责任

税务机关违反规定擅自改变税收征收管理范围和税款入库预算级次的，责令限期改正，对直接负责的主管人员和其他直接责任人员依法给予降级或者撤职的行政处分。

2. 违法征收税款的法律责任

税务人员未经税务机关依法委托征收税款的，责令退还收取的财物，依法给予行政处分；致使他人合法权益受到损失的，依法承担赔偿责任；构成犯罪的，依法追究刑事责任。

税务机关违反法律、行政法规的规定提前征收、延缓征收或者摊派税款的，由其上级机关或者行政监察机关责令改正，对直接负责的主管人员和其他直接责任人员依法给予行政处分。

3. 非法查封、扣押的法律责任

税务机关、税务人员查封、扣押纳税人个人及其所扶养家属维持生活必需的住房和用品的，责令退还，依法给予行政处分；构成犯罪的，依法追究刑事责任。

4. 私分扣押、查封品的法律责任

税务人员私分扣押、查封的商品、货物或者其他财产，情节严重，构成犯罪的，依法追究刑事责任；尚不构成犯罪的，依法给予行政处分。

5. 配合纳税人实施违法行为的法律责任

税务人员与纳税人、扣缴义务人勾结，唆使或者协助纳税人、扣缴义务人有偷税、逃避欠缴税款、骗取国家出口退税款的行为，构成犯罪的，依法追究刑事责任；尚不构成犯罪的，依法给予行政处分。

6. 受贿、索贿行为的法律责任

税务人员利用职务上的便利，收受或者索取纳税人、扣缴义务人财物或者谋取其他不正当利益，构成犯罪的，依法追究刑事责任；尚不构成犯罪的，依法给予行政处分。

7. 徇私舞弊或者玩忽职守的法律责任

税务人员徇私舞弊或者玩忽职守，不征或者少征应征税款，致使国家税收遭受重大损失，构成犯罪的，依法追究刑事责任；尚不构成犯罪的，依法给予行政处分。

8. 滥用职权、打击报复的法律责任

税务人员滥用职权，故意刁难纳税人、扣缴义务人的，调离税收工作岗位，并依法给予行政处分。

税务人员对控告、检举税收违法违纪行为的纳税人、扣缴义务人以及其他检举人进行打

击报复的,依法给予行政处分;构成犯罪的,依法追究刑事责任。

9.违法开征、停征等的法律责任

税务机关违反法律、行政法规的规定,擅自作出税收的开征、停征或者减税、免税、退税、补税以及其他同税收法律、行政法规相抵触决定的,除依法撤销其擅自作出的决定外,补征应征未征税款,退还不应征收而征收的税款,并由上级机关追究直接负责的主管人员和其他直接责任人员的行政责任;构成犯罪的,依法追究刑事责任。

10.未回避的法律责任

税务人员在征收税款或者查处税收违法案件时,未按照规定进行回避的,对直接负责的主管人员和其他直接责任人员,依法给予行政处分。

11.未保密的法律责任

税务机关未按照规定为纳税人、扣缴义务人、检举人保密的,对直接负责的主管人员和其他直接责任人员,由所在单位或者有关单位依法给予行政处分。

(二)罪名及其刑事法律责任

1.贪污罪

税务机关的工作人员利用职务上的便利,侵吞、窃取、骗取或者以其他手段非法占有公共财物的,是贪污罪。对犯贪污罪的,根据情节轻重,分别依照下列规定处罚:

(1)个人贪污数额在10万元以上的,处10年以上有期徒刑或者无期徒刑,可以并处没收财产;情节特别严重的,处死刑,并处没收财产。

(2)个人贪污数额在5万元以上不满10万元的,处5年以上有期徒刑,可以并处没收财产;情节特别严重的,处无期徒刑,并处没收财产。

(3)个人贪污数额在5 000元以上不满5万元的,处1年以上7年以下有期徒刑;情节严重的,处7年以上10年以下有期徒刑。个人贪污数额在5 000元以上不满1万元,犯罪后有悔改表现、积极退赃的,可以减轻处罚或者免予刑事处罚,由其所在单位或者上级主管机关给予行政处分。

(4)个人贪污数额不满5 000元,情节较重的,处2年以下有期徒刑或者拘役;情节较轻的,由其所在单位或者上级主管机关酌情给予行政处分。

对多次贪污未经处理的,按照累计贪污数额处罚。

2.挪用公款罪

税务机关的工作人员利用职务上的便利,挪用公款归个人使用,进行非法活动的,或者挪用公款数额较大、进行营利活动的,或者挪用公款数额较大、超过3个月未还的,是挪用公款罪,处5年以下有期徒刑或者拘役;情节严重的,处5年以上有期徒刑。挪用公款数额巨大不退还的,处10年以上有期徒刑或者无期徒刑。

3.受贿罪

税务机关的工作人员利用职务上的便利,索取他人财物的,或者非法收受他人财物,为他人谋取利益的,是受贿罪。税务人员在经济往来中,违反国家规定,收受各种名义的回扣、手续费,归个人所有的,以受贿论处。

对犯受贿罪的,根据受贿所得数额及情节,依照贪污罪规定情节处罚。索贿的从重处罚。

4.滥用职权罪、玩忽职守罪

税务机关的工作人员滥用职权或者玩忽职守,致使公共财产、国家和人民利益遭受重大损失的，处 3 年以下有期徒刑或者拘役；情节特别严重的，处 3 年以上 7 年以下有期徒刑。《刑法》另有规定的，依照规定。

5. 徇私舞弊不征、少征税款罪

税务机关的工作人员徇私舞弊，不征或者少征应征税款，致使国家税收遭受重大损失的，处 5 年以下有期徒刑或者拘役；造成特别重大损失的，处 5 年以上有期徒刑。

6. 徇私舞弊发售发票、抵扣税款、出口退税罪与违法提供出口退税凭证罪

税务机关的工作人员违反法律、行政法规的规定，在办理发售发票、抵扣税款、出口退税工作中，徇私舞弊，致使国家利益遭受重大损失的，处 5 年以下有期徒刑或者拘役；致使国家利益遭受特别重大损失的，处 5 年以上有期徒刑。

第六节　税务行政复议与税务行政诉讼

一、税务行政复议与税务行政诉讼的关系

（一）税务行政复议与税务行政诉讼的概念

税务行政复议是指纳税当事人（公民、法人或其他组织）不服税务机关及其工作人员作出的税务具体行政行为，依法向上一级税务机关或者本级人民政府（复议机关）提出申请，复议机关经审理对原税务机关具体行政行为依法作出维持、变更、撤销等决定的活动。

税务行政诉讼是指纳税当事人认为税务机关及其工作人员的具体税务行政行为违法或者不当，侵犯了其合法权益，依法向人民法院提起行政诉讼，由人民法院对具体税务行政行为的合法性进行审查并作出裁决的司法活动。

（二）税务行政复议与税务行政诉讼的联系

（1）税务行政复议与税务行政诉讼都属于广义行政法。

（2）两者的目的都是为了解决税务行政争议，争议的另一方都是税务机关。

（3）在税务行政争议的法律关系中，争议双方的法律地位是平等的，由复议税务机关或法院依法作出裁决。

（三）税务行政复议与税务行政诉讼的区别

1. 性质不同

税务行政复议是税务机关内部的一种纠错机制，属于行政救济法的性质，因此，行政复议的受理机关是作出具体行政行为的税务机关的上一级机关或者本级人民政府。而税务行政诉讼是通过独立于行政机关的司法机关按照司法程序来进行的一种外部的纠错机制，属于司法救济的性质，税务行政诉讼的受理机关只能是人民法院。

2. 调节广度不同

法院受理的税务行政诉讼案，大多数只作出维持或撤销的判决，而行政复议的裁决除可作出撤销或维持处理决定外，还可依法作出变更的决定等。此外，部分税务行政争议的复议程序是提起税务行政诉讼的必经程序。

3. 法律依据不同

税务行政复议主要依据《税收征管法》(2001 年 5 月起实施、2013 年 6 月最新修正)、《行政处罚法》(1996 年 10 月起实施、2009 年 8 月最新修正)、《行政复议法》(1999 年

10 月起实施、2009 年 8 月最新修正）以及《税务行政复议规则》（2010 年 4 月起实施），而税务行政诉讼主要依据《税收征管法》、《行政诉讼法》（1990 年 10 月起实施、2014 年 11 月最新修正）和《税务行政应诉工作规程（试行）》（1995 年 1 月起实施）。

二、税务行政复议

（一）税务行政复议的特点

（1）税务行政复议以当事人不服税务机关及其工作人员作出的税务具体行政行为为前提。如果当事人认为税务机关的处理合法、适当，或税务机关还没有作出处理，当事人的合法权益没有受到侵害，就不存在税务行政复议。

（2）税务行政复议因当事人的申请而产生。当事人提出申请是引起税务行政复议的重要条件之一。当事人不申请，就不可能通过行政复议程序获得救济。

（3）税务行政复议与行政诉讼相衔接。根据《行政诉讼法》和《行政复议法》的规定，对于大多数行政案件来说，当事人都可以选择行政复议或者行政诉讼程序解决，当事人对行政复议决定不服的，还可以向法院提起行政诉讼。在此基础上，两个程序的衔接方面，税务行政案件的适用还有其特殊性。根据《税收征管法》第 88 条的规定，对于因纳税问题引起的争议，税务行政复议是税务行政诉讼的必经前置程序，未经复议不能向法院起诉，经复议仍不服的，才能起诉；对于因处罚、保全措施及强制执行引起的争议，当事人可以选择适用复议或诉讼程序，如选择复议程序，对复议决定仍不服的，可以向法院起诉。

（二）税务行政复议的受案范围

根据《税收征管法》《行政复议法》和《税务行政复议规则》（以下简称《复议规则》）的规定，税务行政复议的受案范围仅限于税务机关作出的税务具体行政行为。税务具体行政行为是指税务机关及其工作人员在税务行政管理活动中行使行政职权，针对特定的公民、法人或者其他组织，就特定的具体事项，作出的有关该公民、法人或者其他组织权利、义务的单方行为。根据《复议规则》第 14 条规定，行政复议机关受理申请人对税务机关下列具体行政行为不服提出的行政复议申请：

（1）征税行为，包括确认纳税主体、征税对象、征税范围、减税、免税、退税、抵扣税款、适用税率、计税依据、纳税环节、纳税期限、纳税地点和税款征收方式等具体行政行为，征收税款、加收滞纳金，扣缴义务人、受税务机关委托的单位和个人作出的代扣代缴、代收代缴、代征行为等。

（2）行政许可、行政审批行为。

（3）发票管理行为，包括：发售、收缴、代开发票等。

（4）税收保全措施、强制执行措施。

（5）行政处罚行为，包括：罚款；没收财物和违法所得；停止出口退税权。

（6）税务行政机关不依法履行下列职责的行为，包括：颁发税务登记；开具、出具完税凭证、外出经营活动税收管理证明；行政赔偿；行政奖励；其他不依法履行职责的行为。

（7）资格认定行为。

（8）不依法确认纳税担保行为。

（9）政府信息公开工作中的具体行政行为。

（10）纳税信用等级评定行为。

（11）通知出入境管理机关阻止出境行为。

（12）其他具体行政行为。

（三）税务行政复议的复议机关

1．税务行政复议机关的概念

税务行政复议机关是指依法受理行政复议申请，对税务具体行政行为进行审查并作出行政复议决定的税务机关。复议机关可成立行政复议委员会，研究重大、疑难案件，提出处理建议；委员会可邀请本机关以外的具有相关专业知识的人员参加。

税务行政复议机关一般是作出具体行政行为的税务机关的上一级机关或本级人民政府。

2．税务行政复议机关的职责

（1）受理行政复议申请。

（2）向有关组织和人员调查取证，查阅文件和资料。

（3）审查申请行政复议的具体行政行为是否合法和适当，起草行政复议决定。

（4）处理或者转送对《复议规则》第15条所列有关规定的审查申请。

（5）对被申请人违反行政复议法及其实施条例和本规则规定的行为，依照规定的权限和程序向相关部门提出处理建议。

（6）研究行政复议工作中发现的问题，及时向有关机关或者部门提出改进建议，重大问题及时向行政复议机关报告。

（7）指导和监督下级税务机关的行政复议工作。

（8）办理或者组织办理行政诉讼案件应诉事项。

（9）办理行政复议案件的赔偿事项。

（10）办理行政复议、诉讼、赔偿等案件的统计、报告、归档工作和重大行政复议决定备案事项。

（11）其他与行政复议工作有关的事项。

（四）税务行政复议的管辖

1．总体管辖原则

税务行政复议的管辖是指由哪个行政机关受理行政争议复议的问题，其原则上是实行由上一级税务机关管辖的复议制度。

2．整体管辖规定

（1）对各级国家税务局的具体行政行为不服的，向其上一级国家税务局申请行政复议。

（2）对各级地方税务局的具体行政行为不服的，可以选择向其上一级地方税务局或者该税务局的本级人民政府申请行政复议。省、自治区、直辖市人民代表大会及其常务委员会、人民政府对地方税务局的行政复议管辖另有规定的，从其规定。

（3）对国家税务总局的具体行政行为不服的，向国家税务总局申请行政复议。对行政复议决定不服，申请人可以向人民法院提起行政诉讼，也可以向国务院申请裁决。国务院的裁决为最终裁决。

3．具体管辖规定

对下列税务机关的具体行政行为不服的，按照下列规定申请行政复议：

（1）对计划单列市税务局的具体行政行为不服的，向省税务局申请行政复议。

（2）对税务所（分局）、各级税务局的稽查局的具体行政行为不服的，向其所属税务局申请行政复议。

（3）对两个以上税务机关共同作出的具体行政行为不服的，向共同上一级税务机关申请行政复议；对税务机关与其他行政机关共同作出的具体行政行为不服的，向其共同上一级行政机关申请行政复议。

（4）对被撤销的税务机关在撤销以前所作出的具体行政行为不服的，向继续行使其职权的税务机关的上一级税务机关申请行政复议。

（5）对税务机关作出逾期不缴纳罚款加处罚款的决定不服的，向作出行政处罚决定的税务机关申请行政复议。但是对已处罚款和加处罚款都不服的，一并向作出行政处罚决定的税务机关的上一级税务机关申请行政复议。

有上述第（2）～（5）项所列情形之一的，申请人也可以向具体行政行为发生地的县级地方人民政府提交行政复议申请，由接受申请的县级地方人民政府依法转送。

（五）税务行政复议的当事人

1. 税务行政复议的申请人

（1）合伙企业申请行政复议的，应当以工商行政管理机关核准登记的企业为申请人，由执行合伙事务的，合伙人代表该企业参加行政复议；其他合伙组织申请行政复议的，由合伙人共同申请行政复议。

前款规定以外的不具备法人资格的其他组织申请行政复议的，由该组织的主要负责人代表该组织参加行政复议；没有主要负责人的，由共同推选的其他成员代表该组织参加行政复议。

（2）股份制企业的股东大会、股东代表大会、董事会认为税务具体行政行为侵犯企业合法权益的，可以以企业的名义申请行政复议。

（3）有权申请行政复议的公民死亡的，其近亲属可以申请行政复议；有权申请行政复议的公民为无行为能力人或者限制行为能力人，其法定代理人可以代理申请行政复议。

（4）有权申请行政复议的法人或者其他组织发生合并、分立或终止的，承受其权利义务的法人或者其他组织可以申请行政复议。

（5）非具体行政行为的行政管理相对人，但其权利直接被该具体行政行为所剥夺、限制或者被赋予义务的公民、法人或其他组织，在行政管理相对人没有申请行政复议时，可以单独申请行政复议。

同一行政复议案件申请人超过 5 人的，应当推选 1～5 名代表参加行政复议。

2. 税务行政复议的第三人

行政复议期间，行政复议机关认为申请人以外的公民、法人或者其他组织与被审查的具体行政行为有利害关系的，可以通知其作为第三人参加行政复议。

行政复议期间，申请人以外的公民、法人或者其他组织与被审查的税务具体行政行为有利害关系的，可以向行政复议机关申请作为第三人参加行政复议。

第三人不参加行政复议，不影响行政复议案件的审理。

3. 税务行政复议的代理人

税务行政复议的代理人是指受申请人或第三人的委托，在法律规定或当事人委托的权限范围内进行税务行政复议活动的人。

申请人、第三人可委托 1～2 名代理人参加行政复议，并向行政复议机构提交授权委托书。公民在特殊情况下无法书面委托的,可口头委托;口头委托的,行政复议机构应当核实并记录在卷。申请人、第三人解除或变更委托的,应书面告知行政复议机构。

4.税务行政复议的被申请人

(1)申请人对具体行政行为不服申请行政复议的,作出该具体行政行为的税务机关为被申请人。

(2)申请人对扣缴义务人的扣缴税款行为不服的,主管该扣缴义务人的税务机关为被申请人;对税务机关委托的单位和个人的代征行为不服的,委托税务机关为被申请人。

(3)税务机关与法律、法规授权的组织以共同的名义作出具体行政行为的,税务机关和法律、法规授权的组织为共同被申请人。

税务机关与其他组织以共同名义作出具体行政行为的,税务机关为被申请人。

(4)税务机关依照法律、法规和规章规定,经上级税务机关批准作出具体行政行为的,批准机关为被申请人。

申请人对经重大税务案件审理程序作出决定不服的,审理委员会所在税务机关为被申请人。

(5)税务机关设立的派出机构、内设机构或者其他组织,未经法律、法规授权,以自己名义对外作出具体行政行为的,税务机关为被申请人。

被申请人不得委托本机关以外人员参加行政复议。

(六)税务行政复议的程序

1.税务行政复议的申请

(1)申请期限。申请人可以在知道税务机关作出具体行政行为之日起 60 日内提出行政复议申请;因不可抗力或被申请人设置障碍等其他正当理由耽误法定申请期限的,申请期限的计算应扣除被耽误时间。

(2)申请条件。申请人对《复议规则》规定的征税行为不服的,应先向复议机关申请行政复议;对其他行政复议决定不服的,可以申请行政复议,也可以直接向人民法院提起行政诉讼。

申请人对税务机关作出逾期不缴纳罚款加处罚款决定不服的,应当先缴纳罚款和加处罚款,再申请行政复议。

(3)申请方式。申请人采取书面申请行政复议的,可采取当面递交、邮寄或传真等方式提出申请。有条件的复议机关可接受以电子邮件形式提出申请,对以传真、电子邮件形式提出行政复议申请的,复议机关应审核确认申请人的身份及复议事项。

申请人口头申请行政复议的,行政复议机构应当依照《复议规则》规定行政复议申请书中规定的事项,当场制作行政复议申请笔录,交申请人核对或向其宣读,并由申请人确认。

(4)申请复议与提起行政诉讼的关系。申请人向复议机关申请税务行政复议,复议机关已经受理的,在法定行政复议期限内申请人不得向法院提起行政诉讼;申请人向法院提起行政诉讼,法院已经依法受理的,不得申请税务行政复议。

2.税务行政复议的受理

根据《复议规则》第 44 条规定,行政复议申请符合下列规定的,行政复议机关应当受理:

(1)属于本规则规定的行政复议范围。

(2)在法定申请期限内提出。

(3)有明确的申请人和符合规定的被申请人。

（4）申请人与具体行政行为有利害关系。

（5）有具体的行政复议请求和理由。

（6）符合《复议规则》第33条和第34条规定的条件。

（7）属于收到行政复议申请的行政复议机关的职责范围。

（8）其他行政复议机关尚未受理同一行政复议申请，人民法院尚未受理同一主体就同一事实提起的行政诉讼。

3．行政复议的结果与决定

行政复议机构应当对被申请人的具体行政行为提出审查意见，经行政复议机关负责人批准，按照下列规定作出行政复议决定：

（1）具体行政行为认定事实清楚，证据确凿，适用依据正确，程序合法，内容适当的，决定维持。

（2）被申请人不履行法定职责的，决定其在一定期限内履行。

（3）具体行政行为有下列情形之一的，决定撤销、变更或者确认该具体行政行为违法；决定撤销或者确认该具体行政行为违法的，可以责令被申请人在一定期限内重新作出具体行政行为：

① 主要事实不清、证据不足的。

② 适用依据错误的。

③ 违反法定程序的。

④ 超越职权或者滥用职权的。

⑤ 具体行政行为明显不当的。

三、税务行政诉讼

（一）税务行政诉讼的特点

（1）税务行政诉讼是个人、法人或其他组织认为税务机关及工作人员作出的具体行政行为侵犯其合法权益而向法院提起的诉讼。只有由人民法院对案件进行审理并作出裁决的活动，才是税务行政诉讼，这是税务行政诉讼与税务行政复议的根本区别。

（2）税务行政诉讼一般以税务行政争议为基本前提，这是税务行政诉讼与其他行政诉讼活动的根本区别，具体体现在：

1）被告必须是税务机关，或经法律、法规授权的行使税务行政管理权的组织，而不是其他行政机关或组织。

2）税务行政诉讼解决的争议发生在税务行政管理过程中。

（3）税务行政诉讼必须按照法定的诉讼程序和方式进行。

（二）税务行政诉讼的受案与管辖

1．税务行政诉讼的受案范围

税务行政诉讼案件的受案范围除受《行政诉讼法》有关规定的限制外，也受《税收征管法》及其他相关法律、法规的调整和制约。具体说来，税务行政诉讼的受案范围与税务行政复议的受案范围基本一致，此外，还要加上税务机关的复议行为。其具体范围如下：

（1）税务机关作出的征税行为：一是征收税款、加收滞纳金；二是扣缴义务人、受税务机关委托的单位作出代扣代缴、代收代缴行为及代征行为。

（2）税务机关作出的责令纳税人提交纳税保证金或者纳税担保行为。

（3）税务机关作出的行政处罚行为：一是罚款；二是没收违法所得；三是停止出口退税权；四是收缴发票和暂停供应发票。

（4）税务机关作出的通知出境管理机关阻止出境的行为。

（5）税务机关作出的税收保全措施：一是书面通知银行或者其他金融机构冻结存款；二是扣押、查封商品、货物或者其他财产。

（6）税务机关作出的税收强制执行措施：一是书面通知银行或者其他金融机构扣缴税款；二是拍卖所扣押、查封的商品、货物或者其他财产抵缴税款。

（7）认为符合法定条件申请税务机关颁发税务登记证和发售发票，税务机关拒绝颁发、发售或者不予答复的行为。

（8）税务机关的复议行为：一是复议机关改变了原具体行政行为；二是期限届满，税务机关不予答复。

2．税务行政诉讼的管辖

税务行政诉讼管辖是指人民法院受理第一审税务案件的职权分工。《行政诉讼法》第14条至第24条关于行政诉讼管辖的具体规定，同样适用于税务行政诉讼。具体而言，税务行政诉讼的管辖分为级别管辖、地域管辖等。

（1）级别管辖

级别管辖是上下级人民法院之间受理第一审税务案件的分工和权限。根据《行政诉讼法》的规定，基层人民法院管辖一般的税务行政诉讼案件；中高级人民法院管辖本辖区内重大、复杂的税务行政诉讼案件；最高人民法院管辖全国范围内重大、复杂的税务行政诉讼案件。

（2）地域管辖

地域管辖是同级人民法院之间受理第一审行政案件的分工和权限，分一般地域管辖和特殊地域管辖两种。

1）一般地域管辖。它是按照最初作出具体行政行为的机关所在地来确定管辖法院。凡是未经复议直接向人民法院提起诉讼的，或者经过复议，复议裁决维持原具体行政行为，当事人不服向人民法院提起诉讼的，均由最初作出具体行政行为的税务机关所在地人民法院管辖。

2）特殊地域管辖。它是根据特殊行政法律关系或特殊行政法律关系所指的对象来确定管辖法院。税务行政案件的特殊地域管辖主要是指：经过复议的案件，复议机关改变原具体行政行为的，由原告选择最初作出具体行政行为的税务机关所在地的人民法院，或者复议机关所在地人民法院管辖。原告可以向任何一个有管辖权的人民法院起诉，最先收到起诉状的人民法院为第一审法院。

（3）移送管辖

移送管辖是指人民法院将已经受理的案件，移送给有管辖权的人民法院审理。移送管辖必须具备三个条件：一是移送人民法院已经受理了该案件；二是移送法院发现自己对该案件没有管辖权；三是接受移送的人民法院必须对该案件确有管辖权。

（4）指定管辖

指定管辖是指上级人民法院指定某下一级人民法院管辖某一案件。根据《行政诉讼法》第24条规定：有管辖权的人民法院由于特殊原因不能行使管辖权的，由上级人民法院指定管辖；人民法院对管辖权发生争议，由争议双方协商解决，协商不成的，报它们的共同上级人民法院指定管辖。

（5）管辖权的转移

上级人民法院有权审理下级人民法院管辖的第一审行政案件；下级人民法院对其管辖的第一审行政案件，认为需要由上级人民法院审理或者指定管辖的，可以报请上级人民法院决定。

（三）税务行政诉讼的起诉与受理

1. 税务行政诉讼的起诉

（1）税务行政诉讼起诉的概念

税务行政诉讼的起诉是指公民、法人或其他组织认为自己的合法权益受到税务机关具体行政行为的损害而向人民法院提出诉讼，请求人民法院依法予以保护的诉讼行为。

（2）税务行政诉讼起诉的条件

纳税当事人在提出税务行政诉讼时，必须符合下列条件：

1）原告是认为具体税务行政行为侵犯其合法权益的公民、法人或其他组织。

2）有明确的被告。

3）有具体的诉讼请求和事实、法律根据。

4）属于人民法院受案范围和受诉人民法院管辖。

根据《税收征管法》以及其他法律、法规的规定，对税务机关征税行为提起的诉讼，必须先经复议，对复议决定不服的，可在接到复议决定书之日起 15 日内向人民法院起诉；对其他具体行政行为不服的，当事人可在接到通知或知道之日起 15 日内直接向人民法院起诉。

2. 税务行政诉讼的受理

对纳税当事人的起诉，人民法院一般从以下几个方面进行审查并作出是否受理的决定：

（1）审查是否属于法定的诉讼受案范围，如对超越行政诉讼受案范围的税收抽象行政行为的起诉，法院就会裁定不予受理。

（2）审查是否具备法定的起诉条件，不具备起诉条件的，法院会裁定不予受理。

（3）审查是否已经受理或正在受理，对于已经或正在受理的税务行政诉讼，其于相同的事实和相同的理由再次起诉的，法院会裁定不予受理。

（4）审查是否有管辖权，对于本院依法没有管辖权的，需要将案件移送给有管辖权的法院管辖。

（5）审查是否符合法定的期限，对于超出诉讼时效的案件，裁定不予受理，驳回起诉。

（6）审查是否经过必经复议程序，对税务机关征税行为提起的诉讼这类必须先经复议前置的，要求当事人先去复议，法院暂不受理。

根据有关法律规定，人民法院接到诉状，经过审查，应当在 7 日内立案或作出裁定不予受理。原告对不予受理的裁定不服的，可以提起上诉。

（四）税务行政应诉的机关、准备与程序

税务行政应诉是指纳税人和其他税务当事人不服税务机关作出的具体行政行为，向人民法院提起诉讼，税务机关依法参加诉讼的活动。为保障税收法律的正确贯彻实施，保证税务机关依法行使职权，保护纳税人的合法权益，国家税务总局依据《行政诉讼法》和《税收征

管法》的规定，制定了《税务行政应诉工作规程（试行）》，以规范税务行政应诉工作。其规定主要包括税务应诉的机关、准备以及程序等三个方面。

1. 税务行政应诉的机关

公民、法人或其他组织直接向人民法院提起诉讼的，作出具体税务行政行为的税务机关是被告，是税务行政应诉机关（以下简称税务机关）。经税务行政复议的案件，复议机关决定维持原具体行政行为的，作出原具体行政行为的税务机关是被告；复议机关改变原具体行政行为的，税务行政复议机关是被告。

2. 税务行政应诉的准备

税务机关在收到人民法院的应诉通知书和原告起诉状的副本后，应对原告起诉主体的合法性、诉讼时间与诉讼程序等进行审查，如果有异议，应及时书面提请人民法院处理；税务机关应由其法定代表人，或由法定代表人委托的1至2名代理人进行诉讼；税务机关应在收到原告起诉状副本之日起10日内，向人民法院提交答辩状；税务机关对作出的具体行政行为负有举证责任，在证据可能灭失或以后难以取得的情况下，可向人民法院申请证据保全措施。

3. 税务行政应诉的程序

税务行政应诉的程序主要包括：税务机关须按人民法院通知出庭应诉，并在庭审中运用好陈述权、质证权、辩论权和其他法定权利；经过诉讼审理，人民法院可根据不同情况分别作出判决维持、撤销或部分撤销、变更及在一定期限内履行的判决；税务机关不服人民法院一审判决或裁定的，应于接到行政判决书之日起15日内或接到行政裁定书之日起10日内，向原审人民法院或其上一级人民法院提起上诉；税务机关须履行人民法院已发生法律效力的判决或裁定，拒绝履行判决、裁定的，一审人民法院可依法采取执行措施；原告须履行人民法院已发生法律效力的判决或裁定，对具体行政行为在法定期限内不提起诉讼又不履行的，或拒不执行已发生法律效力的判决或裁定，税务机关可依法向一审人民法院申请强制执行或依法强制执行。

（五）税务行政诉讼的审理与判决

1. 税务行政诉讼的审理

（1）人民法院审理行政案件实行合议、回避、公开审判和两审终审的审判制度。

（2）审理的核心是：审查被诉具体行政行为是否合法，即作出该行为的税务机关是否依法享有该税务行政管理权；该行为是否依据一定的事实和法律作出；税务机关作出该行为是否遵守法定程序等。

2. 税务行政诉讼的判决

人民法院对受理的税务行政案件，经过调查、搜集证据和开庭审理之后，分别作出以下判决：

（1）维持判决。被起诉的具体行政行为证据确凿，适用法律、法规正确，符合法定程序的案件，作出"维持税务机关所作的具体行政行为"的判决。

（2）撤销判决。被起诉的具体行政行为主要证据不足，适用法律、法规错误，违反法定程序或超越职权、滥用职权，应判决撤销或部分撤销，并判决税务机关重新作出具体行政行为。

（3）履行判决。税务机关不履行或拖延履行法定职责的，判决其在一定期限内履行。

（4）变更判决。税务行政处罚显失公正的，可以作出变更判决。

对一审人民法院的判决不服，当事人可以上诉；对发生法律效力的判决，当事人必须执行，否则人民法院有权依据对方当事人的申请予以强制执行。

练 习 题

1. 2012 年 7 月初，某县国税局在税收专项检查中发现，甲企业在 2012 年 1～5 月间有隐瞒销售收入的行为，核实后应补税款 6 万元。2012 年 7 月 13 日，县国税局同时下发了《税务行政处罚事项告知书》《税务处理决定书》《税务行政处罚决定书》，作出了税务处理决定和处罚决定：责令该企业于 2012 年 7 月 28 日前，缴纳所偷税款及滞纳金 63750 元；对该企业的偷税行为处以所偷税款 2 倍的罚款。7 月 22 日，县国税局接到了该企业职工的署名举报信和署名举报电话，举报该企业有明显的不正常转移货物的迹象。经查实，在报经县国税局局长批准后，县国税局于 7 月 23 日责成该企业在 7 月 24 日提供纳税担保。但该企业直至 7 月 25 日仍未能提供纳税担保。为此，县国税局于 7 月 26 日上午 8 时，对该企业采取了税收保全措施，查封了该企业 10 件总价值 6 万元的高级皮衣，并向该企业开具了查封商品、货物、财产清单。双方人员均在清单上签了字，并加盖了各自单位的公章。7 月 27 日，该企业缴清了税款。7 月 28 日下午 5 时，县国税局解除了对该企业的税收保全措施。7 月 28 日，该企业向县人民法院提起了行政诉讼，要求撤销县国税局的《税务处理决定书》和《税务行政处罚决定书》；对县国税局超时解除税收保全措施，致使该企业无法正常营业所造成的经济损失 50 万元人民币，予以赔偿；要求县国税局在县有线电视台对其公开道歉。法院判决：驳回原告请求撤销《税务处理决定书》的请求；撤销《税务行政处罚决定书》，限令县国税局在判决生效后 30 日内，重新作出决定；县国税局承担超过税收保全措施期限致使该企业遭受的损失（赔偿金额另行处理）；县国税局对该企业的违法行为定性准确，没有对该企业构成侵权，驳回赔礼道歉的请求。

问题：

（1）甲企业隐瞒销售收入的行为在《税收征管法》中属于何种性质？为什么？

（2）原告对《税务行政处理决定书》不服能否直接申请法院撤销？为什么？

（3）县国税局是否应赔偿企业的损失？请说明理由？

2. 2011 年 7 月初，某县地税局一分局干部王某，到个体营运车辆户赵某家征收其上半年的 2 800 元税款。赵某称经济上有困难，要求暂缓缴纳，并说税款由其在县城某公司工作的表兄张某担保缴纳。王某遂与赵某于当日找到张某，张某表示，表弟赵某的税款由他担保缴纳，时间最长半个月，此事无需再找赵某。王某信以为真。半个月后，赵某未向地税机关缴纳分文税款。王某于是找到张某，要求他履行纳税义务。张某当即表示自己不是纳税人，税务机关向他征税是错误的，并要王某向其道歉。王某遂与之发生争执，争执过程中，张某转身到附近一家餐馆拿出一把菜刀，朝王某连砍十余刀，致王某当场昏迷，送医院急救后脱离生命危险。经法医鉴定，王某为重伤。案发后，地税机关要求公安机关以暴力抗税罪立案严惩凶手，而公安机关认为张某根本不构成暴力抗税罪，其理由是张某既不是纳税人，也不是有效的纳税担保人，以暴力抗税罪立案显然没有犯罪主体。

问题：范某和公安机关的主张是否成立？为什么？

3．2012 年 5 月间，佛山通用线材有限公司因进口的电解铜内销后没有增值税专用发票，不能向佛山市国家税务局申报抵扣税款，林大平与张子良便商议让他人为公司开列增值税专用发票。此后，张子良找到与该公司有信用证业务关系的广州天河工业区恒达国际贸易有限公司的业务部经理赵文烈，要求帮忙找他人开增值税专用发票，赵文烈在征得总经理许汝雷同意后，通过潮阳市国家税务局的郭增坚(另作处理)介绍，先后将李仲毅提供的开票项目、金额等提供给潮阳，由潮阳市嘉桂实业有限公司和潮阳市新金通贸易发展有限公司为佛山通用线材有限公司虚开了购买电解铜的增值税专用发票共 8 份，总金额为 7 555 000 元，税款额为 1 097 735.05 元。佛山通用线材有限公司取得上述虚开的增值税专用发票后，由李仲毅经手向佛山市国家税务局抵扣了税款，并按发票总金额的2%支付了手续费151 100 元给吴文烈。吴文烈将该款全部交给财务入账后，广州云埔工业区东诚国际贸易有限公司除按约定将发票总金额的 1.5%支付给潮阳市嘉桂实业有限公司和潮阳市新金通贸易发展有限公司外，非法所得37 775 元。由此法院判决：被告单位佛山通用线材有限公司因犯虚开增值税专用发票罪被判处罚金 30 万元；被告单位广州云埔工业区东诚国际贸易有限公司犯虚开增值税专用发票罪，被判处罚金 10 万元；被告人林大平、张子良、赵文烈、李仲毅犯虚开增值税专用发票罪，分别被判处有期徒刑 4 年、3 年缓刑 4 年、3 年、2 年缓刑 3 年。

问题：

（1）本案属于什么性质的犯罪？为什么？

（2）法院的判决是否合适，为什么？

参考文献

[1] 艾华，侯石安，高亚军. 税法[M]. 武汉：武汉大学出版社，2013.

[2] 财政部会计资格评价中心. 经济法基础 [M]. 北京：中国财政经济出版社，2015.

[3] 东奥会计在线. 经济法基础应试指南[M]. 北京：人民出版社，2015.

[4] 东奥会计在线. 税法应试指南[M]. 北京：人民出版社，2014.

[5] 国家税务局所得税司. 企业所得税政策指南——申报缴纳 税收优惠 征收管理[M]. 北京：中国税务出版社，2014.

[6] 刘剑文. 财税法——原理、案例与材料[M]. 北京：北京大学出版社，2015.

[7] 卢运辉. 税法[M]. 北京：中国传媒大学出版社，2014.

[8] 潘铁铸. 企业所得税法实务解析[M]. 北京：法律出版社，2015.

[9] 全国注册税务师执业资格编写组. 税法（Ⅰ）[M]. 北京：中国税务出版社，2014.

[10] 全国注册税务师执业资格编写组. 税法（Ⅱ）[M]. 北京：中国税务出版社，2014.

[11] 税法辅导教材编写组. 税法（名师解读版）[M]. 北京：人民邮电出版社，2014.

[12] 涂龙力，王鸿貌. 税法学通论[M]. 北京：中国税务出版社，2007.

[13] 王曙光. 税法[M]. 大连：东北财经大学出版社，2014.

[14] 王玉华. 税法[M]. 北京：经济科学出版社，2014.

[15] 吴辛愚，宋粉鲜. 税法[M]. 北京：中国人民大学出版社，2012.

[16] 徐孟洲，徐阳光. 税法[M]. 北京：中国人民大学出版社，2012.

[17] 张守文. 税法原理[M]. 北京：北京大学出版社，2012.

[18] 赵静. 营业税改征增值税账务处理与纳税操作指南[M]. 北京：人民邮电出版社，2014.

[19] 中国注册会计师协会. 税法[M]. 北京：经济科学出版社，2014.

[20] 中华会计网校. 经济法基础应试指导[M]. 北京：经济科学出版社，2015.

[21] 中华会计网校. 税法应试指导[M]. 北京：经济科学出版社，2014.

[22] 陈铭. 浅议房产税的征收[J]. 改革与开放，2011（10）.

[23] 陈鑫，刘生旺. 企业所得税地区间分配的公平性研究[J]. 中南财经政法大学学报，2013（3）.

[24] 韩绍初. 现代型增值税的特点及对我国增值税制改革的建议[J]. 涉外税务，2010（9）.

[25] 郝朝信.《税收征收管理法》与《行政强制法》：冲突与协调[J]. 财经科学，2013（2）.

[26] 李道奇. 试谈我国税收行政复议制度的缺陷及完善[J]. 法制与社会，2008（26）.

[27] 李媛. 有关我国关税税率调整产生的影响讨论[J]. 经营管理者，2011（8）.

[28] 刘大洪，张剑辉. 税收中性与税收调控的经济法思考[J]. 中南财经政法大学学报，2002（4）.

[29] 刘剑文. 税收征管制度的一般经验与中国问题——兼论《税收征收管理法的修改》[J]. 行政法学研究，2014（1）.

[30] 刘荣琳. 营业税改增值税政策改善研究[J]. 会计师，2014（6）.

[31] 刘勇. 从历史的视角看税收科学发展[J]. 中国税务，2009（3）.

[32] 彭艳芳. 增值税、营业税与经济增长的关系探析——兼论"营改增"对我国经济增长的影响[J]. 涉外税务，2013（5）.

[33] 施正文，翁武耀. 对于新企业所得税法中"不征税收入"问题的探讨[J]. 税务研究，2007（9）.

[34] 谭映柳. 完善我国税收行政诉讼制度的思考[J]. 法治论坛，2011（4）.

[35] 谭韵. 税收遵从、纳税服务与我国税收征管效率优化[J]. 中南财经政法大学学报，2012（6）.

[36] 王鸿貌. 关于我国房地产税收的几个问题[J]. 税务研究，2010（8）.

[37] 吴俊培，龚旻. 试析我国增值税的非中性效应[J]. 税务研究，2014（7）.

[38] 张富强. 税法的概念、本质和特征新论[J]. 安徽大学法律评论，2007（2）.

[39] 张莉琴. 我国农产品的进口关税水平及税率结构安排[J]. 中国农村经济，2005（7）.

[40] 钟昌元. 中国关税财政收入作用探析[J]. 世界经济情况，2005（18）.

[41] 新营业税纳税申报软件元旦起上线[N]. 现代快报，2013-12-24.

[42] 陈大元，陈俊峰，苏君，等. 纳税评估促进企业税法遵从[N]. 中国税务报，2014-2-12.

[43] 龚辉文. 全球公司所得税税率呈下降趋势[N]. 中国财经报，2010-9-21.

[44] 李春莲. 资源税改革提速 六种矿石资源税上调提高下游成本[N]. 证券日报，2012-2-23.

[45] 李丽辉. 房产税不会增加中低收入者负担[N]. 人民日报，2013-2-22.

[46] 牛建宏. 土地增值税"清算风暴"剑指高房价[N]. 中国政协报，2010-6-1.

[47] 任峰，杨绍功. 免契税或引离婚热，凸显民众减税期待[N]. 新华每日电讯，2014-1-18.

[48] 王劲松. 关税调整助力经济转型[N]. 中国财经报，2013-12-21.

[49] 闫磊，帅蓉. 欧盟对中国冷轧不锈钢板征收反倾销税[N]. 闽西日报，2005-3-27.

[50] 于庆勇，马建军. 应加强对非居民企业股息所得的税收征管[N]. 中国税务报，2012-8-15.

[51] 翟继光，孙长举. 公平的税法应是遵循量能课税原则的税法[N]. 中国税务报，2012-4-4.